ACCESO GRATIS *a la Lectura en la Nube*

Para visualizar el libro electrónico en la nube de lectura envíe junto a su nombre y apellidos una fotografía del código de barras situado en la contraportada del libro y otra del ticket de compra a la dirección:

ebooktirant@tirant.com

En un máximo de 72 horas laborales le enviaremos el código de acceso con sus instrucciones.

TRANSCIUDADANÍA: HACIA UN NUEVO PARADIGMA DE LA CIUDADANÍA EN LA UNIÓN EUROPEA

TRANSCIUDADANÍA: HACIA UN NUEVO PARADIGMA DE LA CIUDADANÍA EN LA UNIÓN EUROPEA

Enrique Acosta Pumarejo

tirant lo blanch
Valencia, 2024

En caso de erratas y actualizaciones, la Editorial Tirant lo Blanch publicará la pertinente corrección en la página web www.tirant.com.

EDITA: TIRANT LO BLANCH
C/ Artes Gráficas, 14 - 46010 - Valencia
TELFS.: 96/361 00 48 - 50
FAX: 96/369 41 51
Email: tlb@tirant.com
www.tirant.com
Librería virtual: www.tirant.es
DEPÓSITO LEGAL: V-4519-2023
ISBN: 978-84-1197-530-8

Si tiene alguna queja o sugerencia, envíenos un mail a: *atencioncliente@tirant.com*. En caso de no ser atendida su sugerencia, por favor, lea en *www.tirant.net/index.php/empresa/politicas-de-empresa* nuestro procedimiento de quejas.

Responsabilidad Social Corporativa: *http://www.tirant.net/Docs/RSCTirant.pdf*

A mí amado hijo Marquis (Marcos Acosta Cuñat):

Esta dedicatoria está especialmente dedicada a ti, mi querido hijo. Tu presencia y apoyo han sido una fuente inagotable de inspiración y motivación en mi vida. Gracias por ser mi mayor impulso y recordarme constantemente la importancia de perseguir mis sueños.

También quiero expresar mi profundo agradecimiento a tu madre, María del Carmen Cuñat Tamarit. Sin su inestimable ayuda y apoyo incondicional, no habría sido posible llegar hasta donde he hoy día llegado. Su apoyo ha sido la base de mi éxito.

A mis amados padres, William Acosta Rolón y María del Carmen Pumarejo Otero, les dedico un lugar especial en este libro. A mi tía Chiqui, mis abuelos, Nuri, Enriquito, Rola y Guillermo Su amor incondicional, sabiduría y ejemplo de perseverancia han sido fundamentales en mi vida y en mi camino hacia el logro de mis metas.

Quiero mencionar también a mis queridos hermanos, William Acosta Pumarejo y Dr. Eduardo Acosta Pumarejo. Su apoyo constante y su presencia en mi vida han sido un regalo invaluable. Gracias por ser mi apoyo incondicional y por estar siempre a mi lado. También mencionar mis sobrinos Bryan, Gabriel, Claudia, Yeray, Joan, Guillem, Asiel. Cloe y Cosme.

A todos ustedes, seres queridos, familia Acosta-Pumarejo y Cuñat les dedico este libro. Sin su amor, apoyo y enseñanzas, no estaría donde estoy hoy.

Agradecimientos

Igualmente, me gustaría hacer una mención especial a aquellos profesores que dejaron una huella profunda en mi viaje. Vilma Ortiz, quien fue maestra en la Escuela Superior Academia Discípulos de Cristo en Bayamón, Puerto Rico. Al Dr. Carlos Varo y al Dr. José Francisco Ramos, quienes fueron mis profesores en la Facultad de Humanidades de la Universidad de Puerto Rico durante mis estudios universitarios. Y al Dr. Ramón Guzmán, quien me guió en la Escuela de Derecho de la Pontificia Universidad Católica de Puerto Rico. Agradezco a estos distinguidos profesores por su guía, conocimiento y dedicación. Sus enseñanzas han sido fundamentales en mi formación académica, profesional y personal. Me gustaría hacer un reconocimiento al Dr. Pastor Denis Soto Hernández, quien me enseñó que la fe puede ser explicada a través de Borges.

Quiero reconocer a la Sociedad para Asistencia Legal en Puerto Rico y a su oficina de Arecibo por su valioso trabajo en la promoción de la justicia y el acceso a la asistencia legal gratuita en Puerto Rico para los más desfavorecidos. Además, quiero destacar la labor del Dr. Julio E. Fontanet Maldonado, Decano de la Escuela de Derecho de la Universidad Interamericana de Puerto Rico, y del Licenciado, Profesor Juan Carlos Vélez Santana, LLM, quienes pertenecen al Proyecto Inocencia de dicha institución. Proyecto Inocencia ha estado activo en la identificación y litigación de personas condenadas y confinadas erróneamente.

No puedo olvidar a mis compañeros del Teatro de la Universidad de Puerto Rico; a los de la NuEvE20's! de la Academia Discípulos de Cristo en Bayamón, PR, en especial a mis hermanos Julio Carrión Rivera y Efraín Ricardo Natal; a mi otro hermano de la vida Juan Estades; y por supuesto, a mi pequeña hermanita Noemí Zenaida Colón San Miguel. Los amigos en España, Paola

Andrea Silva Oviedo, Dra. Marta Szygendowska, Dr. Julián Pinazo Dallenbach, y a la Dra. Carolina Jiménez Sánchez de la Universidad de Málaga, y a la doctoranda Paula Mariana Rodríguez Guerra. Imprescindible agradecer a Belén Bravo y José García por su inestimable ayuda en la maquetación de esta obra, gracias Itzel por prestármelos un ratito.

También, me gustaría hacer una mención muy especial al profesor. Dr. Rubén Miranda Gonçalves, quien me enseñó que el tiempo no es necesario cuando, incluso a la distancia, se forja una gran amistad. Su amabilidad, sabiduría y apoyo constante han sido un regalo invaluable.

Por último, pero no menos importante, quiero agradecer a mi director de tesis doctoral, el Profesor Dr. Pedro Talavera, de la Universitat de València. Su orientación, sabiduría y apoyo incondicional han sido fundamentales en la realización de este trabajo y en mi crecimiento académico y profesional.

A mis mentores, amigos y familiares, espero que estas páginas puedan transmitir mi gratitud y amor hacia cada uno de ustedes.

Con cariño,
Dr. Enrique Acosta Pumarejo

Índice

Capítulo 2

Capítulo 3

Prólogo

RAMÓN ANTONIO GUZMÁN

No es extraño que un puertorriqueño de pura cepa —con todo y la academia y las vivencias que ha tenido acá en Europa, particularmente en España— haya querido estudiar, con tanta vehemencia, el tema de la ciudadanía. Mucho menos extraño es que nos haga una propuesta de ciudadanía, tan amplia y atípica, en la que prima la persona y no el ente prepolítico. De ahí que su planteamiento principal sea el imperativo de una ciudadanía (i) antropocéntrica, (ii) universalista, (iii) inclusiva, (iv) igualitaria, (v) abierta, (vi) participativa e (vii) integradora.

Tampoco es extraño que, tarde o temprano, todo ciudadano estadounidense nacido en Puerto Rico se plantee, directa o indirectamente, por qué tiene que (i) batir su existencia en medio de dos ciudadanías (una propia y otra extranjera) y (ii) cuestionarse constantemente si la ciudadanía que porta y lo presenta ante el mundo es genuina y, finalmente, (iii) si de ser genuina, está asegurada por la constitución federal o solo por la misma ley que la regula, aprobada en 1917, cuando urgía añadirles piel y sangre nuevas a los contingentes militares norteamericanos.

No importa a cuánto ascienda la intensidad de la preocupación existencial —angustia, quizás— del amigo Enrique Acosta Pumarejo, esta obra tiene el calibre técnico, la redacción juiciosa y la serenidad académica requerida para estudiar un tema que no es complicado en sí mismo pero que trae consigo varias dificultades que pueden fatigar al jurista. Le fatigan porque él no puede controlar, acostumbrado como está —por lo menos formalmente— a controlarlo todo.

La mayor de las dificultades es que el objeto del estudio —la ciudadanía— es algo vivo, muy vivo: es como el agua que debe atravesar un ducto con varios escapes imprevistos, causados por la presión propia del agua. Así, por ejemplo, casi al final del túnel puede abrirse un escape que nos recuerde, porque muchas veces se nos olvida, que el ser humano nace, vive y muere en un entorno particular del cual dependen las circunstancias de la vida, la naturaleza y la amplitud de sus necesidades y, lógicamente, el baremo de la razonabilidad y la extensión de los derechos fundamentales.

En la discusión de los tópicos que deben tratarse cuando abordamos estos temas, el derecho siempre se sale con la suya porque posee la fuerza del poder y el depósito de la certeza. ¿De qué vale lo mucho si no contamos con la certidumbre que el derecho impone en su reinado que lo incluye y lo gobierna todo? (Aunque muchas veces, por fijar y bordear demasiado, tenga que exhibir sus debilidades.)

Pienso, sin querer polemizar con nuestro autor, que sin derecho no puede hablarse de ciudadanía. Pero el autor, quien conoce muy bien las limitaciones y los límites del derecho, nos conduce a pensar y a repensar que el derecho no tiene un contenido propio; que todo su contenido le llega desde afuera y que, por tanto, es importante que en lugar de un contenido generado en sí mismo, el derecho de la ciudadanía reciba desde afuera, desde muchas afueras, un contenido con sentido.

Es ahí donde reside, precisamente, la gran importancia y la trascendencia que el autor de esta obra pone hoy en nuestras manos: nos enseña que un buen jurista no tiene por qué enconcharse ante los estadios más altos ni obstaculizarnos los caminos de la dignidad. Ni el negativismo ni la derrota metódica tienen que seguir siendo presupuestos de la metodología jurídica y de los rigores de la ciencia.

Acosta Pumarejo acerca a nuestra conciencia jurídica mucho más que la posibilidad de soñar y de vivir momentos poéticos en la travesía de nuestros quehaceres. Eso ya hay muchos que lo hacemos. Con su trabajo, tan bien diseñado y tan bien ejecutado, (i) nos plantea más bien la urgencia de que el trabajo intelectual, sobre todo el jurídico, supere la actitud de simplemente acomodarnos a los principios y a las reglas preexistentes y (ii) nos exhorta a abandonar la función tradicional de innovar solo formalmente, técnicamente, y a que caminemos por senderos nuevos de dignidad y de igualdad material.

No es la ciudadanía, que es una noción jurídica, la que nos brinda la dignidad personal y los derechos que de ella emanan. Es, simplemente, el estatuto que nos reconoce tal dignidad y nos la garantiza. Nuestro autor nos auxilia magistralmente en la tarea de caminar por estos caminos tan escabrosos. Su trabajo es también una especie de higiene del alma. Así, por lo menos en Puerto Rico podemos tomar conciencia de que nuestra grandeza, como gente y como pueblo, no depende de los políticos ni de los burócratas de Washington. Por su parte, los europeos pueden comenzar a tener claro que, antes que los "Estados Unidos de Europa" que algunos sueñan, se necesita que el ser humano sea reconocido en su plenitud y en sus idiosincrasias personales y colectivas, de tal modo que no tenga que morir para poder descansar en paz.

¡Laureles para Enrique Acosta Pumarejo!

Toledo, 9 de junio de 2023

Abreviaturas

ACNUR	Alto Comisionado de las Naciones Unidas para los Refugiados
AI	Amnistía Internacional
CDR	Comité de las Regiones
CE	Consejo de Europea
CECA	Tratado Constitutivo de la Comunidad Europea del Carbón y del Acero.
CEPAL	Comisión Económica para América Latina y el Caribe
CES	Comité Económico y Social
COREPER	Comité de Representantes Permanentes
DDHH	Derechos Humanos.
DGRN	Dirección General de los Registros y del Notariado Español
DPR	Decisiones de Puerto Rico
EB	Eurobarómetro
ECRE	Consejo Europeo para los Refugiados Exiliados
EUDO	Observatorio Democrático sobre Ciudadanía de la UE
ELA	Estado Libre Asociado de Puerto Rico
GUE	Grupo de la Izquierda Unitaria Europea
L.P.R.A.	Leyes de Puerto Rico Anotadas
OI	Organización Internacional
PPE	Partido Popular Europeo

RAE	Real Academia Española
UE	Unión Europea
URSS	Unión de Repúblicas Socialistas Soviéticas
USA	United States Of America
USCCAN	The United States Code Congressional and Administrative News
STJUE	Sentencia del Tribunal de Justica de la Unión Europea.
TFUE	Tratado de Funcionamiento de la Unión Europea
TUE	Tratado de la Unión Europea

"Al extranjero no maltratarás ni oprimirás, porque extranjeros fuisteis vosotros en la tierra de Egipto."

-*Éxodo* 22:21

Cuando un extranjero resida con vosotros en vuestra tierra, no lo maltrataréis. El extranjero que resida con vosotros os será como uno nacido entre vosotros, y lo amarás como a ti mismo, porque extranjeros fuisteis vosotros en la tierra de Egipto; yo soy el SEÑOR vuestro Dios.

- *Levítico* 19: 33-34

"La tierra es un solo país y la humanidad sus ciudadanos"

- Bahá'u'lláh

Introducción

El concepto Ciudadanía se ha convertido en una de las ideas políticas, jurídicas, sociales y sobre todo humanas, más entramada de nuestra era, porque se trata de un concepto que otorga simultáneamente derechos y obligaciones a quienes la ostentan, y lo hace tanto colectiva como individualmente. Pero con un importante matiz: esos derechos y obligaciones no son universales, sino particulares y diversos, porque están indisolublemente ligados a la nacionalidad, y eso supone establecer necesariamente la categoría de incluidos y excluidos en función de la nacionalidad que se ostenta. En otras palabras: *prima facie,* la ciudadanía es un concepto que remite a derechos universales, pero depende de la nacionalidad, que viene determinada por exigencias exclusivamente particularistas. Sin embargo, en buena lid, debería suceder justamente lo contrario: ya que la ciudadanía pretende garantizar unas exigencias básicas de todo ser humano; debería estar por encima del particularismo de la nacionalidad. De ahí que la relación nacionalidad ciudadanía se manifieste como una realidad paradójica.

Por otra parte, no es "posible" hablar de la Ciudadanía en abstracto, porque hoy resulta difícil (cuando no utópico o descabellado) afirmar la existencia un concepto unívoco de ciudadanía. Basta asomarse un poco a la historia política para comprobar cómo se ha ido configurando en función de muy diversas aportaciones. Para referirse a ellas se suelen usar como sinónimos vocablos como: 'concepciones', 'visiones', 'modelos', 'enfoques', 'paradigmas',' teorías', [etcétera]. Desde esta lógica, se suele hablar de teorías elitistas, del bienestar, participativas, neoliberales, étnico-culturalistas, feministas, globalizadoras o ecologistas. A modo de ubicar dichas tradiciones dentro de enfoques paradigmáticos, se han venido utilizando conceptos como teorías 'liberales', 'republicanas' o 'comunitaristas`.[1]". En definitiva, toda aproximación al estudio de la Ciudadanía aparece modulada siempre por "adjetivos teóricos", con los cuales se identifica el modelo específico de una propuesta, en función de la época, el contexto, la cultura o la ideología.

Los estudios clásicos y actuales sobre la noción, evolución y propuestas en el ámbito de la Ciudadanía son hoy día tan extensos que tan sólo recopilarlos constituiría una tarea enciclopédica. Coincidimos con el porfesor Keith Faulks, cuando afirma que "no nos interesa en este tema ahogar al lector en un mar de resúmenes"[2] porque hacerlo así difuminaría notablemente nuestra investigación y aportaría poco a quien no fuera historiador o no quisiera adentrarse en los complejos pormenores de cada una de las propuestas.

En efecto, más allá de los valiosos matices que aporta cada uno de los modelos de ciudadanía clásicos y contemporáneos, consideramos que existen deficiencias en todos ellos, sea desde el punto de vista teórico como desde la práctica jurídico-administrativa con la que luego son articulados dichos enfoques. La realidad nos muestra tres aspectos que resultan siempre problemáticos: un absoluto sometimiento de la ciudadanía a la nacionalidad (fuente de desequilibrios, desajustes y exclusiones intolerables); una excesiva vertiente reglamentista y administrativista de la praxis (que provoca una extraordinaria

---

1 Saint Paul, Jean Eddy, "T.H. Marshall y las discusiones contemporáneas sobre ciudadanía, cohesión social y democracia" [[En Línea]], en Documentos de Trabajo de la División de Derecho Política y Gobierno, núm. 1 octubre, Guanajuato, Universidad de Guanajuato, 2011, p.4, [Consultado el 14 de octubre de 2011]. Disponible en http://www.ddpg.ugto.mx/images/stories/pdfs/dt2011/DT_EP_1_EDDY.pdf

2 Faulks, Keith, *Citizenship*, London, Routledge, 2000, ix.

complejidad en el acceso y las garantías y convierte la ciudadanía en un recipiente de contenido indeterminado) y una desvirtuación en su fundamento (la ciudadanía, en cuanto que la garantía de las exigencias básicas de la dignidad de todo ser humano, no debería tener trabas o exigencias circunstanciales o territoriales).

A la vista de esta realidad, en el presente trabajo intentaremos ofrecer (posiblemente sólo apuntar) unas líneas o directrices básicas de lo que hemos querido denominar una "*ciudadanía humana*"; no constituyendo un simple ejercicio teórico, sino algo auténticamente realizable, que ya se diseñó en el proyecto original de la Unión Europea (aunque luego se diluyó con el fracasado proyecto de Constitución europea) pero que hoy todavía podría llegar a consolidarse en el ámbito de la actual Unión Europea (en adelante UE), si consiguiera superar la resistencia de las soberanías nacionales. Así pues, la idea de este trabajo consiste en proponer un reenfoque factible del actual estatus de la ciudadanía europea, orientada a otorgar a la persona una centralidad real por encima de los Estados.

Para realizar este propósito, pretendemos analizar los principios y derechos más sobresalientes sobre los que se está construyendo el actual modelo de ciudadanía en la vigente UE, confrontando su coherencia con los principios constitutivos de la ciudadanía desde una perspectiva clásica y con las exigencias de las propuestas contemporáneas que pretenden superar dos de los grandes problemas de la sociedad actual: la pluriculturalidad y la evidente crisis del Estado-Nación, provocadas por la globalización y las migraciones masivas. Nos referimos fundamentalmente a las propuestas de una *ciudadanía cosmopolita* y de una *ciudadanía diferenciada,* que aspiran también a cimentarse sobre la primacía de la persona. Trataremos, pues, de desentrañar las particularidades de estos modelos para contrastarlos con el modelo que se construye en la UE procurando ofrecer un modelo superador de los actuales límites teóricos y prácticos de la ciudadanía, que refleje en toda su profundidad las exigencias de lo que consideramos una *ciudadanía* verdaderamente *humana.*

Examinaremos, en el contexto de la UE, cuál es el nivel de dependencia de los derechos reconocidos respecto a la pertenencia del ciudadano a un Estado miembro y en qué medida los derechos del ciudadano europeo han conseguido adquirir un estatus 'superador' de la nacionalidad, que esté verdaderamente inserto en un marco de valores y de derechos universales, inherentes al ser humano y no a la condición política y administrativa de 'nacional' de un Estado. A partir de ahí, intentaremos ofrecer los elementos que, a nuestro juicio, permitirían que tal objetivo se convirtiera en realidad, para que la UE pudiera convertirse en un auténtico paradigma de '*ciudadanía humana*', superadora de las trabas que ya hemos señalado.

Esta pretensión 'superadora' de la referencia y vinculación de la ciudadanía al Estado-Nación, como único espacio para el despliegue escenográfico, sociopolítico y/o jurídico del ciudadano, ha sido y es, sin duda, el propósito y horizonte de la UE, que proclama solemnemente la centralidad de la *persona* (y no del Estado) en el *Preámbulo* de su *Carta de Derechos Fundamentales.* Sin embargo, el modelo real de ciudadanía que se está construyendo en Europa se está alejando, a nuestro juicio, de este objetivo fundamental, perdiendo la oportunidad de configurarse como un espejo para el mundo, tal y como Europa lo ha sido en todos los ámbitos relacionados con los derechos humanos. En definitiva, nuestra pretensión es ofrecer una visión de la ciudadanía, respetuosa pero superadora de las nacionalidades, eficaz pero libre de la opresión reglamentista y administrativista, que garantice realmente las exigencias fundamentales de la dignidad humana. A eso es a lo que hemos denominado *ciudadanía humana.*

¿Se puede afirmar realmente la existencia de una ciudadanía *fuera del ámbito del estado-nación*? ¿Es la 'ciudadanía europea' un ejemplo de esto? A primera vista evidentemente sí: estamos ante una entidad suprestatal que garantiza derechos por encima de los estados miembros que la componen. Aunque luego, en el desarrollo de este trabajo, veremos que tal impresión no es tan clara y contundente. Aunque históricamente la ciudadanía ha estado relacionada exclusivamente con organizaciones políticas ¿rompe la UE con esta "tradición"? ¿Puede considerarse la UE como una Organización Política? ¿Responde más bien al perfil de una organización internacional "sui generis", un "ente" cuyos rasgos políticos tienen vestigios de un Estado-Nación? Estos interrogantes constituyen algunos de los ejes básicos de nuestra investigación, la cual, como veremos, nos permitirá concluir que, en última instancia, la UE propone un modelo nuevo de ciudadanía, no ligado al Estado-Nación, si bien es cierto que no ha acabado de afirmarla en la práctica.

A nuestro juicio, el concepto de *ciudadanía* no necesariamente se ha de vincular a un órgano de unidad política, como es el Estado-Nación[3]. De ser así, el modelo de ciudadanía *comunitaria* supranacional propuesto por la UE quedaría descalificado como tal. La importancia que la ciudadanía adquiere en el actual contexto mundial radica precisamente en el desafío de construir modelos que, siendo políticamente realizables, respondan a las necesidades reales del mundo actual y de los seres humanos que viven en él. Un mundo donde la garantía de las exigencias de su dignidad sean lo esencial y no la perentoriedad

---

3 Tal es el caso de Puerto Rico, que siendo una colonia de Estados Unidos de América en su Departamento de Estados los puertorriqueños pueden solicitar un Certificado de ciudadanía puertorriqueña. Éste a pesar que tiene un propósito 'mayoritariamente' moral culturalmente hablando, también tiene eficacia jurídica en el caso de un puertorriqueño que quiera adquirir la nacionalidad española. Para más información consultar: Santos, José. Antonio, "Pionera Validez y Alcance Internacional del certificado de Ciudadanía de PR en España y la UE,"Disponible en *https://www.ciudadaniadepr.com/* [consultado el 30 de septiembre de 2022.]

de un estatus administrativo. En definitiva, a nuestro juicio, el concepto de ciudadanía resulta hoy día verdaderamente crucial, en tanto que resulte concebido y reconocido como un auténtico derecho humano.

Contemplar el concepto "*ciudadanía*" como un derecho humano puede resultar una propuesta osada, que exija una tarea argumentativa difícil y compleja. En efecto, este planteamiento pretende ir más allá de la proclamación del 'derecho a una nacionalidad' recogido por el art. 15 de la *Declaración Universal de Derechos Humanos* (en adelante DUDH). No se trata de garantizar la nacionalidad, se trata de garantizar las exigencias de la dignidad de todo ser humano, sea cual sea su nacionalidad. Sólo de este modo resulta justificada nuestra pretensión de desvincular la ciudadanía de la nacionalidad. Por otra parte, eso exige también proponer una idea de ciudadanía, que supere los diferentes modelos ofrecidos hasta ahora y que sea capaz de universalizarse, no sólo desde una perspectiva utópica. Es cierto que, al remitir la cuestión de la ciudadanía al ámbito de los Derechos Humanos (en adelante DDHH), se corre el peligro de convertirla en un puro constructo teórico privado de toda fuerza jurídica real, porque sólo la legislación positiva, interna o internacional, es una fuente de Derecho. De ahí que sea un serio problema dotar de fuerza jurídica supraestatal a un concepto de ciudadanía que asuma tal pretensión.

Consciente de tales dificultades, hemos orientado nuestra atención hacia un laboratorio privilegiado; un espacio político real, como la UE, y su modelo supranacional de 'ciudadanía europea', que se desarrolla en el marco de los derechos fundamentales reconocidos por la *Carta de Derechos de la UE* (en adelante CDFUE) y que implementa un conjunto de derechos y deberes reconocidos y garantizados en un ámbito supranacional. En efecto, con el *Tratado de Lisboa* todos los debates acerca del valor de la *Carta de Derechos*, los elementos jurídicamente vinculantes y la discusión acerca del valor meramente declarativo del texto, reciben una respuesta clara. El Tratado, en su art. 6, indica que:

> *"La Unión reconoce los derechos, libertades y principios enunciados en la Carta de los Derechos Fundamentales de 7 de diciembre de 2000, tal como fue adaptada el 12 de diciembre de 2007 en Estrasburgo, la cual tendrá el mismo valor jurídico que los Tratado.*[4]*"*

Mediante este artículo 6, la CDFUE pasa a formar parte del acervo de la UE, además de convertirse en un elemento jurídicamente vinculante y de obligado cumplimiento por parte de la Instituciones europeas, actuando en el marco de sus respectivas competencias, y por parte de los Estados Miembros mientras actúen ejecutando el Derecho Comunitario; es decir, cuando apliquen Reglamentos, Directivas, Decisiones o Dictámenes y Recomendaciones[5]. En los últimos tres siglos, la constitución de un espacio político y jurídico supranacional como es el caso de la UE representa uno de los proyectos más importantes de cuantos se hayan puesto en marcha. Y ese espacio se sustenta sobre un concepto de ciudadanía 'superador' del Estado-nación, a través de lo que se conoce como *ciudadanía europea.*

En definitiva, como venimos diciendo, el presente trabajo pretende hallar un paradigma y/o concepto "ciudadánico", filosófica y políticamente coherente, pero realmente aplicable y ejecutable, que responda a la prioridad de las exigencias del ser humano por encima de la condición administrativa de 'nacional' de un Estado. Se pretende mostrar la posibilidad de

---

4 Unión Europea, Tratado de Lisboa, *art. 6,* firmado el 13 de diciembre de 2007, *Diario Oficial C 306,* 17 de diciembre de 2007. p. 1 y ss.

5 Blasi Casagran, Cristina, "La Protección de los Derechos Fundamentales en el Tratado de Lisboa", [[En Línea]], en *Quaderns de Treball, Institut Universitari d'Estudis Europeus, núm. 51, ,octubre,* 2010, p.8 [Consultado el 14 de junio 2014] Disponible en http://www.recercat.net/bitstream/handle/2072/169866/51.PDF?sequence=1

desvincular la ciudadanía de las fronteras del Estado-Nación, reenfocándola hacia la categoría de derecho fundamental, realizándola, al menos, en el espacio supranacional de la UE. En definitiva, se pretende construir desde la filosofía del Derecho un concepto jurídicamente aplicable de ciudadanía, que contemple la primacía de la persona, sin las restricciones 'estatales' ligadas a la categoría de titular de derechos dentro de un marco constitucional estatal. Se trata también de no limitarse a un debate académico, sino construir una pieza jurídica funcional y aplicable, que recoja el ámbito de derechos y deberes de lo que denominamos aquí una '*ciudadanía humana*'.

Como escribió Borges en "*Funes el Memorioso*": "en el momento requerido, olvidaremos diferencias, generalizaremos y abstraeremos, para pensar e intentar lograr, a partir de las similitudes depuradas y de las discrepancias, una idea irrecusable[6].

---

6 Borges, Jorge Luis, "Funes el memorioso", "Ficciones", en *Obras completas,* Buenos Aires, Emecé Editores, 1974.

Capítulo 1

Los derechos básicos inherentes a la ciudadanía de la Unión Europea y su desarrollo legislativo

Artículo 20–TFUE

1. Se crea una ciudadanía de la Unión. Será ciudadano de la Unión toda persona que ostente la nacionalidad de un Estado miembro. La ciudadanía de la Unión se añade a la ciudadanía nacional sin sustituirla y; el Capitulo V de la Carta de Derechos Fundamentales de la UE.

2. Los ciudadanos de la Unión son titulares de los derechos y están sujetos a los deberes establecidos en los Tratados. Tienen, entre otras cosas, el derecho a :

   a) de circular y residir libremente en el territorio de los Estados miembros;

   b) de sufragio activo y pasivo en las elecciones al Parlamento Europeo y en las elecciones municipales del Estado miembro en el que residan, en las mismas condiciones que los nacionales de dicho Estado;

   c) de acogerse, en el territorio de un tercer país en el que no esté representado el Estado miembro del que sean nacionales, a la protección de las autoridades diplomáticas y consulares de cualquier Estado miembro en las mismas condiciones que los nacionales de dicho Estado;

d) de formular peticiones al Parlamento Europeo, de recurrir al Defensor del Pueblo Europeo, así como de dirigirse a las instituciones y a los órganos consultivos de la Unión en una de las lenguas de los Tratados y de recibir una contestación en esa misma lengua.
Estos derechos se ejercerán en las condiciones y dentro de los límites definidos por los Tratados y por las medidas adoptadas en aplicación de éstos.

Como ya hemos indicado, el estatuto de la ciudadanía europea está ligado a la titularidad de unos derechos, complementarios (no sustitutivos) de los que corresponden al nacional de cada estado-miembro y cuya garantía se fundamenta en la fuerza del Tratado. Estos derechos *básicos* son los que establece el art. 20 TFUE. Si bien, cabe recordar que estos derechos no son *numerus clausus*, puesto que como dispone el art. 25 del TFUE, que autoriza a la Comisión a proponer derechos adicionales de ciudadanía, por unanimidad con arreglo a un procedimiento legislativo especial, y previa aprobación del Parlamento Europeo, se pueden arbitrar disposiciones encaminadas a completar los derechos enumerados en el apartado 2 del artículo 20 TFUE. Dichas disposiciones entrarán en vigor cuando hayan sido aprobadas por los Estados miembros de conformidad con sus respectivas normas constitucionales. También hay que hacer mención al art. 18 TFUE, que señala que en el ámbito de aplicación de los Tratados, y sin perjuicio de las disposiciones particulares previstas en los mismos, se prohibirá toda discriminación por razón de la nacionalidad. El Parlamento Europeo y el Consejo, con arreglo al procedimiento legislativo ordinario, podrán establecer la regulación necesaria para prohibir dichas discriminaciones. Veamos, pues, cómo se desarrollan y especifican cada uno de estos derechos en el Tratado.

1. LIBERTAD DE CIRCULACIÓN Y DE RESIDENCIA DENTRO DEL ESPACIO DE LA UE

Artículo 45 CDFUE

Libertad de circulación y de residencia

1. Todo ciudadano de la Unión tiene derecho a circular y residir libremente en el territorio de los Estados miembros.
2. De conformidad con lo dispuesto en el Tratado constitutivo de la Comunidad Europea, se podrá conceder libertad de circulación y de residencia a los nacionales de terceros países que residan legalmente en el territorio de un Estado miembro

Artículo 21 TFUE

1. Todo ciudadano de la Unión tendrá derecho a circular y residir libremente en el territorio de los Estados miembros, con sujeción a las limitaciones y condiciones previstas en los Tratados y en las disposiciones adoptadas para su aplicación.
2. Cuando una acción de la Unión resulte necesaria para alcanzar este objetivo, y a menos que los Tratados hayan previsto los poderes de acción al respecto, el Parlamento Europeo y el Consejo podrán adoptar, con arreglo al procedimiento legislativo ordinario disposiciones destinadas a facilitar el ejercicio de los derechos contemplados en el apartado 1.
3. A los efectos contemplados en el apartado 1, y salvo que los Tratados establezcan poderes de actuación para ello, el Consejo podrá adoptar, con arreglo a un

procedimiento legislativo especial, medidas sobre seguridad social o protección social. El Consejo se pronunciará por unanimidad previa consulta al Parlamento Europeo

1.2.1. Derecho de circulación y de residencia por tres meses

Actualmente el ejercicio de este derecho está en términos generales en la Directiva 2004/38/CE[7], referente al derecho de los ciudadanos de la Unión y los miembros de sus familias a circular y residir libremente en el territorio de los Estados miembros. La Directiva funde en una sólo pieza variados textos relacionados a las condiciones para ejercicio de este derecho[8],

---

7 Directiva 2004/38/CE del Parlamento Europeo y del Consejo, de 29 de abril de 2004, relativa al derecho de los ciudadanos de la Unión y de los miembros de sus familias a circular y residir libremente en el territorio de los Estados miembros", *Diario Oficial L 158/*1, 30 abril de .2004, p. 77-123

8 Unión Europea, Reglamento 1612/68/CEEdel Consejo, de 15 de octubre de 1968, relativo a la libre circulación de los trabajadores dentro de la Comunidad, *Diario Oficial L 257,* 19 de octubre de 1968,p. 2-12; Unión Europea , Directiva 64/221/CEE del Consejo, de 25 de febrero de 1964, para la coordinación de las medidas especiales para los extranjeros en materia de desplazamiento y de residencia, justificadas por razones de orden público, seguridad y salud pública, *Diario Oficial 56,* 4 de abril de 1964.4.1964, p. 850-857; Unión Europea, Directiva 68/360/CEE del Consejo, de 15 de octubre de 1968, sobre suspensión de restricciones al desplazamiento y a la estancia de los trabajadores de los Estados Miembros y de sus familias dentro de la Comunidad, *Diario Oficial L 257 de 19 octubre de 1968,* p. 13-16; Unión Europea, Directiva 72/194/CEE del Consejo, de 18 de mayo de 1972, por la que se amplía a los trabajadores que ejercen el derecho a permanecer en el territorio de un Estado Miembro después de haber ejercido en él un empleo, el campo de aplicación de la Directiva de 25 de febrero de 1964 sobre la coordinación de medidas especiales para extranjeros en materia de des-

(art. 38). Entre otras cosas, su objetivo no es otro que facilitar el ejercicio de este derecho en los diferentes países de la UE, (art.1). Prohíbe discriminar por razones de nacionalidad. (Considerando 6) De este modo se limitan las burocracias administrativas a lo estrictamente necesario, (arts. 8-9 y art. 19), para la libre circulación y residencia, bien temporal como permanente de los ciudadanos de la UE así como los miembros de

---

plazamiento y estancia, justificadas por razones de orden público, seguridad y salud públicas, *Diario Oficial L 121 de 26 mayo de 1972*, , p. 32-32; Unión Europea, Directiva 73/148/CEE del Consejo, de 21 de mayo de 1973, relativa a la supresión de las restricciones al desplazamiento y a la estancia, dentro de la Comunidad, de los nacionales de los Estados Miembros en materia de establecimiento y de prestación de servicios, *Diario Oficial L 172* , de 28 junio de .1973, p. 14-16; Unión Europea, Directiva 75/34/CEE del Consejo, de 17 de diciembre de 1974, relativa al derecho de los nacionales de un Estado Miembro a permanecer en el territorio de otro Estado Miembro después de haber ejercido en él una actividad por cuenta propia, *Diario Oficial L 14* , de 20 de enero de 1975, p. 10-13 ; Unión Europea, Directiva 75/35/CEE del Consejo, de 17 de diciembre de 1974, por la que se extiende el campo de aplicación de la Directiva 64/221/CEE para la coordinación de las medidas especiales para los extranjeros en materia de desplazamiento y de residencia, justificadas por razones de orden público, seguridad pública y salud pública, a los nacionales de cualquier Estado Miembro que ejerzan el derecho de permanecer en el territorio de otro Estado Miembro después de haber ejercido en él una actividad no asalariada , *Diario Oficial L 144,* de 20. Enero de 1975, p. 14; Unión Europea, Directiva 90/364/CEE del Consejo, de 28 de junio de 1990, relativa al derecho de residencia, *Diario Oficial L 180, de* 13 julio de 1990, p. 26-27; Unión Europea, Directiva 90/365/CEE del Consejo, de 28 de junio de 1990, relativa al derecho de residencia de los trabajadores por cuenta ajena o por cuenta propia que hayan dejado de ejercer su actividad profesional *Diario Oficial L 180,* de 13 julio de 1990, p. 28-29; Unión Europea, Directiva 93/96/CEE del Consejo, de 29 de octubre de 1993, relativa al derecho de residencia de los estudiantes , *Diario Oficial L 317,* de 18 de diciembre de 1993, p. 59-60..

su familia, (Cap. II y III). También, delimita los estos derechos atribuidos por razones de de orden público, seguridad pública o salud pública, (art. 1c; Cap. VI, art. 27 -33). Además Da una definición más clara del estatuto de los miembros de la familia. (art.2). Se delimitan los casos de denegar o finiquitar la residencia (art. 3; 31 y 37), y se instaura un nuevo derecho de residencia permanente, (art. 1b; letras a), b), c) o d) del apartado 1 del art. 7; art. 12; art. 13; art. 19; art. 24 y 25) Asimismo, delimita los estos derechos atribuidos por razones de orden público, seguridad pública o salud pública.

Despeja las dudas sobre el estado de los trabajadores por cuenta ajena, por cuenta propia; (art. 7.1(a, art 7.3, apartado 4 del art. 8. art. 12, art. 13, art. 14.3(a, art. 17.1(a, art. 17.2-3, art. 17.4(a, y art. 24.2; y estudiantes; art. 7.1(c, art. 8.3, y art. 12.3. ; los que tienen ingresos no remunerados por el trabajo como lo son trabajadores por cuenta propia o ajena que, en el momento de cesar su actividad, haya alcanzado la edad prevista por la legislación de este Estado miembro para adquirir el derecho a una pensión de jubilación o el trabajador por cuenta ajena que deje de ocupar la actividad remunerada con motivo de una jubilación anticipada, cuando haya ejercido su actividad en ese Estado miembro durante al menos los últimos doce meses y haya residido en el mismo de forma continuada durante más de tres años, (art. 17 1(a)). Éstos ha de poseer recursos suficientes para sí y su familia para no convertirse en una carga para la asistencia social del país de acogida y0 contar con un seguro de enfermedad que cubra todos los riesgos. (Art. 7.1(c).

Interesantemente señala la imposición de una obligación. Es que habrá de registrare ante las autoridades adecuadas en caso de vivir en un Estado miembro diferente al de origen durante más de tres meses. Los miembros de su familia que no sean nacionales de un Estado miembro, o ciudadanos por sí mismo de la UE, necesitan una tarjeta de residencia con una validez de cinco años, (art 8). Eso sí, disfrutarían del derecho de residencia permanente en aquellos casos en los cuales han residido de forma regular- administrativamente hablando- en otro país de la UE durante un período de cinco años consecutivos, extensivo a los miembros de su familia. En consecuencia, tienen derecho a la igualdad de tratos en las mismas condiciones que los nacionales del Estado miembro de acogida. No obstante, las autoridades del Estado en cuestión no vienen obligadas a otorgar beneficios a los ciudadanos de la UE que no hayan trabajado trabajen a cambio de un salario durante los primeros tres meses de la su estancia.

Sin perjuicio de las disposiciones que regulan los documentos de viaje en controles fronterizos nacionales, todo ciudadano de la Unión que posea un documento de identidad o pasaporte válidos- también los miembros de su familia que sean o no nacionales de un Estado miembro y posean un pasaporte o documentación válida[9], tendrán derecho a salir del territorio de un Estado miembro para trasladarse a otro Estado miembro., no les será necesario un visado para la entrada o salida. (art. 4). Igualmente, tendrán derecho de residencia en el territorio de otro Estado miembro por un período de hasta tres meses sin estar sometidos a otra condición o formalidad que la de estar en posesión de un documento de identidad o pasaporte válidos. Se aplicarán asimismo a los miembros de la familia en posesión de un pasaporte válido que sean o no nacionales de un Estado miembro y acompañen al ciudadano de la Unión, o se reúnan con él. (art. 6)

En la sección VI se indica los miembros de la familia del ciudadano de la UE podrían conservar el derecho a seguir residiendo en el Estado miembro de acogida de que se trate en caso de que aquél falleciere o abandonase el país. La expulsión se contempla en el caso que el comportamiento del ciudadano o algún miembro de su familiar representen una amenaza para

---

9 Normalmente se trata de tarjeta de residencia de familiar comunitario.

el interés fundamental de la sociedad. Por otra parte, también se aplican limitaciones al derecho de circulación por razones de salud pública. Sólo está justificada cuando las personas se hallen afectadas por enfermedades que la OMS considere pueda tener un potencial epidémico.

El derecho que tienen las personas a circular y residir con libertad dentro de la Unión Europea es la piedra angular, el corazón de la ciudadanía de la Unión, consagrado por Maastricht. Su libre práctica ejecución se dio paulatinamente en la medida de la supresión de fronteras y, la incorporación de Estados miembros a la UE y al espacio Schengen. Básica y sucintamente el espacio Schengen comprende un área dentro de Europa – que coincide con algunos Estados miembros de la UE, en el cual se han suprimido las fronteras y su cruce entre los Estados que lo comprenden

Todo ciudadano de la Unión Europea que disponga de un documento de identidad o de un pasaporte válido tiene derecho a desplazarse a otro Estado miembro. En ningún caso se le podrá exigir visado de entrada ni de salida. Si el ciudadano en cuestión no dispone de documento de viaje alguno, el Estado miembro anfitrión le dará todas las facilidades al interesado para que pueda obtener o pueda hacerse mandar los documentos requerido. (art. 4)

Aquellos miembros de la unidad familiar que no posean la nacionalidad de ningún Estado miembro podrían beneficiarse del mismo derecho que el propio ciudadano del que vayan acompañados, pero estarían sujetos al cumplimiento de la obligación de obtener un visado de breve duración a tenor con lo dispuesto en el art. 5.2 del *Reglamento (CE) 539/2001*[10].

---

[10] Unión Europea. Reglamento (CE) 539/2001, del consejo, de de 15 de marzo de 2001 por el que se establecen la lista de terceros países cuyos nacionales están sometidos a la obligación de visado para cru-

Las tarjetas de residencia se tendrán como equivalentes a los visados para estas residencias de breve duración.

Para aquellas residencias inferiores a tres meses, el único requisito formal requerido al ciudadano de la Unión es la posesión de un documento de identidad o bien e un pasaporte válidos y en vigor. El Estado miembro anfitrión podrá solicitarle al interesado que informe sobre su presencia en su territorio en un plazo que sea razonable y no discriminatorio (art.6).

1.2.2. Derecho de residencia superior a tres meses

Según señala el art. 7 de la Directiva,

1. Todo ciudadano de la Unión tiene derecho de residencia en el territorio de otro Estado miembro por un período superior a tres meses si:

   a) es un trabajador por cuenta ajena o por cuenta propia en el Estado miembro de acogida, o

   b) dispone, para sí y los miembros de su familia, de recursos suficientes para no convertirse en una carga para la asistencia social del Estado miembro de acogida durante su período de residencia, así como de un seguro de enfermedad que cubra todos los riesgos en el Estado miembro de acogida, o

   c) – está matriculado en un centro público o privado, reconocido o financiado por el Estado miembro de acogida con arreglo a su legislación o a su práctica administrativa, con la finalidad principal de cursar estudios, inclusive de formación profesional; y

---

zar las fronteras exteriores y la lista de terceros países cuyos nacionales están exentos de esa obligación. *Diario Oficial de la Unión L 81 de* 19 de enero 2007.

– cuenta con un seguro de enfermedad que cubre todos los riesgos en el Estado miembro de acogida y garantiza a la autoridad nacional competente, mediante una declaración o por cualquier otro medio equivalente de su elección, que posee recursos suficientes para sí y los miembros de su familia para no convertirse en una carga para la asistencia social del Estado miembro de acogida durante su período de residencia, o

d) es un miembro de la familia que acompaña a un ciudadano de la Unión, o va a reunirse con él, y que cumple las condiciones contempladas en las letras a), b) o c).

2. El derecho de residencia establecido en el apartado 1 se ampliará a los miembros de la familia que no sean nacionales de un Estado miembro cuando acompañen al ciudadano de la Unión o se reúnan con él en el Estado miembro de acogida, siempre que dicho ciudadano cumpla las condiciones contempladas en las letras a), b) o c) del apartado 1.

3. A los efectos de la letra a) del apartado 1, el ciudadano de la Unión que ya no ejerza ninguna actividad por cuenta ajena o por cuenta propia mantendrá la condición de trabajador por cuenta ajena o por cuenta propia en los siguientes casos:

a) si sufre una incapacidad laboral temporal resultante de una enfermedad o accidente;

b) si, habiendo quedado en paro involuntario debidamente acreditado, tras haber estado empleado durante más de un año, se ha inscrito en el servicio de empleo competente con el fin de encontrar un trabajo;

c) si, habiendo quedado en paro involuntario debidamente acreditado tras concluir un contrato de trabajo de duración determinada inferior a un año o habiendo quedado en paro involuntario durante los primeros doce meses, se ha inscrito en el servicio de empleo competente con el fin de encontrar un trabajo. En este caso, la condición de trabajador se mantendrá durante un período que no podrá ser inferior a seis meses;

d) si sigue una formación profesional. Salvo que se encuentre en situación de paro involuntario, el mantenimiento de la condición de trabajador exigirá que la formación guarde relación con el empleo previo.

4. No obstante lo dispuesto en la letra d) del apartado 1 y en el apartado 2, únicamente el cónyuge, la pareja registrada a que se refiere la letra b) del punto 2 del artículo 2 y los hijos a cargo tendrán el derecho de residencia como miembros de la familia de un ciudadano de la Unión que cumple los requisitos de la letra c) del apartado 1 anterior. El apartado 2 del artículo 3 se aplicará a sus ascendientes directos a cargo y a los de su cónyuge o pareja de hecho registrada.

El art. 8 instaura trámites administrativos para los ciudadanos de la Unión. En él se suprime el permiso de residencia para los ciudadanos de la Unión. No obstante, sin perjuicio de lo dispuesto en el apartado 5 del artículo 5, para períodos de residencia superiores a tres meses, los Estados miembros podrán pedir al interesado la obligación de registrarse ante las autoridades competentes en un plazo no inferior a los tres meses a partir de su llegada. El plazo fijado para el registro no podrá ser inferior a tres meses a partir de la fecha de llegada. Se expedirá con carácter inmediato un certificado de registro que precise el nombre y dirección de la persona registrada y la fecha de registro. El incumplimiento de la obligación de registro podrá conllevar, para la persona interesada, castigos con sanciones proporcionadas y no discriminatorias.

Las exigencias de los Estados para la la expedición del certificado de registro, son de carácter limitado. Se limitan a presentar un documento de identidad o un pasaporte válido y una declaración de contratación del empleador o un certificado de empleo, o una prueba de que trabaja por cuenta propia; certificado de matrículas de estudios, etc[11].

Por su parte los artículos 9 al 11, nos señala el tratamiento a los miembros de la familia de un ciudadano de la Unión que no tengan la nacionalidad de ningún Estado miembro. Estos deberán solicitar un "permiso de residencia de familiar de un ciudadano de la Unión", que tendrá una validez mínima de cinco años a partir de su expedición. El plazo para presentar la solicitud de expedición de una tarjeta de residencia no podrá ser inferior a tres meses a partir de la fecha de llegada. El incumplimiento de la obligación de solicitar la tarjeta de residencia podrá conllevar para la persona interesada sanciones proporcionadas y no discriminatorias. (Art. 9)

El derecho de residencia de los miembros de la familia de un ciudadano de la Unión que no tengan la nacionalidad de un Estado miembro será reconocido mediante la expedición de un documento que se denomina "tarjeta de residencia de familiar de un ciudadano de la Unión" el cual deberá ser expedido a más tardar en los seis meses siguientes a la presentación de la solicitud. Se entregará inmediatamente un resguardo de la presentación de la solicitud de una tarjeta de residencia. Los Estados miembros podrán exigir la presentación de los siguientes documentos:

---

11 Véanse en el artículo 8 de la Directiva las pruebas que pueden exigirse a cada categoría de ciudadanos.

a) un pasaporte válido;

b) un documento que acredite la existencia de parentesco o de unión registrada;

c) el certificado de registro o, a falta de sistema de registro, cualquier otra prueba de residencia en el Estado miembro de acogida del ciudadano de la Unión al que acompañen o con el que vayan a reunirse posteriormente.

d) en los casos contemplados en las letras c) y d) del punto 2 del artículo 2, la prueba documental de que se cumplen las condiciones previstas en dicha disposición;

e) en los casos contemplados en la letra a) del apartado 2 del artículo 3, todo documento expedido por la autoridad competente del país de origen o procedencia que certifique que están a cargo del ciudadano de la Unión o que vivían con él en ese país o la prueba de la existencia de motivos graves de salud que requieran estrictamente que el ciudadano de la Unión se haga cargo del cuidado personal del miembro de la familia;

f) en los casos contemplados en la letra b) del apartado 2 del artículo 3, la prueba de la existencia de una relación estable con el ciudadano de la Unión. (Art. 10).

La Validez de la tarjeta de residencia tendrá una validez de cinco años a partir de su fecha de expedición o por el período previsto de residencia del ciudadano de la Unión si dicho período fuera inferior a cinco años. 2. La validez de la tarjeta de residencia no se verá afectada por ausencias temporales no superiores a seis meses al año, ni por ausencias de mayor duración para el cumplimiento de obligaciones militares, ni por una ausencia no superior a doce meses consecutivos por motivos importantes como el embarazo y el parto, enfermedad grave, estudios o una formación profesional, o el traslado por razones de trabajo a otro Estado miembro o a un tercer país. (art. 11)

Ni el fallecimiento, ni la salida del territorio del Estado miembro anfitrión del ciudadano de la Unión, ni el divorcio, ni la anulación del matrimonio, ni el fin de la unión registrada afectan al derecho de residencia de los miembros de la familia que no tengan la nacionalidad de ningún Estado miembro (art. 12-13), siempre y cuando cumplan una serie de condiciones, entre ellas, que no sean una carga excesiva par la asistencia social del Estado en el que residen, si bien el recurso a esa asistencia no comportará de manera inmediata la expulsión ya que deben respetarse ciertas garantías (arts. 14-15).

1.2.3. Derecho de residencia permanente

Todo ciudadano de la Unión obtiene el derecho de residencia permanente en el Estado miembro anfitrión tras haber residido en situación regular en él durante un período ininterrumpido de cinco años a condición de que no haya sido objeto de ninguna medida de expulsión. Este derecho deja de estar sujeto a cualquier tipo de condición. Esto aplica igualmente para los miembros de la familia que no tengan la nacionalidad de ningún Estado miembro y que hayan residido durante cinco años con un ciudadano de la Unión igualmente en situación regular. Una vez obtenido, el derecho de residencia permanente sólo se pierde en caso de una ausencia del Estado miembro anfitrión superior a dos años consecutivos (art. 16-18).

A los ciudadanos de la Unión que lo soliciten se expedirá un documento por el que se certificará su derecho de residencia permanente. A los miembros de su familia que sean ciudadanos de terceros países, los Estados miembros expedirán un permiso de residencia permanente de duración ilimitada y automáticamente renovable cada diez años. Este permiso se expedirá en un plazo de seis meses a partir de la presentación de la solicitud. La continuidad de la residencia podrá probarse con cualquier medio de prueba usual en el Estado miembro anfitrión (art. 19-21).

1.2.4. Disposiciones comunes al derecho de residencia y al derecho de residencia permanente

Cualquier ciudadano de la Unión titular del derecho de residencia o del derecho de residencia permanente, así como los miembros de su familia, gozarán de igualdad de trato respecto de los nacionales del Estado anfitrión en el ámbito de aplicación del Tratado, (art.24.1). No obstante, el Estado miembro anfitrión no estará obligado a conceder el derecho a prestaciones de asistencia social durante los tres primeros meses de residencia a las personas que no sean trabajadores por cuenta ajena o por cuenta propia y a los miembros de su familia. Con carácter previo a la concesión del derecho de residencia permanente, los Estados miembros tampoco estarán obligados a abonar asignaciones por estudios (incluidos también los estudios de formación profesional), en forma de becas o de préstamos a dichas personas. Independientemente de su nacionalidad, los miembros de la familia tendrán derecho a ejercer una actividad económica, por cuenta ajena o por cuenta propia (art. 24.2). El derecho de residencia y el derecho de residencia permanente se extenderán a todo el territorio del Estado miembro de acogida. Los Estados miembros sólo podrán establecer limitaciones territoriales al derecho de residencia o al derecho de residencia permanente cuando éstas estén previstas también para sus propios nacionales. Los miembros de la familia del ciudadano de la Unión, independientemente de su nacionalidad, beneficiarios del derecho de residencia o del derecho de residencia permanente en un

Estado miembro, tendrán derecho a trabajar por cuenta propia o ajena (art. 22-23)

1.2.5. Limitaciones del derecho de entrada y de residencia por razones de orden público, seguridad pública o sanidad

Los Estados miembros podrán limitar la libertad de circulación y residencia de un ciudadano de la Unión o un miembro de su familia, independientemente de su nacionalidad. Un Estado miembro anfitrión puede, por razones de orden público, seguridad o sanidad, expulsado de su territorio a un ciudadano de la Unión o miembro de su familia. En ningún caso podrá tal decisión fundamentarse en razones económicas. Cualquier medida relativa a la libertad de circulación y residencia deberá respetar el principio de proporcionalidad y basarse exclusivamente en la conducta personal del interesado. La existencia de condenas penales no podrá justificar automáticamente este tipo de medida. La conducta personal del interesado deberá representar una amenaza suficientemente grave y real para el interés fundamental del Estado anfitrión. La caducidad del documento que haya permitido la entrada del interesado no es razón que justifique la expulsión (art. 27).

Amén de la potestad del Estado anfitrión, antes de tomar una decisión de expulsión por razones de orden público o seguridad pública, éste deberá, el Estado miembro de acogida deberá tener en cuenta, en particular, la duración de la residencia del interesado en su territorio, su edad, estado de salud, situación familiar y económica, su integración social y cultural en el Estado miembro de acogida y la importancia de los vínculos con su país de origen. El Estado miembro de acogida no podrá tomar una decisión de expulsión del territorio contra un ciudadano de la UE o un miembro de su familia, independientemente de su nacionalidad, que haya adquirido un derecho de residencia permanente en su territorio, excepto por motivos graves de orden público o seguridad pública. El Estado miembro anfitrión no podrá adoptar una decisión de expulsión contra un ciudadano de la Unión, excepto si la decisión se basa en motivos imperiosos de seguridad pública tal que definidos por los Estados miembros, cuando éste:

a) haya residido en el Estado miembro de acogida durante los diez años anteriores, o

b) sea menor de edad, salvo si la expulsión es necesaria en interés del niño, tal como establece la Convención de las Naciones Unidas sobre los Derechos del Niño, de 20 de noviembre de 1989. (art. 28)

Toda decisión adoptada en virtud del apartado 1 del artículo 27 deberá notificarse al interesado por escrito, en condiciones tales que le permitan entender su contenido e implicaciones. Habrá de justificarse e indicarse las vías de recurso y los plazos correspondientes. Salvo en caso de urgencia, el plazo para abandonar el territorio del Estado anfitrión no podrá ser inferior a un mes a partir de la fecha de la notificación. (art. 30)

Cuando se tome una decisión contra él por razones de orden público, seguridad pública o salud pública, el interesado podrá interponer los recursos judiciales y, en su caso, administrativos del Estado miembro de acogida o solicitar la revisión de la misma. Por otra parte en aquellos casos en que la solicitud de recurso judicial o administrativo de la decisión de expulsión vaya acompañada de la solicitud de una orden provisional de suspensión de la ejecución de dicha decisión, no podrá producirse la expulsión en sí hasta el momento en que se haya adoptado la decisión sobre la orden provisional excepto que la decisión de expulsión se basa en una decisión judicial anterior, si las personas afectadas han tenido acceso previo a la revisión judicial, o bien la decisión de expulsión se basa en motivos imperiosos de seguridad pública conforme al apartado 3 del artículo 28. El procedimiento de recurso permitirá el examen de la legalidad de la decisión, así como de los hechos y circunstancias en que se basa la medida propuesta. Garantizará asimismo que la decisión no sea desproporcionada, en particular, respecto de los requisitos establecidos en el artículo 28. Los Estados miembros podrán rechazar la presencia del interesado en su territorio durante el procedimiento de recurso, pero no podrán prohibirle que presente su defensa en persona en la vista excepto por motivos graves de orden público o seguridad pública o cuando el recurso judicial o administrativo se refiera a una denegación de entrada en el territorio, (art. 31).

Bajo ningún concepto podrá prohibirse de por vida la entrada y residencia en el territorio del Estado anfitrión. El interesado podrá solicitar que se reconsidere su situación tras un período máximo de tres años. Además, la presente Directiva incluye una serie de garantías procesales. Las personas afectadas tendrán acceso, en particular, a las vías jurisdiccionales de recurso y, si procede, administrativas en el Estado miembro anfitrión (art. 32-33).

1.3. Reglamento (CEE) 1612/68 sobre la Libre circulación de trabajadores[12]

El Reglamento tomaba en consideración que la libre circulación de trabajadores dentro de la Comunidad, ahora UE, debía quedar asegurada. La realización de este objetivo suponía la abolición, entre los trabajadores de los Estados miembros de toda discriminación por razón de la nacionalidad con respecto al empleo, retribución y demás condiciones de trabajo, así como al derecho de estos trabajadores a desplazarse

12 Unión Europea, "Reglamento (CEE) 1612/68 del Consejo", de 15 de octubre de 1968, relativo a la libre circulación de los trabajadores dentro de la Comunidad, *Diario Oficial L 257*, de 19 octubre de 1968, p. 2-12.

libremente dentro de la Comunidad, ahora UE, para ejercer una actividad asalariada, sin perjuicio de las limitaciones justificadas por razones de orden público, seguridad y salud públicas, Considerando 1)

Consagrándose el principio general de supresión de toda discriminación, directa o indirecta, por motivos de nacionalidad, en el empleo, la remuneración y demás condiciones de trabajo, en el acceso a la vivienda y en el derecho del trabajador a reunirse con su familia (reagrupación familiar). Además, prevé la creación de un mecanismo de puesta en relación de las ofertas y demandas de empleo a cargo de servicios especializados que colaboren a escala europea. Ha sido modificado por los Reglamentos (CEE) nº 312/76 y 2334/92 del Consejo y por la Directiva 2004/38/CE, anteriormente expuesta.

a) Ámbito de aplicación

Según el Reglamento todo nacional de un Estado miembro, sea cual fuere su lugar de residencia, tiene derecho a acceder a una actividad por cuenta ajena a ejercerla en el territorio de otro Estado miembro, de conformidad con las disposiciones legales, reglamentarias y administrativas que regulan el empleo de los trabajadores nacionales de dicho Estado. Beneficiándose en el territorio de otro Estado miembro de las mismas prioridades que los nacionales de dicho Estado, en el acceso a los empleos disponibles. (Art 1). El Reglamento apunta que la libre circulación constituye un derecho fundamental para los trabajadores y su familia; que la movilidad de mano de obra en la Comunidad debe ser para el trabajador uno de los medios que le garanticen la posibilidad de mejorar sus condiciones de vida y de trabajo, y facilitar su promoción social, con tribuyendo al mismo tiempo a satisfacer las necesidades de la economía de los Estados miembros. Por lo que era importante afirmar el derecho de todos los trabajadores de los

Estados miembros a ejercer la actividad de su elección dentro de la Comunidad; puesto que tal derecho debe reconocerse indistintamente a los trabajadores "permanentes", de temporada, fronterizos o que ejerzan sus actividades con ocasión de una prestación de servicios, (considerando 2-3)

El nacional de un Estado miembro que busque un empleo en el territorio de otro Estado miembro, recibirá allí la misma asistencia que la que las oficinas de empleo de ese Estado conceden a sus propios nacionales que busquen empleo. (art. 5) La contratación y el reclutamiento de un nacional de un Estado miembro para un empleo en otro Estado miembro, no podrá depender de criterios médicos, profesionales u otros discriminatorios en razón de la nacionalidad, con respecto a los aplicados a los nacionales de otro Estado miembro que deseen ejercer la misma actividad. No obstante, al nacional que posea una oferta nominativa hecha por un empresario de un Estado miembro que no sea el suyo propio, podrá sometérsele a un examen profesional si el empresario lo solicita expresamente en el momento de presentar su oferta (art. 6) Los trabajadores procedentes de países o territorios no europeos y que ejerzan una actividad por cuenta ajena en el territorio de un Estado miembro en virtud de un acuerdo entre este Estado miembro y su Estado o territorio de origen no pueden invocar el beneficio de la libre circulación de trabajadores dentro de la UE que concede el Reglamento, (art. 42)

b) Ejercicio del empleo e igualdad de trato

Aquellas disposiciones legales, reglamentarias y/o administrativas de los Estados miembros que limiten el empleo de extranjeros en número o porcentaje, por empresa, rama de actividad, región o a escala nacional, no serán aplicables a los nacionales de los otros Estados miembros. Es una evidente prohibición toda discriminación del trabajador nacional de un

Estado miembro en el territorio de otros Estados miembros. Una igualdad ciudadana por razón de ser parte de la fuerza trabajadora. Una igualdad ciudadana en función de la fuerza trabajador. Toda cláusula de convenio colectivo o individual o de otra reglamentación colectiva referente al acceso al empleo, al empleo, a la retribución y a las demás condiciones de trabajo y despido, será nula de pleno derecho en la medida en que prevea o autorice condiciones discriminatorias para los trabajadores nacionales de otros Estados miembros (art. 4)

En el territorio de otros Estados miembros y por razón de la nacionalidad, el trabajador nacional de un Estado miembro no podrá ser tratado de forma diferente que los trabajadores nacionales, en cuanto se refiere a las condiciones de empleo y de trabajo, especialmente en materia de retribución, de despido y de reintegración profesional o de nuevo empleo, si hubiera quedado en situación de desempleo, beneficiándose de las mismas ventajas sociales y fiscales que los trabajadores nacionales. Vemos la clara dependencia de la ciudadanía nacional en los beneficios de la ciudadanía, los cuales tienen un marcado carácter económico laboral.

c) Reagrupación familiar

La Directiva 2004/38/CE[13] modificó los arts. 10 y 11 del Reglamento en los siguientes términos: la definición de "miembro de la familia»", además del cónyuge, descendientes menores de veintiún años y ascendientes a cargo, incluye a las parejas de hecho registradas (si la legislación del Estado miembro de acogida las considera equiparables al matrimonio).

---

13 Unión Europea, "Directiva 2004/38/CE del Parlamento Europeo y del Consejo, de 29 de abril de 2004, relativa al derecho de los ciudadanos de la Unión y de los miembros de sus familias a circular y residir libremente en el territorio de los Estados miembros," supra.

Para períodos inferiores a tres meses, los miembros de la familia pueden residir libremente en el territorio de otro Estado miembro. Para períodos superiores a tres meses, ya no tienen que presentar una tarjeta de residencia, pero han de registrarse ante las autoridades competentes. Los familiares procedentes de terceros países pueden beneficiarse del mismo derecho que el ciudadano de la Unión al que acompañen, pero se les puede imponer la obligación de un visado de corta duración o equivalente. Para períodos superiores a tres meses, deben solicitar una "tarjeta de residencia de familiar de un ciudadano de la Unión", válida por un mínimo de cinco años y que, en principio, no se les puede retirar. Todos los miembros de la familia, independientemente de su procedencia, obtienen el derecho de residencia permanente tras un período de cinco años consecutivos. Este derecho podría perderse en caso de ausencia del Estado de acogida durante un período superior a dos años. Los miembros de la familia también tienen derecho a una prestación de asistencia social y a ejercer una actividad económica, por cuenta propia o ajena.

En cuanto a la Directiva 2004/38/CE, si atendemos a la Hoja Informativa Nº 103, de la Delegación del Gobierno de la Comunidad Valenciana, podemos ver con exquisita claridad una pormenorizada y estructurada enumeración del contenido de la Directiva de la trasposición española. Comienza señalando la base jurídica básica de la Tarjeta de Familiar de ciudadano de la Unión[14]. Nos expone un bosquejo de los requisitos

---

14 Directiva 2004/38/CE, del Parlamento Europeo y del Consejo, de 29 de abril de 2004, relativa al derecho de los ciudadanos de la Unión y de los miembros de sus familias a circular y residir libremente en el territorio de los Estados miembros. Real Decreto 240/2007, de 16 de febrero, sobre entrada, libre circulación y residencia en España de ciudadanos de los Estados miembros de la Unión Europea y de otros Estados parte en el Acuerdo sobre el Espacio Económico Europeo. Orden PRE/1490/2012, de 9 de julio, por la que se dictan

y la documentación exigible. Para el caso que nos ocupa reseñaremos los requisitos y su correspondiente interpretación, a tenor con el informativo. Nos ilustra que aquellos familiares de ciudadano español o de un Estado miembro de la Unión Europea, de otro Estado parte en el Acuerdo sobre el Espacio Económico Europeo o Suiza, que no ostenten la nacionalidad de uno de dichos Estados, cuando se reúnan con él o le acompañen, y vayan a residir en España por un período superior a tres meses, deberán solicitar y obtener una tarjeta de familiar de ciudadano de la Unión[15].

El primer requisito apunta a que el familiar Acompañar o reunirse con el ciudadano de la Unión o de otro Estado parte del Espacio Económico Europeo (EEE), el cual tiene que tener derecho a residencia por un periodo superior a tres meses, por ser trabajador por cuenta ajena o propia, tener seguro de enfermedad y medios económicos suficientes para la unidad familiar, o ser estudiante con seguro de enfermedad y recursos suficientes para la unidad familiar[16]. En el segundo, de los requisitos, se describen aquellas condiciones con las que debe cumplir el ciudadano de la Unión u otro Estado parte del Espacio Económico Europeo que establece el país ibérico.

Luego nos define qué se entiende por parentesco y elabora un listado con su respectiva explicación. Veamos:

---

normas para la aplicación del artículo 7 del Real Decreto 240/2004, de 16 de febrero, sobre entrada, libre circulación y residencia en España de ciudadanos de los Estado miembros de la Unión Europea y de otros Estados parte en el Acuerdo sobre el Espacio Económico Europeo. Reino de España, Delegación del Gobierno de la Comunidad Valenciana, *Hoja Informativa 103*, enero de 2021.

15 Reino de España, Delegación del Gobierno de la Comunidad Valenciana, *Hoja Informativa 103*, enero de 2021, p.1

16 Ibíd.

Si es **familiar de estudiante** podrá ser:

Cónyuge, siempre que no haya recaído el acuerdo o la declaración de nulidad del vínculo matrimonial o divorcio.

Pareja con la que mantenga una unión análoga a la conyugal e inscrita en un registro público establecido en un Estado miembro de la Unión, o en un Estado parte en el Espacio Económico Europeo y siempre que no se haya cancelado dicha inscripción, lo que deberá ser suficientemente acreditado. Las situaciones de matrimonio e inscripción como pareja registrada se considerarán, en todo caso, incompatibles entre sí.

o **Hijo** del ciudadano de la Unión o de su cónyuge o pareja registrada siempre que no haya recaído el acuerdo o la declaración de nulidad del vínculo matrimonial o divorcio, o se haya cancelado la inscripción registral de la pareja, menor de veintiún años o mayor de dicha edad que viva a su cargo, o sea incapaz.

o Cualquier **miembro de la familia** que en el país de procedencia estén a cargo o vivan con el ciudadano de la Unión. Se entenderá acreditada la convivencia si se demuestra fehacientemente una convivencia continuada de 24 meses en el país de procedencia

o Cualquier **miembro de la familia**, que por motivos graves de salud o discapacidad sea estrictamente necesario que el ciudadano de la Unión se haga cargo de su cuidado personal

o **Pareja de hecho no inscrita** con la que mantenga una relación estable debidamente probada al acreditar la existencia de un vínculo duradero. En todo caso, se entenderá la existencia de ese vínculo si se acredita un tiempo de convivencia marital de, al menos, un año continuado, salvo que tuvieran descendencia en común, en cuyo caso bastará la acreditación de convivencia estable debidamente probada. Las situaciones de matrimonio y pareja se considerarán, en todo caso, incompatibles entre sí.

En los **demás supuestos** podrá ser:

o **Cónyuge**, siempre que no haya recaído el acuerdo o la declaración de nulidad del vínculo matrimonial o divorcio.

o **Pareja** con la que mantenga una unión análoga a la conyugal e inscrita en un registro público establecido en un Estado miembro de la Unión, o en un Estado parte en el Espacio Económico Europeo y siempre que no se haya cancelado dicha inscripción. Las situaciones de matrimonio e inscripción como pareja registrada se considerarán, en todo caso, incompatibles entre sí.

o **Hijo directo** del ciudadano de la Unión o del Espacio Económico Europeo o de su cónyuge o pareja registrada siempre que no haya recaído el acuerdo o la declaración de nulidad del vínculo matrimonial, o divorcio, o se haya cancelado la inscripción registral como pareja, menor de veintiún años, o mayor de dicha edad que viva a su cargo, o incapaz.

o **Ascendiente directo** del ciudadano de la Unión o del Espacio Económico Europeo o de su cónyuge o pareja registrada que viva a su cargo, siempre que no haya recaído el acuerdo o la declaración de nulidad del vínculo matrimonial, o divorcio, o se haya cancelado la inscripción registral de la pareja.

o Cualquier **miembro de la familia** que en el país de procedencia estén a cargo del ciudadano de la Unión.

o Cualquier **miembro de la familia** que en el país de procedencia conviva con el ciudadano de la Unión. Se entenderá acreditada la convivencia si se demuestra fehacientemente una convivencia continuada de 24 meses en el país de procedencia

o Cualquier **miembro de la familia**, que por motivos graves de salud o de discapacidad sea estrictamente necesario que el ciudadano de la Unión se haga cargo del cuidado personal

o **Pareja de hecho no inscrita** con la que mantenga una relación estable debidamente probada al acreditar la existencia de un vínculo duradero. En todo caso se entenderá la existencia de ese vínculo si se acredita un tiempo de convivencia marital de, al menos, un año continuado, salvo que tuvieran descendencia en común, en cuyo caso bastará la acreditación de convivencia estable debidamente probada. Las situaciones de matrimonio y pareja se considerarán, en todo caso, incompatibles entre sí.

d) Exenciones a la libre circulación de trabajadores:

Con motivo de la ampliación de 2013 las Actas de adhesión contemplan exenciones al Reglamento (CEE) nº 1612/68. Durante transitoriamente por un espacio de siete años tras la adhesión de Croacia el 1 de julio de 2013, es posible la aplicación de algunas condiciones restrictivas de la libre circulación de trabajadores desde y hacia ese país. Estas restricciones exclusivamente se refieren a la libertad de movimientos con el fin de obtener un empleo y pueden diferir de un Estado miembro a otro.

A los trabajadores de un nuevo Estado miembro que trabajaban en un antiguo Estado miembro en el momento de la adhesión o que fueron admitidos en su mercado de trabajo durante el régimen transitorio en virtud de medidas nacionales o de acuerdos bilaterales, se les aplica un régimen particular. Si son admitidos para al menos doce meses, pueden beneficiarse del acceso al mercado de trabajo. No obstante, este derecho está limitado al antiguo Estado miembro en cuestión y puede perderse cuando el trabajador abandona voluntariamente dicho Estado miembro. Los cónyuges y los descendientes menores de veintiún años o a cargo de estos trabajadores también pueden acceder al mercado de trabajo del Estado miembro. Obtienen este derecho inmediatamente si residían en el antiguo Estado miembro en el momento de la adhesión. En cambio, si residen con el trabajador desde una fecha posterior a la adhesión, obtienen el acceso al mercado de trabajo al cabo de un mínimo de dieciocho meses o a partir del tercer año tras la adhesión, sea cual fuere la primera de las dos fechas.

i) ***Cláusula de salvaguardia.*** La cláusula de salvaguardia permite a un Estado miembro que haya decidido dejar de aplicar medidas restrictivas y permitir la libre circulación de los trabajadores, solicitar a la Comisión una autorización para imponer nuevas restricciones si su mercado laboral se ve amenazado o experimenta graves problemas. Está previsto que Malta también pueda imponer restricciones, debido al tamaño de su mercado de trabajo. Por otra parte, existe una cláusula específica para Alemania y Austria relativa a un número muy limitado de sectores, como la construcción y la limpieza industrial. Puede limitarse, así, la prestación de servicios por una empresa situada en un nuevo Estado miembro que implique la circulación temporal de trabajadores en Alemania o Austria, si los sectores de servicios en cuestión se ven gravemente afectados.

ii) ***La cláusula de statu quo.*** El acceso al mercado de trabajo de los antiguos Estados miembros para los trabajadores nacionales de los nuevos Estados miembros no puede ser más restrictivo que antes de la fecha de la firma de los Tratados de Adhesión.

iii) ***Preferencia comunitaria.*** Por otra parte, los Estados miembros deben aplicar un principio de preferencia, por el cual, cuando se propone un puesto de trabajo a un extranjero, los ciudadanos de los Estados miembros tendrán prioridad sobre los nacionales de países exteriores a la Unión Europea.

iv) ***Ámbito de aplicación.*** El régimen transitorio establecido no se aplica ni a Chipre ni a Malta (sin embargo, Malta puede recurrir a la cláusula de salvaguardia) y solamente tiene por objeto a los trabajadores. En efecto, los nacionales de los nuevos Estados miembros disfrutan plenamente del derecho a la libre circulación desde el momento de la adhesión, siempre y cuando no ejerzan una actividad por cuenta ajena (por ejemplo si son estudiantes, pensionistas o prestadores de servicios).

v) ***Derechos de los trabajadores en el marco del acervo comunitario.*** Desde el momento en que se acepta a un nacional de un nuevo Estado miembro en el mercado laboral de un Estado miembro de la UE, disfruta del conjunto de los principios de la legislación comunitaria: derecho de residencia, coordinación de los regímenes de seguridad social , no discriminación basada en la nacionalidad y reconocimiento de las cualificaciones.

1.4. Reglamento (UE) n° 492/2011 del Parlamento Europeo y del Consejo, de 5 de abril de 2011, relativo a la libre circulación de los trabajadores dentro de la Unión[17]

El objetivo del presente Reglamento es actualizar y codificar. Actualiza la legislación previa sobre la relativa a la potestad, derecho si se quiere, de los ciudadanos UE para desplazarse, circular, libremente y poder trabajar en otro Estado miembro de la UE. de esta manera se ve garantizado el principio de libre circulación que dispone el artículo 45 del TFUE.

La libre circulación constituye un derecho fundamental para los trabajadores y su familia. La movilidad de la mano de obra en la Unión debe ser para el trabajador uno de los medios que le garanticen la posibilidad de mejorar sus condiciones de

[17] Unión Europea, "Reglamento (UE) n ° 492/2011 del Parlamento Europeo y del Consejo, de 5 de abril de 2011 , relativo a la libre circulación de los trabajadores dentro de la Unión Texto pertinente a efectos del EEE" *Diario Oficial L 141,* de 27 de mayo de .2011, p. 1-12

vida y de trabajo, y facilitar su promoción social, contribuyendo al mismo tiempo a satisfacer las necesidades de la economía de los Estados miembros. Conviene afirmar el derecho de todos los trabajadores de los Estados miembros a ejercer la actividad de su elección dentro de la Unión. (Considerando 4) Este Reglamento modifica el Reglamento (CEE) 1612/68 del Consejo, de 15 de octubre de 1968, relativo a la libre circulación de los trabajadores dentro de la Comunidad aras de una mayor racionalidad y claridad, proceder a la codificación de dicho Reglamento. (Considerando 1). Garantiza el buen funcionamiento del sistema mediante la *abolición de toda discriminación por razón de la nacionalidad entre los trabajadores de los países de la UE.*

Todo nacional de un Estado miembro y todo empresario que ejerzan una actividad en el territorio de un Estado miembro podrán intercambiar sus demandas y ofertas de empleos, formalizar contratos de trabajo y ejecutarlos de conformidad con las disposiciones legales, reglamentarias y administrativas en vigor, sin que de ello pueda resultar discriminación alguna. (art. 4) Es que la libre circulación de trabajadores dentro de la Unión debe quedar asegurada. La realización de este objetivo supone la abolición, entre los trabajadores de los Estados miembros de toda discriminación por razón de la nacionalidad con respecto al empleo, retribución y demás condiciones de trabajo, así como al derecho de estos trabajadores a desplazarse libremente dentro de la Unión para ejercer una actividad asalariada, sin perjuicio de las limitaciones justificadas por razones de orden público, seguridad y salud públicas. (Considerando 2).

Expresamente prohíbe en el marco del presente Reglamento, no serán aplicables las disposiciones legales, reglamentarias o administrativas, ni las prácticas administrativas de un Estado miembro hagan obligatorio el recurso a procedimientos especiales de contratación de mano de obra para los extranjeros o que subordinen el acceso al empleo a condiciones de inscripción en las oficinas de empleo u obstaculicen la contratación nominativa de trabajadores, cuando se trate de personas que no residan en el territorio de dicho Estado. (Art. 3)

Establece que sería ilícito establecer una discriminación entre trabajadores nacionales y de otros países de la UE en materia laboral con respecto. El principio de no discriminación entre trabajadores de la Unión implica que todos los nacionales de los Estados miembros tengan la misma prioridad en el empleo que la que disfrutan los trabajadores nacionales. (Considerando 7) En el territorio de otros Estados miembros y por razón de la nacionalidad, el trabajador nacional de un Estado miembro no podrá ser tratado de forma diferente a los trabajadores nacionales, en cuanto se refiere a las condiciones de empleo y de trabajo, especialmente en materia de retribución, de despido y de reintegración profesional o de nuevo empleo, si hubiera quedado en situación de desempleo. Así mismo se beneficiará de las mismas ventajas sociales y fiscales que los trabajadores nacionales. También tendrá acceso también a las escuelas de formación profesional y a los centros de readaptación o de reeducación, en base al mismo derecho y en las mismas condiciones que los trabajadores nacionales. Como si fuera poco, cualquier cláusula de convenio colectivo o individual o de otra reglamentación colectiva referente al acceso al empleo, a la retribución y a las demás condiciones de trabajo y despido, será nula de pleno derecho en la medida en que prevea o autorice condiciones discriminatorias para los trabajadores nacionales de otros Estados miembros. (Art. 7)

Los hijos de un nacional de un Estado miembro que esté o haya estado empleado en el territorio de otro Estado miembro serán admitidos en los cursos de enseñanza general, de aprendizaje y de formación profesional en las mismas condiciones que los nacionales de dicho Estado, si esos hijos residen en su territorio. Los Estados miembros han de fomentar las iniciativas que les permitan seguir los mencionados cursos en las mejores condiciones. (art. 10)

El trabajador nacional de un Estado miembro empleado en el territorio de otro Estado miembro, se beneficiará de todos los derechos y ventajas concedidos a los trabajadores nacionales en materia de alojamiento, incluyendo el acceso a la propiedad de la vivienda que necesite. El trabajador mencionado en el apartado 1 podrá, con el mismo derecho que los nacionales, inscribirse en las listas de solicitantes de viviendas en la región en la que esté empleado y donde se realicen tales listas; se beneficiará de las ventajas y prioridades resultantes. Si su familia hubiese permanecido en el país de origen será considerada, a estos efectos, residente en dicha región siempre y cuando los trabajadores nacionales disfruten de una presunción análoga. (art. 9)

El trabajador nacional de un Estado miembro empleado en el territorio de otro Estado miembro se beneficiará de la igualdad de trato en relación con la afiliación a organizaciones sindicales y el ejercicio de los derechos sindicales, incluyendo el derecho de voto y el acceso a los puestos de administración o de dirección de una organización sindical. (Art. 8) Además, se beneficiará del derecho de elegibilidad a los órganos de representación de los trabajadores en la empresa. Sin perjuicio de que las legislaciones o reglamentaciones que, en determinados Estados miembros, concedan derechos más amplios a los trabajadores procedentes de otros Estados miembros. (art. 8) No obstante, lo anterior siempre que sea razonable y necesario las condiciones relativas a la naturaleza del empleo a cubrir a los conocimientos lingüísticos exigidos podrán exigirse. (Art. 3)

Como excepción la excepción al principio de no discriminación un Estado miembro podrá excluir al trabajador nacional de un Estado miembro empleado en el territorio de otro Estado miembro de participar en la gestión de organismos de derecho público y del ejercicio de una función de derecho público. (Art. 8).

1.5. Limitación de la admisión de nacionales de terceros países con fines de empleo[18]

El Consejo Europeo de Maastricht, en diciembre de 1991, aun reconociendo la contribución de los trabajadores migrantes al desarrollo de sus países de acogida, acepta que la admisión temporal con fines de empleo sólo puede producirse excepcionalmente. Las elevadas tasas de desempleo dentro de la UE imponen la aplicación efectiva de la preferencia comunitaria y en favor de los nacionales de los Estados miembros de la AELC que son miembros del Espacio Económico Europeo. El Consejo reconoce, en consecuencia, que los principios enunciados no deberían flexibilizarse en la legislación nacional o al momento de su revisión. Vemos que el factor económico laboral prima sobre el facto humano. La inmigración permitida se da o ve más bien en este sentido como una laboral. En consecuencia, los Estados miembros conformaron su legislación, a partir del 1 de enero de 1996, a los siguientes principios:

a) Principios por los que se regirán las políticas de los Estados miembros

La Resolución señala que los Estados miembros denegarán a los nacionales de terceros países la entrada en sus territorios con fines laborales. Los Estados miembros tomaran en consideración las solicitudes de entrada en su territorio solamente cuando la oferta de empleo propuesta en un Estado miembro no pueda cubrirse mediante mano de obra nacional y comunitaria o mediante mano de obra no comunitaria residente de

---

18 Unión Europea, "Resolución del Consejo de 20 de junio de 1994 sobre las limitaciones de la admisión de nacionales de países no comunitarios para trabajar en el territorio de los Estados miembros", *Diario Oficial C 274/3*, de 19 de septiembre de 1996, p. 3-6.

forma permanente y regular en el referido Estado miembro y que ya pertenezca a su mercado regular de trabajo. A este respecto, aplicarán el procedimiento establecido en la segunda parte del *Reglamento (CEE) n° 1612/68 del Consejo*, relativo a la libre circulación de los trabajadores dentro de la Comunidad. La admisión puede ser temporal cuando:

A) la oferta de empleo se refiera a un trabajador o a un trabajador por cuenta de un prestador de servicios determinado y presente características particulares respecto de la cualificación especializada (cualificaciones profesionales, experiencia, etc.) requerida para el puesto de trabajo;

B) un empresario haya propuesto nominativamente puestos vacantes a trabajadores, únicamente si las autoridades competentes consideran que, en su caso, los motivos expuestos por dicho empresario, incluido el carácter de las cualificaciones requeridas, están justificados debido a la no disponibilidad, a corto plazo, de mano de obra en el mercado de trabajo nacional o comunitario, que perjudica gravemente al funcionamiento de la empresa o al propio empresario;

C) se ofrezcan los puestos de trabajo vacantes a:

— trabajadores temporeros, cuyo número se controlará de forma estricta en el momento de su admisión en el territorio de los Estados miembros y que realizarán trabajos claramente definidos, por lo general para cubrir una necesidad tradicional en el Estado miembro interesado. Los Estados miembros limitarán la admisión de tales trabajadores a los casos en que no existan motivos para pensar que las personas interesadas van a intentar quedarse de forma permanente en sus territorios,

— trabajadores en prácticas,

— trabajadores fronterizos;

— ciertas personas que sean trasladadas temporalmente por sus empresas como personal clave.

b) Procedimientos de autorización de entrada con fines laborales

La Resolución añade que no se admitirá la entrada con fines laborales de un nacional de un país no perteneciente a la Comunidad Europea que no haya sido autorizado previamente a ocupar un puesto de trabajo en el territorio del Estado miembro de que se trate. Esa autorización previa podrá asumir la forma de un permiso de trabajo expedido al empresario o al empleado. Además, los nacionales de países no comunitarios deberán poseer el visado correspondiente en caso de que sea necesario o, si así lo exigiere el Estado miembro interesado, un permiso de residencia.

c) Restricciones en relación con el tipo de empleo y al período de admisión con fines laborales

Como norma general, la autorización inicial de trabajo se limitará a un puesto de trabajo determinado con un empresario determinado.

Los trabajadores temporeros podrán ser admitidos durante un máximo de seis meses por cada período de doce meses, y deberán permanecer fuera de los territorios de los Estados miembros durante un período mínimo de seis meses antes de ser readmitidos para trabajar. En un principio, los trabajadores en prácticas serán admitidos por un período máximo de un año. Este período podrá fijarse en más de un año y prolongarse exclusivamente durante el tiempo requerido para adquirir la cualificación profesional reconocida por el Estado miembro de que se trate en el ámbito de actividad del trabajador en prácticas. Los demás nacionales de países no pertenecientes a la Comunidad Europea podrán ser admitidos inicialmente en los territorios de los Estados miembros con fines laborales durante un período no superior a cuatro años.

d) Solicitudes de prórroga de la estancia con fines laborales

La Resolución contempla que, de ordinario, no se permitirá a las personas que ya se encuentren en el territorio de un Estado miembro como visitantes o estudiantes prolongar su estancia con el fin de trabajar o buscar empleo. Dichas personas deberán regresar a sus países al término de la visita o de los estudios. En principio, no se permitirá a las personas admitidas como trabajadores en prácticas, como prestadores de servicios o trabajadores por cuenta de un prestador de servicios prolongar su estancia para ocupar legalmente un puesto de trabajo, salvo con el fin de completar la formación o la actividad bajo contrato para cuya realización hubieran sido admitidas. No se permitirá a los trabajadores temporeros prolongar su estancia para ocupar un empleo de otro tipo.

Se les permitirá prolongar su estancia con el fin de que puedan concluir el trabajo para el que se concedió la autorización inicial. No obstante, la duración total de su estancia no podrá ser superior a seis meses por cada período de doce meses. Se podrá autorizar que los demás trabajadores prolonguen su estancia para ocupar un puesto de trabajo autorizado, pero únicamente si siguen cumpliendo, por lo menos en el momento de concederse la primera prórroga, los criterios aplicados cuando se tomó la decisión inicial de admitirlos para un empleo. Los Estados miembros estudiarán si es conveniente expedir un permiso de residencia permanente a los nacionales de terceros países para los cuales se hayan suprimido las restricciones de empleo.

e) Viajes de negocios

En principio, no se les permitirá a aquellas personas que ya se encuentren en el territorio de un Estado miembro como visitantes o estudiantes prolongar su estancia con el fin de trabajar o buscar empleo. Éstas han de regresar a sus países al término de la visita o de los estudios. En principio, no se permitirá a las personas admitidas como trabajadores en prácticas, como prestadores de servicios o trabajadores por cuenta de un prestador de servicios prolongar su estancia para ocupar legalmente un puesto de trabajo, salvo con el fin de completar la formación o la actividad bajo contrato para cuya realización hubieran sido admitidas. Ningún elemento de estos principios impedirá a los Estados miembros admitir en calidad de trabajadores a nacionales de países no pertenecientes a la Comunidad Europea que no residan en el territorio de un Estado miembro y que soliciten que se autorice temporalmente su entrada, en particular:

a) con el fin de negociar el suministro de mercancías o servicios;

b) para entregar mercancías o montar maquinarias fabricadas en un país tercero, como parte de un contrato de suministro, con la condición de que dichas personas traten únicamente con empresas situadas en el territorio del Estado miembro de que se trate y no con el público en general, y de que su estancia y, si ha lugar, el permiso de trabajo no superen los seis meses de duración.

f) Terceros países que mantienen vínculos estrechos con un Estados miembro

Las medidas o prohibiciones de la Resolución le impiden a un Estado miembro seguir admitiendo en su territorio con fines laborales a nacionales de un país tercero con arreglo a acuerdos celebrados por dicho Estado miembro y vigentes en la fecha de adopción de ella en virtud de los cuales el Estado miembro favorezca a los nacionales de ese país tercero por tener con él vínculos especialmente estrechos. Los Estados sin embargo han de tener en consideración la Resolución cuando vayan a examinar las medidas que tengan por bien adoptar en el marco de esta disposición.

El Consejo sugiere que se ha de tomar en consideración, a la hora de efectuar dicho examen, el nivel de desarrollo económico de los países con los que los Estados miembros hayan celebrado los acuerdos en cuestión. Las disposiciones enunciadas no se aplicarán a los acuerdos relativos al empleo de personas con fines de formación y de perfeccionamiento profesional.

La Resolución no se aplica en los siguientes casos:

a) Beneficiarios de la libre circulación de las personas en virtud del Derecho comunitario y a los miembros de sus familias.

b) Nacionales de terceros países que hayan sido admitidos con fines de reagrupación familiar.

c) Nacionales de terceros países que disfruten, para el acceso a un puesto de trabajo, de derechos derivados de acuerdos regulados por el Derecho comunitario celebrados con terceros países.

d) Personas que realicen trabajos ocasionales en el marco de programas de intercambios juveniles o de movilidad de jóvenes, incluidas las personas que trabajen en régimen «au pair».

e) Personas que entren en los Estados miembros con el fin de desarrollar en ellos actividades económicas por cuenta propia o para establecer o gestionar un negocio o empresa que controlen de forma efectiva.

f) Solicitantes de asilo.

g) Nacionales de países no comunitarios a quienes se haya concedido asilo.

h) Personas desplazadas admitidas temporalmente.

i) Personas cuya estancia haya sido autorizada a título excepcional por motivos humanitarios.

El anexo contiene las definiciones de: "trabajador en prácticas", "trabajador temporero", "trabajador fronterizo" y de "trabajador destinado temporalmente a otro establecimiento de la misma empresa".

2. EL DERECHO AL SUFRAGIO ACTIVO Y PASIVO

Artículo 39 CDFUE

Derecho a ser elector y elegible en las elecciones al Parlamento Europeo

1. Todo ciudadano de la Unión tiene derecho a ser elector y elegible en las elecciones al Parlamento Europeo en el Estado miembro en que resida, en las mismas condiciones que los nacionales de dicho Estado.
2. Los diputados del Parlamento Europeo serán elegidos por sufragio universal libre, directo y secreto

Artículo 40 CDFUE

Derecho a ser elector y elegible en las elecciones municipales

Todo ciudadano de la Unión tiene derecho a ser elector y elegible en las elecciones municipales del Estado miembro en que resida, en las mismas condiciones que los nacionales de dicho Estado.

Artículo 22 TFUE

1. Todo ciudadano de la Unión que resida en un Estado miembro del que no sea nacional tendrá derecho a ser elector y elegible en las elecciones municipales del Estado miembro en el que resida, en las mismas condiciones que los nacionales de dicho Estado. Este derecho se ejercerá sin perjuicio de las modalidades que el Consejo adopte, por unanimidad con arreglo a un procedimiento legislativo especial, y previa consulta al Parlamento Europeo; dichas modalidades podrán establecer excepciones cuando así lo justifiquen problemas específicos de un Estado miembro.

Las normas relativas a la participación en las elecciones municipales y a las del Parlamento Europeo se hallan respectivamente en la directiva 94/80/CE, de 19 de diciembre de 1994 y; en la Directiva 93/109/CE de 6 de diciembre de 1993.

2.1. Directiva 93/109/CE: Derecho de sufragio activo y pasivo en las elecciones al Parlamento Europeo

La Directiva establece las modalidades según las cuales los ciudadanos de la Unión residentes en un Estado miembro del que no sean nacionales podrán ejercer en éste el derecho de sufragio activo y pasivo en las elecciones al Parlamento Europeo, (art. 1.1) No obstante como señala el art. 1.2 la directiva no tendrá el efecto de afectar a las disposiciones de cada Estado miembro en relación con el derecho de sufragio activo y pasivo de sus nacionales con ocasión de la elección de los representantes de dicho Estado al Parlamento Europeo residentes fuera de su territorio electoral. El elector comunitario ejercerá su derecho de sufragio activo en el Estado miembro de residencia o en el Estado miembro de origen. Nadie podrá votar más de una vez en las mismas elecciones. Nadie podrá ser candidato en más de un Estado miembro en las mismas elecciones, (art.4)

Los Estados miembros podrían requerir un periodo adicional de residencia en aquellos casos que la proporción de ciudadanos de la Unión en edad de votar residentes en un Estado miembro sin poseer la nacionalidad del mismo fuese superior al 20 % del conjunto de ciudadanos de la Unión en edad de votar y residentes en él, dicho Estado miembro, como excepción a lo dispuesto en los artículos 3, 9 y 10, podrá : a) reservar el derecho de sufragio activo a los electores comunitarios que lleven residiendo en dicho Estado miembro un período mínimo que no podrá ser superior a cinco años ; b) reservar el derecho de sufragio pasivo a los elegibles comunitarios que llevan residiendo en dicho Estado miembro un período mínimo que no podrá ser superior a diez años, (art. 14)

Por su parte, La Directiva 2013/1/UE del Consejo simplifica los procedimientos del envío de expedientes aquellos candidatos en aquellos casos en los cuales éstos residan en un Estado miembro del cual no sean nacionales. Anteriormente, el ciudadano de la UE que quería presentarse a comicios electorales en otro Estado miembro del cual no era nacional venia obligado a proveer un certificado de ciudadanía expedido por su Estado miembro en el que se acreditara que no hallaba inhabilitado para presentarse como candidato a las elecciones del Parlamento Europeo por el referido estad. Actualmente, el aspirante a candidato- ciudadano de la UE- remite su expediente para presentarse a las elecciones, simplemente tiene que proveer una declaración en lugar de un certificado. Las autoridades del Estado miembro de residencia se comunican el Estado miembro de origen del cual nacional para corroborar la veracidad de la declaración, (art 1.1-1.3). Los Estados miembros designarán un punto de contacto para recibir y transmitir la información. Comunicarán a la Comisión los nombres y datos de contacto de esos puntos así como cualquier información actualizada o cambios al respecto. Igualmente, La Comisión elaborará una lista de los puntos de contacto y la pondrá a disposición de los Estados miembros, (art 1.5).

Los Estados miembros han de tomar aquellas medidas necesarias para que, con suficiente antelación a los comicios, puedan ser inscritos en el censo electoral los electores comunitarios que hayan manifestado su voluntad en tal sentido,. Este será el único censo en el cual podrá estar inscrito, (art. 9.1). Los electores comunitarios que hayan sido inscritos en el censo electoral permanecerán inscritos en el mismo, en las mismas condiciones que los electores nacionales, hasta que soliciten su exclusión o se proceda de oficio a su exclusión por haber dejado de cumplir los requisitos exigidos para el ejercicio del derecho de sufragio activo, (art. 9.4).

El elector comunitario ejercerá su derecho de sufragio activo en el Estado miembro de residencia si ha manifestado su voluntad en ese sentido. Si en el Estado miembro de residencia el voto es obligatorio, la obligación se extenderá a los electores comunitarios que se hayan manifestado en ese sentido, (art.8). Por otra parte, para inscribirse en el censo electoral, el elector comunitario deberá aportar las, mismas pruebas que el elector nacional, (art.9.1). Lo cual refuerza nuestra idea que las obligaciones de la ciudadanía de la UE tiene base y origen compulsorio derivada de las de los Estados miembros. A pesar, de que para inscribirse en el censo electoral, el elector comunitario ha de aportar las mismas pruebas que el elector nacional, tiene que presentar además una declaración formal en la que conste : a) su nacionalidad y su domicilio en el territorio electoral del Estado miembro de residencia, b) en su caso, la entidad local o la circunscripción del Estado miembro de origen en cuyo censo electoral estuvo inscrito en último lugar, y c) que sólo ejercerá su derecho de voto en el Estado miembro de residencia,(9.2). Aun así, a pesar de esta ampliación comunitaria de esta obligación, la base se halla en el Estado miembro.

En cada uno de los Estados miembros, los diputados al Parlamento Europeo serán elegidos por votación de listas o de voto único transferible, de tipo proporcional, (art. 1 Decisión 2002/772/CE). A partir de las elecciones al Parlamento Europeo del año 2004, la condición de diputado al Parlamento Europeo se tornó incompatible con la condición de parlamentario nacional. (art. 2 de la Decisión) La mayoría de edad a efectos electorales es de 18 años en todos los Estados miembros excepto en Austria donde la edad es de 16 años. En cuatro Estados miembros de la UE: Bélgica, Chipre, Grecia y Luxemburgo el voto es obligatorio para los nacionales y los ciudadanos de la Unión no nacionales inscritos[19].

Es cada Estado tiene sus propias normas electorales para sus comicios electorales nacionales. En su sentencia de 12 de septiembre de 2006 el Tribunal de Justicia confirmó el punto de vista de la Comisión de que la legislación del Reino Unido, al conceder el derecho a voto a "ciudadanos de los países de la Commonwealth que cumplan ciertas condiciones", lo que incluye a determinados nacionales de terceros países que no son británicos, había ampliado el derecho de voto dentro del margen de discrecionalidad de que disfrutan en la actualidad los Estados miembros en virtud de la legislación de la UE. Además, en esta sentencia y en una segunda sentencia del mismo día relativa al derecho a voto de los ciudadanos neerlandeses residentes en Aruba, el Tribunal destacó que en la actualidad

---

19 Bux, Udo, "El Parlamento Europeo: modalidades de elección"[Online]cit.
Unión Europea, Comunicación de la Comisión , "Elecciones europeas de 2004 Informe de la Comisión sobre la participación de los ciudadanos de la Unión Europea en el Estado miembro de residencia (Directiva 93/109/ y sobre las modalidades electorales (Decisión 76/787/ modificada por la Decisión 2002/772 ,Euratom) {SEC(2006) 1645} {SEC(2006) 1646} {SEC(2006) 1647} /" *COM/2006/0790 final.*

son los Estados miembros los que deben regular aquellos aspectos del procedimiento electoral no armonizados a nivel comunitario, y en particular definir las personas con derecho a ser elector y elegible. Deben, sin embargo, respetar el Derecho comunitario, incluidos sus principios generales, bajo control del Tribunal[20].

2.2. Directiva 94/80/CE sufragio activo y pasivo en las elecciones municipales

La directiva establece las modalidades según las cuales los ciudadanos de la Unión residentes en un Estado miembro del que no sean nacionales podrán ejercer en éste el derecho de sufragio activo y pasivo en las elecciones municipales. Lo establecido en ésta no afectará a las disposiciones de cada Estado miembro en relación con el derecho de sufragio activo y pasivo de sus nacionales residentes fuera de su territorio nacional, o de los nacionales de terceros países que residan en dicho Estado, (art.1) Como ocurre con la directiva 93/109/CE. Para

---

20 Unión Europea, Comunicación de la Comisión , "Elecciones europeas de 2004 Informe de la Comisión sobre la participación de los ciudadanos de la Unión Europea en el Estado miembro de residencia (Directiva 93/109/ y sobre las modalidades electorales (Decisión 76/787/ modificada por la Decisión 2002/772 ,Euratom) {SEC(2006) 1645} {SEC(2006) 1646} {SEC(2006) 1647} /" *COM/2006/0790 final*, Unión Europea, "Decisión 76/787/CECA", Decisión de los representantes de los Estados miembros reunidos en el Consejo relativa al Acta relativa a la elección de los representantes de la Asamblea por sufragio universal directo, *Diario Oficial L 278 de 8, 10 de* octubre de 1976, p. 1-4; Unión Europea, "Decisión 2002/772/CE", Decisión del Consejo, de 25 de junio de 2002 y de 23 de septiembre de 2002, por la que se modifica el Acto relativo a la elección de los diputados al Parlamento Europeo por sufragio universal directo, anejo a la "Decisión 76/787/CECA", CEE, Euratom, *Diario Oficial, L 283, de 21 de octubre de 2002, p. 1-4.*

ejercerá su derecho de sufragio activo en las elecciones municipales en el Estado miembro de residencia, el ciudadano de la UE debe haber manifestado su voluntad en ese sentido. Si en el Estado miembro de residencia el voto es obligatorio, esta obligación se aplicará En aquellos Estados miembros en los que el voto no sea obligatorio podrán prever la inscripción de oficio de los en el censo electoral, (art 7). Si, para poder ejercer el derecho de sufragio activo o pasivo, los nacionales del Estado miembro de residencia deben residir durante un período mínimo en el territorio nacional, se considerará que los electores y elegibles, ciudadanos de la UE, a han de cumplir con dicha condición cuando hayan residido en otros Estados miembros durante un período equivalente, (art.4).

Los Estados miembros de residencia podrán disponer que los ciudadanos de la Unión que, por decisión individual en materia civil o por una decisión penal, hayan sido desposeídos del derecho de sufragio pasivo en virtud de la legislación de su Estado miembro de origen, queden privados del ejercicio de ese derecho en las elecciones municipales, (art. 5.1). Igualmente podrán declarar inadmisibles las candidaturas a las elecciones municipales en el Estado miembro de residencia de los ciudadanos de la Unión que no puedan al presentar su candidatura, una declaración formal en la que consten su nacionalidad y su domicilio en el Estado miembro de residencia, y que certifique que en el Estado miembro de origen no se halla privado del derecho de sufragio pasivo. En aquellos casos de dudas respecto a ésta o en los casos en que las disposiciones legales del Estado miembro en cuestión lo exijan, no presente antes o después de la votación un certificado de las autoridades administrativas competentes del Estado miembro de origen en el que se acredite que no se halla privado del derecho de sufragio pasivo en dicho Estado o que las mencionadas autoridades no tienen conocimiento de tal privación (art 5.2; y art 9)

Los Estados miembros podrán disponer que únicamente sus propios nacionales sean elegibles para las funciones de alcalde, de teniente de alcalde o de miembro del órgano directivo colegiado en el gobierno de un ente local básico, cuando hayan sido elegidos para ejercer dichas funciones durante el mandato. Los Estados miembros podrán disponer asimismo que el ejercicio con carácter temporal y de suplencia de las funciones de alcalde, de teniente de alcalde o de miembro del órgano directivo colegiado en el gobierno de un ente local básico pueda ser reservada a sus propios nacionales. Los Estados miembros, en cumplimiento del Tratado y de los principios generales de Derecho, podrán tomar las medidas adecuadas, necesarias y proporcionales a los objetivos fijados para garantizar que las funciones con arreglo al párrafo primero y las facultades de suplencia con arreglo al segundo sólo puedan ser ejercitadas por sus propios nacionales. Los Estados miembros podrán disponer asimismo que los ciudadanos de la Unión que hayan sido elegidos miembros de un órgano representativo no puedan participar ni en la designación de los electores de una asamblea parlamentaria ni en la elección de los miembros de dicha asamblea, (art. 5.3 y 5.4) A tenor con la directiva, hay otras dos excepciones al derecho a votar y a ser candidato en las elecciones municipales. La primera se refiere a que los Estados miembros podrán disponer que la condición de cargo municipal elegido en el Estado miembro de residencia sea también incompatible con funciones ejercidas en otros Estados miembros, equivalentes a las que suponen una incompatibilidad en el Estado miembro de residencia. (art. 6). La segunda señala que un Estado miembro puede requerir un período adicional de residencia para participar en las elecciones locales si más del 20% de la población elegible para votar son no nacionales (art. 12.1).

3. DERECHO DE PETICIÓN

Artículo 44 CDFUE
Derecho de petición

Todo ciudadano de la Unión o toda persona física o jurídica que resida o tenga su domicilio social en un Estado miembro tienen el derecho de petición ante el Parlamento Europeo

Artículo 227 TFUE

Cualquier ciudadano de la Unión, así como cualquier persona física o jurídica que resida o tenga su domicilio social en un Estado miembro, tendrá derecho a presentar al Parlamento Europeo, individualmente o asociado con otros ciudadanos o personas, una petición sobre un asunto propio de los ámbitos de actuación de la Unión que le afecte directamente.

Reglamento del Parlamento de la Unión Europea

Artículo 215
Derecho de petición

1. Todo ciudadano de la Unión Europea, así como toda persona física o jurídica que resida o tenga su domicilio social en un Estado miembro, tendrá derecho a presentar al Parlamento, individualmente o asociado con otros ciudadanos o personas, una petición sobre un asunto propio de los ámbitos de actuación de la Unión Europea que le afecte directamente.
2. En las peticiones al Parlamento constará el nombre, la nacionalidad y el domicilio de cada uno de los peticionarios.

3. Cuando una petición esté firmada por varias personas físicas o jurídicas, los firmantes designarán a un representante y a varios suplentes que serán considerados como los peticionarios a efectos del presente título. Cuando no se haya realizado dicha designación, el primer firmante u otra persona adecuada será considerada como el peticionario.

4. Los peticionarios podrán en todo momento retirar su apoyo a la petición. Si todos los peticionarios retiran su apoyo a la petición, ésta será considerada nula y sin efecto.

5. Las peticiones deberán redactarse en una lengua oficial de la Unión Europea. Las peticiones redactadas en otra lengua se tramitarán únicamente si el peticionario ha adjuntado una traducción en una lengua oficial. La correspondencia del Parlamento con el peticionario se realizará en la lengua oficial en que se haya redactado la traducción. La Mesa podrá decidir que las peticiones y la correspondencia con los peticionarios puedan redactarse en otras lenguas utilizadas en un Estado miembro.

6. Las peticiones se inscribirán en un registro por orden de entrada si reúnen los requisitos del apartado 2; en su defecto, se archivarán y se notificará el motivo a los peticionarios.

7. El Presidente remitirá las peticiones inscritas en el registro a la comisión competente, que establecerá si son admisibles o no, de conformidad con el artículo 227 del Tratado de Funcionamiento de la Unión Europea. Si la comisión competente no llega a un consenso sobre la admisibilidad de una petición, ésta será declarada admisible si así lo solicita al menos una cuarta parte de los miembros de la comisión. 8. Las peticiones que la comisión declare improcedentes se archivarán, con

notificación a los peticionarios de la decisión y los motivos de ésta. En la medida de lo posible, podrán recomendarse otras vías de recurso alternativas.

9. Las peticiones, una vez inscritas en el registro, se convertirán por regla general en documentos públicos, y el nombre de los peticionarios y el contenido de las mismas podrán ser publicados por el Parlamento en aras de la transparencia.

10. Sin perjuicio de las disposiciones contempladas en el apartado 9, los peticionarios podrán solicitar que no se revele su nombre para proteger su intimidad, en cuyo caso el Parlamento deberá respetar dicha solicitud.

    Cuando la petición no pueda ser investigada por razones de anonimato, se consultará a los peticionarios sobre el curso que deba darse a la misma.

11. Los peticionarios podrán solicitar que su petición sea examinada de manera confidencial, en cuyo caso el Parlamento deberá adoptar las precauciones necesarias para asegurar que no se haga público su contenido. Se informará a los peticionarios de las condiciones exactas de aplicación de la presente disposición.

12. La comisión podrá, si lo considera oportuno, someter la cuestión al Defensor del Pueblo.

13. Las peticiones presentadas al Parlamento por personas físicas o jurídicas que no sean ciudadanos de la Unión Europea ni tengan su residencia o domicilio social en un Estado miembro, se incluirán en una lista separada y se clasificarán de igual modo. Mensualmente, el Presidente enviará una lista de las peticiones recibidas durante el mes anterior a la comisión competente en materia de peticiones, con indicación de su objeto. Dicha comisión podrá pedir el envío de las peticiones cuyo examen estime oportuno.

Artículo 216

Examen de las peticiones

1. Las peticiones admitidas a trámite serán examinadas por la comisión competente en el transcurso de su actividad ordinaria, bien mediante un debate en una reunión regular, bien por el procedimiento escrito. Podrá invitarse a los peticionarios a participar en las reuniones de la comisión si su petición es objeto de debate; asimismo, los peticionarios podrán solicitar estar presentes. Se concederá a los peticionarios el uso de la palabra a discreción de la presidencia.

2. La comisión podrá decidir, respecto a una petición admitida a trámite, elaborar un informe de propia iniciativa de conformidad con el apartado 1 del artículo 52 o presentar una breve propuesta de resolución al Pleno, siempre que la Conferencia de Presidentes no se oponga. Dichas propuestas de resolución se incluirán en el proyecto de orden del día de un período parcial de sesiones que se celebre a más tardar ocho semanas después de su aprobación en comisión. Se someterán a una votación única y sin debate, a no ser que la Conferencia de Presidentes decida excepcionalmente aplicar el artículo 151. De conformidad con el artículo 53 y el anexo VI, la comisión podrá solicitar opinión de otras comisiones con competencias específicas para el asunto objeto de examen.

3. Cuando en el informe se examinen, en particular, la aplicación o interpretación del Derecho de la Unión Europea, o posibles cambios de la legislación vigente, la comisión competente para el fondo del asunto estará asociada de conformidad con el apartado 1 del artículo 53 y el primer y segundo guiones del artículo 54. La comisión competente aceptará sin votación las sugerencias para partes de la propuesta de resolución recibidas

de la comisión competente para el fondo del asunto que versen sobre la aplicación o interpretación de la legislación de la Unión Europea o sobre los cambios de la legislación vigente. Si la comisión competente no acepta esas sugerencias, la comisión asociada podrá presentarlas directamente ante el Pleno.

4. Se creará un registro electrónico mediante el cual los ciudadanos podrán asociarse o retirar su apoyo a los peticionarios, añadiendo su propia firma electrónica a una petición admitida a trámite e inscrita en el registro.

5. Con motivo del examen de las peticiones, el establecimiento de los hechos o la búsqueda de una solución, la comisión podrá organizar visitas de información al Estado miembro o a la región a que se refiera la petición.

   Los participantes elaborarán informes sobre las visitas que se transmitirán al Presidente una vez aprobados por la comisión.

   Las visitas de información y los informes sobre dichas visitas únicamente están destinados a proporcionar a la comisión la información necesaria para permitirle seguir examinando la petición. Dichos informes se elaboran bajo la exclusiva responsabilidad de los participantes en la visita, que se esforzarán por lograr un consenso. En caso de no obtenerse dicho consenso, el informe debe indicar las distintas conclusiones o valoraciones. El informe se somete a la comisión para su aprobación en votación única, a menos que el presidente declare, cuando proceda, que pueden presentarse enmiendas a partes del informe. El artículo 56 no se aplica a este tipo de informes, ni directamente ni por analogía. A falta de aprobación por la comisión, los informes no se transmitirán al Presidente del Parlamento.

6. La comisión podrá pedir a la Comisión que la asista, en especial proporcionándole información sobre la aplicación o el respeto del Derecho de la Unión, así como

toda información o documentación relativas a la petición. Se invitará a representantes de la Comisión a participar en las reuniones de la comisión.

7. La comisión podrá solicitar al Presidente que remita su opinión o recomendación a la Comisión, al Consejo o a la autoridad del Estado miembro de que se trate para que actúen o respondan.

8. La comisión informará cada semestre al Parlamento del resultado de sus trabajos. La comisión informará especialmente al Parlamento de las medidas adoptadas por el Consejo o por la Comisión sobre las peticiones remitidas por el Parlamento.

9. Los peticionarios serán informados de la decisión adoptada por la comisión y de las razones en las que se sustenta. Una vez finalizado el examen de una petición admitida a trámite, ésta se dará por concluida y se informará de ello a los peticionarios.

Artículo 217

Publicidad de las peticiones

1. Las peticiones inscritas en el registro a que se refiere el apartado 6 del artículo 215, así como las decisiones más importantes en relación con el procedimiento aplicado a su examen, serán anunciadas al Pleno. Esas comunicaciones figurarán en el acta de la sesión.

2. Se archivarán en una base de datos, donde serán accesibles al público siempre que los peticionarios hayan dado su conformidad, el título y el texto resumido de las peticiones registradas, así como las opiniones emitidas y las decisiones más importantes adoptadas en relación con ellas, además de la información sobre el curso que se les haya dado. Las peticiones confidenciales se

archivarán en el Parlamento, donde podrán ser consultadas por los diputados.

Artículo 218

Iniciativa ciudadana

Cuando se informe al Parlamento de que la Comisión ha sido invitada a presentar una propuesta de acto jurídico de conformidad con el apartado 4 del artículo 11 del Tratado de la Unión Europea y con arreglo al Reglamento (UE) nº 211/2011, la comisión competente en materia de peticiones comprobará si esto puede influir en sus trabajos y, en su caso, informará de ello a los peticionarios que hubieren presentado peticiones sobre asuntos relacionados con el objeto de la propuesta.

Las iniciativas ciudadanas propuestas que se hayan registrado con arreglo al artículo 4 del Reglamento (UE) nº 211/2011, pero que no se puedan presentar a la Comisión conforme al artículo 9 de dicho Reglamento por no haberse respetado el conjunto de procedimientos y condiciones pertinentes establecidas, podrán ser examinadas por la comisión competente en materia de peticiones si esta considera adecuado llevar a cabo un seguimiento de dichas propuestas. Se aplicarán mutatis mutandis los artículos 215, 216 y 217.

Anexo VI (XX)

Comisión de Peticiones

Comisión competente para:

1. las peticiones;
2. la organización de audiencias públicas sobre iniciativas ciudadanas, de conformidad con el artículo 211;
3. las relaciones con el Defensor del Pueblo Europeo.

Ya desde Maastricht (arts. 8 d) y 138 d) los ciudadanos de la Unión tenían el derecho de petición ante el Parlamento Europeo. De conformidad con lo dispuesto en el artículo 138 D; cualquier ciudadano de la Unión, así como cualquier persona física o jurídica que resida o tenga su domicilio social en un Estado miembro, tendrá derecho a presentar, al Parlamento Europeo, individualmente o asociado con otros ciudadanos o personas, una petición sobre un asunto propio de los ámbitos de actuación de la Comunidad que le afecte directamente. De esa manera se establece desde la UE un mecanismo para que sus ciudadanos se comuniquen con sus instituciones.

Este derecho lo puede ejercer a tenor con el art. 227 del TUE. Cualquier ciudadano de la Unión, así como cualquier persona física o jurídica que resida o tenga su domicilio social en un Estado miembro, tendrá derecho a presentar al Parlamento Europeo, individualmente o asociado con otros ciudadanos o personas, una petición sobre un asunto propio de los ámbitos de actuación de la Unión que le afecte directamente. Es decir, una persona natural, ser humano de carne y hueso, así como empresas. Vemos un derecho fundamental explicito otorgado a entes jurídicos.

Tanto el art. 215 del Reglamento como el art. 227 del TFUE establecen que la petición sobre un asunto propio de los ámbitos de actuación de la Unión que le afecte directamente. Entre los artículos 215 al 218, junto al anexo VI (XX) del Reglamento describe el órgano que tiene la competencia para ver las peticiones. Se trata de una comisión que se conoce como la Comisión de Peticiones. Las peticiones se remiten a la Comisión, la cual establecerá si son admisibles o no, de conformidad con el artículo 227 del Tratado de Funcionamiento de la Unión Europea, (art. 215 (7.1)). Las peticiones requieren de una formalidad.

En éstas al Parlamento constará el nombre, la nacionalidad y el domicilio de cada uno de los peticionarios, (art. 215 (2). En aquellos casos que la mismas esté firmada por varias personas físicas o jurídicas, los firmantes habrán de designar un representante y a varios suplentes quienes serán considerados como los peticionarios a efectos del reglamento. Cuando no se haya realizado dicha designación, el primer firmante u otra persona adecuada será considerada como el peticionario (art. 215 (3)). En cualquier momento los peticionarios podrán retirar su apoyo a la petición. En caso de que todos los peticionarios retiran su apoyo a la petición, ésta será considerada nula y sin efecto (art. 215 (4)). Las peticiones deben ser redactadas en una lengua oficial de la Unión Europea. Solo se tramitaran peticiones en redactadas en otras lengua no-oficial si se ha adjuntado una traducción en una lengua oficial. La correspondencia del Parlamento con el peticionario se realizará en la lengua oficial en que se haya redactado la traducción. No obstante, las tanto las peticiones y la correspondencia con los peticionarios puedan redactarse en otras lenguas utilizadas en un Estado miembro (art. 215 (5)).

Las peticiones se inscriben en un registro por orden de entrada si reúnen los requisitos del nombre, la nacionalidad y el domicilio de cada uno de los peticionarios.; o en su defecto, se archivarán y se notificará el motivo a los peticionarios (art. 215 (6)). En caso que la Comisión no llega a un consenso sobre la admisibilidad de una petición, ésta será declarada admisible si así lo solicita al menos una cuarta parte de los miembros de la Comisión (art. 215 (7.2). Las peticiones que la Comisión declare como improcedentes se archivarán, notificándose a los peticionarios de la decisión exponiendo los motivos, (art. 215 (8.1)). En la medida de lo posible, podrán recomendarse otras vías de recurso alternativas, (art. 215 (8.2)). De ordinario, y en aras de la transparencia, las peticiones, una vez estén inscritas en el registro, se convertirán en documentos públicos, y el nombre de los peticionarios y el contenido de las mismas podrán ser publicados por el Parlamento (art. 215 (9). No obstante, y sin perjuicio de las disposiciones del apartado 9, los peticionarios podrán solicitar que no se revele su nombre para proteger su intimidad, en cuyo caso el Parlamento deberá respetar dicha solicitud (art. 215 (10)). En caso de que alguna petición se imposible de investigar por motivos de anonimato se va a consultar a los peticionarias sobre el proceder con la misma.

Cuando la petición no pueda ser investigada por razones de anonimato, se consultará a los peticionarios sobre el curso que deba darse a la misma, (art. 215 (10.2)). No todas las peticiones son, necesariamente, de corte público. Los peticionarios podrán solicitar que su petición sea examinada de manera confidencial, en cuyo caso el Parlamento deberá adoptar las precauciones necesarias para asegurar que no se haga público su contenido (art. 215 (11.)); informando a los peticionarios de las condiciones exactas de aplicación de la presente disposición, (art. 215 (12.)) En caso de ser necesario a entender de la Comisión podrá, someter la cuestión al Defensor del Pueblo, (art. 215 (13.)); Aquellas peticiones que se presenten al Parlamento por personas físicas o jurídicas que no sean ciudadanos de la Unión Europea ni tengan su residencia o domicilio social en un Estado miembro, se incluyen en una lista separada. Mensualmente, se enviará una lista de las peticiones recibidas durante el mes anterior a la comisión competente en materia de peticiones, con indicación de su objeto. Dicha comisión podrá pedir el envío de las peticiones cuyo examen estime oportuno, (art. 215 (14.)).

El examen de las peticiones se señala en el art. 216 del Reglamento. Aquellas Peticiones admitidas a trámite las examina la Comisión en transcurso de su actividad ordinaria, bien mediante un debate en una reunión regular, bien por el procedimiento escrito. Los peticionarios podrán, previa invitación, participar en las reuniones de la Comisión si su petición es objeto de debate; también los peticionarios podrán solicitar estar presentes. A discreción de la Comisión, éstos podrán hacer usa de la palabra, (art. 216 (1)). 2. La Comisión puede decidir, respecto a una petición admitida a trámite, elaborar un informe de propia iniciativa una breve propuesta de resolución al Pleno, siempre que la Conferencia de Presidentes no se oponga. Las propuestas de resolución se incluirán en el proyecto de orden del día de un período parcial de sesiones que se celebre a más tardar ocho semanas después de su aprobación en Comisión.

Se someterán a una votación única y sin debate, a no ser que la Conferencia de Presidentes decida excepcionalmente aplicar el artículo 151 del Reglamento, (art. 216 (2.1)). Según lo dispuesto en el artículo 53 y el anexo VI, la Comisión podrá solicitar opinión de otras comisiones con competencias específicas para el asunto objeto de examen (art. 216 (2.2)). Cuando en el informe se examinen, bien, la aplicación o interpretación del Derecho de la Unión Europea, así como posibles cambios de la legislación vigente del momento, la Comisión estará asociada de conformidad con el apartado 1 del artículo 53 y el primer y segundo guiones del artículo 54. La Comisión puede aceptar sin votación las sugerencias para partes de la propuesta de resolución recibidas de la Comisión para el fondo del asunto que versen sobre la aplicación o interpretación de la legislación de la Unión Europea o sobre los cambios de la legislación vigente. Si la Comisión no acepta esas sugerencias, la comisión asociada puede presentarlas directamente ante el Pleno (art. 216 (3)). En un registro electrónico os ciudadanos pueden asociarse o retirar su apoyo a los peticionarios, añadiendo su propia firma electrónica a una petición admitida a trámite e inscrita en el registro (art. 216 (4)). Debido al examen de las peticiones, el establecimiento de los hechos o la búsqueda de una solución, la Comisión puede organizar visitas de información al Estado miembro o a la región a que se refiera la petición (art. 216 (5)). Una vez se apruebe, se redactar un informe sobre las vistas que se envía al Presidente, (art. 216 (5.2)). Las visitas de información y los informes sobre dichas visitas únicamente están destinados a proporcionar a la comisión la información necesaria para permitirle seguir examinando la petición.

La Comisión informará cada semestre al Parlamento del resultado de sus trabajos, (art. 216 (8)). Informando primordialmente al Parlamento de las medidas adoptadas por el Consejo o por la Comisión sobre las peticiones remitidas por el Parlamento, (art. 216 (8.2)). Los peticionarios serán informados de la decisión adoptada por la comisión y de las razones en las que se sustenta. Una vez finalizado el examen de una petición admitida a trámite, ésta se dará por concluida y se informará de ello a los peticionarios (art. 216 (9). Si la petición se refiere a un asunto particular, la Comisión Europea puede ponerse en contacto con las autoridades competentes o intervenir a través de la Representación Permanente del Estado en cuestión. Si por otro lado, la petición concierne a un tema de interés general, puede dar lugar a una iniciativa en caso que se compruebe que se ha incumplido con la legislación de la Unión. Lo que daría pie a que se proceda al correspondiente procedimiento de infracción, el cual podría concluir con una sentencia del Tribunal de Justicia. En cualquier caso, se envía comunicación a los peticionarios[21]. El PE realiza periódicos informes en los cuales, entre otras cosas, se realizan análisis estadístico de las peticiones recibidas[22].

Aunque podrían estar diferenciados nos parece que dentro del derecho de petición podrían incluirse como una especia de corolario – si se quiere- el derecho a dirigirse por escrito a cualquiera de las instituciones u organismos de la Unión en una de las lenguas de los Estados miembros y a recibir una contestación en esa misma lengua y a derecho

---

21 Mellado Prado, Pilar y Sánchez González, Santiago, *Ordenamiento de la Unión Europea*, Madrid, Editorial Centro de Estudios Ramón 2016, p. 97

22 Ejemplo de ello

a acceder a los documentos del Parlamento Europeo, del Consejo y de la Comisión.

En virtud del artículo 24 del Tratado de Funcionamiento de la Unión Europea, los ciudadanos tienen derecho a dirigirse por escrito a cualquiera de las instituciones de la UE y recibir una contestación en esa misma lengua, cualesquiera de las colenguas oficiales de la Unión. Así mismo en la CDFUE, art. 40, se establece que Toda persona podrá dirigirse a las instituciones de la Unión en una de las lenguas de los Tratados y deberá recibir una contestación en esa misma lengua. Así, Todo ciudadano de la Unión podrá dirigirse por escrito al Parlamento Europeo y el Consejo, El Defensor del Pueble, o en el artículo 13 del Tratado de la Unión Europea en una de las lenguas de los Estados de la UE y recibir una contestación en esa misma lengua, (art. 24 TFUE)

El Derecho a acceder a los documentos del Parlamento Europeo, del Consejo y de la Comisión tiene su procedimiento descrito en el Reglamento 1049/2001 (CE) del Parlamento Europeo y del Consejo, de 30 de mayo de 2001, relativo al acceso del público a los documentos del Parlamento Europeo, del Consejo y de la Comisión. La aplicación del Reglamento se hace sin perjuicio de las normas vigentes sobre los derechos de autor que puedan limitar el derecho de terceros a reproducir o hacer uso de los documentos que se les faciliten, (art. 16).

El Reglamento busca facilitar a los ciudadanos de la UE el acceso a los documentos de las instituciones europeas definiendo los principios, condiciones y límites, por motivos de interés público o privado, por los que se rige el derecho de acceso a los documentos del Parlamento Europeo, del Consejo y de la Comisión, CE, de modo que se garantice el acceso más amplio posible a los documentos. De este modo, establecer normas que garanticen el ejercicio más fácil posible de este derecho, y promover buenas prácticas administrativas para el acceso a los documentos, (art. 1).

Todo ciudadano de la Unión, o toda persona física o jurídica que resida o tenga su domicilio social en un Estado miembro, tienen el derecho a acceder a los documentos de las instituciones, a tenor con el Reglamento. Con arreglo éste las instituciones podrán conceder el acceso a los documentos a toda persona física o jurídica que no resida ni tenga su domicilio social en un Estado miembro. Este derecho es de aplicación a todos los documentos que obren en poder de una institución; es decir, los documentos por ella elaborados o recibidos y que estén en su posesión, en todos los ámbitos de actividad de la Unión Europea. Los documentos son accesibles al público, bien previa solicitud por escrito, o bien directamente en forma electrónica o a través de un registro. Es también de acceso directo a los documentos elaborados o recibidos en el marco de un procedimiento legislativo. Los documentos sensibles, tienen un tratamiento especial El Reglamento se entiende sin perjuicio de los derechos de acceso del público a los documentos que obren en poder de las instituciones como consecuencia de instrumentos de Derecho internacional o de actos de las instituciones que apliquen tales instrumentos, (art. 2).

A efectos del Reglamento por 'documento', se entiende a todo contenido, sea cual fuere su soporte (escrito en versión papel o almacenado en forma electrónica, grabación sonora, visual o audiovisual) referentes a temas relativos a las políticas, acciones y decisiones que sean competencia de la institución y ; 'terceros' se refiere a toda persona física o jurídica, o entidad, exterior a la institución de que se trate, incluidos los Estados miembros, las demás instituciones y órganos comunitarios o no comunitarios, y terceros países, (art 3). En cuanto a documentos sensibles el Reglamento señala que es sensible todo documento que tenga su origen en las instituciones o en sus agencias, en los Estados miembros, en los terceros países o en organizaciones internacionales, clasificado como *«TRÈS SECRET/TOP SECRET», «SECRET» o «CONFIDENTIEL»*, en virtud de las normas vigentes en la institución en cuestión que protegen intereses esenciales de la Unión Europea o de uno o varios Estados miembros en los ámbitos a que se refiere la letra a) del apartado 1 del artículo 4, en particular la seguridad pública, la defensa y los asuntos militares, (art. 9)

Entre los fundamentos más sobresalientes para que las instituciones podrán denegar el acceso a un documento cuya divulgación suponga un perjuicio para la protección de la intimidad y la integridad de la persona, en particular de conformidad con la legislación comunitaria sobre protección de los datos personales. También a razón del interés público, respecto de a:

- la seguridad pública;
- la defensa y los asuntos militares;
- las relaciones internacionales;
- la política financiera, monetaria o económica de la Comunidad o de un Estado miembro,

También se podría denegar el acceso a un documento elaborado por una institución para su uso interno o recibido por ella, relacionado con un asunto sobre el que la institución no haya tomado todavía una decisión, si su divulgación perjudicara gravemente el proceso de toma de decisiones de la institución, salvo que dicha divulgación revista un interés público superior. En el caso de documentos de terceros, la institución consultará a los terceros con el fin de verificar es posible aplicables las excepciones previstas por el reglamento (art. 4.)

Cuando un Estado miembro reciba una solicitud de un documento que obre en su poder y que tenga su origen en una institución, consultará a la institución de que se trate para tomar una decisión que no ponga en peligro la consecución de los objetivos del presente Reglamento, salvo que se deduzca con claridad que se ha de permitir o denegar la divulgación de dicho documento. Alternativamente, el Estado miembro podrá remitir la solicitud a la institución, (art. 5)

Las solicitudes de acceso a un documento se formulan en cualquier forma escrita, incluido el formato electrónico, en alguna de las lenguas oficiales de la UE, de forma lo suficientemente precisa para permitir que la institución identifique el documento de que se trate. El solicitante no está obligado a justificar su solicitud. En caso de que i una solicitud no es lo suficientemente precisa, la institución tiene que pedir al solicitante que aclare la solicitud, ayudándolo de ser necesario. , En el caso de una solicitud de un documento de gran extensión o de un gran número de documentos, la institución ha de intentar de llegar a un arreglo amistoso y equitativo con el solicitante. Las instituciones ayudarán e informarán a los ciudadanos sobre cómo y dónde pueden presentar solicitudes de acceso a los documentos, (art. 6)

Las solicitudes de acceso a los documentos se deben con prontitud. Se enviará un acuse de recibo al solicitante. En el plazo de 15 días laborables a partir del registro de la solicitud, la institución o bien autorizará el acceso al documento solicitado y facilitará dicho acceso dentro de ese plazo, o bien, mediante respuesta por escrito, expondrá los motivos de la denegación total o parcial e informará al solicitante de su derecho de presentar una solicitud confirmatoria 2.En caso de denegación total o parcial, el solicitante podrá presentar, en el plazo de 15 días laborables a partir de la recepción de la respuesta de la institución, una solicitud confirmatoria a la institución con el fin de que ésta reconsidere su postura.

Con carácter excepcional, como sería el caso de que la solicitud se refiera a un documento de gran extensión o a un gran número de documentos, el plazo podrá ampliarse en 15 días laborables, siempre y cuando se informe previamente de ello al solicitante y se expliquen debidamente los motivos por los que se ha decidido ampliar el plazo. La ausencia de respuesta de la institución en el plazo establecido dará derecho al solicitante a presentar una solicitud confirmatoria. (art. 7)

Las solicitudes confirmatorias se tramitarán en el plazo de 15 días laborables a partir del registro de la solicitud, la institución o bien autorizará el acceso al documento solicitado y facilitará dicho acceso mediante respuesta por escrito, expondrá los motivos para la denegación total o parcial. En caso de denegación total o parcial deberá informar al solicitante de los recursos de que dispone, a saber, el recurso judicial contra la institución y/o la reclamación ante el Defensor del Pueblo Europeo. Con carácter excepcional, en el caso de que la solicitud se refiera a un documento de gran extensión o a un gran número de documentos, el plazo previsto podrá ampliarse en 15 días laborables, siempre y cuando se informe previamente de ello al solicitante y se expliquen debidamente los motivos por los que se ha decidido ampliar el plazo. La ausencia de respuesta de la institución en el plazo establecido se considerará una respuesta denegatoria y dará derecho al solicitante a interponer recurso judicial contra la institución y/o reclamar ante el Defensor del Pueblo Europeo, con arreglo a las disposiciones pertinentes del Tratado CE, (art. 8)

La tramitación de las solicitudes de acceso a documentos sensibles, está a cargo únicamente de las personas autorizadas a conocer el contenido de dichos documentos, estas personas determinarán las referencias a los documentos sensibles que podrán figurar en el registro público. Estos documentos se incluyen en el registro o se divulgarán únicamente con el consentimiento del emisor. La decisión de una institución de denegar el acceso a un documento sensible ha de estar motivada de manera que no afecte a la protección de los intereses señalados en el artículo 4. Los Estados miembros tienen la autoridad de adoptar aquellas medidas que entiendan adecuadas para garantizar que en la tramitación de las solicitudes relativas a los documentos sensibles. Las normas relativas a los documentos sensibles establecidas por las instituciones se harán públicas. La Comisión y el Consejo informarán al Parlamento Europeo sobre los documentos sensibles de conformidad con los acuerdos celebrados entre las instituciones, (art. 9)

En cuanto al acceso a los documentos se efectuará, bien mediante consulta *in situ,* mediante entrega de una copia que, que podrá ser una copia electrónica. Se le podrá requerirse al solicitante el pago de gastos de realización y envío de las copias. Estos gastos no pueden el coste real de la realización y del envío de las copias. La consulta *in situ,* las copias de menos de 20 páginas de formato DIN A4 y el acceso directo por medios electrónicos o a través del registro serán gratis. En caso que institución ya ha divulgado el documento y éste es de fácil acceso, la institución podrá cumplir con su obligación de facilitar el acceso a los documentos informando al solicitante sobre la forma de obtenerlo. Los documentos se proporcionarán en la versión y formato existentes (incluidos los formatos electrónicos y otros, como el Braille, la letra de gran tamaño o la cinta magnetofónica), tomando plenamente en consideración la preferencia del solicitante, (art. 10)

Para garantizar el derecho de acceso a los documentos cada institución ha de tener a disposición del público un registro de documentos. El acceso al registro debe estar en medios electrónicos y los documentos se incluirán en el registro sin dilación. 2. El registro tiene que, para cada documento, indicar un número de referencia (incluida, si procede, la referencia interinstitucional), el asunto a que se refiere y/o una breve descripción de su contenido, así como la fecha de recepción o elaboración del documento y de su inclusión en el registro. Las referencias no pueden realizarse de modo que cause perjuicios (art. 11).

Se han de publicar en el Diario Oficial:

- las propuestas de la Comisión;
- las posiciones comunes adoptadas por el Consejo conforme a los procedimientos previstos en los artículos

251 y 252 del Tratado CE, así como sus exposiciones de motivos, y las posiciones del Parlamento Europeo en dichos procedimientos;

- las decisiones marco y las decisiones mencionadas en el apartado 2 del artículo 34 del Tratado UE; d) los convenios celebrados por el Consejo con arreglo al apartado 2 del artículo 34 del Tratado UE;
- los convenios firmados entre Estados miembros sobre la base del artículo 293 del Tratado CE; f
- los acuerdos internacionales celebrados por la Comunidad o de conformidad con el artículo 24 del Tratado UE.
- En la medida de lo posible, se han de publicar en el Diario Oficial:
- las iniciativas que presente al Consejo un Estado miembro en virtud de lo dispuesto en el apartado 1 del artículo 67 del Tratado CE o en el apartado 2 del artículo 34 del Tratado UE;
- las posiciones comunes contempladas en el apartado 2 del artículo 34 del Tratado UE, (art. 13)

4. DERECHO DE ACUDIR AL DEFENSOR DEL PUEBLO EUROPEO

Artículo 43 CDFUE

El Defensor del Pueblo

Todo ciudadano de la Unión o toda persona física o jurídica que resida o tenga su domicilio social en un Estado miembro tiene derecho a someter al Defensor del Pueblo de la Unión los casos de mala administración en la acción de las instituciones u órganos comunitarios, con exclusión del Tribunal de Justicia y del Tribunal de Primera Instancia en el ejercicio de sus funciones jurisdiccionales.

Artículo 24 TFUE

(...) Todo ciudadano de la Unión podrá dirigirse al Defensor del Pueblo instituido en virtud de lo dispuesto en el artículo 228.

Artículo 228 TFUE

1. El Parlamento Europeo elegirá a un Defensor del Pueblo Europeo, que estará facultado para recibir las reclamaciones de cualquier ciudadano de la Unión o de cualquier persona física o jurídica que resida o tenga su domicilio social en un Estado miembro, relativas a casos de mala administración en la acción de las instituciones, órganos u organismos de la Unión, con exclusión del Tribunal de Justicia de la Unión Europea en el ejercicio de sus funciones jurisdiccionales. Instruirá estas reclamaciones e informará al respecto.

   En el desempeño de su misión, el Defensor del Pueblo llevará a cabo las investigaciones que considere justificadas, bien por iniciativa propia, bien sobre la base de las reclamaciones recibidas directamente o a través de un miembro del Parlamento Europeo, salvo que los hechos alegados sean o hayan sido objeto de un procedimiento jurisdiccional. Cuando el Defensor del Pueblo haya comprobado un caso de mala administración, lo pondrá en conocimiento de la institución, órgano u organismo interesado, que dispondrá de un plazo de tres meses para exponer su posición al Defensor del Pueblo. Éste remitirá a continuación un informe al Parlamento Europeo y a la institución, órgano u organismo interesado.

La persona de quien emane la reclamación será informada del resultado de estas investigaciones. El Defensor del Pueblo presentará cada año al Parlamento Europeo un informe sobre el resultado de sus investigaciones.

2. El Defensor del Pueblo será elegido después de cada elección del Parlamento Europeo para toda la legislatura. Su mandato será renovable. A petición del Parlamento Europeo, el Tribunal de Justicia podrá destituir al Defensor del Pueblo si éste dejare de cumplir las condiciones necesarias para el ejercicio de sus funciones o hubiere cometido una falta grave.

3. El Defensor del Pueblo ejercerá sus funciones con total independencia. En el ejercicio de tales funciones no solicitará ni admitirá instrucciones de ningún gobierno, institución, órgano u organismo. Durante su mandato, el Defensor del Pueblo no podrá desempeñar ninguna otra actividad profesional, sea o no retribuida.

4. El Parlamento Europeo fijará, mediante reglamentos adoptados por propia iniciativa, con arreglo a un procedimiento legislativo especial, el Estatuto y las condiciones generales de ejercicio de las funciones del Defensor del Pueblo, previo dictamen de la Comisión y con la aprobación del Consejo.

El Defensor del Pueblo Europeo -o más bien de la UE- se encarga de gestionar aquellos casos que revistan una mala administración en las acciones de las instituciones, órganos y organismos de la UE, es su principal función. Interviene, bien por iniciativa propia, así como también, como consecuencia de una reclamación interpuesta por algún ciudadano de la Unión. Estas acciones podrían ser, entre otras, una irregularidad administrativa, injusticia o discriminación; abuso de poder; la falta o el rechazo de la información; un retraso innecesario de un procedimiento, o entrega de documentación, etc.

Lo nombra el Parlamento de la Unión Europea por todo el periodo de su legislatura. El mismo ya se instituyó desde Maastricht – art. 8(d) y, 138(e), las modificaciones al CECA, art. 20(d) y, 107(d). La figura del Defensor le imprime mucha más transparencia en cuanto a las decisiones y la administración de la UE, y a la misma salvaguarda a los ciudadanos en aquellos casos de mala administración.

A tenor con lo dispuesto en los Tratados sus funciones se establecieron en las decisiones: Decisión 2002/262[23]; Decisión 94/262/[24]; y la Decisión 2008/587[25] , en lo relacionado a su elección y destitución se señalan en los artículos del 219 a 221 del Reglamento del Parlamento Europeo.

La elección del Defensor se configura según lo que dispone el art. 219 del Reglamento del Parlamento. De ordinario, al principio de cada legislatura, inmediatamente después de su elección, el Presidente convoca la presentación de candidaturas con vistas al nombramiento del Defensor del Pueblo y fija un plazo para la presentación de las candidaturas. La convocatoria

---

23 Unión Europea, "Decisión 2002/262", de 14 de marzo de 2002, por la que se modifica la Decisión 94/262/CECA, CE, Euratom sobre el estatuto del Defensor del Pueblo y sobre las condiciones generales del ejercicio de sus funciones *Diario Oficial L* 92 de 9 de abril de 2002, *p. 13 -14.*

24 Unión Europea, "Decisión 94/262", de 9 de marzo de 1994 sobre el estatuto del Defensor del Pueblo y sobre las condiciones generales del ejercicio de sus funciones (94/262/CECA, CE, Euratom) *Diario Oficial L 113, 4 de* mayo de 1994, p.15

25 Unión Europea, "Decisión 2008/587" por la que se modifica la Decisión 94/262/CECA, CE, Euratom, sobre el Estatuto del Defensor del Pueblo y sobre las condiciones generales del ejercicio de sus funciones, *Diario Oficial,* L 189 de 17 de julio de 2008, p. 25.

se publica en el Diario Oficial de la Unión Europea. El apoyo mínimo de las es cuarenta diputados, y tienen que ser nacionales de al menos dos Estados miembros. Cada diputado solo puede apoyar candidatura. Todas candidaturas tienen que estar acompañadas de todos los justificantes necesarios que para indiquen inequívocamente que el candidato reúne las condiciones enunciadas en el Estatuto del Defensor del Pueblo. Las candidaturas se transmitirán a la comisión competente, que podrá solicitar oír a los interesados en audiencias, abiertas a todos los diputados. La lista las candidaturas admitidas a trámite se someterán después a votación del Parlamento. La votación se realiza mediante voto secreto por mayoría. Si, al finalizar las dos primeras votaciones, no resulta elegido ningún candidato, únicamente podrán mantenerse los dos candidatos que hayan obtenido el mayor número de votos en la segunda votación. En todos los casos de empate de votos, se considera vencedor al candidato de más edad. Antes de declarar abierta la votación, el Presidente comprobará la presencia de la mitad como mínimo de los diputados que integran el Parlamento. El candidato que resulta elegido es llamado i a prestar juramento o promesa ante el Tribunal de Justicia. Como excepción, el Defensor del Pueblo ejercerá el cargo hasta la entrada en funciones de su sucesor, excepto en el caso de que cese por fallecimiento o destitución.

El ámbito de actuación se describe en el art. 220 del Reglamento. Tanto las condiciones generales del ejercicio de sus funciones, así como las disposiciones adoptadas por el Defensor del Pueblo para ejecutar dicha decisión se hallan en el anexo X del mismo.

El Defensor del Pueblo informará al Parlamento, de conformidad con los apartados 6 y 7 del artículo 3 de la Decisión incluida en el anexo X, sobre casos de mala administración constatados, respecto de los cuales podrá elaborar un informe la comisión competente. Presentará, asimismo, de conformidad con el apartado 8 del artículo 3 de la Decisión, un informe al Parlamento al final de cada período anual de sesiones sobre los resultados de sus investigaciones. A tal efecto, la comisión competente elaborará un informe que se someterá a debate del Pleno. El Defensor del Pueblo puede informar asimismo a la comisión competente, siempre que ésta lo solicite, o ser oído por dicha comisión por su propia iniciativa, (art. 220).

El Estatuto y las condiciones generales de ejercicio de las funciones de Defensor del Pueblo quedan fijados por la Decisión DO L 113 de 4 mayo de 1994 de conformidad con el apartado 4 del artículo 195 del Tratado constitutivo de la Comunidad Europea y el apartado 4 del artículo 107 D del Tratado constitutivo de la Comunidad Europea de la Energía Atómica. El Defensor del Pueblo tiene que desempeñar sus funciones respetando las atribuciones conferidas por los Tratados a las instituciones y órganos comunitarios; así mismo no podrá intervenir en las causas que se sigan ante los tribunales ni poner en tela de juicio la conformidad a derecho de las resoluciones judiciales, (art 1) Con los limites señalados contribuirá a descubrir los casos de mala administración en la acción de las instituciones y órganos comunitarios, con exclusión del Tribunal de Justicia y del Tribunal de Primera Instancia en el ejercicio de sus funciones jurisdiccionales, y a formular recomendaciones para remediarlos. No podrá ser objeto de reclamación ante el Defensor del Pueblo la actuación de ninguna otra autoridad o persona. Mientras permanezca en funciones, el Defensor del Pueblo no podrá ejercer ninguna otra función política o administrativa ni actividad profesional alguna, sea o no remunerada, (art. 10)

Las instituciones y órganos comunitarios están obligados a facilitar al Defensor del Pueblo las informaciones requeridas y darle acceso a la documentación relativa al caso en cuestión. El acceso a información o documentos clasificados, particularmente aquellos documentos sensibles en el sentido del artículo 9 del Reglamento (CE) nº 1049/2001, estará sujeto a la observancia de las normas de seguridad de la institución u órgano comunitario de que se trate, (art. 3.2) Por otra parta las autoridades de los Estados miembros están obligadas, en caso que el Defensor del Pueblo lo requiera, a facilitar, a través de las Representaciones Permanentes de los Estados miembros ante las Comunidades Europeas, toda la información que pueda contribuir al esclarecimiento de los casos de mala administración por parte de las instituciones u órganos comunitarios, salvo en caso de que dicha información esté cubierta por disposiciones legislativas o reglamentarias relativas al secreto, o por cualquier otra disposición que impida su publicación. No obstante, en este caso el Estado miembro de que se trate podrá permitir al Defensor del Pueblo el acceso a dicha información siempre y cuando se comprometa a no divulgar el contenido de la misma, (art. 3.3)

Todo ciudadano de la Unión o toda persona física o jurídica que resida o con sede social en un Estado miembro de la Unión podrá someter al Defensor del Pueblo, directamente o por mediación de un miembro del Parlamento Europeo, una reclamación relativa a un caso de mala administración en la actuación de las instituciones u órganos comunitarios, con exclusión del Tribunal de Justicia y del Tribunal de Primera Instancia en el ejercicio de sus funciones jurisdiccionales. El Defensor del Pueblo informará de la reclamación a la institución u órgano interesado tan pronto como la reciba, (art. 2). Las reclamaciones han de presentarse al Defensor del Pueblo en cualquiera de las lenguas del Tratado. El Defensor del Pueblo no estará obligado a examinar las reclamaciones que se le presenten en otras lenguas, (art. 15). En la reclamación ha de quedar patente el objeto de la misma así como la persona de la que proceda; el que promueve de la reclamación podrá pedir que su reclamación sea confidencial, el Defensor también puede adjudicar la confidencialidad si entiende que podría haber daños a terceros o al reclamante. . La reclamación deberá presentarse en un plazo de dos años contados desde que el promotor de la misma tuvo conocimiento de los hechos que la motivaron, siendo necesario que previamente se hayan hecho adecuadas gestiones administrativas ante las instituciones u órganos de que se trate (art. 2.3-.4).

El Defensor del Pueblo puede aconsejar a la persona de la que proceda la reclamación que se dirija a otra autoridad, si así lo cree conveniente. Las reclamaciones presentadas al Defensor del Pueblo no interrumpirán los plazos de recurso fijados en los procedimientos jurisdiccionales o administrativos. Cuando a causa de un procedimiento jurisdiccional en curso o ya concluido sobre los hechos alegados, el Defensor del Pueblo deba declarar inadmisible una reclamación o dar por terminado el estudio de la misma, por lo que se archivarán los resultados de las investigaciones llevadas a cabo hasta ese momento. El Defensor del Pueblo no puede admitir ninguna reclamación relativa a las relaciones laborales entre las instituciones y órganos comunitarios y sus funcionarios u otros agentes sin que previamente el interesado haya agotado las posibilidades de solicitud o reclamación administrativas internas. El Defensor del Pueblo informará sin demora a la persona de quien emane la reclamación sobre el curso dado a ésta, (art. 2.5-.9)

En la modificación de 2002, articulo 4 se desarrollo los pasos concernientes a la Investigaciones relativas a las reclamaciones admisibles. El Defensor del Pueblo decidirá si existen elementos suficientes para justificar la apertura de una investigación en relación con una reclamación admisible. Si no encuentra elementos suficientes para justificar la apertura de una investigación, dará por concluido el asunto relativo a la reclamación e informará en consecuencia al demandante. El Defensor puede informar igualmente a la institución correspondiente. En caso que en efecto, el Defensor del Pueblo encuentra elementos suficientes para justificar la apertura de una investigación, lo pone en conocimiento del demandante y de la institución concerniente. Transmite a la institución afectada una copia de la reclamación y la invita a emitir un informe dentro de un plazo determinado, que normalmente no excederá de tres meses.

La invitación dirigida a la institución afectada puede detallar determinados aspectos de la reclamación, o puntos particulares que deberán tratarse en el informe. El dictamen no incluirá ni información ni documentos que la institución afectada entanda han de ser considerado como reservados. La institución afectada puede solicitar que determinadas partes del informe sean reveladas exclusivamente al denunciante. Ha de describir detallada y claramente las partes en cuestión y explicará el motivo o motivos de su solicitud. El Defensor del Pueblo remite el informe de la institución afectada al demandante. El denunciante puede presentar observaciones al Defensor del Pueblo, dentro de un plazo específico que normalmente no es superior a un mes. El Defensor del Pueblo tiene facultad de ampliar las investigaciones si lo considera útil. Cuando lo considere oportuno, el Defensor del Pueblo podrá valerse de un procedimiento simplificado con vistas a alcanzar una rápida solución.

La Destitución del Defensor del Pueblo se describe en el artículo 221 del Reglamento del Parlamento. Una décima parte de los diputados al Parlamento pueden solicitar la destitución del Defensor del Pueblo si éste deja de cumplir las condiciones necesarias para el ejercicio de sus funciones o comete una falta grave. La solicitud se transmite al Defensor del Pueblo y a la comisión competente, que, si por mayoría de sus miembros considera que los motivos invocados son fundados, presentará un informe al Parlamento. El Defensor del Pueblo será oído, antes de la votación del informe, si así éste lo solicita. El Parlamento, previo debate, decidirá por votación secreta. Antes de declarar abierta la votación, el Presidente comprobará la presencia de la mitad como mínimo de los diputados que integran el Parlamento. En caso de votación favorable a la destitución del Defensor del Pueblo y en caso de que éste no actúe en consecuencia, el Presidente, en o antes del período parcial de sesiones siguiente al de la votación, pedirá al Tribunal de Justicia que destituya al

Defensor del Pueblo, solicitándole que se pronuncie rápidamente. La renuncia voluntaria del Defensor del Pueblo pone fin al procedimiento.

5. PROTECCIÓN CONSULAR

Artículo 46 CDFUE

Protección diplomática y consular

Todo ciudadano de la Unión podrá acogerse, en el territorio de un tercer país en el que no esto representado el Estado miembro del que sea nacional, a la protección de las autoridades diplomáticas y consulares de cualquier Estado miembro, en las mismas condiciones que los nacionales de este Estado.

Artículo 5 TFUE

c) de acogerse, en el territorio de un tercer país en el que no esté representado el Estado miembro del que sean nacionales, a la protección de las autoridades diplomáticas y consulares de cualquier Estado miembro en las mismas condiciones que los nacionales de dicho Estado

De ordinario los consulados, las embajadas son enclaves sitos en terceros Estado de los Estados a los que representan. Su función primordial es representar y asistir los intereses y necesidades de sus nacionales que residen en los respectivos terceros Estados. En el caso de la UE, estos consulados y/o embajadas no tan solo asisten a sus propios nacionales, sino que tiene el deber y obligación de asistir a los ciudadanos de la UE que no tengan una representación consular o de embajada de sus respectivos países. La Decisión 95/553[26], relativa a la protección de los ciudadanos de la Unión Europea por las representaciones diplomáticas y consulares Decisión del Consejo establece la protección de estos ciudadanos de la Unión Europea (UE) fuera del territorio comunitario por las representaciones diplomáticas y consulares de un Estado miembro distinto del propio. Esta Decisión vigente hasta 2018 establece el quehacer de esta protección

Según el artículo 1 de la Decisión, todo ciudadano de la Unión Europea se beneficiará de la protección consular ante cualquier representación diplomática o consular de un Estado miembro si, en el territorio en que se encuentra, no existe: — ni representación permanente accesible, — no Cónsul honorifico accesible y competente, de su propio Estado-miembro o de otro Estado que lo represente de forma permanente. Los representantes consulares o diplomáticos a las que un ciudadano de la UE se dirija dan curso a la solicitud de protección del interesado siempre y cuando pueda demostrar mediante documentación apropiada- pasaporte o documento oficial de identidad- que es nacional de un Estado miembro de la UE. Si se trata de un caso en el cual ha extraviado o perdido la documentación puede presentar cualquier otra prueba de que posee la nacionalidad del Estado miembro en cuestión. Previa verificación, de ser necesario, ante las autoridades centrales del Estado miembro cuya nacionalidad reivindique el interesado, o bien ante la representación diplomática o consular más próxima de dicho Estado. (art. 2). Estas representaciones diplomáticas y consulares que concedan la protección tratarán

---

26 Unión Europea, "Decisión 95/553", de 19 de diciembre de 1995, relativa a la protección de los ciudadanos de la Unión Europea por las representaciones diplomáticas y consulares, *Diario Oficial* L 314, p. 73-76.

a los solicitantes como a un nacional del Estado miembro que ellas representan, (art. 3)

El artículo 5 enumera la protección que ofrecerá a los ciudadanos de la UE que pidan asistencia:

a) la asistencia en casos de fallecimiento;

b) la asistencia en casos de accidente o enfermedad graves;

c) la asistencia en casos de arresto o detención;

d) la asistencia a víctimas de actos de violencia;

e) el socorro y la repatriación de nacionales de la Unión en dificultad.

Sin embargo, siempre que sean competentes, las representaciones diplomáticas o los funcionarios consulares de los Estados miembros que estén en servicio en un tercer Estado podrán asimismo asistir en otros casos a ciudadanos de la Unión que lo soliciten. También, previa autorización de las autoridades competentes del Estado miembro de nacionalidad del solicitante y solo en casos de extrema urgencia podría concederse a los ciudadanos de la Unión ayuda económica o gastos procedente bien del Ministerio de Asuntos Exteriores, bien de la misión diplomática más próxima. A menos que las autoridades del Estado miembro de nacionalidad del demandante renuncien expresamente a dicho requisito, el solicitante tiene que comprometerse a reembolsar la totalidad del anticipo o de la ayuda económica, así como los gastos efectuados, y, en su caso, una tasa consular notificada por las autoridades competentes. El compromiso de reembolso se hará constar en un documento por el que se exigirá a la persona con dificultades el reembolso al gobierno del Estado miembro de su nacionalidad de los gastos efectuados en su nombre, la cantidad de dinero que se le haya abonado, más las posibles tasas. El gobierno del Estado miembro cuya nacionalidad posee el solicitante reembolsará todos los gastos a petición del gobierno del Estado miembro que preste la asistencia, (art. 6). En los anexos I y II de la Decisión se anexan modelos de compromiso para el reembolso a utilizarse.

5.1. Directiva (UE) 2015/637 sobre protección consular

El 20 de abril de 2015 se aprobó la Directiva 2015/637[27] , sobre las medidas de coordinación y cooperación para facilitar la protección consular de ciudadanos de la Unión no representados en terceros países y que derogará la Decisión 95/553/. El artículo 4 señala que un 'ciudadano no representado' se entenderá todo aquel ciudadano que tenga la nacionalidad de un Estado miembro que no esté representado en un tercer país. Así mismo, se considerará que un Estado miembro no está representado en un tercer país si carece de embajada o consulado establecidos con carácter permanente en dicho país, o si carece de embajada, consulado o cónsul honorario en dicho país que esté en disposición de proporcionar protección consular de manera efectiva en un caso determinado, (art. 6)

La Directiva establece (art.1) las medidas de coordinación y cooperación necesarias para facilitar el ejercicio del derecho de los ciudadanos de la Unión, recogido en el artículo 20, apartado 2, letra c), del TFUE, de acogerse, en el territorio de un tercer país en el que no esté representado el Estado miembro del que sea nacional, a la protección de las autoridades diplomáticas y consulares de cualquier Estado miembro en las mismas condiciones que los nacionales de dicho Estado, teniendo también en cuenta el papel de las delegaciones de la Unión

---

27 Unión Europea, "Directiva, 2015/637", de 20 de abril de 2015, sobre las medidas de coordinación y cooperación para facilitar la protección consular de ciudadanos de la Unión no representados en terceros países y por la que se deroga la Decisión 95/553/, Diario Oficial L 106 de 24 de abril de 2015, p. 1-13.

para contribuir a la aplicación de dicho derecho, sin afectar a las relaciones consulares entre Estados miembros y terceros países. Es decir, el cómo y cuándo del ejercicio del derecho de la ciudadanía de la Unión.

Esta protección consular –diplomática se da en un ámbito no discriminatorio. Las embajadas o consulados de los Estados miembros proporcionarán protección consular a los ciudadanos no representados en las mismas condiciones que a sus propios nacionales. Los Estados miembros tienen la potestad de decidir que la Directiva se aplique a la protección consular proporcionada por los cónsules honorarios, en cumplimiento del artículo 23 del TFUE. Los Estados miembros se tienen que asegurar de que los ciudadanos no representados sean debidamente informados de dichas decisiones y de la medida en la cual los cónsules honoríficos sean competentes para proporcionar protección en un caso determinado, (art. 2). Se proporcionará protección consular a los familiares que acompañen a ciudadanos no representados en un tercer país y que no sean a su vez ciudadanos de la Unión en la misma medida y bajo las mismas condiciones que se les proporcionaría a los familiares de los ciudadanos del Estado miembro que preste asistencia, que no fueran a su vez ciudadanos de la Unión, de conformidad con su Derecho o sus prácticas nacionales, (art. 5)

Los Estados miembros del que sea nacional un ciudadano no representado podrán solicitar al Estado miembro al que el ciudadano no representado solicite protección o del cual la reciba que reenvíe la solicitud o el caso del ciudadano a su propio Estado miembro con el fin de que sean ellos los que proporcione protección consular de acuerdo con el Derecho y la práctica nacionales. El Estado miembro requerido renunciará al caso tan pronto como el Estado miembro del que sea nacional el ciudadano, en su caso, confirme que está proporcionando protección consular al ciudadano no representado, (art. 3)

1Los ciudadanos no representados deberán tener derecho a solicitar protección a la embajada o el consulado de cualquier Estado miembro. Sin perjuicio de lo dispuesto en el artículo 2, un Estado miembro podría representar a otro Estado miembro de manera permanente y las embajadas o consulados de los Estados miembros podrán, cuando lo estimen necesario, alcanzar acuerdos prácticos sobre el reparto de responsabilidades para la prestación de protección consular a los ciudadanos no representados. En caso de ello, se informará a la Comisión y al Servicio Europeo de Acción Exterior (SEAE) de cualquier acuerdo de este tipo, que recibirá publicidad por parte la Unión y los Estados miembros para garantizar la transparencia para los ciudadanos no representados. Igualmente, en estos casos la embajada o consulado a la que el ciudadano no representado solicite protección consular y que la misma , no sea considerada competente en virtud del acuerdo concreto en vigor deberá asegurarse de que la solicitud del ciudadano sea redirigida a la embajada o consulado pertinente, a menos que la protección consular se vea comprometida, en particular si la urgencia del caso requiere una intervención inmediata por parte de la embajada o consulado que reciba la solicitud, (art.7)

Como ocurría en la Decisión uno de los requisitos para el ejercicio del derecho es la identificación. La directiva en su artículo 8 dispone que el solicitante de protección consular tenga que probar que es ciudadano de la Unión mediante la presentación de un pasaporte o documento de identidad. En caso de no poder proveer dichos documentos podrá demostrarse su nacionalidad por otros medios, en caso necesario también mediante comprobación ante las autoridades diplomáticas o consulares del Estado miembro del que declare ser nacional el solicitante. En cuanto a los familiares del solicitante, la existencia y el tipo de relación familiar puede probarse por cualquier medio, como la comprobación por parte del Estado miembro que preste asistencia ante las autoridades diplomáticas o consulares del Estado miembro del que sea nacional el ciudadano, (art. 8)

La protección consular podrá comprender, entre otras cosas, la asistencia en caso de:

a) detención o prisión;

b) ser víctima de un delito;

c) accidente grave o enfermedad grave;

d) fallecimiento;

e) ayuda y repatriación en caso de emergencia;

f) necesidad de documentos provisionales de viaje como dispone la Decisión 96/409/[28]

Las normas generales, (art. 10), de la directiva señala que las autoridades diplomáticas y consulares de los Estados miembros cooperarán y se coordinarán entre sí estrechamente, junto con la Unión para garantizar la protección a los ciudadanos no representados.

En los casos que un Estado miembro reciba una solicitud de protección consular de una persona que declare ser un ciudadano no representado, o sea informado de una situación de emergencia individual de un ciudadano no representado, consultará sin demora al Ministerio de Asuntos Exteriores del Estado miembro del que se declare nacional la persona en cuestión o, en su caso, a la embajada o consulado competente de dicho Estado miembro, y le proporcionará toda la información pertinente de la que disponga, como la identidad de la persona afectada, los posibles gastos de la protección consular y los familiares a los que se puede proporcionar protección consular.

---

[28] Unión Europea, "Decisión 96/409", relativa al establecimiento de un documento provisional de viaje, de 25 de junio de 1996, *Diario Oficial L 168,* de 6 julio de 1996, p. 4 -11.

Excepto en casos de extrema urgencia, estas consultas tendrán lugar antes de que se preste asistencia. El Estado miembro que preste asistencia facilitará asimismo el intercambio de información entre el ciudadano afectado y las autoridades del Estado del que sea nacional el ciudadano. En aquellos casos en los le sea solicitada, el Estado miembro del que sea nacional el ciudadano proporcionará al Ministerio de Asuntos Exteriores, embajada o consulado competente del Estado miembro que preste asistencia toda la información pertinente sobre el caso en cuestión. También será responsable de entablar los contactos necesarios con los familiares u otras personas o autoridades relacionadas., informando al SEAE por medio de su sitio seguro de internet de los puntos de contacto pertinentes en los respectivos Ministerios de Asuntos Exteriores.

Las delegaciones de la Unión cooperarán estrechamente con las embajadas y consulados de los Estados miembros y coordinándose con ellas para contribuir a la cooperación y la coordinación locales y en caso de crisis, particularmente para proporcionar el apoyo logístico disponible, como por ejemplo alojamiento temporal para el personal consular y los equipos de intervención. Las delegaciones de la Unión y la sede central del SEAE facilitarán también el intercambio de información entre las embajadas y consulados de los Estados miembros y, cuando proceda, con las autoridades locales. Las delegaciones de la Unión habrán igualmente de facilitarán la información general disponible sobre la asistencia a la que podrían tener derecho los ciudadanos no representados, en particular, cuando proceda, en relación con los acuerdos prácticos alcanzados (art. 11).

En caso de asistencia financiera, aquellos ciudadanos no representados que ha recibido esta ayuda, se comprometerán a reembolsar al Estado miembro del que sean nacionales los gastos de protección consular en las mismas condiciones que los nacionales del Estado miembro que preste asistencia, haciendo uso del formulario normalizado que figura en el anexo

I, de la directivo. Únicamente se exigirá a los ciudadanos no representados que reembolsen los gastos que habrían sido soportados por los nacionales del Estado miembro que preste asistencia en las mismas condiciones. El Estado miembro que preste asistencia podrá solicitar el reembolso de los gastos al Estado miembro del que sea nacional el ciudadano no representado haciendo uso del formulario normalizado que figura en el anexo II, de la directiva. El Estado miembro del que sea nacional el ciudadano no representado reembolsará estos gastos en un plazo razonable que no podrá superar los doce meses. El Estado miembro del que sea nacional el ciudadano no representado podrá exigirle al ciudadano en cuestión que reembolse dichos gastos. Cuando la protección consular prestada a un ciudadano no representado en caso de detención o prisión implique gastos indispensables y justificados inusualmente elevados relacionados con viajes, alojamiento y traducción para las autoridades diplomáticas o consulares, el Estado miembro que preste asistencia podrá solicitar el reembolso de dichos gastos al Estado miembro del que sea nacional el ciudadano no representado, que deberá proceder al reembolso en un plazo razonable que no podrá superar los doce meses, (art.14)

En situaciones de crisis el Estado miembro que preste asistencia presentará sus solicitudes de reembolso de los gastos ocasionados por toda la ayuda prestada a un ciudadano no representado al Ministerio de Asuntos Exteriores del Estado miembro del que sea nacional el ciudadano no representado. El Estado miembro que preste asistencia podrá exigir dicho reembolso aun en el caso de que el ciudadano no representado no haya firmado un compromiso de devolución. Lo expuesto anteriormente no obsta para que el Estado miembro del que sea nacional el ciudadano no representado exija al ciudadano en cuestión el reembolso de los gastos de acuerdo con su normativa nacional. El Estado miembro que preste asistencia podrá solicitar al Estado miembro del que sea nacional el ciudadano no representado que reembolse estos gastos de manera proporcional, dividiendo el importe total de los gastos ocasionados entre el número de ciudadanos asistidos. Si el Estado miembro que preste asistencia hubiere recibido ayuda financiera en forma de asistencia por parte del Mecanismo de Protección Civil de la Unión, las contribuciones del Estado miembro del que sea nacional el ciudadano no representado se fijarán después de restar la contribución de la Unión, (art. 15).

Como suele ocurrir la directiva permite que los Estados introduzcan o mantengan disposiciones más favorables siempre que sean compatibles con esta. Por último, la trasposición de la directiva ha de establecerse a más tardar el 1 de mayo de 2018, misma fecha en la que la Decisión 95/553/CE quedaría derogada. Cuando los Estados miembros adopten las disposiciones han de incluir una referencia de la Directiva o irán acompañadas de dicha referencia en el momento de su publicación oficial. Los Estados miembros tienen la potestad de establecer las modalidades de la mencionada referencia. Los Estados miembros comunicarán a la Comisión el texto de las principales disposiciones de Derecho interno que adopten en el ámbito regulado de la Directiva.

6. LA INICIATIVA CIUDADANA

Las bases de este derecho se pueden encontrar en:

Artículo 11 (TUE)

(…) 4. Las instituciones darán a los ciudadanos y a las asociaciones representativas, por los cauces apropiados, la posibilidad de expresar e intercambiar públicamente sus opiniones en todos los ámbitos de actuación de la Unión. 2. Las instituciones mantendrán un diálogo abierto, transparente y regular con las asociaciones representativas y la sociedad civil. 3. Con objeto de garantizar la coherencia y la transparencia de las acciones de la Unión, la Comisión Europea mantendrá amplias consultas con las partes interesadas. 4. Un grupo de al menos un millón de ciudadanos de la Unión, que sean nacionales de un número significativo de Estados miembros, podrá tomar la iniciativa de invitar a la Comisión Europea, en el marco de sus atribuciones, a que presente una propuesta adecuada sobre cuestiones que estos ciudadanos estimen que requieren un acto jurídico de la Unión para los fines de la aplicación de los Tratados.

Artículo 24 TFUE

El Parlamento Europeo y el Consejo adoptarán mediante reglamentos, con arreglo al procedimiento legislativo ordinario, las disposiciones relativas a los procedimientos y condiciones preceptivos para la presentación de una iniciativa ciudadana en el sentido del artículo 11 del Tratado de la Unión Europea, incluido el número mínimo de Estados miembros de los que han de proceder los ciudadanos que la presenten.

Reglamento del Parlamento Europeo 211/2011[29]

Artículo 211

Audiencias públicas sobre iniciativas ciudadanas

1. Cuando la Comisión publique en el registro previsto a tal efecto una iniciativa ciudadana conforme al artículo 10, apartado 1, letra a), del Reglamento (UE) nº

---

[29] Unión Europea , "Reglamento UE 211/2011", de 16 de febrero de 2011 , sobre la iniciativa ciudadana, *Diario Oficial* L 65 de 11 de marzo de 2011, p. 1-22, en vigor desde el 1 de abril de 2011

211/2011, del Parlamento Europeo y del Consejo, de 16 de febrero de 2011, sobre la iniciativa ciudadana, el Presidente del Parlamento Europeo, sobre la base de una propuesta del Presidente de la Conferencia de Presidentes de Comisión:

a) encargará a la comisión legislativa competente para el fondo del asunto conforme al anexo VI que organice la audiencia pública a que se refiere el artículo 11 del Reglamento (UE) nº 211/2011; la Comisión de Peticiones será automáticamente asociada a la comisión legislativa en virtud del artículo 54 del presente Reglamento;

b) podrá decidir, previa consulta a los organizadores, que, cuando dos o más iniciativas ciudadanas publicadas en el registro previsto a tal efecto conforme al artículo 10, apartado 1, letra a), del Reglamento (UE) nº 211/2011 versen sobre un asunto similar, se celebre una audiencia pública conjunta en la que todas las iniciativas ciudadanas en cuestión se tratarán en pie de igualdad.

2. La comisión competente:

a) examinará si los organizadores son recibidos en la Comisión a un nivel adecuado de conformidad con el artículo 10, apartado 1, letra

b), del Reglamento (UE) nº 211/2011; b) velará, en caso necesario con el apoyo de la Conferencia de Presidentes de Comisión, porque la Comisión participe debidamente en la organización de la audiencia pública y por que tenga un nivel adecuado de representación.

3. El presidente de la comisión competente fijará una fecha adecuada para la celebración de la audiencia pública dentro de los tres meses siguientes a la presentación

de la iniciativa a la Comisión, conforme a lo previsto en el artículo 9 del Reglamento (UE) nº 211/2011.

4. La comisión competente organizará la audiencia pública en el Parlamento, en colaboración, si procede, con otras instituciones y órganos de la Unión que deseen participar en ella. Podrá invitar a la misma a otras partes interesadas.

   La comisión competente invitará a un grupo representativo de los organizadores que incluirá al menos a una de las personas de contacto a que se refiere el artículo 3, apartado 2, párrafo segundo del Reglamento (UE) nº 211/2011 a presentar la iniciativa en la audiencia.

5 La Mesa, de conformidad con las modalidades acordadas con la Comisión, aprobará normas relativas al reembolso de los gastos realizados.

6. El Presidente del Parlamento y el Presidente de la Conferencia de Presidentes de Comisión podrán delegar los poderes previstos en el presente artículo en un Vicepresidente o en otro presidente de comisión, respectivamente.

7. Si se cumplen las condiciones enunciadas en los artículos 54 o 55, estas disposiciones se aplicarán también, mutatis mutandis, a otras comisiones. Será igualmente de aplicación el artículo 201. El artículo 25, apartado 9, no se aplicará a las audiencias públicas sobre iniciativas ciudadanas.

Las peticiones pueden presentarlas los ciudadanos de la Unión o cualquier persona física o jurídica con residencia en ella y deben versar sobre cuestiones que entren en el ámbito de actividad de la Unión y afecten directamente al peticionario. En cambio, la iniciativa es una solicitud presentada a la Comisión, que pretende crear un instrumento jurídico que ha de estar de acuerdo con ciertas formalidades para ser admisibles. Toda vez que la comisión es la única institución de la UE con capacidad jurídica para presentar medidas legislativas. Este derecho es equivalente al que tienen el Parlamento[30] y el Consejo[31].

El Reglamento señala tres términos importantes en lo concerniente a este derecho. Primeramente indica que por 'iniciativa ciudadana' se ha de entender como aquella iniciativa presentada a la Comisión, por la que se invite a la Comisión a presentar, en el ámbito de sus atribuciones, una propuesta adecuada sobre las cuestiones sobre las que los ciudadanos estimen que se requiere un acto legislativo de la Unión para los fines de la aplicación de los Tratados. Esta iniciativa o propuesta tiene que haber recibido el apoyo de al menos un millón de firmantes con capacidad para ello y tienen que proceder de, por lo menos, un cuarto de los Estados miembros. El otro término fundamental es el de 'firmantes'. Éste se refiere a los ciudadanos de la Unión que hayan apoyado una iniciativa ciudadana determinada cumplimentando una declaración de apoyo a esa iniciativa. Por ultima, se define el término 'organizadores', quienes no son otros que las personas físicas que formen un comité de ciudadanos responsable de la preparación de una iniciativa ciudadana y de su presentación ante la Comisión, (art. 2)

Existen dos requisitos básicos que se exigidos a los organizadores y a los firmantes. -No debe confundirse requisitos con deberes-. Los organizadores deberán ser ciudadanos de la Unión y tener edad suficiente para poder votar en las elecciones al Parlamento Europeo. Los organizadores tienen que constituir un comité de ciudadanos el cual debe estar compuesto por, al menos, siete personas que sean residentes en, al menos, siete Estados miembros. Los organizadores designarán a un representante y a un sustituto, que el Reglamento llama, 'personas

---

30 artículo 225 del TFUE

31 artículo 241 del TFUE

contacto'. Éstos serán el enlace entre el comité de ciudadanos y las instituciones de la Unión Europea a lo largo de todo el proceso y estarán habilitadas para hablar y actuar en nombre del comité de ciudadanos, (art. 3)

Es importante que antes de iniciar la recogida de declaraciones de apoyo a una iniciativa ciudadana propuesta, los organizadores la registren ante la Comisión proporcionando la información que aparece en el anexo II del Reglamento, particularmente sobre el objeto y objetivos de la iniciativa ciudadana que se propone. Esto sin perjuicio de que los organizadores puedan retirar, en cualquier momento, una iniciativa ciudadana propuesta registrada antes de la presentación de las declaraciones de apoyo. Por lo que, en cosas como estos se introducirá una mención en este sentido en el registro, (art. 4).

Según el apartado 2, del artículo 4., siempre que se cumplan unas condiciones que a continuación se mencionaran la Comisión registrará sin demora la iniciativa ciudadana propuesta con un número de registro único y remitirá una confirmación al organizador en un plazo de dos meses. De lo contrario la comisión rechazará el registro (art. 4.3). Las referidas condiciones son:

- que se haya constituido un comité de ciudadanos y se haya nombrado a las personas de contacto;
- que la iniciativa ciudadana propuesta no esté manifiestamente fuera del ámbito de competencias de la Comisión para presentar una propuesta relativa a un acto jurídico para los fines de aplicación de los Tratados;
- que la iniciativa ciudadana propuesta no sea manifiestamente abusiva, frívola o temeraria, y; -que la iniciativa ciudadana propuesta no sea manifiestamente contraria a los valores de la Unión establecidos en el artículo 2 del TUE

En caso de que rechace el registro de una iniciativa ciudadana propuesta, la Comisión informará a los organizadores de las razones de dicho rechazo y de todos los posibles recursos judiciales y extrajudiciales a su disposición, (art. 4.3 párrafo 2)

Los Procedimientos y requisitos para la recogida de las declaraciones de apoyo se describen el artículo 5. Los responsables de recoger las declaraciones de apoyo a una iniciativa ciudadana propuesta que se hubiere entrado al registrado no son otros que los organizadores. Para las declaraciones de apoyo se recabarán tras la fecha de registro de la iniciativa ciudadana propuesta. Tendrán un plazo máximo en un no superior a 12 meses. Al finalizar dicho plazo, se indicará en el registro que el plazo ha expirado y, si procede, que no se ha recogido el número requerido de declaraciones de apoyo.

Las declaraciones pueden ser tan en papel como de forma electrónica. En los casos en que las declaraciones de apoyo sean recogidas a través de páginas web, se almacenarán en el territorio de un Estado miembro. El sistema de recogida a través de páginas web se acreditará en el Estado miembro. Los organizadores podrán utilizar un único sistema de recogida a través de páginas web con el fin de recoger declaraciones de apoyo en varios o en todos los Estados miembros (art. 6)[32].

Tras recoger las declaraciones de apoyo necesarias, los organizadores las presentarán en papel o en formato electrónico, a las correspondientes autoridades competentes A tal fin los organizadores utilizarán el formulario que se recoge en el anexo

---

[32] Las normas relativas a las recogida de firmas a través de pinas web se establecen en el Unión Europea, "Reglamento de Ejecución de la Comisión UE 1179/2011", de de 17 de noviembre de 2011, por el que se establecen especificaciones técnicas para sistemas de recogida a través de pinas web, de conformidad con el Reglamento 211/2011 del Parlamento Europeo y del Consejo sobre la iniciativa ciudadana, *Diario Oficial L 301*, de 18 de noviembre de 2011, p.3- 9

V y separarán las declaraciones de apoyo recogidas en papel, las que se hayan firmado electrónicamente utilizando la firma electrónica avanzada y las recogidas mediante el sistema de recogida a través de páginas web (art. 8).

Para la recogida de declaraciones de apoyo, solamente podrán utilizarse formularios que se ajusten a los modelos que figuran en el anexo III y que estén redactadas en una de las versiones lingüísticas incluidas en el registro para dicha iniciativa ciudadana propuesta. Antes de iniciar la recogida de declaraciones de apoyo, los organizadores cumplimentarán los formularios de acuerdo con las indicaciones del anexo III. La información recogida en los formularios coincidirá con la información contenida en el registro, (art. 5.1) igualmente, como se establece en el anexo III, establece cómo os firmantes deberán cumplimentar la declaración de apoyo en el formulario suministrado por los organizadores. Indicarán únicamente los datos personales requeridos para su verificación por los Estados miembros (art. 5.3)

Para que la Comisión considere la iniciativa, esta debe recabar un millón de declaraciones de apoyo en referido plazo de doce meses. Los firmantes de una iniciativa ciudadana habrán de proceder de, al menos, un cuarto de los Estados miembros. En un cuarto, como mínimo, de los Estados miembros, los firmantes deberán representar, al menos, el número mínimo de ciudadanos fijado en el anexo I en el momento del registro de la iniciativa ciudadana propuesta. Dicho número mínimo corresponderá al número de diputados al Parlamento Europeo elegido en cada Estado miembro y multiplicado por 750, (art. 7.1-2). Con este fin, es preciso también establecer el número mínimo de firmantes pertenecientes a cada uno de esos Estados miembros. Para garantizar que los requisitos son similares para todos los ciudadanos que apoyen una iniciativa ciudadana, el número mínimo debe ser proporcionalmente decreciente, (considerando 6).

Los organizadores presentarán las declaraciones de apoyo al Estado miembro en cuestión de la siguiente forma:

- al Estado miembro de residencia o de nacionalidad del firmante, tal como se especifica en el anexo III, parte C, punto 1, o;
- al Estado miembro que haya expedido el número de identificación personal o el documento de identificación personal facilitado en la declaración de apoyo, tal como se especifica en el anexo III, parte C, punto 2. 2.

Las autoridades competentes, en no más de tres meses desde la recepción de la solicitud, verificarán las declaraciones de apoyo presentadas, de conformidad con la legislación y prácticas nacionales, según sea el caso. Sobre esa base deben entregar a los organizadores un certificado, gratuito, según el modelo recogido en el anexo VI, en el que se acredite el número de declaraciones de apoyo válidas en el Estado miembro de que se trate. Para la verificación de las declaraciones de apoyo no se requiere la autenticación de firmas, (art. 8).

Una vez se hayan obtenido los certificados referidos en el artículo 8, apartado 2 del Reglamento cumpliendo todos los correspondientes procedimientos y requisitos establecidos los organizadores pueden presentar la iniciativa ciudadana a la Comisión. Simultáneamente con la información relativa a las ayudas y la financiación que se hayan recibido en relación a la misma. Esta información se publicará en el registro. El importe de los apoyos y la financiación recibidos de cualquier fuente que supere el nivel a partir del cual deben facilitarse informaciones será idéntico al establecido en el Reglamento (CE) no 2004/2003[33] del Parlamento Europeo y del Consejo, de 4 de

[33] Unión Europea, "Reglamento CE 2012/2003", de 14 de noviembre de 2003, que rectifica el Reglamento (CE) no 2535/2001 por el que se establecen disposiciones de aplicación del Reglamento (CE) no

noviembre de 2003, relativo al estatuto y la financiación de los partidos políticos a escala europea Los organizadores tienen que utilizar el formulario que figura en el anexo VII y cumplimentándolo , en papel o en formato electrónico, de los certificados a que se refiere el artículo 8, apartado 2, (art. 9)

El Artículo 10 establece el procedimiento de examen de una iniciativa ciudadana por la Comisión. Así, Después de la recepción de una iniciativa ciudadana de conformidad la Comisión tiene que publicarla con la menor demora posible en su registro. Igualmente habrá de recibir a todos los organizadores a un nivel adecuado para que puedan explicar en detalle las cuestiones que plantea la iniciativa. En un plazo de tres meses, esbozará en una comunicación sus conclusiones finales a nivel jurídico y político sobre la misma, las medidas que en su caso se proponga adoptar y las razones para actuar así o para no hacerlo. Esta comunicación le será notificada a los organizadores, así como al Parlamento Europeo y al Consejo y se hará pública (art. 10)

Una vez cumplimentado el debido proceso de examen de una iniciativa los organizadores tendrán la posibilidad de presentar la iniciativa ciudadana en una audiencia pública. La Comisión y el Parlamento Europeo se tiene que asegurar que esta audiencia se organice en el Parlamento Europeo, si procede con otras instituciones y otros órganos de la Unión que deseen participar, y por que la Comisión esté representada a un nivel adecuado, (Art. 11)

Los organizadores garantizarán la protección de los datos personales recogidos en relación con una iniciativa ciudadana

---

1255/1999 del Consejo en lo que se refiere al régimen de importación de leche y productos lácteos y a la apertura de contingentes arancelarios, y establece excepciones a dicho Reglamento, *Diario Oficial L 297,* de 15 de noviembre de 2003, p. 19-21 determinada no sean utilizados para fines distintos del apoyo declarado a esa iniciativa y destruirán todas las declaraciones de apoyo a esa iniciativa recibidas y todas sus copias, como muy tarde, un mes después de presentar dicha iniciativa a la Comisión de conformidad o 18 meses después de la fecha de registro de la iniciativa ciudadana propuesta, ateniéndose a aquel de ambos plazos que acontezca con anterioridad, (art. 12). Los organizadores podrían ser responsables por los daños que puedan causar a raíz de organización de una iniciativa ciudadana de conforme al Derecho nacional aplicable.

Tan reciente como el 21 de enero de 2016 el Comité Económico y Social Europeo aprobó un Dictamen sobre el tema, la iniciativa ciudadana europea, por su arte ya el PE, había aprobado una Resolución sobre la iniciativa ciudadana europea,[34] en relacionado al proceso de revisión de la iniciativa ciudadana de la UE. En ella se recomendaba y proponía, entre otras cosas, que se simplificara los requisitos en materia a los datos personales y que se asignara financiación en apoyo a la organización de las iniciativas. Igualmente señalaba que era necesario fortalecer el asesoramiento y el apoyo en lo que tiene que ver con el registro de las propuestas. También solicito que se dotaran de más herramientas para optimizar la recogida de las firmas en línea. Por otra parte, con el fin de hacer más transparente el proceso de registro, señaló que se debía adoptar procedimientos claros y sencillos y facilitar respuestas detalladas y soluciones posibles cuando se considere que las iniciativas no son admisibles, de modo que los comités puedan modificarlas y presentarlas de nuevo. Además, pidió reforzar la información

---

[34] Unión Europea, "Dictamen del Comité Económico y Social Europeo" sobre el tema 'La iniciativa ciudadana europea', *Diario Oficial C 389* de 21 de octubre de 1 2016, p. 35-42; Unión Europea, "Resolución del Parlamento, Europeo, 2014/2257 INI", de 28 de octubre de 2015, sobre la iniciativa ciudadana europea. Propuesta 8 Texto Aprobado 0382.

y la sensibilización de los ciudadanos sobre el instrumento de la iniciativa con campañas específicas, permitiendo a los comités de ciudadanos que informen a los firmantes sobre los resultados obtenidos y, sobre todo, mediante un mayor compromiso de la Comisión para divulgar el seguimiento de las iniciativas que prosperen. Así mismo, consecuentemente adujo la necesidad de garantizar el multilingüismo y explorar nuevas maneras de vincular el sistema de recogida de firmas en línea y los medios sociales y digitales a fin de llegar a un público cada vez más amplio. Por mencionar alguna otra, de las muchas, indico que se debía permitir, en principio, que todos los ciudadanos de la UE puedan ser organizadores de una iniciativa ciudadana, ofreciendo la posibilidad de apoyar los gastos esenciales de una campaña una vez que haya sido registrada formalmente.

7. OTROS DERECHOS ASOCIADOS A LA CIUDADANÍA DE LA UE

a) La posibilidad de participar en las oposiciones para acceder a la función pública de la UE[35].

b) Inmiscuirse en la vida democrática de la UE

- Pronunciarse en las consultas de la Comisión[36]
- Participar del Programa de Derechos Fundamentales y Ciudadanía[37]

---

[35] Se puede consultar la pina web de La Oficina Europea de Selección de Personal (EPSO), https://epso.europa.eu/home_es

[36] Se puede Consultar su pina web sobre consultas abiertas ;http://ec.europa.eu/yourvoice/consultations/index_es.htm

[37] Se puede consultar la pina web del programa-, En inglés- http://ec.europa.eu/justice/grants1/programmes-2014-2020/rec/index_en.htm

c) Participar de los diálogos ciudadanos y de la Sociedad Civil [38]

d) Concienciarse más de la UE y de sus derechos como ciudadanos.

- Programa Europa con los Ciudadanos 2014-2020[39].

e) Recibir la atención sanitaria necesaria en cualquier país de la UE[40] .

f) Derechos como pasajeros aéreos[41].

---

38 Se pueden Consultar sus pina web : http://ec.europa.eu/citizens-dialogues/index_es.htm; http://ec.europa.eu/transparency/civil_society/index_en.htm

39 Prutsch, Markus, "Europa con los Ciudadanos 2014-2020", *Parlamento Europeo,* Bruselas, Unión Europea, 2012.

40 Unión Europea, "Reglamento CE 883/2004", de 29 de abril de 2004, sobre la coordinación de los sistemas de seguridad social, *Diario Oficial L166,* de 30 de abril 2004, p 1-123 y Unión Europea, "Reglamento 987/2009", de 16 de septiembre de 2009 , por el que se adoptan las normas de aplicación del Reglamento 883/2004, sobre la coordinación de los sistemas de seguridad social, *Diario Oficial L 284 de* 30 de octubre 2009, p. 1-42.

41 Unión Europea, "Reglamento CE 889/2002", de 13 de mayo de 2002, que se modificó el Reglamento 2027/97 del Consejo sobre la responsabilidad de las compañías aéreas en caso de accidente, *Diario Oficial L* 140, de 30 de mayo 2002, p 2 -5*;* Unión Europea, Reglamento 1008/2008, de 24 de septiembre de 2008 , sobre normas comunes para la explotación de servicios aéreos en la Comunidad, *Diario Oficial L 293,* de 31 de octubre 2008, p. 3-20 *;* Unión Europea, Comunicación de la Comisión — Directrices interpretativas del Reglamento 261/2004, por el que se establecen normas comunes sobre compensación y asistencia a los pasajeros aéreos en caso de denegación de embarque y de cancelación o gran retraso de los vuelos, y se deroga el Reglamento 2027/97 sobre la responsabilidad de las compañías aéreas en caso de accidente, en su versión modificada por el Reglamento 889/2002, *Diario Oficial C 214 , de* 15 de junio 2016, p. 5-2121; Unión Europea, Reglamento 261/2004, de 11

g) Telecomunicaciones e Internet

- Acceso a Internet[42].

h) Protección de datos y seguridad[43].

i) Tarifas telefónicas móvil en el extranjero[44].

---

de febrero de 2004, por el que se establecen normas comunes sobre compensación y asistencia a los pasajeros aéreos en caso de denegación de embarque y de cancelación o gran retraso de los vuelos, y se deroga el Reglamento 295/91, Diario Oficial *L 46,* 17 de febrero de 2004, p. 1- 8.

42 Unión Europea, "Directiva 2002/22/CE", de 7 de marzo de 2002, relativa al servicio universal y los derechos de los usuarios en relación con las redes y los servicios de comunicaciones electrónicas, *Diario Oficial L 108/51,* de 24 de abril de 2002, p. 52-77.

43 Unión Europea, "Directiva 95/46/CE", de 24 de octubre de 1995, relativa a la protección de las personas físicas en lo que respecta al tratamiento de datos personales y a la libre circulación de estos datos, *Diario Oficial L 281,* de 23 de noviembre de 1995, p. 31-50 y Unión Europea, "Directiva 2009/136/CE", de 25 de noviembre de 2009 , por la que se modifican la Directiva 2002/22/CE relativa al servicio universal y los derechos de los usuarios en relación con las redes y los servicios de comunicaciones electrónicas, la Directiva 2002/58/CE relativa al tratamiento de los datos personales y a la protección de la intimidad en el sector de las comunicaciones electrónicas y el Reglamento 2006/2004 sobre la cooperación en materia de protección de los consumidores, *Diario Oficial L 337,* de 18 de diciembre de 2009, p. 11.

44 Unión Europea , "Reglamento UE 531/2012", de 13 de junio de 2012, relativo a la itinerancia en las redes públicas de comunicaciones móviles en la Unión *Diario* Oficial L 172 de 30 de mayo de 2012; Unión Europea, "Directiva 2002/21/CE", de 7 de marzo de 2002, relativa a un marco regulador común de las redes y los servicios de comunicaciones electrónicas, *Diario Oficial L 108,* de 24 de abril .200*2,* p. 33-50 *y;* Unión Europea, "Reglamento CE 717 2007" de 27 de junio de 2007, relativo a la itinerancia en las redes públicas de telefonía móvil en la Comunidad y por el que se modifica la Directiva 2002/21/CE , *Diario Oficial L 171, de 29 de junio 2007,* p. 32-40.

j) Divorcios y separaciones transfronterizos[45]

k) Cooperación Judicial: Programa Estocolmo[46].

8. EL PROGRAMA DE ESTOCOLMO

El programa Europeo señalaba entre otras cosas,

- la adopción de medidas para que los Estados miembros, en cooperación con la Comisión, emprendan una evaluación objetiva e imparcial de la ejecución de las políticas en el ámbito de la libertad, la seguridad y la justicia, en especial para promover la plena aplicación del principio de reconocimiento mutuo en todas las fases del proceso penal, (1.2.5). La aproximación, en caso necesario, del Derecho sustantivo y del Derecho procesal debería facilitar el reconocimiento mutuo. (3.1.1.)
- facilitar el reconocimiento mutuo de sentencias y resoluciones judiciales y la cooperación policial y judicial en materia penal, la Unión podrá adoptar normas mínimas comunes (3.3)
- cooperación judicial en materia civil y penal. (3)
- garantizar un trato justo a los nacionales de terceros países que residen de forma regular en el territorio de sus Estados miembros. (6.1.4.)

---

45 Unión Europea, "Reglamento 2201/2003/CE" de 23 de diciembre de 2003, sobre la competencia, reconocimiento y ejecución de resoluciones judiciales en materia matrimonial y de responsabilidad parental, *Diario Oficial L 338,* de 23 diciembre de 2003, p. 1-29.

46 Unión Europea, "El Programa de Estocolmo: una Europa abierta y segura que sirva y proteja al Ciudadano", de 16 de octubre de 2009, *Diario Oficial C 115/1,* de 4 de mayo de 2010, p. 1-38.

- la Unión podrá adoptar normas mínimas comunes. (3.3)
- estimular una auténtica cultura judicial y policial europea, es fundamental reforzar la formación en las cuestiones relacionadas con la Unión y hacerla sistemáticamente accesible a todas las profesiones que intervienen en la realización del espacio de libertad, seguridad y justicia. Ello afectará a los jueces, los fiscales, los funcionarios judiciales, los agentes de policía y de aduanas y los guardias fronterizos.(1.2.6)

El programa Estocolmo, podría afirmarse, desemboca en el Reglamento 1381/2013[47], del cual destaca como objetivo especifico:

a) Recibir un trato no discriminatorio por razón de nacionalidad, sexo, raza, religión, discapacidad, edad u orientación sexual[48].

b) Promover la aplicación efectiva del principio de no discriminación por motivos de sexo, origen racial o étnico, religión o creencias, discapacidad, edad u orientación sexual, y respetar el principio de no discriminación por los motivos contemplados en el artículo 21 de la Carta;

c) prevenir y combatir el racismo, la xenofobia, la homofobia y otras formas de intolerancia;

d) promover y proteger los derechos de las personas con discapacidad;

---

47 Unión Europea, "Reglamento 1381/2013 UE", de 17 de diciembre de 2013, por el que se establece el programa Derechos, Igualdad y Ciudadanía para el período de 2014 a 2020, *Diario Oficial L 354/1*, de 28 de diciembre de 2013, p. 62-72.

48 Ibíd. p. 67

e) promover la igualdad entre mujeres y hombres y avanzar en la integración de las cuestiones de género en las distintas políticas;

f) prevenir y combatir toda forma de violencia contra menores, jóvenes y mujeres, así como la violencia contra otros grupos de riesgo, en particular los grupos de riesgo en relaciones de proximidad, así como proteger a las víctimas de este tipo de violencia;

g) promover y proteger los derechos del menor;

h) contribuir a garantizar el más alto nivel de protección de la privacidad y de los datos personales;

i) promover y mejorar el ejercicio de los derechos derivados de la ciudadanía de la Unión;

j) permitir a las personas, en su condición de consumidores o emprendedores en el mercado interior, ejercer sus derechos derivados del Derecho de la Unión, teniendo en cuenta los proyectos financiados con arreglo al Programa relativo a los consumidores.

Los objetivos específicos del Programa se perseguirán por los siguientes medios, en particular:

a) sensibilizar a la opinión pública y promover el conocimiento del Derecho y de las políticas de la Unión, así como de los derechos, valores y principios en los que se sostiene la Unión;

b) respaldar una aplicación y ejecución efectivas, integrales y coherentes de los instrumentos y políticas del Derecho de la Unión en los Estados miembros, así como su seguimiento y evaluación;

c) fomentar la cooperación transfronteriza, impulsar el conocimiento mutuo y reforzar la confianza mutua entre todos los interesados;

d) mejorar el conocimiento y la comprensión de los obstáculos potenciales para el ejercicio de los derechos y principios garantizados por el TUE, el TFUE, la Carta, los convenios internacionales a los que se ha adherido la Unión y el Derecho derivado de la Unión.

Capítulo 2

El modelo de ciudadanía supranacional de la Unión Europea

1. EL PROCESO DE UNIÓN ECONÓMICA Y POLÍTICA EN EUROPA

Finalizada la segunda guerra mundial, Europa enfrentaba un panorama marcado, entre otras cosas, por la devastación de las economías nacionales. Uno de los países históricamente más importantes en la región se encontraba dividido y anulado en sus posibilidades inmediatas de recomposición geopolítica. Eran momentos de incertidumbre en torno a cómo reconstruir los países y cómo asumir la construcción del futuro económico y político. Esa situación regional, de relevancia mundial, se encontró además en medio de un proceso que marcaría gran parte de sus dinámicas internas. Nos referimos al desarrollo de la guerra fría, situación que determinó en gran medida la forma en que se realizó la reconstrucción general de los Estados naciones de Europa. Eric Hobswan lo señala con estas palabras:

> "Sin embargo, los efectos de la guerra fría sobre la política internacional europea fueron más notables que sobre la política interna continental: la guerra fría creó la Comunidad Europea con todos sus problemas; una forma de organización política sin ningún precedente, a saber, un organismo permanente (o por lo menos de larga duración) para integrar las economías y, en cierta medida, los sistemas legales de una serie de estados nación independientes. Formada al principio (1957) por seis estados(Francia, República Federal de Alemania, Italia, Países Bajos, Bélgica y Luxemburgo),a finales del siglo XX corto,

> cuando el sistema empezó a tambalearse al igual que todos los productos de la guerra fría, se les habían unido seis más (Gran Bretaña, Irlanda, España, Portugal, Dinamarca Grecia), y se había comprometido en principio a alcanzar un mayor grado de integración política permanente, federal o confederal, de «Europa»[49]

Hobswan se refiere a los inicios del proceso que creó la Unión Europea partiendo del año 1957. No obstante, como veremos luego, el proceso había comenzado un tiempo antes, a través de la Comunidad Europea para el Carbón y el Acero, conocida como C.E.C.A. No podemos limitar el contexto en que surgió la Unión Europea solo a los efectos de la guerra fría. En efecto, las transformaciones, crisis, conflictos geopolíticos y luchas por la hegemonía militar en el siglo XX y la consecuente influencia social, cultural y política de este proceso sobre las relaciones entre Estados a escala regional y mundial, condicionaron las decisiones económicas y políticas a escala Europea[50].

En definitiva, se trata de una transformación de Europa realizada en varias etapas. J.H.H. Weiler[51] distingue entre un primer periodo, de tipo fundacional (entre 1958 hasta mediados de 1970, con la CECA); un segundo periodo, caracterizado por la mutación en la jurisdicción y las competencias (entre 1973 y 1980) y, un tercer periodo, marcado por el desarrollo institucional y la asunción de nuevos desafíos, especialmente políticos, y que va desde el año 1992 en adelante. Cada uno de

---

[49] Eric Hobswan, *Historia del siglo XX,* Editorial crítica, Buenos Aires, 1999, p. 243

[50] Giovanni Arrighi, *El Largo siglo XX. Dinero y poder en los orígenes de nuestra época,* Akal Ediciones, Madrid, 1999, p. 383

[51] J.H.H. Weiler, *The Constitution of Europe, "Do the new clothes have an emperor?", and other essays on European Integration,* Weiler, J.H.H. The Constitution of Europe, "Do the new clothes have an emperor?", and other essays on European Integration , University Press Cambridge,1999, pp. 10 y ss.

estos periodos está marcado, por una parte, por el énfasis en los objetivos perseguidos por los Estados concurrentes y, por otra parte, por la determinación de los mecanismos adecuados para lograr esos objetivos. Uno de los tránsitos más importante en este proceso es el que se produce desde un conjunto de Comunidades Europeas hacia una Unión Europea, como lo pone de relieve Desmond Dinan[52].

1.1. Las Comunidades Económicas

a) Comunidad Europea del Carbón y el Acero (C.E.C.A.)

En el año 1951, a solo a 6 años de finalizada de la segunda guerra mundial y a 5 años de un discurso de Winston Churchill[53] en el que postuló la idea de los Estados Unidos de Europa y la creación de una Comunidad Europea, se creó la Comunidad Europea del Carbón y el Acero, conocida como C.E.C.A. La idea de este acuerdo consistía básicamente en contar con un fondo común de acero y carbón administrado por instituciones con capacidad para regular las industrias de dichos minerales sobre bases supranacionales. Esto implicaba que una de las industrias de mayor importancia estratégica de ese momento quedaba ligada a decisiones que no dependían exclusivamente de los Estados que suscribían el acuerdo, los que trasladaban esa capacidad a un órgano supraestatal.

Uno de los aspectos importantes y relevantes de este Tratado es que concurrieron, además de Italia, Holanda, Bélgica y Luxemburgo, la entonces República Federal de Alemania y Francia. Los alcances de los objetivos antes señalados son

---

52 Desmond Dinan, *Ever closer Union, An introduction to European Integration,* Lyne Rienner Publishers, Great Britain, 1999.

53 *Ibíd.*, p. 12-13.

también importantes de destacar, pues implican un asunto económico y político que está en las bases mismas del proceso de Unión Europea. Nos referimos a la afirmación de las relaciones económicas como forma de integración y superación de los conflictos entre los países que antes se vieron envueltos en la Guerra. No es difícil concluir que este acuerdo implicaba, además de la unificación de intereses específicos por parte de los países firmantes, un acercamiento entre esas naciones que dependía de ciertos niveles de confianza recíproca. En la práctica, el acuerdo contaba además con un evidente potencial amplificador de sus efectos hacia otras áreas económicas. De hecho, este momento puede señalarse propiamente como el comienzo de un proceso de integración y de unión interestatal a escala Europea. Por otra parte, la gestación de esta comunidad refleja también la dificultad de este proceso. Gran Bretaña, por ejemplo, no concurre a este acuerdo y, paradójicamente con el discurso de Churchill, podemos observar desde aquí que la relación de ese país con el proceso de unión está llena de tensiones y ambigüedades. Francia, que concurre al acuerdo, lo hace en medio de una serie de dudas y reticencias políticas. En este contexto, el Tratado solo se logró por medio de la aceptación política de Alemania de una serie de exigencias impuestas por Francia que se aseguró con ello importantes beneficios económicos. Alemania, por su parte, consiguió una forma de entrar nuevamente en la política Europea y desde esta posición planificar nuevamente su desarrollo económico. Ambos países comienzan con este acuerdo, y después de la guerra mundial, una nueva relación basada en el interés económico reciproco y en la apuesta de sus dirigentes por lograr un marco de trabajo colectivo que les permitiera tener influencia en la región con la finalidad de desarrollar y defender sus economías.

El surgimiento de la C.E.C.A., una de las tres comunidades Económicas de Europa, fue un acontecimiento propiamente motivado en intereses Europeos e ilustra la forma en que el proceso general de unión se fue realizando. Su trascendencia radica en la comprobación para los países miembros y beneficiarios de aquel acuerdo sobre las reales y conveniente posibilidades de una integración económica. La experiencia de la C.E.C.A. fue fundamental para lograr el acuerdo que dio inicio a la Comunidad Económica Europea. De hecho, fueron precisamente los mismos países que concurrieron a la C.E.C.A. los que dieron nacimiento a esa nueva Comunidad. Además la C.E.E. tomó una forma de trabajo que se había utilizado con éxito en la C.E.C.A. y operó sobre varias de las dinámicas que esta última había desarrollado. El proceso permitió a los Estados involucrados pensar también la posibilidad de ampliar los acuerdos a nuevos Estados miembros. En cierto modo era la prueba de un camino efectivo para avanzar con el desarrollo económico que buscaban y, además, superar la crisis política surgida tras la guerra.

b) Comunidad Europea de la Energía Atómica (E.U.R.A.T.O.M.)

En el año 1957 nace la Comunidad Europea de la Energía Atómica (luego observaremos que nació conjuntamente con la Comunidad Económica Europea). Este tratado tenia básicamente por función armonizar el desarrollo logrado hasta ese momento por los países miembros en materia nuclear, por una parte, con las posibilidades del desarrollo futuro común en estas materias, por otra parte. La generación de esta Comunidad resulto menos problemática que la C.E.C.A. y adoptó desde el principio una forma de trabajo más técnica. Con los objetivos antes señalados el E.U.R.A.T.O.M., en cuanto Tratado, se asoció a un tema técnico y de desarrollo científico que requería, para realizar su misión, elementos bastante simples: una agencia, un comité asesor y el aporte en dinero de los países miembros. De hecho, el Tratado que forma esta comunidad seguirá vigente en forma paralela aún después de una eventual aprobación de la Constitución Europea.

c) Comunidad Económica Europea (C.E.E.)

La Comunidad Económica Europea (C.E.E.), surgió el año 1957. Junto al EUROATOM y la CECA, esta Comunidad, tal vez la más conocida de las tres, termina por conformar el grupo de las tres Comunidades Económicas Europeas. Estas se sitúan en las bases históricas, jurídicas e institucionales de la integración y de Unión Europea. La CEE tenía claramente una orientación más general que la CECA y el EUROATOM. Como lo señala un comentarista: "El núcleo esencial de la C.E.E. era la creación de un mercado común, trascendiendo tanto el área de libre comercio (en el que los Estados miembros eliminan aranceles entre ellos y cuotas de producción) como una mera unión aduanera (donde al área de libre comercio interior se suma un arancel aduanero exterior común). Un mercado común engloba tanto un área de libre comercio como una unión aduanera, pero implica además unas políticas económicas comunes que evitan diferencias competitivas entre Estados y para cuya gestión se precisa un orden supranacional especifico"[54]

Las ideas básicas de esta comunidad eran las siguientes: a) el desarrollo de un mercado común; b) la implementación de tarifas externas comunes; c) el establecimiento de políticas comunes en agricultura, transporte y otros campos específicos. Ese Tratado se planteaba como meta general propiciar el avance en los niveles de unión entre los países que concurrieron a su formación. En este punto podemos señalar que al igual que acuerdo en torno a la CECA, este Tratado estuvo en gran medida marcado por la actitud de Gran Bretaña hacia el proceso de formación de comunidades económicas. No obstante lo anterior, la CEE buscó desde sus inicios atraer hacia sus objetivos a un número mayor de países de Europa. Se trataba de que en

---

[54] Jesús Ángel Fuentetaja Pastor, *El Proceso de Integración Europea,* En *Principios de Derecho de la Unión Europea,* Enrique Linde Paniagua y otros, Editorial Colex, Madrid , 2005, p. 51.

aquellos momentos, y con posterioridad a la segunda guerra mundial, comenzaron similares procesos nacionales de reconstrucción marcados por la idea de la competitividad capitalista unida a una relación estatal de compromiso con la población que se articulaba sobre las bases de la combinación entre desarrollo industrial empresarial y la participación social en los beneficios de ese proceso a través de la entrega de derechos sociales. Lo anterior pone en perspectiva la situación actual de otros países Europeos que en esos días se encontraban alineados bajo la órbita de poder de la ex URSS, países que en el último tiempo, y como veremos más adelante, se han sumado al proceso de integración Europea

Las tres Comunidades Económicas Europeas generaron en el tiempo una serie de resultados satisfactorios que permitieron perfilar una creciente y profunda lógica de integración que como hemos señalado se encuentra en la base del proceso de Unión Europea. Esta lógica, no obstante sus complejidades y problemas, fue capaz de alcanzar los objetivos plantados en los momentos de su idealización. Para los efectos de nuestro estudio señalaremos uno de los puntos que se han destacado como de mayor relevancia para la interpretación política de este proceso. Me refiero a lo que se conoce como el proceso de progresiva asunción de competencias y jurisdicciones por parte de los órganos de las Comunidades Económicas.

"Lo más destacable de todo este proceso fue quizás la progresiva asunción de competencias por parte de las comunidades, en particular de la CEE, lo que nos lleva a considerar que ha existido un proceso de desbordamiento del fenómeno de la integración regional a muchas otras cuestiones incluso no previstas inicialmente en los Tratados pero que mejoraban al gestionarlas desde estos foros"[55]

---

55 Maricruz Arcos Vargas, *El proceso constituyente: propuestas y actores*, En Esperanza Gómez et. al. (Coord.), *Una Constitución para la Ciudada-*

El asunto de las competencias y jurisdicciones implica dos cuestiones. Por una parte una nueva forma de gestionar las políticas en los Estados que forman las Comunidades Económica. Por otra parte la alteración de la soberanía de esos Estados sobre las materias entregadas a la determinación de las instancias propias de las Comunidades Económicas. Actuando como una supra-instancia en la toma de decisiones, las Comunidades, sus órganos y los efectos del funcionamiento de estos, abrieron el camino para pensar que nuevas y más importantes materias podían quedar sometidas a mecanismos de decisión autónomos y situados por encima de las instancias estatales.

En este punto conviene hacer la siguiente observación: Ese proceso político de entrega de soberanía se realizó con la mirada puesta en resultados acreditables a través de beneficios económicos en y para los países que conformaban y se ligaban a las Comunidades Económicas. No obstante su carácter económico ligado al desarrollo capitalista de cada país, ese proceso es también político e implica una mezcla de intereses de los dos tipos. Lo anterior queda de manifiesto con bastante claridad ya en las motivaciones de la primera Comunidad en torno al Acero y el Carbón, la CECA, que en el caso de Francia implico mayoritariamente beneficios económicos y en el caso de Alemania mayoritariamente beneficios políticos. A su vez el EURATOM permite a los usuarios comunitarios contar con un desarrollado, seguro, regular y equitativo suministro de energía nuclear en el marco de unas relaciones políticas estables y confiables. Finalmente, la CEE ha significado un proceso material de apertura comercial y anulación de barreras para los productos de uno y otro país, generando lazos de dependencia recíproca y condiciones legales para el desplazamiento de capitales y personas.

---

nía de Europa, , Aranzadi, Madrid 2004, p. 71.

En el contexto de estas relaciones entre competencias y jurisdicción, Weiler ha propuesto una tipología que se refiere a la forma en que se entendían originalmente las competencias de la comunidad en relación con los Estados miembros. Este autor distingue entre: A) áreas de actividad en que la Comunidad no tiene jurisdicción. B) áreas de actividad que son autónomas a la Comunidad; C) grandes áreas de actividad en las que la Comunidad y los Estados miembros tenían una coincidencia parcial de competencias[56]. Desde esta tipología en torno a la relación entre competencia y jurisdicción que se presentó en los orígenes de las Comunidades, y siguiendo la reconstrucción de este autor, llegamos a un punto en que ha operado una importante mutación, realizada a través de mecanismos de extensión, absorción, incorporación y expansión[57]. Estos mecanismos implican una profundización de los lazos entre las estructuras legales e institucionales generadas en el proceso de integración económica.

Estamos ante un proceso de integración económica que en su misma planificación y dinámica funcional no se agota únicamente en la realización restringida de los objetivos que se declaran y conlleva una transformación creciente de las competencias y campos de acción de los Estados nación, es decir, afectando sus soberanías. En este contexto es lógico que se presenten, como el autor recién citado lo señala, problemas de tipo constitucional. Podemos afirmar que los textos legales que asumen estas problemáticas fueron realizando un proceso de apertura política que preparo el terreno para que, una vez planteadas las preguntas de tipo constitucional, se asumieran respuestas tendientes a iniciar un proceso de regulación legislativa. No es de extrañar entonces que, como

---

56 J.H.H. Weiler, *The Constitution of Europe, Do the new clothes have an emperor?*, cit, p. 44.

57 Ibíd, p. 45 ss.

un producto de los mismos problemas y éxitos que generaban las comunidades económicas, se iniciara un proceso de elaboración política dependiente de este proceso y que si bien es cierto en sus comienzos no adopto una definida naturaleza constitucionalista de alguna forma tomaba los temas y los desafíos generados en los marcos teóricos y prácticos de los procesos de constitucionalización.

El paso, hacia un proceso que derechamente asumiera una dinámica de generación constitucional de normas e instituciones esta mediatizado por la generación y el acuerdo en torno a cuerpos de legislación que prepararon este proceso. Nos referiremos ahora a dos de estos textos, considerados entre los más relevantes.

1.2. El Acta Única europea y el Libro Blanco

Entre la conformación de las Comunidades Económicas y los tratados de la Unión nos encontramos con dos textos legales importantes de considerar pues como veremos, contienen los lineamientos para articular la integración económica y la integración política. El primero es el texto conocido como Libro Blanco, del año 1985, y el segundo es conocido como Acta Única Europea, del año 1986. El primero tenía por objetivo diseñar una estrategia para completar el funcionamiento del mercado interno en el año 1992, asumiendo que esa profundización planificada de la integración económica debía constituir el precedente de una futura Unión Europea[58]. El segundo texto tenía por objetivo la revitalización del Mercado Común Europeo especialmente afectado en esos momentos por la competencia de otros mercados. Planteaba además una reforma legislativa en la comunidad Europea a la vez que comenzó

---

58 Desmond Dinan, *Ever closer Union, An introduction to European Integration*, cit., p.109-113

a fortalecer la idea en torno a que la integración a través del mercado común, tanto en su aspecto legislativo como económico, se había vuelto un proceso sin vuelta atrás[59].

El Acta asumió un segundo objetivo, esta vez declaradamente político. Este consistía en buscar niveles de integración más allá de la que se estaba realizando a través de las relaciones económicas entre Estados. Para este efecto entraba derechamente en el tema de las competencias políticas a nivel del Parlamento y la Comisión, estableciendo el reforzamiento del papel de ambas instituciones[60]. De hecho el Parlamento Europeo, como veremos más adelante, ingresa propiamente a la institucionalidad Europea a través del Acta Única.

La importancia de ambos textos legales radica en que sirvieron como forma de relanzar los principios necesarios para conseguir la integración económica específicamente a través del mercado común y, además, vincularon esa integración económica con una integración política que consideraba como objetivo el establecimiento de la Unión Europea. Esto se logró finalmente por medio de una serie de Tratados. En consecuencia, llegamos a un punto, años 1985 y 1986, en que el proceso de integración económica está perfilado también como Unión Política. En esos años también, y tal como lo visualizaban los gestores del proceso, este era un proceso en continua profundización y difícilmente podría ser detenido. De alguna forma la cantidad de instituciones y leyes que estaban entrelazando a los diferentes Estados en el desarrollo del proceso que comenzó el año 1951 hacia plausible esa afirmación toda vez que, además, un Derecho Comunitario ya había comenzado a penetrar una gran cantidad de decisiones que obligaban a los países partes de las comunidades económicas y los vinculaba

---

59 *Ibíd*, p. 121 ss.

60 Jesús Ángel Fuentetaja Pastor, *El Proceso de Integración Europea*, cit., p. 61-62.

además obligatoriamente a la institucionalidad que esta fue generando. No obstante lo anterior, en esos momentos aún no se consideraba un estatuto personal especial para los ciudadanos de cada estado miembro. Sobre ambos puntos volveremos más adelante. Ahora nos centraremos en los Tratados que llevaron a la práctica esa planificación política que desde los años 1985 y 1986 se había vislumbrado como una consecuencia lógica de la integración económica.

1.3. Los Tratados de la Unión Europea

Resulta conveniente precisar un aspecto teóricamente interesante respecto a estos Tratados y que dice relación con su propia naturaleza. Me refiero a la existencia de cierta discusión sobre la existencia de un solo Tratado reformado varias veces o varios Tratados diferentes que se han ido reemplazando sucesivamente en el tiempo. La primera opinión se sostiene en que el primer Tratado instauró la Unión Europea y fijó una buena parte de su institucionalidad. No obstante, las reformas posteriores, ni la Unión ni la institucionalidad habrían sido sustancialmente alteradas con los posteriores acuerdos. Para otros, en cambio, los Tratados posteriores por si solos implican nuevos Tratados autónomos y con efectos y consecuencias diferentes y cuya naturaleza no es asimilable al primer Tratado de la Unión. Por otro lado, algunos consideran que estos Tratados ya contienen un cierto estado de vínculos constitucionales en la Unión[61]. Sin entrar en estas discusiones, nos referiremos ahora a estos textos legales.

---

61 Jesús Ángel Fuentetaja Pastor, El Proceso de Integración Europea, cit., p. 63-64.

a) El Tratado de Maastricht

La Unión Europea, como institución y como nombre, surge propiamente con el Tratado de Maastricht del año 1992. Mediante este acuerdo se dio un nuevo nombre a las Comunidades Económicas y que de hecho en el lenguaje del Tratado se sustituyen por la noción de Comunidad Europea. Este Tratado, gestado a través de una reunión del Consejo de Europa de 1991, tenía por objetivo ampliar el ámbito espacial y material del proceso de integración europea[62]. Un paso significativo fue la instauración del Banco Central Europeo y la Moneda Común a través del establecimiento de la Unión Económica y Monetaria. Para este efecto se fijó el año 1999 como plazo en que esa unión comenzaría a funcionar. Ese tratado, en un proceso que sin embargo sufrió varios reveses electorales, fue finalmente objeto de ratificaciones por cada Estado. Es en este texto en el que se estableció, conjuntamente con una serie de nuevas iniciativas como las señaladas antes, la noción de una ciudadanía de la Unión para cada ciudadano de los Estados de la Unión.

Ese Tratado genero además una recepción de la idea de Unión Europea a nivel masivo, a través de la publicitada y masiva información de prensa sobre el proceso en marcha en Europa. De hecho, la agenda política se vio marcada por este proceso y todavía, para algunos, es justamente este Tratado el que definitivamente efectúo la integración política y consolido la integración económica en marcha. En esta lógica, los posteriores Tratados serían reformas a aquel y obedecerían a la necesidad de adecuar las instituciones según la experiencia de su funcionamiento. Por otro lado, se sostiene que la naturaleza de las reformas ha generado nuevos alcances y dimensiones para

---

62 Ibíd., p. 64.

esta integración y es precisamente en este proceso en el que se generó el proyecto de Constitución Europea.

b) El Tratado de Ámsterdam

El Tratado de Ámsterdam, del año 1997, buscaba por un lado preparar el ingreso de nuevos miembros a la Unión, en particular a aquellos países de la Europa del este y, por el otro lado, ajustar la institucionalidad de la Unión con el objetivo de mejorar su funcionamiento en el ámbito de órganos e instancias supra estatales. Otro desafío que tenía ese Tratado consistía en preparar la institucionalidad Europea para la entrada de nuevos países a Unión Europea. La realidad de un mercado interior cada vez más integrado, la inminente moneda única y la necesidad de afrontar cuestiones de política exterior, exigían una institucionalidad que además tomara en cuenta la nueva composición de la Unión, que no solo exigía cambios cuantitativos, sino formas de gobierno adecuadas. En este acuerdo se instauro un mecanismo que se conoce como el de la cooperación reforzada. Este consiste en la aceptación de tratos entre Estados que deseen lograr mayores grados de integración, dotándolos de mecanismos que permiten también a otros Estados realizar similares acuerdos. Este mecanismo se sistematizo y se desarrolló finalmente en Niza[63]. Por otro lado, en este Tratado se establecieron cláusulas de flexibilidad que generaron entre muchos Estados miembros una mayor confianza en torno al proceso de Unión. El Tratado estableció el acuerdo de Schengen, el que tiene por objetivo la libertad de movimiento de las personas entre los estados miembros de la Unión. Por otro lado, este acuerdo establece un marco para regular la inmigración hacia Europa de personas provenientes de países no

---

63 *Ibíd.*, p. 65-66.

miembros[64]. En este contexto, nos podemos referir finalmente al establecimiento de un área de libertad, seguridad y justicia, que en la práctica implica la gestión común en torno a temas de asilo e inmigración y cooperación judicial entre Estados.

c) El Tratado de Niza

El principal desafío de ese Tratado era, nuevamente, adecuar la institucionalidad de la Unión para la entrada de nuevos Estados miembros. En este contexto, reformó la composición del número de diputados del Parlamento europeo y reformó además la composición de la comisión europea. También se extendió el requisito de mayoría cualificada para un mayor ámbito de decisiones y se reorganizo el Tribunal de Justicia. Además, impulso el mecanismo de la cooperación reforzada entre Estados, como forma de acelerar el proceso de Unión.

En el marco de este Tratado, el Consejo Europeo proclamó en Niza la *Carta de Derechos Fundamentales de la Unión Europea*[65]. Este texto introduce, a través de sus contenidos y formas, el tema de la constitucionalización de los Tratados. Esta cuestión se encuentra estrechamente relacionada con la crisis de legitimidad del proceso que se hizo también patente en Niza y se erigió como uno de los centros temáticos por los cuales se sigue desarrollando el proceso. Finalmente, esta Carta fue íntegramente adoptada en el proyecto de Constitución Europea.

Con posterioridad a Niza se puso en cuestión también la forma en que funcionaba el método comunitario. Este método se veía enfrentado a las demandas de competencia, los problemas de legitimidad ya señalados y los desafíos de la ampliación de la Unión a nuevos Estados. Las discusiones que se realizaron

---

64 Ibíd., p. 66-67.

65 Ibíd., p. 67-68.

en el contexto de la suscripción del Tratado reflejan, además del escepticismo de algunos países como Gran Bretaña, otra constante de la forma en que se ha desarrollado la integración política Europea. Esta se refiere a la constante búsqueda por cada Estado nación, durante todo este proceso de Tratados y reformas, de objetivos propiamente nacionales en el marco de la Unión. Así por ejemplo, el sistema de quórum se ha desarrollado a la par que se ha criticado por los países que no ven reflejadas en este las decisiones de su voluntad política. El peso de los países con mayor peso institucional y la lucha de los menos relevantes por tener alguna gravitación en el proceso refleja en parte la característica de todo el desarrollo de la Unión política. No obstante, estas tensiones y la constante reforma de los mecanismos, una de las dinámicas que caracteriza el proceso es que la institucionalidad y los procedimientos de la Unión nunca han dejado de funcionar, salvo contadas crisis.

Entre los temas programáticos que surgen en Niza, tenemos los siguientes: a) la necesidad de respetar el principio de la subsidiariedad, relacionado con las demandas de competencia; b) el Estatuto de la Carta de Derechos Fundamentales de la Unión; c) la simplificación de los Tratados a fin de hacerlos más accesibles a la población, y d) la integración de los Parlamentos Nacionales en la articulación de la Unión europea, en atención, principalmente, a la crisis de legitimidad que comenzó a hacerse más expresa y evidente[66]. En la terminología del Tratado, los órganos que actualmente se califican como instituciones son cinco: El Parlamento Europeo, El Consejo de la Unión Europea, La Comisión Europea, El Tribunal de Justicia y el Tribunal de Cuenta. Existe además un órgano denominado Consejo Europeo y que a pesar de no estar considerado como una institución es sin embargo un órgano de gran importancia en la Unión.

---

66 Ibíd., p. 69.

1.4. El fallido proyecto de Constitución europea y el Tratado de Lisboa

En el año 2004, fecha en que comenzó el proceso de ratificación del proyecto de Constitución europea, la Unión Europa se encontraba en una situación de elevado nivel de integración con una articulación profunda de sus relaciones y órganos. Por más de medio siglo un grupo creciente de países de Europa, mediante acuerdos adoptados en diversas instancias de representación política, llevó a cabo un proceso de integración y unión política que quería culminar con un máximo nivel de unión social y cultural. De hecho, Europa no se entiende hoy como tal sin considerar el entramado institucional y el marco legal que regula un número considerable de relaciones y situaciones, sobre todo económicas. En esta línea los representantes de estos países concibieron la oportunidad de profundizar en el proceso de unión política a través de unaConstitución Europea.

Los orígenes del proyecto están en el Tratado de Niza y también las críticas que ahí se realizaron al estado en que se encontraba el proceso de Unión. Se asumió la tarea de definir una nueva reforma y se dispuso la creación de una *Convención sobre el futuro de Europa*. El proyecto de Constitución para Europa fue el resultado del trabajo de una comisión creada para estudiar una reforma al Tratado de Niza, en Laeken, Bélgica, el año 2001. El proyecto de Constitución se adoptó formalmente en Roma, en el año 2004 y se previno para su adopción definitiva un mecanismo de ratificación por parte de cada Estado nación. Como es bien sabido, tanto Holanda como Francia rechazaron dicho proyecto en sendos referéndum negativos y el proyecto fue definitivamente abandonado y sustituido por un nuevo tratado, en Lisboa, en 2007, el conocido como TFUE, que debido a distintos avatares, entró en vigor en enero de 2009.

En consonancia con su naturaleza por la que modifica otros tratados, el Tratado de Lisboa no está destinado a ser leído como un texto autónomo. Se compone de una serie de enmiendas del Tratado de la Unión Europea y del Tratado constitutivo de la Comunidad Europea, que se denominará en adelante "Tratado de Funcionamiento de la Unión Europea" (TFUE). El Tratado de la Unión Europea (TUE), después de haber sido modificado por el Tratado de Lisboa, hace referencia a la *Carta de los Derechos Fundamentales de la UE*, por lo que la convierte en un documento jurídicamente vinculante. El Tratado de la Unión Europea, el Tratado de Funcionamiento de la Unión Europea y la Carta de los Derechos tienen igual valor jurídico y constituyen la actual base jurídica de la Unión Europea.

1.5. El nuevo concepto de 'ciudadanía europea'

Con anterioridad al Tratado Maastricht los ciudadanos de cada Estado aparecían vinculados a las instancias y procesos de la Unión, como por ejemplo en su calidad de partes ante *El Tribunal de Justicia*. En esos casos eran considerados solo en su calidad de ciudadanos nacionales. En el proyecto de Constitución europea, en cambio, se procedía a la consagración formal y legal de la ciudadanía europea, de modo que los ciudadanos de cada Estado nación comenzaron a ser parte del proceso político que les otorgaba este nuevo estatus.

Para muchos autores la Unión Europea se funda en una doble legitimación, compuesta por la participación de los Estados y la ciudadanía. Este tipo de principio legitimador sería una novedad por cuanto la UE se basaría de dos fuentes de legitimación, ligadas entre sí pero a la vez diferentes: los ciudadanos europeos y los Estados- miembros[67]. Se plantea la posibilidad de una legitimidad dual y se proyecta además una igualdad

---

[67] López Pina, Antonio, *Europa, un proyecto irrenunciable. La Constitución para Europa desde la teoría constitucional, Madrid,* Dykinson, *2004,* p. 37

dual. Esta igualdad se refiere por una parte a los Estados iguales que constituyen la Unión y, por otra parte, a los ciudadanos iguales ante la Unión.

La forma en que se hizo entrar a la ciudadanía en el proceso de unión y de constitucionalización europea se realizó por medio de una doble perspectiva: la ciudadanía como relación política y la ciudadanía como relación normativa. De hecho, el concepto de *Ciudadanía europea* se desarrolló ampliamente más allá de los meros textos legales. Así lo caracteriza Dora Kostakopoulou[68]:

> "The scope and dynamics of institutional change depend on quasi-objectified ways of seeing European citizenship and its role in the evolving Community legal order. These normative and interpretive frames are important because they shape perceptions, priorities, and understandings of the meaning of citizenship and its implications. Five conceptualisations of European citizenship may be noted, as follows:
>
> **Market Citizenship**
> Drawing on the individualistic variant of liberalism, this mode depicts European citizenship as comprising a core of entitlements designed to facilitate market integration.
>
> **Civic Republican European citizenship**
> A civic republican model of European citizenship would champion an expressly political, dynamic and participatory conception of citizenship.
>
> **Deliberative European citizenship**
> This model is strongly associated with Habermas' emphasis on creating a supranationally shared political culture based on the rule of law, separation of powers, democracy, respect for hu-

---

68 Dora Kostakopoulou, "Ideas, Norms and European Citizenship: Explaining Institutional Change", *Modern Law Review*, Volume 68, nº 2, Oxford, March 2005, pp. 238 y ss.

man rights, and so on. Such a political culture would guarantee the flourishing of equally legitimate cultural forms of life.

Corrective European Citizenship
This approach shares the normative premise of constitutional patriotism, but, at the same time, it appreciates the ethno-cultural traditions of Member States. As such, it reflects the fusion between liberal and communitarian approaches that characterised political theory in the 1990s and the development of communitarian liberalism.

Constructive European Citizenship
This approach conceives of the EC/EU as the product of evolutionary and reflexive institutional design.

Cada una de las concepciones propuestas intenta dar cuenta, en un sentido político, del estatus de ciudadano europeo. Weiler, autor de uno de los estudios sobre la ciudadanía europea más citados e influyentes en la actualidad, señala que, por la vía de las discusiones en torno a la ciudadanía europea, la tensión entre conciencia nacional y sensibilidad multicultural tomo lugar no solo en los Estados clásicos, sino también en un nivel transnacional, entre los que la Unión europea es uno de los más desarrollados[69].

Para la realización efectiva de este modelo político de ciudadanía, Weiler propone cuatro cosas: Fomentar simbólicamente y tangiblemente la denominación de los individuos como ciudadanos; fomentar un espacio público europeo a través de los recursos de Internet; la creación de un "Constitutional Council for the Community" y, finalmente, una política de impuestos directos y de garantía de derechos fundamentales[70]. Sin

---

69 J.H.H. Weiler, *To be a European Citzen: Eros and civilization*, En *The Constitution of Europe, Do the new clothes have an emperor?, and other essays on European Integration*, cit., p. 324

70 Ibíd., p. 350 ss.

menospreciar la importancia de las tres primeras propuestas, la posibilidad de generar un impuesto directo de los ciudadanos para con la Unión, según Weiler, además de provocar una progresiva devaluación de las soberanías nacionales, generaría el importantísimo efecto de suscitar interés e identificación representativa para con la Unión. De hecho, esto ya tendría un fundamento historico:

> "But taxation, although levied on residents too, is a classical and meaningful artifact of citizenship: it instills accountability, it provokes citizen interest, it becomes an electoral issues, par excellence"[71].

Las razones de Weiler nos muestran un modelo político de la ciudadanía en el cual, la situación del ciudadano como *contribuyente* (pagador de un impuesto), viene a competir con la del ciudadano como *cliente* del Estado de Bienestar. Una y otra ponen el énfasis en unas relaciones que requieren de estímulos más allá de la mera vocación política para lograr dar sentido a una posible condición política de los ciudadanos. En este contexto, las expectativas de la fallida Constitución europea estuvieron basadas en el potencial desarrollo de una identificación de los europeos con una ciudadanía europea asumida como vinculo político con una comunidad mucho más amplia que el propio estado-nación. Como concluye Weiler:

> "Sovereignty, people and the identity of individual citizens can refer both to European and national levels. Concerning further initiatives in the tradition of establishing a European identity, this means that the Union will only come closer to its citizens if it offers identification by real opportunities of participation. Otherwise, Union citizenship will remain a weak construction behind its ambitious façade"[72].

---

[71] Ibíd., p. 365 ss.

[72] Ibíd., p. 381.

Como ya señalamos, las relaciones de ciudadanía constituyeron la clave de la legitimidad del proyecto de texto constitucional y se apoyaban sobre la convicción de que los ciudadanos europeos podían generar un doble sentimiento de pertenencia: a una comunidad supranacional y a la propia comunidad nacional. Posiblemente esto hubiera sido real en la práctica totalidad de los países, pero otros elementos y otras coyunturas impidieron que tan ambicioso proyecto pudiera realizarse al fracasar los referéndum de Holanda y Francia.

En cierto sentido, *la inclusión política* de los ciudadanos se intentó primariamente por una vía jurídica, a través de un instrumento normativo constitucional, como una forma de politizar definitivamente el proceso de Unión, creando *ciudadanos* en base al modelo clásico del estado-nación tradicional, pero aplicado a un ámbito supranacional, es decir, estableciendo como base de la ciudadanía la titularidad de derechos fundamentales, constitucionalmente garantizados. Veamos a continuación con mayor detalle la forma en que se diseñó la regulación legal de la ciudadanía bajo la proyectada Constitución en la Unión Europea.

1.6. La regulación legal de la Ciudadanía en el fallido proyecto de Constitución Europea

El tratado de Maastricht estableció normativamente la Unión Europea y dio un lugar, en términos jurídicos, a la noción de ciudadanía europea. Esta tiene por objetivo vincular a los ciudadanos de cada Estado miembro con la Unión. Por medio del Tratado de Amsterdam se clarifico la noción, señalándose que la ciudadanía europea era *complementaria* a la que se ostenta en relación con los Estados-nación, no operando en consecuencia como sustitución de aquella. Por su parte, en el proyecto de Constitución para Europa se consagraba una última fase en la determinación legal de la *ciudadanía europea.*

Básicamente la regulación estaba contemplada en el artículo 10 de la parte I (identificable en la nomenclatura del texto como I-10), que ofrecía la definición de *Ciudadanía de la Unión,* señalando además una lista de derechos y deberes que se desprendían de esta definición. También el Título V de la parte II, dedicaba 8 artículos a la *Ciudadanía* (artículos II-99 a II–106). En estos se define con mayor detalle y alcance cada uno de los derechos señalados en al artículo I-10. Un tercer grupo de normas estaban dispersas en el texto, haciendo referencia a otras materias.

Articulo I-10. Ciudadanía de la Unión.

1. Toda persona que ostente la nacionalidad de un Estado miembro posee la ciudadanía de la Unión, que se añade a la ciudadanía nacional sin sustituirla.
   Los ciudadanos de la Unión serán titulares de los derechos y sujetos de los deberes previstos en la Constitución. Tienen el derecho:
   - de circular y residir libremente en el territorio de los Estados miembros;
   - de sufragio activo y pasivo en las elecciones al Parlamento Europeo y en las elecciones municipales del Estado miembro en el que residan, en las mismas condiciones que los nacionales de dicho Estado;
   - de acogerse, en el territorio de un tercer país en el que no esté representado el Estado miembro del que sean nacionales, a la protección de las autoridades diplomáticas y consulares de cualquier Estado miembro en las mismas condiciones que los nacionales de dicho Estado;
   - de formular peticiones al Parlamento Europeo, de recurrir al Defensor del Pueblo Europeo, así como

de dirigirse a las instituciones y organismos consultivos de la Unión en una de las lenguas de la Constitución y de recibir una contestación en esa misma lengua.

Estos derechos se ejercerán conforme a las condiciones y límites definidos por la Constitución y por las disposiciones adoptadas para su aplicación.

Antes indicamos que esta norma fue introducida en el tratado de Maastricht y en Amsterdam fue acotada en el sentido de señalar explícitamente el requisito de tener la ciudadanía de un Estado miembro. En primer término, el texto recoge una definición de ciudadanía que se consideró inédita y portadora de una transformación en el propio concepto. Si bien es cierto que se configura como una derivación de la ciudadanía que se tiene en virtud de la vinculación con un Estado nacional, la novedad radica en que a las personas se les añade otra ciudadanía de mayor alcance que las vincula con un ente supraestatal, que es la Unión Europea.

En segundo término, para hacer efectiva esta nueva vinculación, se señalan cuatro derechos básicos cuya titularidad se otorga a los ciudadanos de la Unión: A) libertad de residencia y circulación al interior del territorio de la Unión; B) un derecho (parcial) de sufragio en el territorio en que se vive, pudiendo ejercer el derecho a voto en el nivel municipal aquellas personas que no son nacionales de un Estado pero que si son ciudadanos de la Unión; C) derecho a representación en el extranjero (fuera de la Unión), por parte de las autoridades de los países de la Unión cuando el propio Estado no esté en condiciones de representarlo; D) como mecanismo de tutela de derechos, se establece la posibilidad de recurrir, mediante peticiones, a determinados órganos de la Unión, garantizándose además que la comunicación se realizará en la lengua del ciudadano que solicita la acción de estos organismos.

Aunque resulta evidente la limitación de los efectos prácticos de esta nueva ciudadanía; sin embargo, esta regulación reflejaba un cambio radical en la noción legal de ciudadanía y precisamente por ello, por las enormes consecuencias que esto comportaba (y por el miedo a los efectos imprevistos que de ello pudieran derivarse) se establecían las restricciones precautorias a esta revolucionaria innovación. Efectivamente, ninguno de estos nuevos derechos cambiaba sustancialmente la condición de ciudadano del propio Estado de origen. Lo que se operaba era una suerte de extensión de atributos en territorios no nacionales para personas que formaban parte de un nuevo ente político, conformado alrededor de ese supra-territorio denominado Unión Europea. En la práctica, por ejemplo, el derecho a circular y a votar en el lugar de residencia venía a consagrar un derecho que, en muchos casos, podía obtenerse después de un cierto tiempo de residencia en un determinado país de la Unión. La norma aceleraba y simplificaba la obtención de este derecho. El mecanismo de tutela ante determinados organismos tampoco variaba sustancialmente la situación de los ciudadanos de un Estado ante otro Estado de la Unión, pues ya desde los órganos de las Comunidades Europeas, como el Tribunal de Justicia, los ciudadanos de cada Estado, podían ejercer sus derechos a nivel supraestatal. La representación en países que no son de la Unión, estaba limitado a situaciones muy excepcionales. El tema de la lengua es más que nada una forma de intentar una integración cultural y facilitar de alguna forma un mecanismo eficiente de comunicación, que respete la diversidad de naciones que conforman la Unión.

Título V. CIUDADANIA

Artículo II-39: Derecho a ser elector y elegible en las elecciones al Parlamento Europeo

Todo ciudadano de la Unión tiene derecho a ser elector y elegible en las elecciones al Parlamento Europeo en el Estado miembro en que resida, en las mismas condiciones que los nacionales de dicho Estado.

Los diputados del Parlamento Europeo serán elegidos por sufragio universal libre, directo y secreto.

Artículo II-40: Derecho a ser elector y elegible en las elecciones municipales

Todo ciudadano de la Unión tiene derecho a ser elector y elegible en las elecciones municipales del Estado miembro en que resida, en las mismas condiciones que los nacionales de dicho Estado.

Artículo II-41: Derecho a una buena administración

Toda persona tiene derecho a que las instituciones, organismos y agencias de la Unión traten sus asuntos imparcial y equitativamente y dentro de un plazo razonable.

Este derecho incluye en particular:

- el derecho de toda persona a ser oída antes de que se tome en contra suya una medida individual que le afecte desfavorablemente;
- el derecho de toda persona a acceder al expediente que le afecte, dentro del respeto de los intereses

legítimos de la confidencialidad y del secreto profesional y comercial;

- la obligación que incumbe a la Administración de motivar sus decisiones.

Toda persona tiene derecho a la reparación por la Unión de los daños causados por sus instituciones o sus agentes en el ejercicio de sus funciones, de conformidad con los principios generales comunes a los Derechos de los Estados miembros.

Toda persona podrá dirigirse a las instituciones de la Unión en una de las lenguas de la Constitución y deberá recibir una contestación en esa misma lengua.

Artículo II-42: Derecho de acceso a los documentos

Todo ciudadano de la Unión o toda persona física o jurídica que resida o tenga su domicilio social en un Estado miembro tiene derecho a acceder a los documentos de las instituciones, organismos y agencias de la Unión, cualquiera que sea la forma en que estén elaborados.

Artículo II-43: El Defensor del Pueblo Europeo

Todo ciudadano de la Unión o toda persona física o jurídica que resida o tenga su domicilio social en un Estado miembro tiene derecho a someter al Defensor del Pueblo Europeo los casos de mala administración en la acción de las instituciones, organismos o agencias de la Unión, con exclusión del Tribunal de Justicia Europeo y del Tribunal de Gran Instancia en el ejercicio de sus funciones jurisdiccionales.

Artículo II-44: Derecho de petición

Todo ciudadano de la Unión o toda persona física o jurídica que resida o tenga su domicilio social en un Estado miembro tiene el derecho de petición ante el Parlamento Europeo.

Artículo II-45: Libertad de circulación y de residencia

Todo ciudadano de la Unión tiene derecho a circular y residir libremente en el territorio de los Estados miembros.

De conformidad con lo dispuesto en la Constitución, se podrá conceder libertad de circulación y de residencia a los nacionales de terceros países que residan legalmente en el territorio de un Estado miembro.

Artículo II-46: Protección diplomática y consular

Todo ciudadano de la Unión podrá acogerse, en el territorio de un tercer país en el que no esté representado el Estado miembro del que sea nacional, a la protección de las autoridades diplomáticas y consulares de cualquier Estado miembro, en las mismas condiciones que los nacionales de este Estado.

Este título venía a precisar con mayor detalle el *Derecho a ser elector y elegible,* tanto en un plano municipal como en un plano supra-territorial como lo es el Parlamento Europeo. Además, consagra el derecho a la buena administración, explicándose una serie de mecanismos para la protección en el ámbito territorial de la Unión y también en el extraterritorial. Básicamente no existe una gran variación con relación al artículo I-10 y que antes comentamos.

TÍTULO VI. DE LA VIDA DEMOCRÁTICA DE LA UNIÓN

Artículo I-45 Principio de igualdad democrática

La Unión respetará en todas sus actividades el principio de la igualdad de sus ciudadanos, que se beneficiarán por igual de la atención de sus instituciones, órganos y organismos.

Artículo I-46 Principio de democracia representativa

El funcionamiento de la Unión se basa en la democracia representativa.

Los ciudadanos estarán directamente representados en la Unión a través del Parlamento Europeo.

Los Estados miembros estarán representados en el Consejo Europeo por su Jefe de Estado o de Gobierno y en el Consejo por sus Gobiernos, que serán democráticamente responsables, bien ante sus Parlamentos nacionales, bien ante sus ciudadanos.

Todo ciudadano tiene derecho a participar en la vida democrática de la Unión. Las decisiones serán tomadas de la forma más abierta y próxima posible a los ciudadanos.

Los partidos políticos de dimensión europea contribuirán a formar la conciencia política europea y a expresar la voluntad de los ciudadanos de la Unión.

Artículo I-47 Principio de democracia participativa

Las instituciones darán a los ciudadanos y a las asociaciones representativas, por los cauces apropiados, la posibilidad de expresar e intercambiar públicamente sus opiniones en todos los ámbitos de actuación de la Unión.

Las instituciones mantendrán un diálogo abierto, transparente y regular con las asociaciones representativas y la sociedad civil.

Con objeto de garantizar la coherencia y la transparencia de las acciones de la Unión, la Comisión mantendrá amplias consultas con las partes interesadas.

Un grupo de al menos un millón de ciudadanos de la Unión, que sean nacionales de un número significativo de Estados miembros, podrá tomar la iniciativa de invitar a la Comisión, en el marco de sus atribuciones, a que presente una propuesta adecuada sobre cuestiones que estos ciudadanos estimen que requiere un acto jurídico de la Unión para los fines de la aplicación de la Constitución. La ley europea establecerá las disposiciones relativas a los procedimientos y condiciones necesarios para la presentación de esta iniciativa ciudadana, incluido el número mínimo de Estados miembros de los que deben proceder los ciudadanos que la presenten.

Artículo I-48 Interlocutores sociales y diálogo social autónomo

La Unión reconocerá y promoverá el papel de los interlocutores sociales en su ámbito, teniendo en cuenta la diversidad de los sistemas nacionales. Facilitará el diálogo entre ellos, dentro del respeto de su autonomía.

La cumbre social tripartita para el crecimiento y el empleo contribuirá al diálogo social.

En este título se producía un cambio con relación a las normas que se referían a la ciudadanía. El énfasis se ponía en los ciudadanos y en el sistema de igualdad de los ciudadanos y los principios de democracia representativa y de democracia participativa, así como la definición de los interlocutores en él dialogo social y los mecanismos de resguardo de esta libertad y sus principios. Este Título subrayaba que la idea de que la representación de ciudadanos es uno de los aspectos políticos fundantes en el proyecto de Constitución. Debemos señalar que esta consagración de los elementos de la vida democrática se encuentra en la parte I, que define las bases fundacionales de la Unión y se entrelaza con la noción de ciudadanía europea y con la idea de la Unión Europea.

En esta parte se habla a los ciudadanos, independientemente de si su condición de ciudadanos europeos o de ciudadanos de un Estado. En cierto sentido, una forma de entender la ciudadanía en el proyecto de Constitución es tomar este Título y comprobar cómo se constituía el espacio de acción política de los ciudadanos. En primer lugar, este espacio se levantaba sobre derechos e instituciones que no son una novedad para los ciudadanos de Europa. En segundo lugar, se basaba en algo que no puede ser alterado y que sirve como elemento unificador y como requisito para ser parte de la Unión. Ser nacional de un Estado de la Unión. Es cierto que los ciudadanos europeos están amparados por nuevos derechos, pero las bases del modelo político no se alteraban y estaban determinadas con anterioridad a la producción del momento constitucional.

Este conjunto de declaraciones formales contiene como trasfondo un cambio en la concepción legal de la ciudadanía: la doble vinculación del ciudadano con un Estado nacional y con una unión supra-estatal. Lo anterior se sintetiza en el derecho de la persona que *posee la ciudadanía de la Unión, que se añade a la ciudadanía nacional sin sustituirla.* Se planteaba, pues, una doble relación jurídica para los europeos, con un contenido revolucionario: un vínculo jurídico fuera del nacional (supranacional) que no alteraba el principio funcional de la soberanía de cada Estado nación y sus propias relaciones con los ciudadanos. Este nuevo concepto de ciudadanía implicaba, en términos de derechos y obligaciones, una nueva situación de los ciudadanos en Europa. Estos transitarían desde su situación de única ciudadanía derivada de su vinculación legal con sus Estados de origen, a una situación análoga con relación a ciertas materias en territorios de otros Estados.

Para muchos la ausencia de un *demos* Europeo implicaba la imposibilidad de fundar un concepto de ciudadanía más allá de una mera norma legal de concesión de Derechos. Para otros, sin embargo, el problema se situaba en un plano institucional, es decir, la puesta en marcha de un nuevo estatuto jurídico, a través de su consagración legal, posterior desarrollo y posterior respaldo jurisprudencial hasta constituir un nuevo marco para la ciudadanía. La regulación de una específica ciudadanía Europea establecía una nueva relación personal en la Unión Europea, entendida como un espacio de desarrollo y participación de los ciudadanos de Europa: "Creando un espacio de participación política supranacional, a nivel europeo, y posibilitada esta participación a nivel local, puede afirmarse que se concluye con la identificación del nacional de un Estado como sujeto exclusivo de los derechos políticos"[73]. Se trataba, pues, de una ciudadanía entendida en múltiples niveles que se determinarían por su relación con una instancia superior de poder. Esta nueva relación alteraría la posibilidad de entender el nivel nacional como el único nivel de ciudadanía. Lo que daría contenido a estos niveles era la posibilidad de participación en instancias de adopción de decisiones y la defensa ante toda discriminación en este orden[74].

---

[73] Miguel Alvarez Ortega, "Metamorfosis del concepto de ciudadanía y ciudadanía europea", En *Una Constitución para la Ciudadanía de Europa*, cit., p. 127.

[74] Ibíd., p. 129 ss.

2. LA CONFIGURACIÓN ACTUAL DE LA 'CIUDADANÍA EUROPEA'

Lo expuesto, a grandes rasgos, nos lleva a considerar la situación actual del proceso de integración de lo que hoy denominamos Unión Europea. Podemos partir de la pregunta Heater[75]: ¿cómo ha podido desarrollarse una forma de ciudadanía supranacional? En un esfuerzo para estimular a ciudadanos de países diversos a que asumieran una identidad europea, es decir, que pensaran en sí mismos como 'europeos', al modo de la doctrina de Monroe, o mejor dicho, de la doctrina Schuman, se han emitido pasaportes, ha sido diseñada una bandera europea y adoptado un himno europeo. Un himno encajado en la versión de Beethoven de la "*Oda a la Alegría*" de Schiller, inspirado a su vez una lectura del Abbé Siéyes, Proyecto del siglo XVIII de l'abbè Saint Pierre para la unión Europea[76]. Así, la generaliza sinécdoque América-Estados Unidos pretende tener su par en la homónima Europa-Unión Europea.

Contrariamente a lo que sucedió en la URSS, como señala Heater, el talón de Aquiles de la UE ha sido la naturaleza estratificada de su planteamiento, fundamentado sobre la primacía del principio de *subsidiariedad*. En 1990, Jack Delors, Presidente de la Comisión, declaró que la subsidiariedad debía ser la clave de la Comunidad Europea. Pero, ¿cómo se puede relacionar una ciudadanía plena con la subsidiariedad? Compartimos esta interrogante con Heater, entendiendo que la subsidiariedad se refiere al ejercicio del poder y la toma de decisiones en el nivel más bajo posible de una estructura piramidal. Este principio, ampliamente difundido y aplicado, en un 'espacio' donde los ciudadanos realizan malabares con sus múltiples identidades: ¿puede compatibilizar realmente un doble nivel

---

75 Heater, Derek, *What is* Citizenship? cit., p.126

76 Ibídem.

de ciudadanía?[77] ¿Qué prioridades puede haber con tanta disparidad? A pesar de la importancia de la identidad, la identidad por sí misma no vincula a Europa.

Desde esta perspectiva, si la ciudadanía se verifica en un plano secundario, subsidiario -como veremos- la conexión con una identidad europea *ex tractatus* –en la adecuación constitucional de Habermas- será igualmente subsidiaria. No es de extrañar que sus detractores la acusen de perseguir una identidad artificial supranacional, en detrimento del sentimiento nacional o local estatal; empero sus partidarios la consideran un mecanismo necesario para hacer del ciudadano comunitario el protagonista de proceso de construcción *europea,* que trascienda la condición de mero destinatario de las normas comunitarias[78].

2.1. Ciudadanía europea e 'identidad europea'

Como indica el profesor Agudo Zamora el término "ciudadanía" implica una evidente intención política de procurar una igualdad entre individuos[79]. Afirma el profesor que al haberse reconocido una ciudadanía europea por medio del *Tratado de la Unión Europea* (TUE), conllevó un adelanto en la construcción europea. Como apunta, los cimientos de esta ciudadanía se hallaban implícitos en el Preámbulo del Tratado de Roma,

---

77 Ibídem.

78 Juárez Pérez, Pilar, *Nacionalidad estatal y ciudadanía europea,* Madrid, Marcial Pons, 1998, p. 11.

79 Agudo Zamora, Miguel Jesús, "El reconocimiento de una ciudadanía europea (del artículo 8 del Tratado de la Unión Europea al artículo I-8 del tratado por el que se instituye una Constitución para Europa)", en Carrillo López, Marc, y López Bofill, Héctor, La Constitución Europea : actas del III Congreso Nacional de Constitucionalistas de España, 2006, p. 201.

que establecía la misión de, la entonces Comunidad, "sentar las bases de una unión cada vez más estrecha entre los pueblos europeos", así como en varias declaraciones de las instituciones comunitarias realizadas en los años setenta, la introducción en el Tratado de la Unión Europea del concepto de ciudadanía tuvo un valor fuertemente emblemático[80].

Por su parte esta ciudadanía involucra la idea de idea de una comunidad que abarca tantos contextos locales, nacionales, regionales e internacionales a los que las personas pertenecen simultáneamente[81]. Vemos en esta perspectiva una visión contextualizada geográficamente si se permite decir. Así quien pertenezca a esa comunidad compartirá esos contextos que mientras mayor sea la extensión, mayores serán los contextos. Georgi[82] señala que la ciudadanía europea no debe verse solamente como un *estatus legal*, es decir, una serie de derechos y obligaciones que los ciudadanos europeos tienen, sino que debe ser entendida como una dimensión importante de una entidad transnacional que es la identidad europea. El profesor se pregunta entonces: ¿Cómo podemos identificar esa dimensión de ciudadanía europea? ¿Cómo se puede expresar la pertenencia a la Comunidad Europea en términos que sean equivalentes a las ideas tradicionales de la ciudadanía nacional? ¿Cómo se puede producir o fomentar una cohesión social similar a la que se produce en las categorías nacionales?

Antes de intentar dar respuesta a estas interrogantes convendría llamar la atención de varios puntos. Georgi en su argumentación intercambia y utiliza los conceptos ciudadanía europea y ciudadanía de la Comunidad como si fueran sinónimos. De

---

80 Ibídem.

81 Moro González, Rosa del Mar, "Ciudadanía de la Unión y Educación para la Ciudadanía" *Eikasia, núm. 11*, 2007, p. 172

82 Georgi, Viola, *Models of Citizenship*, Saarbrücken, Networking European Citizenship Education,, 2005, p. 4

hecho, Moro González quien también la cita, al traducir del inglés, ya directamente adjudica la argumentación de forma directa la ciudadanía europea a la de la Unión. Hay una neo-utilización del intercambio de conceptos. Antes se comentaba la utilización indistinta de ciudadanía por nacionalidad. Pues ya sea por la costumbre, inintencionadamente, o como consecuencia del planteamiento de Schuman, es evidente la *sinónimación* de los conceptos 'ciudadanía europea' y 'ciudadanía de la Unión Europea' y/o 'ciudadanía de Europa'.

Es significativo e interesante señalar que esta ciudadanía es utópica, en sentido más o menos literal. Nos referimos al hecho de que se trata de *u* (prefijo que significa sin o no) y *topos* (que significa de lugar). En efecto, la ciudadanía, en este caso de la Unión Europea –como vamos a referir- es un modelo que carece de Estado Nación con la que vincularse. Como indica Georgi, la Unión Europea es hoy una red densa y compleja de las relaciones institucionales, sociales y políticas[83]. Los ciudadanos europeos están en el centro de estas redes y su participación activa es esencial a fin de garantizar un desarrollo democrático y equilibrado de la Unión Europea[84]. Esta tiene un doble desafío según el profesor. Por una parte, ha de buscar una participación más activa de los individuos en el proceso de toma de decisiones y por otra fortalecer los lazos sociales y solidaridades entre ellos. Actualmente –quizás más que nunca- la Unión Europea se enfrenta a una paradoja pese a sus avaneces y logros desde su creación: los ciudadanos europeos aparentemente han desarrollado una relación bastante distante hacia las instituciones europeas. Ello no significa que se extienda al reconocimiento de su 'ciudadanía'. También parecen tener dificultades para identificarse con el proceso de ampliación e

---

[83] Tanto en 2005, fecha de la obra de Georgi, ibíd., como en 2016.

[84] Ibídem.

integración, y con el de permanencia, como ha demostrado la consulta al Reino Unido al respecto[85].

Georgi señala que la Unión Europea y sus instituciones tienen el reto de acercarse a sus ciudadanos -los de sus estados miembros- a través de la promoción de sus logros y mejorar la participación de los ciudadanos en la creación de una Europa (UE) que se basa en la comprensión mutua, los valores compartidos (como la democracia y los derechos humanos), la libertad, la justicia, la solidaridad, y la aceptación. Esto encaja dentro del doble desafío de la UE. Esa búsqueda de participación activa de los individuos en el proceso de toma de decisiones y de fortalecer los lazos sociales y solidaridades, se despliega atreves de lograr que los individuos- sus ciudadanos- se identifique en y con ella y sus instituciones, así como lograr una conexión.

La identificación es una condición necesaria pero no suficiente. En el caso de las Naciones Estados la vinculación se establece hacia las constituciones. En el caso de la UE se debería establecer sobre todo el conjunto de su nomenclatura jurídica; Tratados, Reglamentos, Directivas, Jurisprudencia, entre otras. Algo difícilmente realizable. También hace falta que los ciudadanos se vean a sí mismos conectados intrínsecamente con la Unión. Una conexión que es una mezcla simbiótica de amor, orgullo y sentimiento por pertenecer y ser parte de ella. La identificación al acervo jurídico, no garantiza el apego a lo que ésta representa, pero la conexión con ella logra que la identificación sea inexorable. Esta conexión se da a través de la continua educación[86] Inculcando los valores de ella de modo que sean parte de sus individuos y viceversa.

---

[85] El llamado Breixt

[86] Alejandra Julio, Mariel, "Reflexiones sobre la educación y su relación con la ciudadanía en el ámbito de la Unión Europea" Revista General de Derecho Europeo, núm. 15, 2008; Arias García, María

Ahora, así como la necesaria -pero no suficiente- identificación ha de ampararse en caso de los Estados Nación en el valor que las representan a través de sus constituciones en la EU como se ha indicado se extiende a través de la configuración de sus conectores tejidos jurídicos.

El proceso de integración que fue teniendo la hoy UE rebasó los rasgos de índole económica que dieron base y se cimentó sobre la construcción de la ciudadanía de la unión. Como señala Delgado Lirola[87], al incorporarse el concepto de ciudadanía en el Tratado de la Unión Europea (TUE) se produce una especie de constitucionalización de una nueva categoría en el proceso de integración de la UE, con el que se logra superar el carácter funcional y socio-económico desde el que se había establecido la relación entre el individuo y el ente supranacional en el marco del Tratado de Roma, de modo que se dio un cambio que impactó a la naturaleza de la relación, la cual ya no se constituía como un orden jurídico-económico, sino jurídico-político. Era hora situar a las personas como el eje de la integración comunitaria, articulada tras el referido prisma jurídico-político que lo articulara.

Teresa, "Ciudadanía y valores en la Unión Europea" Hacia el Tercer Milenio: cambio educativo y educación para el cambio, XII Congreso Nacional y I Iberoamericano de Pedagogía, (Ponencias), Vol. 1, 2000, p. 79; Guichot-Reina, Virginia,"La construcción de la ciudadanía europea, un desafío para la educación en el siglo XXI", Revista de ciencias de la educación, núm. 203, 2005; Rodríguez Lajo, Mercedes "Educación de la ciudadanía europea" Revista de educación, núm. extra 1, 2003, Javier Manuel, Valle López, "La ciudadanía europea en la política educativa de la Unión", en Herrero, Montserrat, Naval Durán, Educación y ciudadanía en una sociedad democrática, España, Concepción 2006

87 Lirola Delgado, María Isabel, *Libre circulación de personas y Unión Europea*, Madrid, Civitas, 1994, p. 261.

Esta *ciudadanía de la Unión* implica, en primer lugar, el inicio de un orden jurídico comunitario que no se centra en criterios económicos como base dura de su andamiaje, sino que se centra en un elemento subjetivo, en el que el nuevo ciudadano será la base del Derecho. Con anterioridad, el nacional de un Estado miembro era un factor más de la ecuación económica. Dicho factor necesitaría de libertad dentro del espacio intracomunitario. Las barreras económicas limitaban su capacidad productiva, por lo que había que liberalizar su desplazamiento en el espacio intracomunitario eliminando los obstáculos que impidieran su libre circulación (como mera fuerza de trabajo). Es decir, la libre circulación de las personas, consagrada el Título III, capítulos del I al III, compuestos por los arts. 39-52 del Tratado Constitutivo de la Comunidad Europea[88] (TCUE) veía a los sujetos en su condición de "trabajadores"; la *libre residencia* se facilitaba en la medida en que se era trabajador migrante, o familiar directo, o estudiante, jubilado o inactivo, cuyos medios de subsistencia estuvieran asegurados, reduciéndose el riesgo de que su sostenimiento gravitara sobre los sistemas de seguridad y asistencia social del Estado miembro en el que fijaban su residencia.

En segundo lugar, la consagración de la *ciudadanía de la Unión,* una vez superado el valor económico de las personas, procuraba su inserción en otros ámbitos comunitarios; como serían las esferas de lo social, cultural y político. Por tanto, se buscaba conferir a este *status ciudadano* los instrumentos propios e inherentes a la ciudadanía; en particular, la garantía de derechos fundamentales básicos. Entre los cuales se encontraba la participación y decisión en los procesos electorales internos y comunitarios. De este modo se aportaba a un reforzamiento

---

88 Unión Europea, "Tratado Constitutivo de la Comunidad Europea", firmado en Roma el 25 de marzo de 1957, *Diario Oficial,* C 325/33, 29 de julio de 1992, p. 1-184.

en pro de la legitimidad democrática de la Unión Europea. Como señala Juárez Pérez, por encima del factor económico inicial, la actual UE dio paso a la estrategia de 'unidad política' basada en la construcción de una auténtica ciudadanía[89].

2.2. El diseño de la Europa de los ciudadanos

Juárez explica que en un intento por acercar la Comunidad a los pueblos de los Estados miembros que la integraban, los mandatarios de los Estados manifestaron su interés de dotar de 'derechos especiales' a sus nacionales. Este interés movió a los dirigentes de los Estados a encargar un estudio para que se analizaran los términos y condiciones en los cuales se podrían dar y ejecutar aquellos derechos especiales. Con esto comienza a hablarse de la *Europa de los ciudadanos,* aunque no desde el mismo prisma del que se habla hoy día.

2.2.1. Cumbre de Paris

La Cumbre de París (1972) se tradujo en dos proyectos. El primero procuró la creación de un una unión en materia de un pasaporte único de la Comunidad, según propusiera Andreotti. Este documento sería "la *expresión de una ciudadanía europea coexistente con otras nacionalidades estatales*". Objetivo que había de pasar el crisol de la Comisión en un proceso de tres fases: pasaporte unificado mediante la armonización de las legislaciones internas nacionales sobre extranjeros, así como la supresión del control de pasaportes dentro de la Comunidad, el cual habría de trasladarse a las fronteras externas. Como consecuencia dual de esta acción se lograría, primeramente, una

89 Juárez Pérez, Pilar, *Nacionalidad estatal y ciudadanía europea,* cit. p. 19-20. Este breve recorrido lo haremos de la mano de la profesora Juárez.

afirmación exterior de la identidad de la Comunidad mientras simultáneamente se reforzaba el sentimiento de pertenencia a la Comunidad[90].

La otra parte del plan, que consistía en la creación de los derechos especiales, era muy significativa ya que conllevaba la utilización del término 'ciudadano'. Éste implicaría a los beneficiarios de aquellos derechos especiales. Se trataba de un término plagado de connotaciones políticas, que sustituía el término 'nacional', más no necesariamente al concepto, que se empleaba en los documentos comunitarios. Lo que se procuró fue igualar dentro de la Comunidad la situación de los 'nacionales' de los Estados miembros. Sólo restaba solucionar como se haría efectivos tales derechos.

2.2.2. El Informe Tindemans

Quien se encargó de establecer la definición de *Unión Europea* fue el ministro belga Leo Tindemans, de ahí el nombre del informe[91]. En este informe (1976) se abordaba la transmutación del ente económico 'Comunidad Europea' en un ente político denominado '*Unión Europea*'. Su tarea primordial iba dirigida a crear una Europa de los Ciudadanos, con dos criterios directivos: La protección y reforzamiento de los derechos espaciales de los ciudadanos europeos –ciudadanos de la UE- y crear y expandir la identidad europea a nivel externo, con especial énfasis en el referido *pasaporte único.* Para este proceso sería de vital importancia la participación de los ciudadanos. Estos derechos especiales y el pasaporte único se asentarían

90 Señala Juárez para la Comisión, la referida unificación de pasaportes no era sino una *extensión natural de los principios de la libre circulación,* lo que tendría entre los ciudadanos un efecto psicológico.

91 Juárez Pérez, Pilar, *Nacionalidad estatal y ciudadanía europea,* cit. pp. 21 y siguientes.

bajo la base jurídica esbozada en los tratados. Así se incluiría un grupo de personas bajo el criterio europeo quienes gozarían del reconocimiento y otorgación de privilegios, entre los que se incluía la libre circulación.

En esta primera etapa la evolución del concepto de ciudadanía europea está todavía permeada por una componente económica: se trataba de crear ciudadanos de un mercado libre, cuya primordial consideración era la de agentes económicos[92]. No fue hasta el Consejo de Fontainebleau que se pudo hablar de una ciudadanía política. Por eso, hasta entonces era común el llamado '*europesimismo*' –el *euroescepticismo* de hoy- en la construcción de 'Europa', que veía imposible avanzar más allá de lo que se había logrado hasta el momento. No obstante, el ímpetu de la creación de la UE, 'superó' ese escoyo, abriendo paso al período más fructífero tanto nivel nacional como comunitario a la hora de elaborar iniciativas y de logros alcanzados.

2.2.3. Labores del Parlamento Europeo[93]

El Parlamento Europeo, al igual que el Consejo, jugó un rol importante en desarrollo de la ciudadanía de la Unión Europea. Como señala Juárez, hay dos textos principales: El Anteproyecto de Tratado sobre la Unión Europea[94] y; el Proyecto de Tratado que instituye la Unión Europea[95]. En el anteproyecto

---

92 Ibíd, p. 22.

93 Juárez Pérez, Pilar, *Nacionalidad estatal y ciudadanía europea*, op cit. pp. 23 y siguientes

94 Unión Europea, Parlamento Europeo," Resolución del Parlamento Europeo relativa al contenido del anteproyecto del Tratado que instituye la Unión Europea" *Revista de Instituciones Europeas, Vol X, núm 3*,, 1983, p .1176,.

95 Parlamento Europeo, " Resolución Relativa al Proyecto de Tratado que instituye la Unión Europea" en *Revista de Instituciones Europeas,*

se definía la ciudadanía de la Unión estableciendo que: *Los ciudadanos de los Estados Miembros son asimismo ciudadanos de la Unión*. Definición que se reubicó del artículo 4 del anteproyecto al Proyecto de Tratado, en su artículo 3. Llama la atención que se describe o se hace alusión a una *ciudadanía de la Unión* no una ciudadanía de Europa. Entendiéndose que se refiere a los ciudadanos de los Estados miembros, lo que excluiría -y todavía excluye- a Estados no miembros de la Unión, aunque ubicados en Europa.

Como señala Juárez, los Estados miembros rechazaron la propuesta del Parlamento produciendo lo que refiere como "una situación jurídica, estática y abstracta, exenta de efectos jurídicos". Es decir, que se declaraba la existencia de una nada jurídica que sonaba bien. No obstante, la profesora enfatiza la importancia del trabajo del Parlamento en la puesta en marcha de una búsqueda de una ciudadanía de la Unión gracias a su trabajo[96].

2.2.4. Los acuerdos de Fontainebleau

El Consejo Europeo celebrado en Fontainebleau (1984) consideraba indispensable que la Comunidad respondiera a la confianza de los pueblos europeos, adoptando las medidas que sean apropiadas para reforzar y promover su identidad y su imagen ante sus ciudadanos y en el mundo. Ya que se era plenamente consciente que entre la Comunidad Europea y sus 'ciudadanos' existía un gran abismo. Es aquí donde se comienza a forjar la idea de una *ciudadanía europea* real, de ámbito

---

vol., II, Núm 1, 1984, p. 377.

96 Juárez Pérez, Pilar, *Nacionalidad estatal y ciudadanía europea*, cit., p.23, citando a Capotorti, Francesco, "Art. 3 ", *Le traité d'Union européenne. Commentaire du projet adopte par le Parlement europe'*, en Capotorti, Hilf, Jacobs, Jacque, Bruxelles, Université Bruxelles 1985, p. 33-35

político-jurídico, la cual buscaba acercar a los ciudadanos a una identidad europea.

Así se creó un comité *ad hoc* con el fin de preparar y coordinar las referidas acciones. Había de estar compuesto por representantes de los Jefes de Estado y de gobierno de los Estados miembros. El Consejo Europeo aprobó el acuerdo de principio que se había producido en cuanto a la creación del pasaporte europeo y solicitó al Consejo que adopte las decisiones que podía considerar útiles para que dicho pasaporte se pusiese efectivamente a la disposición de los nacionales de los Estados miembros. Esta declaración era un más que evidente impulso de lograr una *ciudadanía efectiva* y útil que rebasase las fronteras del papel. "Con tal planteamiento –y puesto que la idea de base era crear vínculos sólidos entre los pueblos de los Estados miembros, generando en ellos la conciencia de pertenecer a un espacio común–, resulta lógico que la ciudadanía de la Unión se concibiera como superpuesta, complementaria e inseparable de la ciudadanía nacional[97]". Con razón evidente señala Juárez que, en 1984, en Fontainebleau, comienza la evolución vertiginosa desde una Europa del Mercado a una Europa de los ciudadanos.

2.2.5. El Comité 'Adonnino' sobre la Europa de los Ciudadanos

Como señala Mª Dolores Blázquez[98], en junio de 1984, el *Consejo Europeo de Fontainebleau* dio un impulso innovador a la

---

97 Pérez Vera, Elisa, "Ciudadanía y nacionalidad de los Estados miembros", *Revista de derecho de la Unión Europea, núm.. 27-28,* 1993, p. 216

98 Blázquez Peinado, María Dolores, "La ciudadanía de la Unión", [En línea] *http://www.ub.edu/web/ub/ca,* [Consultado el 2 de febrero de 2016] Disponible en http://www.ub.edu/ciudadania/hipertexto/europa/introduccion/adonnino.htm],Universitat de València. Valencia, 1998.

configuración del concepto de ciudadanía europea, al crear *ad hoc* un comité cuya encomienda fue elaborar una serie de medidas que permitieran a la Comunidad cumplir con las expectativas de los ciudadanos europeos para fortalecer y promover su identidad y su imagen. Presidido por el Sr. Pietro Adonio, y compuesto por representantes de los Jefes de Estado y de Gobierno y por el Presidente de la Comisión, comenzó a funcionar en 1985. El Comité elaboró dos informes. El primer informe se erigía sobre dos premisas: La primero versaba en lo que se refería a la flexibilización de las reglas y prácticas que en cuanto a la libre circulación de los ciudadanos de la Comunidad, la libre circulación de bienes, incluyendo los servicios de transporte y las burocracia del tráfico fronterizo; y la segunda se dirigía a los derechos de los ciudadanos de la Comunidad, en cuanto a la las posibilidades de empleo y de residencia[99].

El segundo informe, se digirió a los llamados "derechos especiales de los ciudadanos", entre los cuales incluía el derecho a poder presentar una queja a un *ombudsman* vinculado al P.E. y nombrado por él; el derecho de sufragio activo y pasivo en las elecciones municipales, la igualdad de trato en los derechos de expresión y de reunión; la consulta a los nacionales de otros Estados miembros en el Estado de residencia cuando dicho Estado pretenda adoptar decisiones que tengan especial trascendencia para ellos y la posibilidad para un ciudadano de la Comunidad que tenga necesidad de asistencia durante una estancia temporal en un tercer Estado en el cual su propio país no está representado por un consulado o una embajada; de poder obtener esta asistencia en una representación consular de otro Estado miembro[100]. Como añade Blázquez Peinado, el informe incluía así mismo otros aspectos, tales como cuestiones

---

99 Blázquez Peinado, María Dolores, La ciudadanía de la Unión, [En línea], supra.

100 Ibídem. .

de cultura y comunicación, información, juventud, educación, intercambios y deporte, voluntariado para el desarrollo en el tercer mundo, salud, seguridad social y droga, hermanamientos y refuerzo de la imagen y de la identidad de la Comunidad, entre otras[101].

Señala Juárez que, basado en los dos informes (sobre todo en el segundo, que incluía las propuestas más significativas), la Comisión propuso una serie de acciones en el Informe del Consejo sobre la Europa de los Ciudadanos[102]. Empero, los objetivos más sobresalientes no tuvieron el efecto deseado. No se acabó de concretar la propuesta sobre sufragio activo y pasivo en las elecciones municipales[103], así como las directivas referidas al derecho de residencia[104]. Pese a que en 1985 entró en 'vigor' el pasaporte común europeo, éste tenía un valor más bien simbólico, sin embargo fue el primer documento común de los ciudadanos de la aquella unión de 12 Estados, hoy la UE[105].

---

101 Ibídem

102 Unión Europea, Comisión de las Comunidades Europeas, Comunicación de la Comisión al Consejo sobre 'La Europa de los Ciudadanos", *COM (85) 640 final*, Bruselas, 19 de noviembre de 1985.

103 Unión Europea, "Propuesta de Directiva del Consejo sobre el derecho de sufragio de los nacionales de los Estados miembros en las elecciones municipales en el Estado miembro de residencia" 26 de julio de 1988, Diario *Oficial C 246*, de 20 de septiembre de 1988, p. 3.

104 Unión Europea, "Directiva 90/365/", de 28 de junio de 1990, relativa al derecho de residencia de los trabajadores tanto por cuenta ajena como por cuenta propia que hayan puesto fin a su actividad profesional, *Diario Oficial L 180*, de 13 de julio de 1990, p. 28-29. Unión Europea, "Directiva 90/366", de 28 de junio de 1990 relativa al derecho de residencia de los estudiantes Diario *Oficial L 180* , de 13 de julio de 1988 p. 30-31.

105 Unión Europea, "Resolución de los Representantes de los gobiernos de los Estados miembros, reunidos en el seno del Consejo, de 14 de julio de 1986, complementaria a las Resoluciones de 23 de

2.3. Maastricht y el horizonte de la ciudadanía de la Unión

El *Acta Única*[106] (AU), junto al *Libro Blanco de la Comisión*[107] procuró dotar a la Europa de los ciudadanos de un espacio libre de fronteras interiores. Así uno de los logros más significativos, en cuanto a lo que particularmente nos concierne, fue la creación de la Cooperación Política Europea, donde se irían orquestando las prácticas que originarían el derecho a la protección diplomática y consular, confirmado en Maastricht[108]. De este modo, como bien señala Juárez, se instaura un procedimiento de cooperación intergubernamental, fuera de la estructura del Tratado, ni de sus instituciones, con el fin de conferir a la Comunidad de cierta homogeneidad en sus relaciones exteriores[109].

El *Acta Única* constituye una especie de 'puente' entre el Tratado de Roma y Maastricht. Así se comprende cómo la construcción de un Mercado único formó una pieza clave para la posterior creación de una ciudadanía comunitaria. De este modo, la libre circulación de personas se estableció como piedra angular de dicho Mercado simultáneamente perfilando el concepto de la Europa de los ciudadanos[110].

---

junio de 1981 y de 30 de junio de 1982, relativas a la introducción del pasaporte de presentación uniforme", Diario *Oficial de la Unión Europea, C 185* d 24 de julio de.1986, p.

106 Unión Europea," Acta Única Europea", firmado 17 de febrero de 1986, *Diario Oficial de la Unión Europea, L 169 de 29 de junio de 1987, p.27*

107 Juárez Pérez, Pilar, *Nacionalidad estatal y ciudadanía europea,* cit. p. 27-28

108 Tratado

109 Juárez Pérez, Pilar, *Nacionalidad estatal y ciudadanía europea,* Ibíd.

110 Ibíd., p.28

2.3.1. La decisiva propuesta española sobre la ciudadanía europea

El Gobierno de España, propuso a la presidencia de la Comunidad -la cual fue aceptada por el Consejo Europeo de Roma en diciembre de 1990- uno de los elementos imprescindibles sobre el cual se habría de edificar la futura UE[111]. En la carta del Primer Ministro Español al Presidente del Consejo, se concebía la *ciudadanía* como uno de los tres pilares fundamentales de la futura Unión europea, junto con la Unión Económica y Monetaria, Unión Política, Exterior y de Seguridad[112]. Por lo que, según señala Juárez, hubo un cambio en el concepto de la *ciudadanía de la Unión* respecto de la comunitaria, que era más estática que aquella. Se abandona el proyecto de aproximar la comunidad al ciudadano, y se sitúa al ciudadano como eje y protagonista de todo el proceso. Se abre paso a la creación de un *espacio público europeo.* De este modo ya no se habla del '*nacional* de un Estado miembro' sino que se habría de hacer referencia al 'ciudadano europeo', quien deja de ser un mero destinatario del acervo legal comunitario[113]

La propuesta española señalaba que la Comunidad se había centrado prioritariamente en lograr de un espacio común esencialmente económico, cuyos resultados se reflejaban notablemente en actividad de sus operadores económicos, pero con efectos limitados en la vida diaria de sus ciudadanos en

---

111 Reino de España, "Hacia una ciudadanía europea (Propuesta oficial de España, octubre de 1990)", *Revista de Instituciones Europeas, número 18, enero-abril,* 1991, pp. 333-338. Tambien se incluye: Reino de España, "Propuesta de texto de articulado sobre ciudadanía europea presentada por la delegación española a la 'Conferencia Intergubernamental Sobre Unión Política' (20 de febrero de 1991)" *Revista de Instituciones Europeas, número 18, enero-abril,* 1991, pp. 405-409.

112 Ibíd.

113 Ibíd., pp. 28-29.

cuanto tales[114]. Señaló que, a pesar de los intentos de dar protagonismo a "nuestros ciudadanos", las condiciones objetivas no habían permitido -en aquel momento- avanzar y situar al conjunto de los ciudadanos comunitarios como centro de referencia fundamental de la Comunidad. Por lo que señala que, pese a todos los esfuerzos y sus logros, los ciudadanos no eran mucho más que 'extranjeros privilegiados'.

Según el informe español, el paso hacia una Unión Política, con una política exterior y de seguridad común y una Unión Económica y Monetaria, exigía la configuración de un espacio común integrado, en el que el *ciudadano la Unión* jugara un papel central y fundamental. Por lo que, en el trayecto hacia la UE, se había de atribuir una *ciudadanía de la Unión Política Europea,* concebida como el estatuto personal e inseparable de los nacionales de los Estados miembros, que por su pertenencia a la Unión son sujetos de derechos y deberes especiales propios del ámbito de la Unión y que se ejercen y tutelan específicamente dentro de las fronteras de ésta, sin perjuicio de que tal condición de ciudadano europeo se proyecte también fuera de esas fronteras[115].

Aduciendo al dinamismo de la Unión Europea que de implicación teleológica, España señalaba que la ciudadanía de la Unión había de ser igualmente un concepto dinámico y evolutivo, de modo que su progreso se iría llenando de contenido paralelamente la condición del ciudadano de la UE. Toda vez que, una verdadera Unión habría de aspirar a superar las desigualdades existentes entre los ciudadanos comunitarios por razones de su residencia en diferentes regiones de la Comunidad, promoviendo por distintos medios el reforzamiento de la

---

114 Reino de España, "Hacia una ciudadanía europea (Propuesta oficial de España, octubre de 1990)" op.cit., p. 333.

115 Ibíd.

cohesión económica y social en este ámbito concreto[116]. Como veremos próximamente estas desigualdades de las que España hacia referencia persisten hoy día todavía.

La propuesta española señalaba que, tanto el concepto como el contenido y desarrollo de la ciudadanía europea, tendría que formar parte importante del conjunto de aspectos institucionales de la Unión. Por lógica un mayor o menor contenido del concepto de ciudadanía estaría proporcionalmente relacionada con la propia dimensión de la Unión. Consecuentemente el concepto una ciudadanía de la Unión habría de ser de amplio contenido. Por ello, el informe español hacía hincapié en un asunto de completa actualidad y vigencia contemporánea. Era y sigue siendo necesario modificar o completar los Tratados para definir y regular concepto de ciudadanía y el *'status civitatis'* que conlleva un conjunto de derechos, libertades y obligaciones del ciudadano de la Unión Europea[117]. Esta actual y necesaria delineación del concepto de ciudadanía de la UE ha de ser técnica y tecnificada, pero permeada del valor europeo con base en el espíritu de los derechos humanos.

Según indicaba el documento español, debido al carácter flexible del concepto, no todos los aspectos que configuran la ciudadanía europea, y que puedan acordarse en un marco de de acuerdo dentro la UE, deben necesariamente plasmarse en la modificación de los Tratados. Nos parece que esta afirmación podría matizarse. En aras de la viabilidad de los acuerdos multilaterales y en respeto a la incipiente soberanía de los Estados miembros es que concurrimos parcialmente con la afirmación de España. Pensamos que lo relacionado, pormenorizado, a la Ciudadanía si bien no necesariamente – aunque sería lo más apropiado- ha de ser de un rango de Tratado podría estar enmarcado en un reglamento y como mínimo en una

[116] Ibíd., 334.

[117] Ibídem.

directiva. Así lo relacionado a la ciudadanía, extranjería, residencia, entre otros podrían y seria recomendado que se hallase en un solo cuerpo legal. Por otra parte estamos en acuerdo *-per curiam-* que se trata de un asunto distinto e independiente de la condición de ciudadanía de la UE, la necesidad de aun al día de hoy abordar la necesidad de asegurar, de forma uniforme, los derechos humanos y las libertades fundamentales de las personas residentes en la Comunidad con independencia de su nacionalidad y/o ciudadanía.

2.3.2. Los elementos de la Propuesta de España

El documento presentado por España constaba de cuatro elementos que debían estar pesantes en la noción de ciudadanía que proponía: *derechos especiales del ciudadano europeo; derechos que se derivan del desarrollo dinámico de la Unión; el ciudadano europeo fuera de las fronteras de la Comunidad* y *su tutela; y otros posibles desarrollos de la ciudadanía europea.*

El punto de partida radicaba en que el concepto de *ciudadanía de la Unión* había de suponer una tercera esfera de derechos y deberes que se habría de sumar a las dos esferas ya existentes en el momento de la propuesta, a saber: la *nacionalidad,* es decir, la que dimana de la ciudanía de los Estados miembros, a la que no va a sustituir en ningún caso; y la *comunitaria,* esto es, la derivada de los Tratados para los nacionales de un Estado miembro de la Comunidad.

Esta tercera esfera, debida a la transformación de la Comunidad en Unión, conllevaba un salto cualitativo, que confería derechos especiales, convirtiendo al ciudadano comunitario, -que no era más que un 'extranjero privilegiado'- en un *ciudadano* de la Unión Europea. Con este paso se habría de suprimir los efectos negativos de la condición de extranjero que tenía el nacional de un Estado miembro que residía en otro Estado miembro. Como veremos más adelante, desde la reunión extraordinaria de Tampere, este mismo planteamiento se viene estudiando respecto del estatus de los residentes 'no comunitarios', a quienes por lógica se debería reconocer la equiparación del estatus de ciudadano.

En cuanto *al ciudadano europeo fuera de las fronteras de la Comunidad,* se hacía referencia a las propuestas de un mayor grado de asistencia y protección diplomática y consular, por parte de un Estado miembro a otros nacionales comunitarios. De este modo se iría delineando gradualmente una relación nueva entre la Unión Europea, como conjunto, y el ciudadano en su calidad de titular de derechos derivados de su '*status civitatis*' y, como tal, detentador de derechos específicos de la Unión[118]. Para lograr esta encomienda, según España, habrían de negociarse *acuerdos* con terceros países a estos efectos, ya que tanto los Convenios de Viena como otros Convenios bilaterales a estos respectos se referían tan sólo a la protección de los propios nacionales. Por ello, el pasaporte de la Unión serviría de medio de identificación del ciudadano ante las Autoridades de terceros países y posibilitaría la prestación de la protección y asistencia diplomática y consular[119].

Sobre la *tutela de los ciudadanos* se argüía la necesidad de proveer mecanismos facilitadores para que fuese operativa. Implicaba prever un tipo de tutela a dos niveles: a nivel estatal y a nivel de la Unión. El ciudadano comunitario, que gozaba (y sigue gozando) de derechos como el de petición ante la Comisión de Peticiones del Parlamento Europeo y el de acceso al Tribunal de Justicia en determinados casos, podría ver reforzada la protección de sus derechos mediante la presentación de peticiones o quejas ante un *Ombudsman europeo,* quien, actuaría para la proyección de los derechos específicos de los ciudadanos, colaborando en la tutela de los mismos.

---

118 Ibíd., p. 337.

119 Ibíd.

Éste podría actuar a través de otros Ombúdsmanes estatales dentro de los Estados miembros.

Por su parte, la referencia a *derechos especiales básicos del ciudadano europeo* es de gran peculiar importancia. Estos derechos parecieran constituir un núcleo duro y esencial de partida en la esfera de los derechos del ciudadano de la Unión. Son tres estos derechos: a) el de libre circulación plena, b) el de libre elección de residencia y c) el de participación política en el lugar de residencia. La libre circulación, la libre elección de residencia, así como el derecho de establecimiento, son derechos especiales que derivan de los Tratados, si bien su desarrollo y puesta en práctica deberían ampliarse y extenderse en favor de todos los ciudadanos europeos[120]. La participación política del ciudadano, que ha de comenzar con el pleno reconocimiento de la libertad de expresión, de asociación y de reunión, debería extenderse gradualmente a los procesos electorales que se celebren en el país de residencia.

Esta propuesta se da en el contexto obviamente de un nacional de un Estado miembro que resida fuera de su Estado de origen – o al menos la ciudadanía nacional que ostente- ya que al ser ciudadano comunitario no debería ser tratado como extranjero de modo que se le da un *upgrade* a la subsidiaria ciudadanía comunitaria. Es razonable que pese a que se reside fuera de las fronteras del Estado de la ciudadanía que se ostente al participar de los quehaceres del estado de acogida se tenga derechos en esos quehaceres que no sólo le afectan, sino que ayuda y promueve. ¿Acaso no le ocurre lo mismo a un ciudadano nacional de un Estado No miembro? Más adelante retomares esta pregunta.

En cuanto a los derechos que se derivan del desarrollo dinámico de la Unión, según el referéndum español, el desarrollo

---

120 Ibíd., p.35

pleno del contenido de la ciudadanía comunitaria, partiendo del binomio derechos-deberes derivados de los Tratados, así como del avance de los derechos básicos aludidos, habría de ir concomitantemente a la transferencia a la Comunidad de políticas tales como: relaciones sociales, sanidad, educación, cultura, protección del medio ambiente, consumo, a lo que añadimos el disfrute de una vida diga, por ejemplo -amparado en el consenso cualificados de lo que ésta puede entenderse-calidad de vida, tanto material, emocional, espiritual y saludablemente., etc.

Ya la propuesta señalaba la importancia respecto a la participación política en las elecciones del Parlamento Europeo -convergiendo- dos esfuerzos: por un lado, la adopción de un procedimiento electoral uniforme en toda la Comunidad, como figura en el artículo 138.3 TCEE; y por otro, el reconocimiento progresivo a todos los ciudadanos de un derecho al sufragio en su lugar de residencia. También se hablaba en lo que respecta a la materia de reconocimiento del derecho a sufragio en las elecciones locales

Todo esto habría de forjarse en la progresiva adquisición de derechos específicos en estos campos por parte del ciudadano comunitario implicando una referencia obligada de la actuación de la Unión. Todo esto condicionado al modelo de Unión Política al que se llegue. En esta última aseveración podríamos, a título personal, señalar que con toda la complejidad que implica y más allá, esta Unión progresiva que podría afincar una robusta columna de derechos e inclusive deberes, culminaría en el surgimiento de los *Estados Unidos de Europa.*

España concluye en su propuesta que el tránsito de la Comunidad Europea a la Unión Política y las condiciones objetivas de aquel momento –y el actual- exigen un esfuerzo para conseguir un salto cualitativo que permita transformar un espacio, hasta ahora de carácter esencialmente económico, en un espacio integrado que esté también al servicio directo del ciudadano. Decimos que actualmente ya que a pesar de la teoría de la nomenclatura del acervo jurídico y legal comunitario – de jure- en la práctica- de facto- el ciudadano como eje es eclipsado por otros actores que vuelven al eterno retorno económico.

Como bien señalan en el último párrafo de su documento la ciudadanía de la comunitaria es uno de los tres grandes pilares de la Unión europea, junto con la Unión económica y Monetaria y la Política Exterior y de Seguridad Común. Es también uno de los elementos fundamentales no solo para la credibilidad de la Unión Política ante nuestra opinión pública y una condición esencial para garantizar el funcionamiento y desarrollo de todos los elementos constitutivos de la Unión, como señalan, tanto el ciudadano de la UE, como los ciudadanos en general, son el fundamento mismo de su legitimidad democrática, y añadimos es el fundamento de la vida, de las sociedades, de la humanidad, sin personas no hay países, sin no extensiones de territorios.

3. LA CIUDADANÍA EN EL TRATADO DE DE LA UNIÓN EUROPEA

Según su artículo A.2, el *Tratado de la Unión Europea* (TUE)[121] constituía una nueva etapa en el proceso creador de una Unión cada vez más estrecha entre los pueblos de Europa, en la cual las decisiones serán tomadas de la forma más próxima posible a los ciudadanos. Como señala Juárez, se trataba de un nuevo escalón en la adscripción de ciertos derechos y deberes a los individuos de esa macro-comunidad política, tal y como ocurre

[121] Unión Europea, Tratado de la Unión Europea, firmado el 7 de febrero de 1992, *Diario Oficial C 326, de* 26 de octubre de 2012 p 1–390

en los Estados naciones que la componen[122]. Razón por la cual el TUE emite la declaración del referido art. 2.

Para que esto fuese efectivo, el pretendido protagonismo que se quería dar al ciudadano demandó la introducción de una batería de derechos constitutivos de su estatus como tal, de manera que el uso y disfrute de estos no dependiera de la voluntades de los Estados miembros[123]. De ahí que en el art. 8 TUE se elaborara un catalogo de derechos que tienen una doble fortaleza, por una parte, son directamente otorgados por el Derecho comunitario y a su vez se encuentran ubicados en el máximo rango del este Derecho: en el Tratado.

Por tanto, la *ciudadanía de la Unión* se estructura como una cualidad del individuo, que se origina por su condición de nacional -ciudadano de un Estado Miembro- y que lleva aparejada una serie de derechos reconocidos en los Tratados. Lo interesante del TUE es que estos derechos no están vinculados a al ámbito comunitario de competencia del Tratado, sino al mero hecho de ser ciudadano de la Unión. Esto es así ya que los elementos competenciales afectados no se yuxtaponen a los estatales ni tampoco los absorben, sino que son transformados[124].

El primero de noviembre de 1993, los nacionales de los Estados miembros se convirtieron oficial y jurídicamente en ciudadanos de la UE. En el artículo 17.1 del TUE se creó "*una ciudadanía de la Unión*" estableciendo que: "*Será ciudadano de la Unión toda persona que ostente la nacionalidad de un Estado miembro*". De este modo, el estatuto de ciudadano de la Unión se configura sobre la condición *sine qua non* de ser nacional de un Estado miembro, otorgando el disfrute de esta ciudadanía. La ciudadanía de la Unión se ensambla, como un estatuto

---

122 Juárez Pérez, Pilar, *Nacionalidad estatal y ciudadanía europea,* cit.,p.30

123 Ibíd.

124 Ibíd.

complementario de la ciudadanía nacional y no como una nacionalidad diversa (una ciudadanía comunitaria), excluyente o que sobrepasara a las nacionalidades de los Estados miembros.

El *Tratado de Ámsterdam*[125] lo concretó expresamente al introducir en la referido del art. 8 TCE (según la redacción del Tratado de Maastricht o El TUE[126] la siguiente precisión: "*La ciudadanía de la Unión será complementaria y no sustitutiva de la ciudadanía nacional*" (artículo 17.1 TCE). Posteriormente, el Tratado de Lisboa[127] ha mantenido esta misma previsión con la misma redacción en ambos tratados: en el actual Artículo 9 del TUE [dentro del TÍTULO II: DISPOSICIONES SOBRE LOS PRINCIPIOS DEMOCRÁTICOS] y en el actual art. 20.1 Tratado de funcionamiento de la Unión europea (TFUE) [128] [dentro de la SEGUNDA PARTE: NO DISCRIMINACIÓN Y CIUDADANÍA DE LA UNIÓN]. En ambos la nueva redacción precisa mucho mejor la condición complementaria de esta nueva ciudadanía: "(...) *Será ciudadano de la Unión toda persona que tenga la nacionalidad de un Estado miembro. La ciudadanía de la Unión se añade a la ciudadanía nacional sin sustituirla*". Con esa caracterización se logra además sobrepasar de una vez la habitual dicotomía nacional-extranjera[129].

---

125 Unión Europea, *Tratado de Ámsterdam*, firmado 2 de octubre de 1997, *Diario Oficial de la Unión Europea, C 340, 10* de noviembre de 1997.

126 Unión Europea. *Tratado de la Unión Europea (Tratado de Maastricht)*, firmado 7 de febrero de 1992 *Diario Oficial de la Unión Europea, C 191, 29* de julio de 1992 p .1

127 Unión Europea, Tratado de Lisboa, firmado el 13 de diciembre de 2007 *Diario Oficial de la Unión Europea, C 306*, 17 de diciembre de 2007, p. 1 y ss.

128 Unión Europea, "Tratado de Funcionamiento de la Unión Europea", firmado el 13 de diciembre de 2007 *Diario Oficial de la Unión Europea, C 326 de 26 de octubre de 2012 pp. 1–390*

129 Talavera, pedir cita.

El proyecto de ciudadanía de la Unión se formó en el *Tratado de la Unión Europea* (TUE), firmado en Maastricht el 7 de febrero de 1992, a propósito de las modificaciones introducidas en el art. 8.B) del TCE, que apuntaban a la "*ciudadanía de la Unión Europea*" y no así 'ciudadanía europea'. Esta categoría configura un estatuto jurídico en virtud,–como se ha mencionado- sobre las personas físicas -desplazando a los Estados- en las que concurre la condición de ser nacional de algún Estado miembro de la Unión Europea. Es a éstos a quienes son acreedores del disfrute de una serie de derechos y libertades públicas, protegidos y garantizados tanto por las instituciones de la Unión como por los Estados miembros -además de la libre circulación, sufragio activo y pasivo en elecciones al Parlamento Europeo (PE) y municipales, protección diplomática y consular-. El Tratado de Ámsterdam, de 2 de octubre de 1997 –que entró en vigor el 1 de mayo de 1999-, incorporó dos nuevos derechos (relativos al defensor del pueblo europeo y al derecho de petición ante el PE)[130].

De este modo, la *ciudadanía de la UE* florece como un concepto ligado a la idea de una integración política -una Europa política y no sólo económica, sino de las personas; de los ciudadanos-. Adquiere 'vigor' en el TUE, donde podemos leer en su Preámbulo la voluntad de las Partes en crear una "*ciudadanía común a los nacionales de sus países*", establecido como objetivo prioritario en su art. 2. Su ordenación se efectúa en la segunda parte del TCE, en artículos 17 a 22, en los que se desarrolla la figura y se enumeran los derechos reconocidos. No se realiza un tratamiento sistemático de los derechos humanos y libertades fundamentales de la persona ligado a la ciudanía europea (algo que sí se ha plasmado luego en la Carta de Derechos

---

[130] Talavera...

Fundamentales de la UE[131]; sólo se contemplan derechos en el marco de las disposiciones comunes del TUE, como un principio básico de la Unión -artículo 6 TUE[132]-.

Por otra parte, las reglas sobre la *ciudadanía de la Unión*, aunque se benefician a todos los efectos de su naturaleza de normas de Derecho Comunitario (inclusive de la tutela jurisdiccional ante los órganos de la Unión: Tribunal de Primera Instancia y Tribunal de Justicia), al ubicarse en el ámbito del TCE, requieren en la mayor parte de los casos de medidas concretas de desarrollo por parte de las Instituciones comunitarias o de los Estados miembros. Por ello, el *estatuto de la ciudadanía europea* es esencialmente evolutivo de lo que dan prueba las facultades que se reconocen al Consejo para que, a propuesta de la Comisión y previa consulta al Parlamento Europeo (PE), pueda adoptar "*disposiciones encaminadas a completar los derechos previstos...y recomendar su adopción a los Estados miembros con arreglo a sus respectivas normas constitucionales*" y, consecuentemente, se impone a la Comisión el cometido de establecer periódicamente un informe en el que se detallen los progresos registrados en los diferentes aspectos de la ciudadanía europea -artículo 22 TCE-[133].

---

131 Unión Europea, Carta de Derechos Fundamentales, Parlamento Europeo, el Consejo y la Comisión, Diario Oficial de la Unión Europea , C 83/389, 30 de marzo de 2010

132 Talavera

133 El acto más reciente en este sentido vino representado por la *Decisión 2007/252/CE del Consejo, de 19 de abril de 2007*, Unión Europea. *Decisión* 2007/252EC d*el Consejo, de 19 de abril de 2007*, por la que se establece para el período 2007-2013 el programa específico Derechos fundamentales y ciudadanía, integrado en el programa general Derechos fundamentales y justicia, *Diario Oficial de la Unión Europea* L 110 de 27.4.2007, pp 24-30. El programa apoyaba el desarrollo de una sociedad europea basada en el respeto de los derechos fundamentales reconocidos en el artículo 6.2 del Tratado de la UE. A tal

La ciudadanía de la Unión surge como un rasgo representativo de un pro-ceso subyacentemente mayor: la construcción de la Europa para los europeos. Esta construcción se manifiesta, en una primera fase, a través del Tratado de Maastricht, con la instauración de la *Unión Europea*[134]. La condición de nacional de un Estado miembro, elemento esencial en el estatuto de ciudadanía, no ha sido expresamente definida ni por el TUE ni por el TFUE. De modo que debemos seguir remitiéndonos a la *Declaración nº 2 relativa a "la nacionalidad de un Estado miembro*[135] " -adoptada por la Conferencia Intergubernamental (CIG), en 1992- según la cual: corresponde a los Estados miembros determinar quiénes sean sus nacionales fijando el presupuesto para el disfrute de aquélla -"... *la cuestión de si una persona posee una nacionalidad determinada se resolverá únicamente remitiéndose al Derecho nacional del Estado miembro de que se trate*"-[136].

efecto se proponía reforzar la sociedad civil y fomentar un diálogo abierto, transparente y periódico con ella sobre los derechos fundamentales; combatir el racismo, la xenofobia y el antisemitismo; fomentar una mejor comprensión inter confesional e intercultural; promover una mayor tolerancia a través de toda la Unión Europea; mejorar los contactos, el intercambio de información y las relaciones entre las autoridades jurídicas, judiciales y administrativas y los profesionales del Derecho y apoyar la formación judicial, con vistas a una mejor comprensión mutua entre dichas autoridades y profesionales. La Comisión presentará un informe anual sobre la ejecución del programa, un informe intermedio de evaluación sobre los resultados obtenidos (a más tardar el 31 de marzo de 2011), una Comunicación sobre la prosecución del programa (a más tardar el 30 de agosto de 2012) y un informe de evaluación una vez finalizado el mismo (a más tardar el 31 de diciembre de 2014).

134 Juárez Pérez, Pilar, *Nacionalidad estatal y ciudadanía europea,* cit.,p.32

135 Unión Europea, "Declaración nº 2 relativa a la nacionalidad de un Estado miembro" *Diario Oficial, C 191,* 29 de julio de 1992.

136 Clave esencial para una plena ciudadanía de la UE.

La competencia exclusiva reconocida a los Estados miembros en este ámbito sólo puede verse atenuada por la operatividad de las normas del Derecho internacional de los derechos humanos y por la eventual imposibilidad a los restantes Estados miembros de una nacionalidad en la que no concurra el requisito de la efectividad. Competencia que como abundaremos debería ceder a arras de una unificación homogenizada de la consecuente ciudadanía de la Unión. Por lo que la manifestación más evidente de la voluntad de transmutar la Comunidad Europea realmente en una comunidad política es la proclamación de una ciudadanía común al conjunto de todos los ciudadanos nacionales de los Estados miembros, dando a los ciudadanos de los Estados miembros una sensación de pertenencia y unidad común [137]. Lo novedoso de todo es sin duda, como señala Juárez, la terminología que se había empleado, puesto que confiere una nueva dimensión al concepto tradicional de ciudadanía puesto que le dota de una proyección *ad extra* de las que carecían las ciudadanías nacionales, las cuales no son sustituidas por las comunitarias[138]. El lenguaje es muy importante ya que manifiesta un contenido lleno de significados exponenciales. He ahí una primera diferencia con la otrora ciudadanía de la URSS, la cual, era primaria, ya que se trataba de una organización política plena y no de una organización internacional -o 'supranacional'- de proyección política, como lo es la UE, la cual tiene una ciudadanía complementaria.

La ciudadanía europea (de la UE) es una ciudadanía *indirecta*, colateral, transversal quizás, toda vez que no se estableció en el ordenamiento jurídico comunitario ningún atributo de la cualidad que surge de las ciudadanías nacionales[139]. De modo que se creó un vinculo inseparable entre la ciudadanía

---

137 Juárez Pérez, Pilar, *Nacionalidad estatal y ciudadanía europea*, ibíd.

138 Ibíd.

139 Ibíd.

nacional de los Estados miembros y la de la Unión, siendo la primera el antecedente *sine qua non* para la segunda. Lo interesante y requisito es la tenencia de la ciudadanía nacional de cualquier Estado miembro en cuestión, independientemente si es originaria o naturalizada. Como veremos más adelante he ahí una trama compleja y laberíntica: cada Estado miembro atribuye su ciudadanía nacional de manera diferente, sin embargo, una vez resulto el primer escollo heterogéneo se da un salto cualitativo que desemboca en la homogeneidad ingeniosa.

Para Juárez, la ciudadanía de la UE encarnó la superación de los conceptos tradicionales de nacionalidad y ciudadanía, como se ha comentado. La profesora señala que la ciudadanía es el grado más elevado de la nacionalidad, la cual es alcanzada por los mayores de edad, según las disposiciones de cada Estado, con la plenitud de sus derechos[140]. Es que, añade, la ciudadanía de la UE se articula de forma distinta a como tradicionalmente se comporta en los Estados, en los cuales se suelen exigir como requisitos de la ciudadanía nacional: la nacionalidad, mayoría de edad y plenitud de derechos. En la UE sólo se exige la primera de estas.

Estamos de acuerdo con esto, de forma general, pero diferimos en la apreciación de fondo. Si bien es cierto que nacionalidad y ciudadanía son diferentes y diferenciables -como ya se ha discutido-; la ciudadanía de la UE, una vez adquirida, supera las nociones etimológicas y originarias del concepto. Es inconsistente una pretensión de homogeneidad e igualdad en los ciudadanos cuando ésta surge a partir y a raíz de la diferencia y heterogeneidad jurídica. En otras palabras, no es congruente que una única ciudadanía de la UE surja o se adquiera sobre la base de múltiples normas de 'nacionalidad', y extranjería dentro de los diferentes Estados Miembros. Parece

---

140 Juárez Pérez, Pilar, *Nacionalidad estatal y ciudadanía europea,* ibíd. , p. 34

ser que se piensa (o se ha pensado) en los nacionales originarios o naturales, olvidando a los migrantes que, según esa misma multiplicidad de normas, variadas y diferentes, les permitan en su momento ser 'nacional' en el Estado de residencia. Estamos convencidos, al aducir que los rasgos que caracterizan la nacionalidad, pese a su relatividad o contingencia, de que se trata de una ciudadanía superpuesta, de carácter jurídico, derivada, de atribución automática y de contenido evolutivo[141].

Es imperativo mencionar la aclaración de Juárez sobre el carácter *derivado* de la ciudadanía de la UE. Ésta es consecuencia de la relación que el TUE establece entre ciudadanía y nacionalidad, siendo las normas de ésta las que regulen la adquisición y pérdida de aquélla. Sobre su carácter automático ya se ha comentado que se sustenta en el modo de adquisición. Esto es así porque una vez se es nacional de un Estado miembro esa cualidad actúa *ex propio vigore,* sin que sea necesaria ninguna acción por parte del ciudadano que la mera posesión de la nacionalidad de un Estado miembro para acceder a la condición de ciudadano. Por último, y más importante para efectos nuestros, es lo que la profesora llama el carácter evolutivo, el cual implica la posibilidad- para nos la necesidad- de ampliar el contenido de la ciudadanía, mediante un mecanismo especialmente favorable para ello, previsto en el art. 22 TCE que examinaremos más adelante.

Como señala Juárez, en cuanto al aspecto *subjetivo* es evidente la excusión de la ciudadanía a las personas jurídicas, independiente que posean 'la nacionalidad' de algún Estado miembro. Por lo que ésta sólo la poseen las personas neutrales. Lo primordial de la ciudadanía de la UE es aproximar el aparto de la Unión a las personas, de modo que el ciudadano sea el principal actor. Además, los derechos que conforman la

141 Ibíd.

ciudadanía son de difícil ejecución por una persona jurídica no así por las personas físicas. Los derechos concedidos a las personas juriscas están configurados a esos efectos, quedando excluidos del resto de derechos, y por tanto excluidos de ser titulares de ciudadanos de la Unión.[142]

De acuerdo con la Segunda Parte del TFUE, la condición de ciudadano de la Unión implica el reconocimiento de una serie de derechos y deberes específicos, ya contenidos en el TCE con anterioridad y ahora detallados en el art. 20.2 TFUE, a saber: derecho de libre circulación y residencia, derecho de sufragio activo y pasivo en las elecciones municipales y europeas, derecho a la protección diplomática y consular, derecho de petición ante el PE, derecho a presentar una reclamación ante el Defensor del Pueblo europeo y derecho de comunicación con las instituciones y organismos comunitarios en la propia lengua oficial. Posteriormente estos derechos son desarrollados en los sucesivos artículos 21-24. Junto a estos y pese a la incoherencia sistemática, han de añadirse el derecho de todo ciudadano de la Unión a acceder a los documentos del PE y del Consejo, contemplado en el art. 15.3 TFUE; el derecho a la protección de datos de carácter personal recogido en el art. 16 TFUE y el derecho a no ser discriminado por razón de nacionalidad, de acuerdo con el art. 18 TFUE[143].

4. LA CIUDADANÍA EUROPEA EN EL TRATADO DE LISBOA

El *Tratado de Lisboa* dio sus primeros pasos como un proyecto constitucional a finales de 2001 -Declaración sobre el futuro de la Unión Europea- o también conocida como Declaración

---

142 Ibíd., p.35

143 Talavera.

de Laeken. Empezó a tomar forma en 2002 y 2003 en el marco del fallido Tratado para establecer una Constitución para Europa (consecuencia del resultado negativo de dos referendos sobre el Tratado celebrados en mayo y junio de 2005 en Holanda y Francia). El Consejo Europeo decidió tomar un 'período de reflexión' de dos años. Por último, sobre la base de la Declaración de Berlín, de marzo de 2007, el Consejo Europeo de junio de 2007 aprobó un mandato detallado para una nueva Conferencia Intergubernamental (CIG) bajo la Presidencia portuguesa. La CIG concluyó su trabajo en octubre de 2007. El nuevo Tratado se firmó el 13 de diciembre de 2007, durante el Consejo Europeo de Lisboa, y ha sido ratificado por todos los Estados miembros y entró en vigor el 9 de diciembre de 2009[144].

Por el Tratado de Lisboa[145], se modificaron el *Tratado de la Unión Europea* (TUE) y el *Tratado Constitutivo de la Comunidad Europea* (TCE). Con este tratado de reforma, el TUE conservó su denominación actual, mientras que el TCE pasó a llamarse *Tratado de Funcionamiento de la Unión Europea* (TFUE), ambos ostentan el mismo rango legal. En este sentido, el artículo 1.3 del nuevo TUE lo prevé expresamente del siguiente modo: "la Unión se fundamenta en el presente Tratado y en el Tratado de Funcionamiento de la Unión Europea. Ambos Tratados tienen el mismo valor legal. La Unión sustituirá y sucederá a la Comunidad Europea" [146].

---

144 Unión Europea, , El Parlamento a su Servicio, Petr Novak "El Tratado de Lisboa",[En línea] *Fichas Técnicas sobre la Unión Europea,* consultado el 15 de enero de 2015, en http://www.europarl.europa.eu/atyourservice/es/displayFtu.html?ftuId=FTU_1.1.5.html

145 Unión Europea, "Tratado de Lisboa", firmado el 13 de diciembre de 2007, *Diario Oficial C 306*, 17 de diciembre de 2007, pp. 1 y ss.

146 Talavera.

Con esta doble reforma se vuelve a la vía clásica de una Europa vinculada por Tratados y no integrada bajo una Carta Magna. A partir de Lisboa existe únicamente una Unión Europea, que sustituye y sucede a la Comunidad Europea. Tenemos, pues, un *tratado básico,* el TUE, que regulará los aspectos más relevantes de la UE, y un *tratado de desarrollo,* el TFUE, que concretará el funcionamiento de esa Unión en sus diversos aspectos -institucionales, procedimentales, competenciales, etc.[147]-

4.1. Estructura y Contenido

El Tratado de Lisboa, por sí mismo, tiene una estructura 'muy simple' y bastante similar a la de anteriores modificaciones de los tratados constitutivos. Contiene siete artículos, precedidos de un breve preámbulo en el que se manifiesta el deseo de "completar el proceso iniciado por el Tratado de Ámsterdam y el Tratado de Niza con el fin de reforzar la eficacia y la legitimidad democrática de la Unión y mejorar la coherencia de su acción"; por lo cual, los Estados signatarios "han convenido en modificar el Tratado de la Unión Europea, el Tratado constitutivo de la Comunidad Europea y el Tratado Constitutivo de la Comunidad Europea de la Energía Atómica". De los siete artículos, los cinco últimos son sucintas disposiciones finales que contienen respectivamente la celebración del tratado por tiempo ilimitado -art. 3-, la referencia a los protocolos anejos -art. 4-, la remuneración de los nuevos tratados resultantes de la consolidación de las reformas introducidas por este tratado -art. 5-, su mecanismo de entrada en vigor -art. 6- y la determinación de las lenguas auténticas del texto -art. 7-. A pesar de todo, los dos primeros artículos de modificación del TUE -art. 1- y del TCE -art. 2- crean un caos de 173 páginas de

[147] Talavera

sucesivas modificaciones complicado de seguir e incluso entender en ocasiones[148].

En cuanto a su contenido oficial se podría dividir en unos tres renglones: a) Objetivos y principios jurídicos; b) Refuerzo de la democracia y de la protección de los derechos fundamentales y; c) Una nueva configuración institucional.

4.2. Objetivos y principios jurídicos

Como se ha mencionado El 'Tratado constitutivo de la Comunidad Europea' pasa a denominarse 'Tratado de Funcionamiento de la Unión Europea', desaparece el término 'Comunidad' y es sustituido por el de 'Unión' en todo el texto. La Unión pasa por tanto a ocupar el lugar de la Comunidad y sucediéndole jurídicamente. El Tratado de Lisboa no establece para la Unión símbolos propios de los Estados, como lo podría ser una bandera o un himno. El nuevo articulado difiere del proyecto de Tratado constitucional en cuanto a su denominación, no obstante, conserva la mayoría sus principales logros. El Tratado no transfiere nuevas competencias exclusivas a la Unión, pero, toda vez que fomenta la participación y la protección de los ciudadanos, crea un nuevo orden institucional modificando los procesos de toma de decisiones en aras de una mayor eficacia y transparencia, cambando la forma en que la Unión ejerce sus competencias ya existentes, a las que se suman algunas competencias nuevas (compartidas). Así se garantiza un mayor nivel de control parlamentario y responsabilidad democrática[149].

---

148 Ibíd.

149 Unión Europea, El Parlamento a su Servicio, Petr Novak "El Tratado de Lisboa", [En línea], ibíd.

El Tratado de Lisboa, a diferencia del proyecto anterior, no contiene ningún artículo que consagre formalmente la primacía del Derecho de la Unión sobre la legislación nacional, pero se adjunta una declaración al Tratado con este propósito -Declaración nº 17- en la que se hace referencia a un dictamen del Servicio Jurídico del Consejo que reitera la jurisprudencia constante del Tribunal de Justicia de la Unión Europea en la materia[150].

Por primera vez un Tratado organiza y clarifica las competencias de la Unión reduciendo las dudas al respecto. Señala una distinción de tres tipos de competencias: competencia exclusiva, ámbitos en los que quien único puede legislar es Unión, mientras que los Estados miembros se limitan a aplicar la legislación europea; competencia compartida, en ámbitos en los que tanto los Estados miembros como la Unión pueden adoptar actos jurídicamente vinculantes, siempre y cuando la Unión no haya ejercido su competencia 'ocupando el campo' ; y por último ,competencia de apoyo, la Unión adopta medidas destinadas a apoyar o complementar las políticas de los Estados miembros. Además, las competencias de la Unión pueden ahora restituirse a los Estados miembros mediante una revisión del Tratado[151]. Una de las competencias exclusivas de los Estados miembros es precisamente otorgar su ciudadanía nacionalidad.

En Lisboa se le confiere a la UE personalidad jurídica propia. De este modo, la Unión está facultada y legitimada para firmar acuerdos internacionales en los ámbitos de su competencia atribuida de manera que podría adherirse a otra organización internacional. En cambio, los Estados miembros solo pueden firmar acuerdos internacionales en consonancia con el Derecho de la UE. También se completa la transferencia

---

150 ibíd.

151 Ibíd.

respecto a los aspectos restantes del tercer pilar relativos al espacio de libertad, seguridad y justicia -la cooperación policial y judicial en materia penal- al primer pilar[152]. De este modo deja de tener carácter intergubernamental pues los actos jurídicos adoptados en este ámbito se someten ahora al procedimiento legislativo ordinario -mayoría cualificada y codecisión- y, a menos que se especifique lo contrario, se utilizan los instrumentos jurídicos propios del llamado método comunitario como lo son los reglamentos, las directivas y decisiones. Con la entrada en vigor el Parlamento Europeo tiene la facultad de proponer la revisión de los Tratados, tal como ya podían hacer el Consejo, el Gobierno de un Estado miembro o la Comisión[153]. No obstante, ahora es posible revisar los Tratados sin convocar una CIG, gracias a procedimientos de revisión simplificados. Esto solo se aplica en caso de que las modificaciones propuestas afecten a las políticas y acciones internas de la Unión -artículo 48, apartados 6 y 7-, del Tratado de la Unión Europea, TUE). En dichos casos, la aprobación del Parlamento Europeo es indispensable a la hora de decidir no convocar una convención cuando la importancia de las modificaciones no lo justifique[154].

El Tratado de Lisboa expresa tres principios fundamentales: de igualdad democrática, democracia representativa y democracia participativa. Esta última adopta la forma de una iniciativa ciudadana. A pesar que La *Carta de los Derechos Fundamentales de la Unión Europea* no se incorporó directamente al Tratado, el artículo 6, apartado 1, del TUE le atribuye carácter jurídicamente vinculante al adjudicarle el mismo valor

---

152 Ibíd.

153 Como se señala en el documento, de ordinario, una modificación de esta magnitud podría requerir la convocatoria de una convención.

154 Ibíd.

jurídico que los Tratados. Por lo que en esencia es en sí misma un Tratado comunitario. En el próximo apartado abundaremos sobre la Carta.

Con la entrada en vigor del Protocolo nº 14 del Convenio Europeo para la Protección de los Derechos Humanos y de las Libertades Fundamentales (CEDH) [155], se permitió que tanto a los Estados sino también como también a las organizaciones internacionales ser signatarios del Convenio. Esto permitió que la UE pudiese adherirse dicho Convenio. Dicha adhesión todavía Fichas técnicas sobre la Unión Europea–2016 3 requiere la ratificación de todos los Estados Parte del CEDH, así como de la propia Unión Europea[156].

4.3. Una nueva configuración institucional

A) Parlamento Europeo

A tenor con el artículo 14, apartado 2, del TUE, el PE estaría compuesto por representantes de los ciudadanos de la Unión y no así por representantes de los pueblos de los Estados -artículo 189 del Tratado constitutivo de la Comunidad Europea-, más paso hacia la Europa de los ciudadanos[157].

Los poderes legislativos del Parlamento Europeo aumentaron a la luz del 'procedimiento legislativo ordinario', sustituyó al anterior procedimiento Se aplica ahora a más de 40 ámbitos de competencia nuevos, lo que suma un total de 73. El procedimiento de dictamen conforme prosigue, sólo que se que

---

155 el 1 de junio de 2010

156 Unión Europea, El Parlamento a su Servicio, Petr Novak "El Tratado de Lisboa", [En línea], ibíd.

157 Ibíd.

se utiliza un nuevo término conocido como procedimiento de 'aprobación', mientras que el procedimiento de consulta permanece no tuvo cambios. El procedimiento presupuestario procuró garantiza la plena igualdad entre el Parlamento y el Consejo en cuanto a lo que se refiere a la aprobación del presupuesto anual. El marco financiero plurianual debe contar con el visto bueno del Parlamento –aprobación-[158].

Ahora el Presidente de la Comisión lo elige el Parlamento Europeo por mayoría de los miembros que lo componen a propuesta del Consejo Europeo, quienes designan a un candidato por mayoría cualificada considerando los resultados de las elecciones. El voto de aprobación del Parlamento continúa sometiéndose de forma colegiada por parte de la Comisión. Como máximo número de diputados al Parlamento Europeo se fijó 751. El número máximo de escaños por Estado miembro se ha reducido a 96, mientras que el número mínimo ha aumentado a 6. Alemania conservará sus 99 diputados hasta las próximas elecciones, lo que aumenta el número total de diputados a 754. La diferencia entre los 736 diputados elegidos en junio de 2009–Tratado de Niza- y el número de escaños previsto por el Tratado para el periodo de transición culminó en diciembre de 2011[159].

B) Consejo Europeo

Ahora se hace un reconocimiento formal del Consejo Europeo como institución de la Unión, en donde recae la responsabilidad de dar 'a la Unión los impulsos necesarios para su desarrollo' y definir 'sus orientaciones y prioridades políticas

---

158 Ibíd.

159 Ibíd.

generales[160]', no ejerciendo ninguna función legislativa. Se sustituye el sistema de semestral para su precedencia por una de larga duración sustituye El Consejo Europeo por su parte elige a su Presidente por mayoría cualificada[161] para un mandato

---

160 La mayoría cualificada (MC) es el número de votos que debe alcanzarse en el Consejo para que se adopte una decisión, cuando las deliberaciones se hacen sobre la base del artículo 16 del Tratado de la Unión Europea y del artículo 238 del Tratado de Funcionamiento de la Unión Europea. En el marco del procedimiento legislativo ordinario, el Consejo decide por MC, en codecisión con el Parlamento Europeo.

161 La mayoría cualificada (MC) es el número de votos que debe alcanzarse en el Consejo para que se adopte una decisión, cuando las deliberaciones se hacen sobre la base del artículo 16 del Tratado de la Unión Europea y del artículo 238 del Tratado de Funcionamiento de la Unión Europea. En el marco del procedimiento legislativo ordinario, el Consejo decide por MC, en codecisión con el Parlamento Europeo.

El 1 de noviembre de 2014 se introdujo un nuevo procedimiento de votación por MC denominado el principio de «doble mayoría». En dicho procedimiento, cuando el Consejo se pronuncia sobre una propuesta de la Comisión o de la Alta Representante de la Unión para Asuntos Exteriores y Política de Seguridad, se alcanza la MC si se cumplen dos condiciones:

- el 55% de los países de la Unión Europea (UE) vota a favor, es decir, dieciséis de veintiocho;
- la propuesta cuenta con el apoyo de países que representan al menos el 65 % de la población total de la UE.
- Cuando el Consejo se pronuncia sobre una propuesta que no ha realizado la Comisión o la Alta Representante, la decisión se adopta si:
- el 72% de los votos de los países de la UE es a favor, y
- representan al menos el 65 % de la población de la UE.
- Hasta el 31 de marzo de 2017, cualquier país de la UE podrá solicitar que se tome una decisión con arreglo a la normativa en vigor antes del 1 de noviembre de 2014 (es decir, con arreglo a las normas establecidas en el Tratado de Niza), Unión Erupea, " Mayoría Cualificada", [En línea], *EuroLex,* Consultado el 18 de

renovable de 30 meses. Este sistema debería mejorar la continuidad y coherencia de los trabajos. El Presidente también asume la representación exterior de la Unión, sin perjuicio de las atribuciones del Alto Representante de la Unión para Asuntos Exteriores y Política de Seguridad[162].

C) Alto Representante de la Unión para Asuntos Exteriores y Política de Seguridad

El Consejo Europeo nombra por una mayoría cualificada al Alto Representante de la Unión para Asuntos Exteriores y Política de Seguridad, con la correspondiente conformidad del Presidente de la Comisión. Éste se encarga de la política exterior y de seguridad común de la Unión (PESC) y cuenta igualmente con la potestad de presentar propuestas. Además de presidir el Consejo de Asuntos Exteriores, el Alto Representante también es Vicepresidente de la Comisión y cuenta con el apoyo del Servicio Europeo de Acción Exterior, compuesto por funcionarios del Consejo y de la Comisión y por personal de los servicios diplomáticos nacionales[163].

D) El Consejo

El Tratado mantiene el principio de la doble mayoría -de ciudadanos y de Estados miembros- en el sistema de votación. Entre el pasado 1 de noviembre de 2014 y el 31 de marzo de 2017, se han de aplicar las nuevas normas, no obstante, cualquier Estado miembro podrá solicitar que se aplique la

---

abril de 2016, en http://eur-lex.europa.eu/summary/glossary/qualified_majority.html

162 Unión Europea, El Parlamento a su Servicio, Petr Novak "El Tratado de Lisboa", [En línea], ibíd.

163 ibíd.

ponderación de los votos existente hasta 2014. La mayoría cualificada, como se ha indicado, se alcanza cuando una propuesta recibe el apoyo del 55 % de los miembros del Consejo, equivalentes, como mínimo, al 65 % de la población de la Unión -artículo 16, apartado 4, del TUE-.[164] En caso que el Consejo no actúe a propuesta de la Comisión o del Alto Representante, la mayoría necesaria de Estados miembros aumenta hasta el 72 % -artículo 238, apartado 2, del Tratado de Funcionamiento de la Unión Europea, (TFUE)-. Se va a requerir una oposición -a la referida o posible propuesta- de al menos cuatro países para que pueda constituir una minoría de bloqueo. Un nuevo mecanismo inspirado en el Compromiso de Io Ioánnina[165]

---

164 Ibíd.

165 El compromiso de Ioánnina deriva su nombre de una reunión informal de ministros de Asuntos Exteriores de la Unión Europea (UE) en la localidad de Ioánnina, Grecia, a finales de marzo de 1994. Durante esta reunión, el Consejo adoptó una decisión sobre la cuestión del voto por mayoría cualificada en una UE ampliada a dieciséis miembros. Más tarde, esta decisión se adaptó para tener en cuenta la fallida adhesión de Noruega. El compromiso alcanzado preveía que si unos miembros del Consejo que representasen entre 23 (límite antiguo de la minoría de bloqueo) y 26 votos (nuevo límite) indicaban su intención de oponerse a una decisión del Consejo por mayoría cualificada, el Consejo haría todo lo posible para alcanzar, en un plazo razonable, una solución satisfactoria que pudiera ser aprobada por un mínimo de 68 votos sobre 87. El artículo 16 del Tratado de la Unión Europea introduce una nueva definición de la regla de mayoría cualificada, que se aplica desde el 1 de noviembre de 2014. Entre esta fecha y el 31 de marzo de 2017, cualquier país de la UE podrá, no obstante, exigir la aplicación de las reglas de ponderación anteriores. También será posible aplicar el «compromiso de Ioánnina», el cual permitirá a los países que representen como mínimo a tres cuartas partes de la población de la UE o como mínimo a tres cuartas partes del número de países de la UE necesarios para constituir una minoría de bloqueo, oponerse a un acto votado por mayoría cualificada por el Consejo, con el fin de tratar de encontrar una solución en un plazo razonable. A partir

permitirá que un 75 % (a partir del 1 de abril de 2017, un 55 %) de la población, o del número de Estados miembros, cifra necesaria para constituir una minoría de bloqueo, pueda solicitar que se vuelva a examinar una propuesta ´dentro de un plazo razonable' -Declaración n° 7-. El Consejo se tiene que reunir en público en aquellas ocasiones en las

Tenga que deliberar o votar sobre un proyecto de acto legislativo. De ahí, que cada sesión del Consejo se divide en dos partes, dedicadas respectivamente a las deliberaciones sobre los actos legislativos de la Unión y a las actividades no legislativas. La Presidencia del Consejo continuará rotando cada seis meses, pero se establecen asimismo presidencias por grupos de tres Estados miembros durante un periodo de 18 meses para garantizar una mayor continuidad de los trabajos. A título excepcional, el Consejo de Asuntos Exteriores estará presidido de forma permanente por el Alto Representante de la Unión para Asuntos Exteriores y Política de Seguridad[166].

E) La Comisión Europea

Toda vez que el Presidente de la Comisión se elige y se designa tomando en consideración los resultados de las elecciones al Parlamento Europeo, su legitimidad política queda indiscutiblemente reforzada. El Presidente es responsable de

---

del 1 de abril de 2017, la nueva regla de mayoría cualificada tendrá carácter vinculante. Los umbrales de activación del «compromiso de Ioánnina» se rebajarán a un mínimo del 55 % de la población de la UE o a un mínimo del 55 % del número de países de la UE necesarios para constituir una minoría de bloqueo. Unión Europea, "Compromiso de Ioánnina", [En línea], *EuroLex,* Consultado el 18 de abril de 2016, en http://eur-lex.europa.eu/summary/glossary/ioannina_compromise.html?locale=es

166 Unión Europea, El Parlamento a su Servicio, Petr Novak "El Tratado de Lisboa", [En línea], ibíd.

la organización interna de la Comisión -nombramiento de los comisarios, distribución de las carteras, petición de dimisión en determinadas circunstancias[167]-.

F) Tribunal de Justicia de la Unión Europea

A excepción de asuntos relacionados con la política exterior y de seguridad común, todas las actividades de la Unión se someten ahora a la jurisdicción del Tribunal de Justicia de la Unión Europea. El número de abogados generales podría a estar entre ocho a once como máximo. También pueden crearse tribunales especializados o *ad hoc* previa aprobación del Parlamento. Se dispone la creación de una Fiscalía Europea para descubrir a los autores y cómplices de infracciones que perjudiquen a los intereses financieros de la Unión, y para incoar un procedimiento penal y solicitar la apertura de juicio contra ellos[168].

5. LA CARTA DE DERECHOS FUNDAMENTALES Y LA ADHESIÓN AL COMITÉ EUROPEO DE DERECHO HUMANOS (CEDH)

Un aspecto fundamental del Tratado es lo relacionado con los derechos humanos, particularmente con aquello que tiene que ver con la Carta de Derechos Fundamentales (CDF) -proclamada en Niza- y que el nuevo TUE incorpora en una versión sintética y modificada. A pesar que *de facto*, la *Carta* ya se ha utilizado por el Tribunal de Justicia como criterio interpretativo —y por el Tribunal Europeo de Derechos Humanos, así como por parte de los Tribunales nacionales— *de jure* carecía

[167] Ibíd.

[168] Ibíd.

no tenía un carácter jurídicamente vinculante En la *Conferencia Intergubernamental* de 2007 (CIG '07) se planteó cómo se podía hacer para que la Carta volviera a tener el carácter vinculante de la fallida Constitución, independientemente de la forma jurídica por la que se optara.

La Carta no forma parte del Tratado, no obstante, queda plenamente preservado su carácter jurídicamente vinculante. En el Tratado de Lisboa se incluyó una disposición que regula todo lo relativo a los derechos fundamentales. En este sentido, el artículo 6 TUE tiene un apartado, por medio del cual "la Unión reconoce los derechos, libertades y principios enunciados en la Carta de los Derechos Fundamentales de 7 de diciembre de 2000, tal como fue adoptada el 12 de diciembre de 2007 en Estrasburgo", estableciendo que "tendrá el mismo valor jurídico que los Tratados", como se ha manifestado anteriormente. Así mismo, ese mismo párrafo prevé expresamente que los "derechos, libertades y principios enunciados en la Carta se interpretarán con arreglo a las disposiciones generales del título VII de la Carta por las que se rige su interpretación y aplicación, y teniendo debidamente en cuenta las explicaciones a que se hace referencia en la Carta, que indican las fuentes de dichas disposiciones[169]".

Por otro lado, resulta esencial la adhesión de la Unión Europea al Convenio Europeo de Derechos Humanos (CEDH). El apartado segundo del mismo artículo 6 TUE lo recoge de manera expresa en una previsión que también se rescata del fallido Tratado Constitucional, "La Unión se adherirá al Convenio Europeo para la Protección de los Derechos Humanos y de las Libertades Fundamentales". Y, por último, el apartado tercero del referido precepto, mantiene también la previsión de que "los derechos fundamentales que garantiza el Convenio

---

169 Talavera

Europeo para la Protección de los Derechos Humanos y de las Libertades Fundamentales y los que son fruto de las tradiciones constitucionales comunes a los Estados miembros formarán parte del derecho de la Unión como principios generales".

Se da, en suma, un importante paso adelante en materia de derechos humanos. El carácter vinculante de la Carta pone fin a un largo camino (que no logró cerrarse con éxito en Niza), mientras que la atribución de competencia para permitir la adhesión de la Unión Europea al CEDH corona un antiguo anhelo que contribuye a una mejor y mayor coherencia y coordinación entre las jurisprudencias del Tribunal Europeo de Derechos Humanos y del Tribunal de Justicia de la Unión Europea. Carta y adhesión son dos caras de una misma moneda: la eficaz y armónica protección de los derechos fundamentales en el ámbito de la Unión Europea. Aunque sólo para veinticinco de los veintisiete Estados miembros: conviene no olvidar la excepción que tendrán el Reino Unido y Polonia con relación a la Carta.

En efecto, el Tratado de Lisboa recoge un Protocolo sobre la aplicación de la Carta de los Derechos Fundamentales al Reino Unido y a Polonia, según el cual "la Carta no amplía la competencia del Tribunal de Justicia de la Unión Europea ni de ningún tribunal de Polonia o del Reino Unido para apreciar que las disposiciones legales o reglamentarias o las disposiciones, prácticas o acciones administrativas de Polonia o del Reino Unido no son compatibles con los derechos, libertades y principios fundamentales que reafirma". O sea, la Carta no tendrá carácter jurídicamente vinculante para estos dos Estados miembros. Sí para los veinticinco restantes.

A propósito de los derechos sociales se insiste en que "en particular, y a fin de no dejar lugar a dudas, nada de lo dispuesto en título IV de la Carta [Solidaridad] crea derechos defendibles en justicia aplicables a Polonia o el Reino Unido, salvo en la medida en que Polonia o el Reino Unido hayan contemplado dichos derechos en su legislación nacional". Lo cual, por cierto, casa bastante mal con la Declaración unilateral introducida por Polonia a propósito de la Carta en la que, tras recordar su tradición en la protección de los derechos sociales desde el movimiento social "Solidaridad", declara "que respeta plenamente esos derechos, según se establece en el Derecho de la Unión Europea, y en particular los que se reafirman en el título IV de la Carta de los Derechos Fundamentales de la Unión Europea".

En esta misma materia se incluye una Declaración unilateral de Polonia —en su momento escondida también dentro del mandato en una nota a pie de página— según la cual "la Carta no afecta en modo alguno al derecho de los Estados miembros a legislar en el ámbito de la moral pública, el Derecho de familia, así como de la protección de la dignidad humana y el respeto de la integridad física y moral humana".

Capítulo 3

El divergente modelo de acceso a la ciudadanía de la Unión Europea

Sería deseable poder analizar cómo se adquiere y/o se pierde la nacionalidad/ciudadanía en los diferentes Estados miembros de la UE. Toda vez que ella es la puerta de acceso a la condición de ciudadano de la Unión Europea. No sólo en los países miembros de la UE, sino en la mayoría de los países del mundo, la adquisición de la ciudadanía-nacional (término que emplearemos para referirnos a la vinculación primaria del individuo con el Estado) tiene dos grandes mecanismos: la natural o naturalizada. Es decir, la nacionalidad originaria y automática (con sus implicaciones) y la nacionalidad adquirida o derivativa.

En un principio nos propusimos sintetizar en esta tesis cada uno de los sistemas de la adquisición y pérdida de la ciudadanía nacional de cada Estado miembro de la UE. Sin embargo, la multiplicidad y heterogeneidad de sistemas, casos y supuestos resultaba abrumadora. A pesar de todo, los diferentes sistemas de los Estados acaban remitiéndose a los criterios del suelo y las sangre para la adquisición de la nacionalidad, sólo que a través de complicados mecanismos. También, bajo dispares circunstancias, se produce la naturalización. El criterio más común y generalizado en este campo es la residencia en situación regular por un periodo de tiempo que no concuerda en todos los Estados miembros. El tiempo oscila entre 1 año y 10 años en el mismo Estado miembro. También existe una orientación general en las legislaciones al respecto de no aceptar los supuestos de doble ciudadanía nacional. La página web del

EUDO tiene muchos desplegables con una inmensa cantidad de información al respecto de estos criterios de adquisición y pérdida de la ciudadanía nacional[170]. A continuación, agruparemos los diversos sistemas en torno a estos criterios básicos.

1. LA EXTREMA HETEROGENEIDAD EN EL ACCESO A LA NACIONALIDAD EN LOS PAÍSES DE LA UE

A estas alturas resulta casi un pleonasmo señalar que toda aquella persona que ostente la nacionalidad de un país miembro de la Unión Europea es automáticamente ciudadano de la Unión. El principio, como hemos visto, está consagrado en los tratados de la UE y constituye un factor fundamental en el desarrollo de una identidad europea. La ciudadanía de la Unión, como también hemos visto, no sustituye a la ciudadanía nacional, sino que se suma a esta y otorga derechos específicos.

Esta ciudadanía europea, no nacional[171], es quizás la única ciudadanía que literalmente se adquiere de manera automática. Es un estatuto, por decirlo así, extremadamente sencillo, versátil, y al mismo tiempo complejo y entramado. Puede parecer contradictorio, pero sin serlo en realidad. Sin embargo, la sencillez y automatismo de este estatuto contrasta radicalmente con el modo de acceder a ella. En efecto, la ciudadanía de la UE se obtiene a través de 27 sistemas diferentes, con innumerables y complejas situaciones fácticas. Puesto que cada uno de los Estados miembros tiene sus propias normas y reglas para establecer quién puede o no ser miembro de pleno derecho

---

170 Observatorio Democrático sobre Ciudadanía de la UE, EUDO CITIZINCHIP por su siglas en inglés, para consultas: http://eudo-citizenship.eu/databases/modes-of-acquisition, [En Línea], [consultado el 30 de enero de 2017]

171 No nacional, toda vez que la UE no es un Estado nación.

en sus territorios. Es un caos legislativo que desemboca singularmente en un sencillo estatuto jurídico. Pasemos a señalar algunos casos que van desde la compra de la ciudadanía de la UE hasta la lucha y el sueño por ella.

Por lo general, para conferir a una persona una ciudadanía nacional particular, como sabemos, existen dos criterios básicos: el que tiene que ver con la filiación *ius sanguinis* (vínculo de sangre) y el *ius soli* (el criterio territorial de suelo determinado por el nacimiento en un territorio). Estos criterios son una consecuencia inherente al propio concepto de nacionalidad, que implica la existencia de un motivo por el cual se establece una vinculación jurídica entre el Estado y su nacional[172]. Los Estados haciendo uso de su soberanía deciden cuál de estos utilizarán para la atribución de su ciudadanía nacional: sea una, la otra o ambas. Todos los Estados miembros poseen el criterio del *ius sanguinis*, mientras que sólo algunos y de con muchos matices admiten el criterio del *ius soli*.

a) El 'ius sanguinis'

Pese a las diferentes combinaciones que pueden hacer los Estados miembros, en los ordenamientos de los países UE rige un principio fundamental y común a todos: la filiación paterna y materna transmite la nacionalidad. La trasmisión puede ser *ipso facto* o bien *a posteriori*.

En cuanto a su formulación legal, el *ius sanguinis* presenta en los ordenamientos de los diversos países UE una sistemática muy parecida En general, dichos preceptos no distinguen según la clase de filiación (matrimonial o no). Así, los hijos nacidos fuera del matrimonio adquieren la nacionalidad de la madre, *mater semper certa est*, aunque el establecimiento de la

---

172 Juárez Pérez, Pilar, *Nacionalidad estatal y ciudadanía europea*, cit., p. 87

filiación paterna pudiera otorgarles posteriormente otra nacionalidad[173] Es 'potestad' de los Estados realizar precisiones ulteriores sobre este cirterio. Los hay que la atribuyen por filiación simple, paterna o materna; otros exigen la existencia del doble vínculo y otros algún requisito complementario para atribuir al hijo la nacionalidad de sus progenitores. Aunque este último criterio ha sido criticado por presentarse como una vía 'legal' de cerrar las puertas a las segundas o subsiguientes generaciones de emigrantes, no entendemos que deba eliminarse.

b) El 'ius soli'

Bajo este criterio la ciudadanía se concede o reconoce sobre la base del nacimiento dentro de lo que jurídicamente es el territorio de un Estado. Esto es así, ya que podría darse el caso que aunque dicho acontecimiento ocurra fuera de lo que "geográficamente pueda ser el territorio de un país, la ciudadanía sea concedida, toda vez que haya ocurrido en lo que pueda considerarse una extensión o enclave del mismo: bases militares, embajadas, etcétera.

Estamos ante un principio muy valiosa ya que permite incorporar a los hijos de inmigrantes como miembros de la comunidad, impidiendo que personas nacidas y criadas en un estado sean consideradas 'extranjeros nacionales', con derechos limitados de residencia y participación política. Además, este criterio ayuda a la promoción de la integración social y la legitimidad democrática a la vez que reduce las preocupaciones sobre la exclusión interna e inseguridad de residencia[174]. Caben cuatro formas principales de aplicación de este criterio:

---

173 Juárez Pérez, Pilar, *Nacionalidad estatal y ciudadanía europea,* cit. p. 92-93

174 Honohan, Iseult, "Ius Soli Citizenship" [En línea] *Eudo citizenship Policy Brief Nº 1,* Robert Schuman Centre, 2010 [consultado el *14 de*

el automático (por el mero hecho de nacer en el territorio); la exigencia de un período previo de residencia de los padres; la exigencia de que uno de los padres haya nacido en el país y al cumplirse la mayoría de edad (u otra edad señalada) y para evitar que el recién nacido quede apátrida.

Podemos distinguir cuatro formas principales de *ius soli* que se encuentran disponibles en la UE. Podemos clasificarlas desde la más fuerte a la más débil.

a) Por declaración o automáticamente en o antes de la mayoría de edad: Bélgica, Finlandia, Francia, Grecia, Italia, Países Bajos y España.

b) Sobre la base de un período de residencia previa de los padres: Bélgica, Alemania, Grecia, Irlanda, Portugal.

c) Sobre la base del nacimiento de alguno de los padres en el país (doble *ius soli*): Bélgica, Francia, Grecia, Luxemburgo, Países Bajos, Portugal y España

d) Naturalización facilitada a personas nacidas en el país: Austria, Bulgaria, Croacia, Checa República Checa, Hungría, Italia, Portugal, Rumania, Eslovenia y España. Existe una disposición general para la ciudadanía ius soli en Chipre, Dinamarca, Estonia, Islandia, Letonia, Lituania, Malta, Noruega, Polonia, Eslovaquia, y Suecia[175].

No existe ningún caso de *ius soli* incondicional o sin restricciones. Además, hay algunas situaciones especiales:

---

diciembre de 2016] Disponible en http://eudo-citizenship.eu/docs/ius-soli-policy-brief.pdf]

175 Honohan, Iseult, "Ius Soli Citizenship" [En línea] *Eudo Citizenship Policy Brief No. 1, [* Consultado el 15 de octubre de 2016] Disponible en http://eudo-citizenship.eu/docs/ius-soli-policy-brief.pdf

e) Sólo para niños abanados: Estonia, Alemania, Malta, Noruega y Suiza.

f) Para apátridas: Dinamarca, Estonia, Islandia, Letonia, Lituania, Moldavia, Malta, Polonia, Eslovaquia, Suecia.

Como apunta Iseult Honohan, esta heterogeneidad provoca un efecto grave: las múltiples vías de acceso a la ciudadanía de la UE, en función de los sistemas de acceso a la nacionalidad establecidos por cada uno de los estados miembros supone que los extranjeros nacidos en países en los que no existe el *ius soli*, no podrán disfrutar de los mismos derechos que tendrían de haber nacido en un Estado miembro que sí disponga de *ius soli*.

c) La naturalización

La naturalización también llamada 'nacionalización' es un proceso mediante el cual un ciudadano de un país adquiere la ciudadanía/ nacionalidad de un segundo país con el cual ha creado vínculos suficientes y necesarios para que se le reconozca como ciudadano/nacional de ese país. La naturalización generalmente se da como el resultado del cumplimiento de diversos requisitos por parte del Estado del cual se ha de adquirir la pertenencia de pleno derecho. Entre los requisitos que usualmente se demandan se encuentran: la residencia física, pacífica y prolongada, por un período determinado de años, previa a la solicitud; el conocimiento de la lengua del lugar; aprobar exámenes que pueden versar sobre la cultura, la lengua, el sistema jurídico, historia del país, etc.; no tener antecedentes penales o criminales, tanto en el país de origen como en el de acogida. Aunque a primera vista estas exigencias parecen inofensivas y razonables, están llenas de exclusión, discriminación, e inclusive de estigmatización.

Con relación a la *residencia*, el proceso de naturalización podría tener (y tiene) un elemento internacional. Por ejemplo, si tomamos el art. 12 del *Pacto Internacional de Derechos Civiles y Políticos,* podemos percatarnos que la residencia se considera como uno derecho. Existe el compromiso de los Estados parte del tratado a adoptar, con arreglo a sus procedimientos constitucionales, legislativos o de otro carácter, las medidas que fueren necesarias para hacer efectivos los derechos reconocidos en el Pacto. Si se quiere añadir alguno más, incluiríamos el art.3, que dispone que los Estados Partes del Pacto se comprometan a garantizar a hombres y mujeres la igualdad en el goce de todos los derechos civiles y políticos enunciados en el mismo. Así, el *derecho a la residencia* tiene que ser la antesala a la naturalización o nacionalización. No se puede gozar de todos los derechos civiles y políticos si no se es miembro de pleno derecho de una sociedad. La manera más completa para ello es ser ciudadano de ese Estados.

Independientemente de las reservas o declaraciones que hayan realizado, todos los Estados miembros de la UE son parte del Pacto. Esto lo convierte en vinculante y obligatorio. Así, las personas en el ejercicio del derecho conferido por el Convenio pueden reivindicar la nacionalidad del Estado en el que residen y la titularidad de los derechos que ello les debería otorgar. Por ello, como señala De Lucas, en el acceso a la ciudadanía de los inmigrantes, el paso más claro a dar consiste en desplazar el vínculo de ciudadanía desde la *nacionalidad* (también en el sentido de identidad cultural) hacia la *residencia* y no necesariamente en los términos de la obtención de la residencia permanente como nueva llave de la ciudadanía (aunque fuese de una ciudadanía parcial, siempre que ésta sea entendida como un estatus provisional, y no definitivo), sino de forma gradual[176].

---

[176] De Lucas, Martín, Francisco Javier, "Hacia una ciudadanía europea inclusiva. Su extensión a los inmigrantes", *CIDOB*, cit.,p.68

En otro trabajo señala el profesor que, debido al incremento de la emigración se ha incrementado el pluralismo cultural[177], de manera que nuestras sociedades son ahora visiblemente multiculturales, siendo posible (e incluso necesario) distinguir, por una parte, el derecho al acceso y participación en la cultura como bien primario (en el sentido del disfrute de la vida cultural, como requisito para el desarrollo de una vida digna y la emancipación individual). Y por otra parte, el derecho a la propia identidad cultural, al propio patrimonio y herencia culturales. Es decir, tener como objetivo el que todos seamos iguales en derechos, pero reconociendo nuestras diferencias[178]. Por ello afirma que hacer radicar la condición de ciudadano en la de *residencia,* en lugar de la nacionalidad, es un paso extraordinariamente importante. Pero hay que comenzar por hacer asequible esa condición. Y el problema radica en la circularidad entre permiso de residencia y de trabajo, que concurre como factor negativo, pues contribuye a levantar una barrera casi infranqueable desde el punto de vista del proceso de integración de los inmigrantes como ciudadanos[179].

En el caso de la *lengua* parece razonable y necesario su domino para lograr un desenvolvimiento cotidiano en el diario

---

177 Nos parece acertado indicar que entendemos que el derecho a emigrar implica el derecho a permanecer en el país de origen, es decir, el derecho a emigrar es el derecho a no emigrar. La emigración no debe ser un acto de necesidad obligatoria para poder tener medios de vida digna en otro país que no sea el de origen. El país de origen tiene la obligación- y la comunidad internacional a ayudarle- proveer los medios de vida digna a sus ciudadanos. De esto modo la emigración es un acto de libre elección y no de necesidad.

178 De Lucas, Martín, Francisco Javier, "Ciudadanía y Unión Europea intercultural" *Anthropos. Huellas del conocimiento,* núm. 191, 2001, p. 95

179 De Lucas, Martín, Francisco Javier, "Hacia una ciudadanía europea inclusiva. Su extensión a los inmigrantes", *CIDOB,* cit., p. 72

vivir del candidato a la ciudadanía nacional. Por lo general, para poder desenvolverse cotidianamente no es necesario llegar al bilingüismo, basta con un nivel medio bajo. Pero, no debemos perder de vista que, en el caso de un recién nacido cuyos progenitores le transmiten la nacionalidad vía sanguínea, no necesita conocer la lengua para ser miembro de la sociedad de pleno derecho, con las limitaciones de capacidad evidentes, que irán menguando con el transcurrir del tiempo hasta alcanzar, por ejemplo, la mayoría de edad.

Con relación al conocimiento de la cultura de un país (cultura popular, jurídica, historia, etc.) acreditada por medio de exámenes: ¿cómo se puede aprobar un complejo examen de cultura de un país con un dominio muy básico de la lengua? Por ejemplo, en España, en los exámenes se exige conocimiento de la constitución. Hasta para los juristas nativos las complejidades de la interpretación constitucional pueden ser complejas ¿cuánto más para un inmigrante con un conocimiento mínimo de la lengua?

Por último, el requerir un "informe criminal limpio", sea judicial, administrativo, penal, civil, etc., es sin duda una doble condena. Si por desgracia se cometió un delito, pero ya se ha cumplido con la pena impuesta por la sociedad a la cual se ha ofendido (sea la de acogida o la de origen) ¿por qué seguir castigando a la persona, negándole la posibilidad de convertirse en miembro activo de la comunidad en la ahora que vive y trabaja de acuerdo con la ley? Se le estaría infringiendo una nueva condena de manera ilegal, y contrariando los principios más básicos de rehabilitación e inserción en los que se fundamenta el Derecho penal.

No obstante, los casos más dramáticos se dan cuando simple y llanamente se puede comprar la nacionalidad de un Estado con la inversión de dinero en metálico, como son los casos por ejemplo el Chipre y Austria. Hay casos un tanto menos llamativos, en los cuales también invirtiendo dinero no se obtiene la nacionalidad pero sí la residencia. La residencia es uno de los fundamentos que todos los Estados del mundo utilizan para naturalizar las personas. En este grupo se encuentran España, Alemania, Bélgica, Bulgaria. No obstante, todos los Estados miembros de la Unión Europea, comparten criterios y casos similares. La residencia está vinculada al trabajo y a los regímenes matrimoniales[180]. En esta cuestión existen algunas particularidades que consideramos a continuación.

Chipre

Entre las opciones o requisitos para adquirir la ciudadanía nacional de Chipre se halla la que se da por medio de la inversión monetaria. En su normativa particularizada se señalan por lo menos 9 variantes o alternativas de esta inversión[181]. Los criterios son:

1. Inversión en bonos estatales: El solicitante debe haber comprado bonos emitidos por la República de Chipre un importe de al menos € 5,0 millones.
2. Inversiones en activos financieros de empresas chipriotas o de organizaciones chipriotas: El solicitante debe haber invertido en activos financieros de entidades chipriotas (Bonos / valores / obligaciones registradas y emitidas en la República de Chipre) de al menos 5,0 millones de euros. Se entiende que los activos financieros pueden haber sido adquiridos tanto en el momento como posteriormente a la compra.

---

180 Para un análisis muy pormenorizado se insta a consultar la pina del Observatorio europeo sobre nacionalidad: Disponible en http://eudo-citizenship.eu/databases/modes-of-acquisition

181 Dictamen del Concejo de Ministros de 2014.

3. Inversiones inmobiliarias, urbanizaciones e infraestructuras: El solicitante debe haber invertido al menos 5,0 millones de euros en inmuebles o (Proyectos residenciales, comerciales o de infraestructura).

4. Incorporación, adquisición o inversión en empresas chipriotas: El solicitante debe haber adquirido, incorporado o participado en empresas residentes y que operen en Chipre, invirtiendo en dichas sociedades un importe de al menos 5,0 millones de euros. Estas empresas deben tener una presencia física en Chipre y emplear al menos cinco (5) nacionales chipriotas. Cabe señalar que este criterio también prevé la conversión obligatoria de depósitos en acciones.

5. Depósitos en bancos chipriotas: El solicitante debe tener depósitos personales a plazo fijo durante tres años en Chipre en bancos o depósitos de empresas privadas o fideicomisos (en los que sea beneficiario) en la República de Chipre de al menos 5 millones de euros.

6. Combinación de los criterios 1, 2, 3, 4 y 5 antes mencionados: El solicitante debe haber realizado inversiones totales por un valor mínimo de € 5,0 Millones por combinación de cualquiera de los criterios anteriores.

7. Personas cuyos depósitos en el *Laiki Bank* fueron deteriorados por medidas Implementadas después del 15 de marzo de 2013. Depósito deteriorado por un total de al menos 3,0 € millones.

8. En caso de que el solicitante haya sufrido un deterioro de 3,0 millones de euros, podrá solicitar, tras realizar inversiones adicionales mediante los criterios 1, 2, 3, 4 y 5 para la cantidad restante solicitada de los criterios particulares.

9. Planes de Inversiones Colectivas: El Consejo de Ministros tiene el derecho, en casos excepcionales, de reducir los

criterios 1, 2, 3 y 4, a 2,5 millones de euros para los inversores que, indudablemente, participan en inversión cuya inversión total sea de al menos 12,5 millones de euros o a 2,0 millones de euros para los inversores que, indudablemente, participan en Inversión cuya inversión total sea superior a 12,5 millones de euros, este ultima era válida hasta el 1 de junio de 2014.

España

- *Visado de Residencia para Inversores de Capital (RIC)*[182].

Se entiende como inversión *significativa* de capital, una inversión inicial por un valor igual o superior a 2 millones de euros en títulos de deuda pública española o por un valor igual o superior a 1 millón de euros en acciones o participaciones sociales de empresas españolas o depósitos bancarios en entidades financieras españolas. Además de los requisitos establecidos con carácter general, el solicitante deberá acreditar haber realizado la inversión en la cantidad mínima requerida, en un periodo no superior a 60 días anteriores a la presentación de la solicitud, de la siguiente manera:

1. En el supuesto de inversión en acciones no cotizadas o participaciones sociales se presentará el ejemplar de la declaración de inversión realizada en el Registro de Inversiones Exteriores del Ministerio de Economía y Competitividad.
2. En el supuesto de inversión en acciones cotizadas, se presentará un certificado del intermediario financiero, debidamente registrado en la Comisión Nacional

[182] Reino de España, "Ley 14/2013, de 27 de septiembre, de apoyo a los emprendedores y su internacionalización" *Boletín Oficial del Estado núm. 233,* de 28 de septiembre de 2013.

del Mercado de Valores o en el Banco de España, en el que conste que el interesado ha efectuado la inversión a efectos de la norma.

3. En el supuesto de inversión en deuda pública, se presentará un certificado de la entidad financiera o del Banco de España en el que se indique que el solicitante es el titular único de la inversión para un período igual o superior a 5 años.
4. En el supuesto de inversión en depósito bancario, se presentará un certificado de la entidad financiera en el que conste que el solicitante es el titular único del depósito bancario[183].

- *Visado de Residencia por Adquisición de Bienes Inmuebles (RIV).*

Podrán solicitar este visado los extranjeros que acrediten la adquisición de bienes inmuebles en España con una inversión de valor igual o superior a 500.000€. Además de los requisitos establecidos con carácter general, el solicitante deberá acreditar haber adquirido la propiedad de los bienes inmuebles mediante certificación con información continuada de dominio y cargas del Registro de la Propiedad que corresponda al inmueble. Dicha certificación tendrá que ser emitida dentro de los 90 días anteriores a la presentación de la solicitud del visado de residencia. Si en momento de la solicitud del visado la adquisición de los inmuebles se encontrara en trámite de inscripción en el Registro de la Propiedad, será suficiente la presentación de la certificación en la que conste vigente el

---

183 Reino de España, Consulado de España, , "Visados Ley de Emprendedores" [En línea] *Ministerio de Asuntos Exteriores,* [Consultado el 15 de abril de 2015] Disponible en http://www.exteriores.gob.es/Consulados/CIUDADDELCABO/es/InformacionParaExtranjeros/Paginas/Visados-Ley-de-Emprendedores.aspx

asiento de presentación del documento de adquisición, acompañada de la documentación acreditativa del pago de los tributos correspondientes.

El solicitante deberá acreditar disponer de una inversión en bienes inmuebles de 500.000€ libre de toda carga o gravamen. La parte de la inversión que exceda del importe exigido podrá estar sometida a carga o gravamen[184]. Es obligatorio concluir que todos estos múltiples criterios de adquisición ciudadanía nacional no sólo es un antecedente inconsistente, heterogéneo y disparatado para la otorgación automática de la ciudadanía de la Unión Europea. No se puede optar a una Unión fuerte y a una creación sólida de la ciudadanía con presupuestos tan dispares.

2. EL CÓDIGO DE FRONTERAS SCHENGEN Y EL DERECHO DE LIBRE CIRCULACIÓN

En su Resolución Parlamento Europeo y del Consejo[185] señalan que la adopción de medidas en virtud del artículo 77, apartado 2, letra e), del *Tratado de Funcionamiento de la Unión Europea* (TFUE), encaminadas a garantizar la ausencia de controles sobre las personas en el cruce de las fronteras interiores, es un elemento constitutivo del objetivo de la Unión, enunciado en el artículo 26, apartado 2 del TFUE. Para así lograr de establecer un espacio sin fronteras interiores en el que esté garantizada la libre circulación de personas. A tenor del artícu-

184 Ibídem.

185 Unión Europea, "Reglamento (UE) 2016/399" del Parlamento Europeo y del Consejo, de 9 de marzo de 2016, por el que se establece un Código de normas de la Unión para el cruce de personas por las fronteras (Código de fronteras Schengen), *Diario Oficial L 77/1* de 23 de marzo de 2016, p. 1-52.

lo 77, apartado 2 del TFUE, la creación de un espacio de libre circulación de personas debe estar acompañada de medidas adicionales. Una de estas medidas, como la propia Resolución indica (considerando 3), es una política común en materia de cruce de las fronteras exteriores, tal como se contempla en el artículo 77, apartado 1, letra b), del TFUE.

Las medidas comunes en materia de cruce de personas por las fronteras interiores, así como de control en las fronteras exteriores, deben tener en cuenta las disposiciones del acervo de Schengen integrado en el marco de la Unión y, en particular, las disposiciones pertinentes del Convenio de aplicación del Acuerdo de Schengen, de 14 de junio de 1985, entre los Gobiernos de los Estados de la Unión Económica Benelux, de la República Federal de Alemania y de la República Francesa relativo a la supresión gradual de los controles en las fronteras comunes así como del Manual común (considerando 4)

Por tanto, un régimen común en materia de cruce de personas por las fronteras no cuestiona ni afecta a los derechos de libre circulación de que gozan los ciudadanos de la Unión y los miembros de su familia, así como los nacionales de terceros países y los miembros de su familia que, en virtud de acuerdos celebrados entre la Unión y sus Estados miembros, por una parte, y dichos terceros países, por otra, gocen de derechos en materia de libre circulación equivalentes a los de los ciudadanos de la Unión. (Considerando 5).

Según la Resolución, el control fronterizo no se efectúa únicamente en interés de los Estados miembros en cuyas fronteras exteriores se realiza, sino en interés del conjunto de los Estados miembros de la Unión que han suprimido los controles en sus fronteras interiores. Este control es para el Parlamento y el Consejo una herramienta que busca contribuir a la lucha contra la inmigración clandestina y la trata de seres humanos, así como a la prevención de cualquier amenaza a la seguridad interior, al orden público, a la salud pública y a las relaciones internacionales de los Estados miembros. (Considerando 6) Los controles fronterizos deben realizarse de forma que se respete plenamente la dignidad humana (Considerando 7). Por lo que se deben efectuar de una forma profesional y respetuosa, y ser proporcionados a los objetivos perseguidos. (Considerando 8) El control fronterizo no solo se limita al control de personas en los pasos fronterizos y la vigilancia entre esos pasos, sino que también pone sobre la mesa el análisis de los riesgos para la seguridad interior y de las amenazas que pueden afectar la seguridad de las fronteras exteriores.

Conviene, pues, establecer las condiciones, los criterios y las normas por los que se regulen tanto el control en los pasos fronterizos como la vigilancia en las fronteras, incluida la comprobación en el Sistema de Información de Schengen (SIS). Es necesario establecer las normas relativas al cálculo de la duración autorizada de las estancias de corta duración en la Unión. El hecho de disponer de unas normas claras, simples y armonizadas en todos los actos jurídicos que tratan este asunto redundaría en beneficio tanto de los viajeros como de las autoridades competentes en materia de fronteras y visados, (Considerando 9).

2.1. Contenido del Reglamento

El Reglamento dispone la ausencia de controles fronterizos de las personas que crucen las fronteras interiores de los Estados miembros de la Unión Europea y establece las normas aplicables al control fronterizo de las personas que crucen las fronteras exteriores de los Estados miembros de la Unión A tenor del artículo 39, los Estados miembros notificarán a la Comisión:

a. Lista de los permisos de residencia, distinguiendo entre:

i) todo permiso de residencia expedido por los Estados miembros siguiendo el modelo uniforme establecido por el Reglamento 1030/2002 del Consejo y las tarjetas de residencia expedidas con arreglo a la Directiva 2004/38/CE;

ii) todos los demás documentos expedidos por un Estado miembro a nacionales de terceros países que autoricen una estancia en su territorio y que hayan sido objeto de una notificación y subsiguiente publicación con arreglo al artículo 39, con la excepción de: i) los permisos temporales expedidos en espera del examen de una primera solicitud de un permiso de residencia tal como se menciona en la letra a) o una solicitud de asilo, y ii) los visados expedidos por los Estados miembros en el formato uniforme establecido por el Reglamento (CE) 1683/95 del Consejo[186]

iii) Las tarjetas de residencia expedidas con arreglo a la Directiva 2004/38/CE se marcarán específicamente como tales y se facilitarán modelos cuando se trate de tarjetas de residencia que no se hayan expedido siguiendo el modelo uniforme previsto en el Reglamento (CE) 1030/2002[187].

---

[186] Unión Europea, "Reglamento (CE) 1683/95 del Consejo, de 29 de mayo de 1995, por el que se establece un modelo uniforme de visado", Diario Oficia *L 164,* de 14 de julio de1995, p. 1-4.

[187] Unión Europea, "Reglamento (CE) 1683/95 del Consejo por el que se establece un modelo uniforme de permiso de residencia para nacionales de terceros países" *Diario Oficial L 157* de 15 de junio de 2002, p. 1.

iv) los importes de referencia requeridos para cruzar sus fronteras exteriores, fijados anualmente por las autoridades nacionales;

v) la lista de sus pasos fronterizos;

vi) la lista de servicios nacionales responsables del control fronterizos

vii) ejemplares de los modelos de tarjeta expedidos por los Ministerios de Asuntos Exteriores;

viii) las excepciones a las normas sobre el cruce de las fronteras exteriores sobre personas o grupos de personas, en el supuesto de que exista alguna necesidad especial para el cruce ocasional de las fronteras exteriores fuera de los pasos fronterizos y de las horas de apertura establecidas, siempre que estén en posesión de las autorizaciones requeridas por el Derecho interno y no haya conflicto con intereses de orden público o seguridad interior de los Estados miembros. Los Estados miembros podrán establecer disposiciones específicas en acuerdos bilaterales. Las excepciones generales previstas en el Derecho nacional y los acuerdos bilaterales serán notificadas a la Comisión.

ix) las estadísticas que contempla el artículo 11, apartado 3. 2. La Comisión pondrá a disposición de los Estados miembros y del público la información notificada de conformidad con el apartado 1 mediante su publicación en la serie C del Diario Oficial de la Unión Europea y a través de otros medios apropiados.

Por su parte el artículo 40 describe el tráfico fronterizo menor. Aquí se señala que el Reglamento no afectará a las normas de la Unión sobre tráfico fronterizo menor ni a los acuerdos bilaterales vigentes en esta materia. Lo relacionado a Ceuta y Melilla se halla en el artículo 41. Se afirma que no afectarán al régimen especial aplicable a las ciudades de Ceuta y Melilla, según lo dispuesto en la Declaración del Reino de España relativa a las ciudades de Ceuta y Melilla, que figura en el Acta final del Acuerdo sobre la adhesión del Reino de España al Convenio de aplicación del Acuerdo de Schengen de 14 de junio de 1985.

b) Cruce de las fronteras exteriores y condiciones de entrada

Las fronteras exteriores solo podrán cruzarse por los pasos fronterizos y durante las horas de apertura establecidas. Las horas de apertura estarán indicadas claramente en todo paso fronterizo que no esté abierto las 24 horas del día. No obstante, podrá eximirse de la obligación de cruzar las fronteras exteriores únicamente por los pasos fronterizos y durante las horas de apertura establecidas a:

a) personas o grupos de personas, en el supuesto de que exista alguna necesidad especial para el cruce ocasional de las fronteras exteriores fuera de los pasos fronterizos y de las horas de apertura establecidas, siempre que estén en posesión de las autorizaciones requeridas por el Derecho interno y no haya conflicto con intereses de orden público o seguridad interior de los Estados miembros. Los Estados miembros podrán establecer disposiciones específicas en acuerdos bilaterales. Las excepciones generales previstas en el Derecho nacional y los acuerdos bilaterales serán notificadas a la Comisión conforme a lo dispuesto en el artículo 39;

b) personas o grupos de personas, en el supuesto de que se dé alguna situación imprevista de emergencia;

c) con arreglo a las normas específicas previstas en los artículos 19 y 20 en relación con los anexos VI y VII.

Sin perjuicio de las excepciones en materia de protección internacional, los Estados miembros fijarán sanciones, de conformidad con su Derecho interno, en el caso de cruce no autorizado de las fronteras exteriores fuera de los pasos fronterizos y de las horas de apertura establecidas. Las sanciones serán efectivas, proporcionadas y disuasorias.

Las condiciones de entrada para los nacionales de terceros países se señalan en el artículo 6 y 12. Para estancias previstas en el territorio de los Estados miembros de una duración que no exceda de 90 días dentro de cualquier período de 180 días, lo que implica tener en cuenta el período de 180 días que precede a cada día de estancia, las condiciones de entrada para los nacionales de terceros países serán las siguientes:

a) estar en posesión de un documento de viaje válido que otorgue a su titular el derecho a cruzar la frontera y que cumpla los siguientes criterios:

   i) seguirá siendo válido como mínimo tres meses después de la fecha prevista de partida del territorio de los Estados miembros. En casos de emergencia justificados, esta obligación podrá suprimirse,

   ii) deberá haberse expedido dentro de los diez años anteriores;

b) estar en posesión de un visado válido, salvo que sean titulares de un permiso de residencia válido o de un visado de larga duración válido;

c) estar en posesión de documentos que justifiquen el objeto y las condiciones de la estancia prevista y disponer de medios de subsistencia suficientes, tanto para el período de estancia previsto como para el regreso al país de origen o el tránsito hacia un tercer país en el que su admisión esté garantizada, o estar en condiciones de obtener legalmente dichos medios;

d) no estar inscrito como no admisible en el SIS; e) no suponer una amenaza para el orden público, la seguridad interior, la salud pública o las relaciones internacionales de ninguno de los Estados miembros ni, en particular, estar inscrito como no admisible en las bases de datos nacionales de ningún Estado miembro por iguales motivos. A efectos de la aplicación del apartado 1, la fecha de entrada se considerará como primer día de estancia en el territorio de los Estados miembros, y la fecha de salida como último día de estancia en el territorio de los Estados miembros. No se tendrán en cuenta para el cálculo de la duración de la estancia en el territorio de los Estados miembros los períodos de estancia autorizados por medio de un visado nacional de larga duración o de un permiso de residencia. En el anexo I figura una lista no exhaustiva de documentos justificativos que la guardia de fronteras podrá pedir a los nacionales de terceros países para comprobar el cumplimiento de las condiciones contempladas en el apartado 1, letra c). El criterio para calcular los medios de subsistencia estará en función de la duración y del motivo de la estancia y se usarán como referencia los precios medios en el Estado o Estados miembros de que se trate del alojamiento y de la alimentación, en hospedaje económico multiplicado por el número de días de estancia. Los importes de referencia fijados por los Estados miembros se notificarán a la Comisión de conformidad con el artículo 39. La comprobación de los medios de subsistencia suficientes podrá basarse en el dinero efectivo, los cheques de viaje y las tarjetas de crédito que obren en poder del nacional de un tercer país. Las declaraciones de invitación, cuando las prevea el Derecho interno, y las declaraciones de toma a cargo definidas por el Derecho interno, en caso de que el nacional de un tercer país se aloje en el domicilio de una persona de acogida, también podrán constituir prueba de medios adecuados de subsistencia (art. 6)

Los documentos de viaje de los nacionales de terceros países se sellarán sistemáticamente a la entrada y a la salida. En particular, se estampará el sello de entrada o de salida:

a) en los documentos con visado válido que autorizan el cruce de la frontera a los nacionales de terceros países;

b) en los documentos que autorizan el cruce de la frontera a los nacionales de terceros países a los que un Estado miembro ha expedido un visado en frontera;

c) en los documentos que autorizan el cruce de la frontera a los nacionales de terceros países que no necesitan visado.

Los documentos de viaje de los nacionales de terceros países que sean miembros de la familia de un ciudadano de la Unión al que se aplique la Directiva 2004/38/CE, pero que no presenten el permiso de residencia a que se refiere dicha Directiva, se sellarán a la entrada y a la salida. Los documentos de viaje de los nacionales de terceros países que sean miembros de la familia de nacionales de terceros países beneficiarios del derecho a la libre circulación con arreglo al Derecho de la Unión, pero que no presenten el permiso de residencia a que se refiere la Directiva 2004/38/CE, se sellarán a la entrada y a la salida. No se estampará sello de entrada ni de salida:

a) en los documentos de viaje de Jefes de Estado o personalidades cuya llegada haya sido previamente anunciada de manera oficial por vía diplomática;

b) en las licencias de piloto o en las tarjetas de miembro de tripulación de aeronave;

c) en los documentos de viaje de los marinos que permanezcan en el territorio de un Estado miembro únicamente durante la escala del buque en la zona del puerto de escala;

d) en los documentos de viaje de la tripulación y los pasajeros de embarcaciones de crucero que no estén sujetas a inspecciones fronterizas de conformidad con el anexo VI, punto 3.2.3; e) en los documentos que autorizan el cruce de la frontera a los nacionales de Andorra, Mónaco y San Marino;

e) en los documentos de viaje de los miembros del personal de los trenes de pasajeros y de mercancías dedicados a enlaces internacionales;

f) en los documentos de viaje de los nacionales de terceros países que presenten la tarjeta de residencia contemplada en la Directiva 2004/38/CE.

Excepcionalmente, a petición de un nacional de un tercer país se podrá optar por no estampar el sello de entrada o de salida cuando pueda acarrear graves inconvenientes al interesado. En estos casos se documentará la entrada y la salida en una hoja suelta en la que se mencione el nombre y el número del pasaporte de esa persona. Esta hoja se entregará al nacional del tercer país. Las autoridades competentes de los Estados miembros podrán llevar estadísticas sobre tales casos excepcionales y podrán comunicarlas a la Comisión. Las modalidades prácticas del sellado se establecen en el anexo IV. 5. Siempre que sea posible, se informará a los nacionales de terceros países de la obligación del guardia de fronteras de sellar sus documentos de viaje a la entrada y a la salida, aun cuando, pero se flexibilicen las inspecciones (art. 11).

c) Control de las fronteras exteriores y denegación de entrada

A partir del artículo 7 se establecen guías normativas normas concretas para las inspecciones fronterizas y la toma de las medidas específicas en caso de graves deficiencias relacionadas con los controles en las fronteras exteriores En el desempeño de sus funciones, la guardia de fronteras velará por el pleno respeto de la dignidad humana, en particular en los casos relativos a personas vulnerables. Toda medida que adopte en el desempeño de sus obligaciones será proporcionada a los objetivos perseguidos por dichas medidas. En la realización de inspecciones fronterizas, la guardia de fronteras no discriminará a las personas por motivos de sexo, origen racial o étnico, religión o convicciones, discapacidad, edad u orientación sexual (art. 7).

La circulación transfronteriza en las fronteras exteriores estará sometida a las inspecciones de la guardia fronteriza. Se podrán inspeccionar también los medios de transporte y los objetos en posesión de las personas que crucen la frontera. Al proceder a los registros, se aplicará el Derecho del Estado miembro en cuestión. Todas las personas que crucen las fronteras exteriores serán sometidas a una inspección mínima que permita determinar su identidad mediante la presentación de sus documentos de viaje, pasaportes, tarjeta de identidad, etc. La inspección mínima consistirá en la comprobación simple y rápida de la validez, en su caso utilizando dispositivos técnicos y consultando en las correspondientes bases de datos información relativa exclusivamente a documentos robados, sustraídos, perdidos o invalidados, del documento que autoriza a su titular legítimo el cruce de la frontera y de la existencia de indicios de falsificación o alteraciones. La inspección mínima la norma en el caso de los beneficiarios del derecho a la libre circulación con arreglo al Derecho de la Unión. No obstante, y carácter no sistemático, al realizar inspecciones mínimas a los beneficiarios del derecho a la libre circulación con arreglo al Derecho de la Unión, la guardia de fronteras podrá consultar las bases de datos nacionales y europeas a fin de asegurarse de que estos no representan una amenaza real, actual y suficientemente grave para la seguridad interior, el orden público, las relaciones internacionales de los Estados miembros o la salud pública. Las consecuencias de dichas consultas no perjudicarán el derecho de entrada de los beneficiarios del derecho a la libre circulación con arreglo al Derecho de la Unión en el territorio del Estado miembro de que se trate, a tenor de la Directiva 2004/38/CE. 3. (art. 8.1-8.2)

Por otra parte, la entrada y a la salida, deberá someterse a los nacionales de terceros países a una inspección minuciosa la que incluirá la comprobación de que el nacional del tercer país esté r en posesión de un documento de viaje válido que otorgue a su titular el derecho a cruzar la frontera. Este documento debe seguir siendo válido como mínimo tres meses después de la fecha prevista de partida del territorio de los Estados miembros. En casos de emergencia justificados, esta obligación podrá suprimirse. La inspección minuciosa a la entrada incluirá también la comprobación de la identidad del titular del visado y la de la autenticidad del visado También en su caso, la de los documentos que autoricen la estancia y el ejercicio de actividad profesional. Esto incluirá un examen detallado de los siguientes extremos:

i) la comprobación de que el nacional de un tercer país está en posesión de un documento válido para el cruce de la frontera y que no está caducado y, en su caso, de que contiene el visado o permiso de residencia requerido,

ii) el control minucioso de indicios de falsificación o alteración en el documento de viaje,

iii) el examen de los sellos de entrada y de salida estampados en el documento de viaje del nacional de un tercer país interesado con el fin de comprobar, mediante comparación de las fechas de entrada y de salida, que la persona no haya permanecido ya en el territorio de los Estados miembros más tiempo que el de la estancia máxima autorizada,

iv) la comprobación de los puntos de partida y de destino del nacional de un tercer país interesado, así como el objeto de la estancia prevista y, si fuera necesario, el control de los documentos justificativos correspondientes,

v) la comprobación de que el nacional de un tercer país interesado dispone de medios de subsistencia suficientes para la estancia prevista y adecuados a su duración y objeto, para el regreso al país de origen o el tránsito hacia un tercer país en el que su admisión esté garantizada, o de que puede obtenerlos legalmente,

vi) la comprobación de que el nacional de un tercer país interesado, su medio de transporte y los objetos que transporta no se prestan a poner en peligro el orden público, la seguridad interior, la salud pública o las relaciones internacionales de alguno de los Estados miembros. Esta comprobación incluirá la consulta directa de los datos y descripciones relativos a las personas y, en su caso, a los objetos incluidos en el SIS y en los ficheros nacionales y la realización de la conducta requerida en relación con dicha descripción.

En caso que le nacional de un tercer país lo solicite el nacional de un tercer país, dichas inspecciones minuciosas se efectuarán en un espacio privado. Sin perjuicio de lo dispuesto en el párrafo segundo, los nacionales de terceros países sujetos a una inspección minuciosa de segunda línea recibirán información por escrito, en una lengua que comprendan o cuya comprensión sea razonable suponerles o de otra forma eficaz, con respecto al propósito y al procedimiento de dicha inspección. (art. 8. 3-8.5)

La citada información existirá en todas las lenguas oficiales de la Unión y en la lengua o lenguas del país o los países fronterizos del Estado miembro de que se trate e indicará que el nacional del tercer país puede pedir que se le facilite el nombre y el número de identificación de servicio de los guardias de fronteras que lleven a cabo la inspección minuciosa de segunda línea, así como el nombre del paso fronterizo y la fecha en que se ha cruzado la frontera. (art. 8. 6)

Podrán flexibilizarse las inspecciones en las fronteras exteriores cuando concurran circunstancias excepcionales e imprevistas. Se considerará que concurren circunstancias excepcionales e imprevistas cuando, por acontecimientos imprevisibles, la intensidad del tráfico sea tal que el tiempo de espera en el paso fronterizo resulte excesivo, a pesar de haberse agotado todos los medios humanos, materiales y de organización para evitarlo. 2. En caso de flexibilización de las inspecciones, de conformidad con el apartado 1, las inspecciones fronterizas del tráfico de entrada tendrán prioridad, en principio, sobre las inspecciones fronterizas del tráfico de salida. La decisión de flexibilizar las inspecciones será adoptada por el responsable de la guardia de fronteras del paso fronterizo. La flexibilización de las inspecciones será temporal, se adaptará a las circunstancias que la motiven y se aplicará de modo gradual. 3. Aun en caso de flexibilización de las inspecciones, la guardia de fronteras sellará los documentos de viaje de los nacionales de terceros países tanto a la entrada como a la salida. Con arreglo al artículo 10 y con el objeto de reducir el tiempo de espera de los beneficiarios del derecho de la Unión a la libre circulación, se podrá disponer filas separadas en los pasos fronterizos, señaladas con indicaciones uniformes en todos los Estados miembros, al igual que en los aeropuertos internacionales o en los pasos fronterizos marítimos y terrestres. Es decir, filas de ciudadanos de la UE y del resto de países.

Se negará la entrada en el territorio de los Estados miembros a los nacionales de terceros países que no cumplan todas las condiciones de entrada, siempre que no pertenezca a ninguna de las categorías de personas indicadas en el artículo 6, apartado 5. Esto no será un obstáculo para la aplicación de las disposiciones especiales relativas al derecho de asilo y a la protección internacional o a la expedición de visados de larga duración. Solo podrá denegarse la entrada mediante una resolución motivada en la que se indiquen los motivos exactos de dicha denegación. La resolución será adoptada por la autoridad habilitada en virtud del Derecho interno y surtirá efecto inmediatamente.

La resolución motivada en la que se indiquen los motivos exactos de la denegación se entregará mediante un impreso normalizado, como el que figura en el anexo V, parte B, cumplimentado por la autoridad habilitada por el Derecho interno para denegar la entrada. El impreso normalizado se entregará al nacional del tercer país de que se trate, quien acusará recibo de la resolución de denegación de entrada por medio de dicho impreso. Las personas a las que se deniegue la entrada tendrán derecho a recurrir dicha resolución. Los recursos se regirán por el Derecho interno. Se entregará asimismo al nacional del tercer país una indicación escrita sobre los puntos de contacto en los que puede obtener información sobre representantes competentes para actuar en su nombre de conformidad con el Derecho interno. La incoación del recurso no tendrá efecto suspensivo sobre la resolución de denegación de entrada. Sin perjuicio de una indemnización otorgada de conformidad con el Derecho interno, el nacional del tercer país de que se trate tendrá derecho a que se corrija el sello de entrada cancelado y otras cancelaciones o adiciones que haya practicado el Estado miembro en que se le denegó la entrada si el recurso concluyera que la denegación de entrada fue infundada. La guardia de fronteras velará por que el nacional de un tercer país al que se ha denegado la entrada no entre en el territorio del Estado miembro en cuestión. Los Estados miembros realizarán estadísticas sobre el número de personas a las que se denegó la entrada, los motivos de la denegación, la nacionalidad de las personas cuya entrada fue denegada y el tipo de frontera (terrestre, aérea, marítima) en las que se les denegó y las presentarán cada año a la Comisión (Eurostat) de conformidad con el Reglamento (CE) 862/2007[188] del Parlamento Europeo y del Consejo. En el anexo V, parte A, figuran las normas que regulan la denegación de entrada.

Las fronteras interiores podrán cruzarse en cualquier lugar sin que se realice inspección fronteriza alguna de las personas, cualquiera que sea su nacionalidad. La ausencia de control en las fronteras interiores no afectará al ejercicio de las competencias de policía de las autoridades competentes de los Estados miembros en virtud de su Derecho interno, en la medida en que el ejercicio de tales competencias no tenga un efecto equivalente a las inspecciones fronterizas; este punto también es aplicable a las zonas fronterizas. En el sentido de la primera frase, el ejercicio de las competencias de policía no podrá, en particular, considerarse equivalente al ejercicio de inspecciones fronterizas cuando las medidas policiales; a las inspecciones de seguridad en los puertos o aeropuertos, efectuadas sobre las personas por las autoridades competentes en virtud del Derecho interno de cada Estado miembro por los responsables portuarios o aeroportuarios o por los transportistas, siempre que estas inspecciones se efectúen también sobre las personas que viajen dentro de un Estado miembro; a la posibilidad de que un Estado miembro disponga en su Derecho interno la obligación de poseer o llevar consigo documentos; ni la posibilidad de que un Estado miembro imponga por ley la obligación de los nacionales de terceros países de declarar su presencia en su territorio de conformidad con lo dispuesto en el artículo 22 del Convenio de aplicación del Acuerdo de Schengen, de 14 de junio de 1985.

No obstante, y como veremos, cuando en el espacio sin controles en las fronteras interiores se presente una amenaza grave

---

188 Unión Europea, "Reglamento (CE) 862/2007: estadísticas de la UE en el ámbito de la migración y la protección internacional", *Diario Oficial L 199/23*, de 31 de julio de 2007.

para el orden público o la seguridad interior de un Estado miembro, este podrá restablecer los controles fronterizos en partes específicas o en la totalidad de sus fronteras interiores, con carácter excepcional y durante un período de tiempo limitado no superior a 30 días, o mientras se prevea que persiste la amenaza grave cuando su duración sobrepase el plazo de 30 días. La amplitud y la duración del restablecimiento temporal de controles fronterizos en las fronteras interiores no excederán de lo que sea estrictamente necesario para responder a la amenaza grave. Los controles fronterizos en las fronteras interiores solo se restablecerán como último recurso y de acuerdo con lo previsto en los artículos 27, 28 y 29. Los criterios enumerados en los artículos 26 y 30, respectivamente, deberán tenerse en cuenta cada vez que se considere la decisión de restablecer controles fronterizos en las fronteras interiores con arreglo a lo dispuesto en los artículos 27, 28 y 29, respectivamente.

Cuando la amenaza grave para el orden público o la seguridad interior en el Estado miembro interesado persista más allá del período estipulado en el apartado 1 del presente artículo, dicho Estado miembro podrá prolongar los controles fronterizos en sus fronteras interiores, teniendo en cuenta los criterios enumerados en el artículo 26 y de conformidad con el artículo 27, por las mismas razones que las indicadas en el apartado 1 del presente artículo, y, teniendo en cuenta posibles nuevos datos, durante períodos renovables que no sobrepasen 30 días. La duración total del restablecimiento de los controles fronterizos en las fronteras interiores, incluido el período inicial contemplado en el apartado 3, del presente artículo, no podrá superar los seis meses. Cuando se den las circunstancias excepcionales contempladas en el artículo 29, este período total podrá prolongarse hasta una duración máxima de dos años, conforme a lo previsto en el apartado 1 de dicho artículo. Esta amenaza se puede personificar sin duda a una de las viejas plagas de la humanidad moderna que ha tomado nuevas formas: el terrorismo, en especial el yihadista.

2.2. ¿Libre circulación supervisada?

El 20 de abril de 2016 la Comisión se presentó tanto al Parlamento, el Consejo Europeo, y al Consejo[189] la Comunicación sobre aplicación de la Agenda Europea de Seguridad para luchar contra el terrorismo y allanar el camino hacia una Unión de la Seguridad genuina y efectiva. Señaló que los atentados con bomba en Bruselas del 22 de marzo de 2016, volvieron a poner de manifiesto los riesgos para la seguridad derivados del terrorismo a que se enfrenta Europa y el mundo. Estos atentados reprodujeron replicas atroces en Madrid, Londres, Copenhague y París, como nuevo recordatorio de la necesidad de contar con una ambiciosa política de seguridad de la UE, que esté a la altura de la magnitud de las amenazas.

Los Tratados tienen entre sus objetivos el garantizar un alto nivel de seguridad para los ciudadanos de la Unión En una época en la que el terrorismo y otros delitos graves se cometen a escala transfronteriza, tanto la Unión Europea como sus Estados miembros tienen una responsabilidad para con sus ciudadanos de configurar un espacio de seguridad interior donde los individuos estén protegidos, respetando plenamente los derechos fundamentales de la UE. Los Estados miembros son los primeros responsables de la seguridad 1 pero no pueden hacer frente eficazmente por su cuenta a las amenazas transnacionales. Por esta razón, la UE tiene que construir y proveer aquellas herramientas, infraestructuras y entorno en el que las autoridades nacionales puedan colaborar eficazmente para abordar los retos compartidos: una Unión de la Seguridad genuina y

---

[189] Unión Europea, Comunicación del Consejo al Parlamento Europeo, el Consejo Europeo, y al Consejo "sobre aplicación de la Agenda Europea de Seguridad para luchar contra el terrorismo y allanar el camino hacia una Unión de la Seguridad genuina y efectiva", *COM (2016) 230 final*, de 20 de abril de 2016.

efectiva en la que estén bien protegidos los derechos y libertades de los ciudadanos.

El objetivo de la Comunicación era doble En primer lugar, evaluar la aplicación de la Agenda Europea de Seguridad[190] en relación con determinadas cuestiones operativas e identificar las lagunas de aplicación en la lucha contra el terrorismo. En segundo lugar, identificar las medidas necesarias para hacer frente a estas carencias y, basándose en las herramientas existentes, desarrollar nuevas estructuras de cooperación permanentes entre los servicios operativos encargados de la lucha antiterrorista, a fin de aunar el trabajo de Europol, Eurojust, los servicios de inteligencia, las fuerzas de policía y las autoridades judiciales. La Comunicación establecía la hoja de ruta hacia una Unión de la Seguridad operativa y eficaz que aumente nuestra capacidad colectiva para combatir la amenaza terrorista.

Posteriormente, el 25 de octubre de 2016, la Comisión se presentó tanto al Parlamento, el Consejo Europeo, al Consejo, al Comité Económico y Social y al Comité de las Regiones, la Comunicación[191] sobre Programa de Trabajo de la Comisión para 2017 Realizar una Europa que proteja, capacite y vele por la seguridad. En ella señala lo consienten que están *unioeuopeaitas* ya que pueden constatar en sus vidas diarias las consecuencias de los desafíos a que se siguen enfrentando. La

---

190 Unión Europea, "Comunicación de la Comisión al Parlamento Europea , el Consejo Europeo, y al Consejo sobre la aplicación de la Agenda Europea de Seguridad para luchar contra el terrorismo y allanar el camino hacia una Unión de la Seguridad genuina y efectiva" *COM(2016) 230 final*, 20 de abril de 2016.

191 Unión Europea, Comunicación de la Comisión al Parlamento Europeo, el Consejo Europeo, al Consejo, al Comité Económico y Social y al Comité de las Regiones," sobre Programa de Trabajo de la Comisión para 2017 Realizar una Europa que proteja, capacite y vele por la seguridad" *COM(2016) 710 final*, 25 de octubre de 2016.

cual incluye la recuperación económica, aún balbuceante; los flujos migratorios que han puesto a prueba nuestras fronteras exteriores y siguen constituyendo un reto para la capacidad de la Unión de aportar solidaridad y la gran amenaza terrorista acrecentada. Inestabilidad en nuestra vecindad meridional y oriental. Escuchando a los ciudadanos de la Unión, desde la Comisión se ha comprendido aquellos buscan una respuesta a estos retos y protección frente a tales amenazas. Buscan asimismo medios que les permitan crear un futuro sostenible para sí mismos y para sus familias. Y buscan perspectivas: la garantía de que la gobernanza a escala local, regional, nacional y europea pueda responder a las expectativas de las generaciones actuales y futuras.

De este modo la Comisión realizó una serie de cinco informes desde 2016 a 2017 sobre situación relativo a una Unión de Seguridad genuina y efectiva. Estos informes reúnen los logros conseguidos desde la Comunicación de abril de 2016. Los futuros informes se centrarán en los resultados y reflejarán la dimensión de la seguridad del conjunto de políticas de la UE, destacando su contribución a la construcción de una Unión de la Seguridad genuina y efectiva. Señaló los progresos constantes en la aplicación de la Agenda Europea de Seguridad, y allanará el camino hacia una Unión de la Seguridad genuina y efectiva, según lo propuesto por la Comisión en su Comunicación de abril de 2016. Los informes incluirán todo el conjunto de políticas que se inscriben en el ámbito de la seguridad y harán hincapié en las medidas adoptadas por las instituciones y agencias de la UE en la materia. Paralelamente, la Comisión llevará a cabo una evaluación global de la eficacia de los instrumentos actuales de la UE en materia de lucha contra el terrorismo.

El Primer Informe[192] se divide en dos grandes aéreas que señalan los objetivos y las propuestas de cómo lograrlo. La primera apunta al refuerzo de la lucha de la UE contra el terrorismo, la delincuencia organizada y la búsqueda de medios para respaldarla. Aquí se procuraría: un marco jurídico para luchar contra el terrorismo e impedir el acceso a la financiación y a las armas de fuego; prevenir y combatir la radicalización y mejorar la cooperación operativa transfronteriza con el apoyo de las agencias de la UE. La segunda parte apunta a reforzar las defensas y resiliensia de la UE. Los pasos a seguir para ello serían a través de la mejora el intercambio de información; reforzar los sistemas de información y colmar las lagunas informativas y mediante la protección los ciudadanos y las infraestructuras críticas. Concluye que, con el informe, se iban logrando progresos concretos, especialmente en lo que se refiere a las medidas operativas, en la aplicación de la Agenda Europea de Seguridad y hacia una Unión de la Seguridad genuina y efectiva. La compleja amenaza transfronteriza requiere una respuesta concertada y a varios niveles. Lo cual sólo se puede lograrse a través de la confianza y la colaboración de todas las instituciones y los Estados miembros. Apunta a que los potenciales terroristas no tienen en su punto de mira a ningún Estado miembro en concreto; su objetivo es nuestro modo de vida, nuestra apertura, nuestro futuro. Los delitos graves, en particular la delincuencia informática, se producen en el mismo espacio y apuntan a los eslabones más débiles de las sociedades. Debemos reforzar nuestra respuesta haciendo frente a estas amenazas, los medios en que se apoyan y sus causas, trabajando conjuntamente para reforzar nuestra seguridad y nuestra resiliencia. La Comisión se-

---

192 Unión Europea, Comunicación del Consejo al Parlamento, el Consejo Europeo, y al Consejo, "Primer informe de situación relativo a una Unión de Seguridad genuina y efectiva" *COM(2016) 670 final*, de 12 de octubre 2016.

guirá impulsando los trabajos sobre esta importantísima agenda, y dará cuenta de los progresos realizados posteriormente.

El Segundo Informe[193] abarca la evolución de los acontecimientos en dos pilares principales: la lucha contra el terrorismo y la delincuencia organizada y los medios en que se apoyan; y el refuerzo de las defensas y resiliencia frente a estas amenazas. El primer informe sobre los progresos registrados, aprobado el 12 de octubre de 2016, abarcaba el período comprendido entre abril y octubre de 2016: la presente Comunicación informa acerca de los progresos registrados desde entonces y describe las perspectivas de aquí a diciembre de 2016. También se divide en dos grandes aéreas que señalan los objetivos y las propuestas de cómo lograrlo. La primera apunta al refuerzo de la lucha de la UE contra el terrorismo, la delincuencia organizada y la los medios contra los que se apoyan. Aquí se procurar establecer un marco jurídico para luchar contra el terrorismo e impedir el acceso a la financiación y a las armas de fuego; el prevenir y combatir la radicalización y mejorar la cooperación operativa transfronteriza con el apoyo de las agencias de la UE. Repite la el refuerzo de las defensas y resiliensia de la UE. Procura mejorar el intercambio de información; reforzar los sistemas de información y colmar las lagunas informativas; la seguridad en la frontera exterior; seguridad de la UE mediante diálogos más allá de sus fronteras y proteger a los ciudadanos y las infraestructuras críticas. Pasados un año de los anteriores ataques terroristas los Estados miembros adoptaban un amplio abanico de medidas no legislativas que contribuye al desarrollo progresivo de una Unión de Seguridad genuina y efectiva, pero hacen

---

193 Unión Europea, Comunicación del Consejo al Parlamento, el Consejo Europeo, y al Consejo, "Segundo informe de situación relativo a una Unión de Seguridad genuina y efectiva", *COM(2016) 732 final*, de 16 de noviembre de 2016.

falta nuevos avances para cerrar el espacio que explotan los terroristas. Apuntó a la urgente necesidad alcanzara acuerdos sobre la lucha contra el terrorismo, entre las que se hallaban modificaciones propuestas del Código de fronteras Schengen.

El Tercer Informe[194] abarca la evolución de los acontecimientos en dos pilares principales: la lucha contra el terrorismo y la delincuencia organizada, y contra los medios que los sustentan; y el fortalecimiento las defensas y de resiliencia de la UE frente a estas amenazas. Condena el vil y cobarde atentado de 19 de diciembre en Berlín, así como el resto de terribles atentados perpetrados en 2016, los cuales evidencian la vulnerabilidad y la necesidad de continuar trabajando conjuntamente para reforzar la seguridad colectiva y proteger así libertades y el modo de vida democrática. En el transcurso del período objeto del presente informe se lograron avances concretos en la limitación del campo de actuación de los terroristas y de quienes los apoyan. El informe presentaba las nuevas iniciativas para combatir la financiación del terrorismo adoptado hoy, que constituye un paso importante para cortar el flujo de los recursos financieros que sustentan el terrorismo. Con el objetivo de acotar aún más el campo de actuación de los terroristas, la Comisión también buscaba la mejora del intercambio de información mediante la adopción de una serie de propuestas para reforzar la eficacia y la eficiencia del Sistema de Información de Schengen. Durante el período objeto del informe, también se logró importantes avances en los expedientes legislativos clave de la UE para combatir el terrorismo y la delincuencia organizada, y para reforzar la seguridad en nuestras fronteras. El Parlamento

194 Unión Europea, Comunicación del Consejo al Parlamento, el Consejo Europeo, y al Consejo, "Tercer informe de situación relativo a una Unión de Seguridad genuina y efectiva", *COM(2016) 831 final* de 21 de diciembre de 2016

Europeo y el Consejo alcanzaron un acuerdo político sobre la Directiva relativa a la lucha contra el terrorismo[195], la revisión de la Directiva sobre armas de fuego[196] y la revisión del Código de fronteras Schengen para permitir controles sistemáticos a los ciudadanos de la UE.

El Cuarto Informe[197] se centró en cuatro ámbitos fundamentales, a saber, los sistemas de información y la interoperabilidad, la protección de objetivos no militares o indefensos, la amenaza cibernética y la protección de los datos en el marco de las investigaciones penales. El ataque del mercado de Navidad de Berlín puso de manifiesto de nuevo las graves deficiencias de nuestros sistemas de información que es necesario subsanar urgentemente, en especial a nivel de la UE, para ayudar a la policía aduanera y fuerzas y cuerpos de seguridad nacionales sobre el terreno a realizar su exigente trabajo con mayor eficacia. El hecho de que los distintos sistemas de información no estén interconectados (lo que permite que los autores de los ataques utilicen identidades múltiples y se desplacen sin ser detectados, incluso al cruzar fronteras) y de que esa información no sea cargada sistemáticamente por los Estados miembros en las bases de datos de la UE son deficiencias prácticas de ejecución que urgía a subsanarse urgentemente. Además, señaló la

---

195 Unión Europea, "Directiva (UE) 2017/541 Del Parlamento Europeo y el Consejo, de 15 de marzo de 2017 relativa a la lucha contra el terrorismo y por la que se sustituye la Decisión marco 2002/475/JAI del Consejo y se modifica la Decisión 2005/671/JAI del Consejo ", *Diario Oficial L 88/6,* de 31 de marzo de 2017, p. 1-16.

196 Unión Europea, "Directiva 91/477/CEE del Consejo, de 18 de junio de 1991, sobre el control de la adquisición y tenencia de armas", Diario Oficial *L 256* , de 13 de septiembre de 1991, p. 51-58

197 Unión Europea, Comunicación del Consejo al Parlamento, el Consejo Europeo, y al Consejo, "Cuarto informe de situación relativo a una Unión de Seguridad genuina y efectiva", *COM(2017) 41 final,* de 25 de enero de 2017

necesidad de continuar trabajando en lo relativo a las medidas policiales en las fronteras y el retorno a su país de las personas cuyas peticiones de asilo se hayan denegado.

En cuanto a la protección de objetivos no militares, la Comisión aceleraba el trabajo que está realizando para reunir a expertos de los Estados miembros con el fin de intercambiar mejores prácticas y acordar directrices comunes. La amenaza cibernética que afronta la UE es objeto de una amplia cobertura en los medios de comunicación, y el presente informe pasa revista a las diversas líneas de trabajo ya en curso en este ámbito. Se trata, por un lado, de prevenir, — trabajando con la industria para promover la seguridad mediante el diseño y la puesta en práctica de la Directiva sobre Seguridad de las Redes de Información — y, por otro, de impulsar la cooperación entre los Estados miembros y con las organizaciones y los socios internacionales sobre cómo hacer frente a los ataques informáticos a medida que se produzcan.

Apunto a que la protección de la privacidad y de los datos de carácter personal es un derecho fundamental y, por lo tanto, la piedra angular de cualquier acción encaminada a conseguir una auténtica Unión de la Seguridad.

El Quinto[198] Informe señalaba que una condición previa a la creación de una Unión de la Seguridad genuina y efectiva es velar por la oportuna adopción y aplicación plena y efectiva del Derecho de la UE. Mediante la Declaración conjunta de los Presidentes del Parlamento, el Consejo y la Comisión 1, de 13 de diciembre de 2016, se acordaron 58 prioridades legislativas para 2017. En este marco, hay una serie de propuestas

---

198 Unión Europea, Comunicación del Consejo al Parlamento, el Consejo Europeo, y al Consejo, "Quinto informe de situación relativo a una Unión de Seguridad genuina y efectiva", *COM(2017) 203 final*, de 2 de marzo de 2017.

pendientes fundamentales para la consecución de la Unión de la Seguridad, a saber: la Directiva sobre el terrorismo; la Directiva sobre las armas de fuego; el Sistema de Entradas y Salidas (SES); el Sistema Europeo de Información y Autorización de Viajes (SEIAV); la Directiva sobre el blanqueo de capitales y la financiación del terrorismo; el Sistema Europeo de Información de Antecedentes Penales (ECRIS) y el Reglamento sobre la privacidad y las comunicaciones electrónicas (privacidad electrónica). Alcanzar rápidamente acuerdos sobre estas propuestas es vital, y en el presente informe se examinará la situación de cada una.

El énfasis en la aplicación también se aplica a la legislación vigente, incluidos los instrumentos que todavía se encuentran en fase de transposición. El informe también proporcionaba información actualizada sobre los principales expedientes en esta categoría, a saber, sobre los precursores de explosivos, los registros de nombres de los pasajeros (PNR), las Decisiones Prüm sobre el intercambio de datos de ADN, impresiones dactilares y vehículos entre los Estados miembros, y la transposición de la Directiva sobre la seguridad de las redes y de la información (SRI)[199].

Además de examinar el curso de los expedientes legislativos, este informe se refiere a la aplicación de algunos de los principales expedientes no legislativos sobre la Unión de la Seguridad en el ámbito del fomento de la resiliencia de la UE, tales como el trabajo de la Comisión sobre la lucha contra la radicalización a través de la Red para la Sensibilización frente

---

199 Unión Europea, "Directiva (UE) 2016/1148 Del Parlamento Europeo y del Consejo de 6 de julio de 2016 relativa a las medidas destinadas a garantizar un elevado nivel común de seguridad de las redes y sistemas de información en la Unión" *Diario Oficial L 194/1, de* 19 julio de 2016. p. 1-30

a la Radicalización, sobre la protección de objetivos blandos y sobre la seguridad aérea en terceros países.

2.3. De los controles temporales y seguridad

A) Controles temporales

Dentro de una gran actividad de la UE[200] la Comisión propuso reforzar la eficacia y eficiencia operativas del Sistema de Información de Schengen (SIS), Las mejoras propuestas reforzarían

---

[200] Unión Europea, "Decisión de Ejecución (UE) 2016/1989 del Consejo, de 11 de noviembre de 2016, por la que se establece una recomendación para prorrogar la realización de controles temporales en las fronteras interiores en circunstancias excepcionales que pongan en peligro el funcionamiento global del espacio Schengen", Diario Oficial *L 306,* de 15 de noviembre de 2016, p. 13-15; Unión Europea, "Informe de la Comisión al Parlamento Europeo y al Consejo, sobre la evaluación del Sistema de Información de Schengen de segunda generación (SIS II) de conformidad con el artículo 24, apartado 5, el artículo 43, apartado 3 y el artículo 50, apartado 5, del Reglamento (CE) 1987/2006 y el artículo 59, apartado 3, y el artículo 66, apartado 5, de la Decisión 2007/533/JAI {SWD(2016) 450 final}" , *COM(2016) 880 final,* de 21 de diciembre de 2016, ; Unión Europea, "Reglamento del Parlamento Europeo y el Consejo relativo al establecimiento, funcionamiento y utilización del Sistema de Información de Schengen (SIS) en el ámbito de las inspecciones fronterizas, que modifica el Reglamento (UE) n.º 515/2014 y que deroga el Reglamento (CE) n.º 1987/2006", *COM(2016) 882 final 2016/0408 (COD),* de 21 de diciembre de 2016. ; Unión Europea, "Decisión de Ejecución (UE) 2017/246 del Consejo, de 7 de febrero de 2017, por la que se establece una Recomendación para prorrogar la realización de controles temporales en las fronteras interiores en circunstancias excepcionales que pongan en peligro el funcionamiento global del espacio Schengen" Diario Oficial *L 36 de* 11 de febrero 2017, p. 59-61.

la capacidad del sistema para luchar contra el terrorismo y la delincuencia transfronteriza, mejorarán la gestión de las fronteras y de la migración y garantizarán un intercambio de información eficaz entre los Estados miembros a fin de aumentar la seguridad de los ciudadanos europeos.

Como concluyó la Comisión en su informe de evaluación sobre el SIS, el sistema tiene un claro valor añadido a nivel de la UE y ha constituido un notable éxito operativo y técnico. Igualmente, la evaluación identifica ámbitos en los que pueden introducirse mejoras técnicas y operativas para aumentar aún más la eficacia del sistema, sistema que solo puede ser todo lo eficiente que sean los datos que se introduzcan en él. En particular, los cambios propuestos por la Comisión permitirán:

1. mejorar la seguridad y accesibilidad del sistema al establecer requisitos uniformes para los agentes que trabajan sobre el terreno acerca de la manera de procesar los datos del SIS de forma segura y de garantizar la continuidad de las actividades para los usuarios finales;
2. reforzar la protección de datos mediante la introducción de salvaguardias adicionales para garantizar que la recogida y el tratamiento de datos y el acceso a los mismos se limite a lo estrictamente necesario, en el pleno respeto de la legislación y de los derechos fundamentales de la UE, incluido el derecho a una tutela judicial efectiva;
3. mejorar el intercambio de información y la cooperación entre Estados miembros, en particular mediante la introducción de una nueva categoría de descripción sobre «personas buscadas desconocidas» y la atribución de plenos derechos de acceso a Europol;
4. contribuir a la lucha contra el terrorismo mediante la introducción de la obligación de crear una descripción SIS en casos relacionados con delitos de terrorismo y

una nueva «lista de comprobación de la investigación» para ayudar a las autoridades a recopilar información esencial;

5. proteger mejor a los menores al permitir que las autoridades emitan, además de las descripciones sobre menores desaparecidos, descripciones preventivas sobre menores que corren un elevado riesgo de secuestro;
6. contribuir a la ejecución efectiva en las fronteras exteriores de las prohibiciones de entrada de los nacionales de terceros países haciendo obligatoria su introducción en el SIS;
7. mejorar la ejecución de las decisiones de retorno de nacionales de terceros países en situación irregular mediante la introducción de un nuevo tipo de descripción para las decisiones de retorno;
8. hacer un uso más eficaz de datos como imágenes faciales e impresiones palmares para identificar a las personas que entren en el espacio Schengen;
9. reforzar el apoyo a la prevención e investigación del robo y la falsificación mediante la emisión de descripciones de una gama más amplia de bienes y documentos falsificados y robados[201].

Todo desemboca en la Decisión de Ejecución (UE) 2017/246 del Consejo, de 7 de febrero de 2017, por la que se establece una Recomendación para prorrogar la realización de controles temporales en las fronteras interiores en circunstancias excepcionales que pongan en peligro el funcionamiento

---

201 Unión Europea, Comisión Europea, "Unión de la Seguridad: La Comisión propone reforzar el Sistema de Información de Schengen para mejorar la lucha contra el terrorismo y la delincuencia transfronteriza" *Comunicado de prensa*, Bruselas, 21 de diciembre de 2016.

global del espacio Schengen. Esto provoca que los ciudadanos de la Unión también se vean obligados a control de pasaportes, efectivo desde el pasado 7 de abril de 2017. El problema no es ni los controles, ni la circulación. El planteamiento es prometedor, en ambos casos, el problema está en la consecuencia efectiva de derribada de la libre circulación.

La seguridad es un es inherente a la plena consecución y consumación de las libertades democráticas que emanan de el seno de la UE. Los controles abogan por mantener esos valores ante la plaga terrorista. Por lo que la supervisión en el despliegue de la libre circulación es un mal menor necesaria para la vida libre de transcendencia "europea".

La libre circulación elemento de la democracia de la Unión que como todo elemento democrático no es perfecto, tampoco, necesariamente, sus mecanismos de optimización.

3. CONTRADICCIONES EN LA CONSTRUCCIÓN DE LA CIUDADANÍA EUROPEA

Es frecuente como, señala Balibar[202], que la idea de ciudadanía supranacional, como es el caso de la UE, no posee un contenido propio, sino que se transfiere, o más bien recibe a nivel superior, las características propias de la ciudadanía nacional. Un caso similar podría ser el que hemos visto en la URSS. Es hartamente dicho que la ciudadanía no es un concepto fácil de definir por su inherente complejidad y utilización indiscriminada. La ciudadanía vista como conjunto de derechos de los nacionales de un Estado, desde que apareció en el siglo XVIII, introdujo una cierta dualidad en la concepción de los derechos. Los derechos de ciudadanía no son como los derechos y

---

202 Balibar, Etienne, "¿Es posible una ciudadanía europea?", cit p. 26.

libertades fundamentales, un límite al poder, sino que son expresión de la participación en el ejercicio del propio poder[203].

El entramado institucional supranacional de la Unión europea se tejió para dar cumplimiento a los objetivos de la Unión de ahí que exista una racionalidad teleológica en el corazón de esta construcción, lo que, con las complejidades que puedan surgir, motiva que desde las Instituciones se perciba la cuestión de la ciudadanía y tantas otras, con distinta intensidad y de forma contradictoria[204]. A lo que se les pueda añadir, a los propios ciudadanos de la Unión Europea, como también a los extracomunitarios. De todos modos la construcción de la ciudadanía de la Unión implica una especie, de cómo señala el informe de 2010 sobre la ciudadanía la UE, aspiración a incidir en las ideas, preocupaciones y expectativas de los ciudadanos de la UE y, durante este proceso, estrechar las relaciones entre ellos. Ver pues, cómo la ciudadanía de la UE puede desarrollarse en el sentido de mejorar las oportunidades de los europeos[205] a través de ventajas concretas que tengan un impacto visible. Un "enfoque de abajo hacia arriba" como medio para crear un "paquete de medidas del ciudadano" e iniciar un diálogo abierto y constructivo, constituirá una parte crucial de la construcción de la 'Europa' que protegerá los derechos de los ciudadanos y atenderá sus necesidades.

Como se ha indicado el Consejo de Europa de 1985 en Milán agradeció al Comité *"ad hoc"* -Comité Adonnino- de la

---

203 Liñán Nogueras Diego Javier, "La Ciudadanía Europea: Una Cuestión Abierta", *Teoría y Realidad Constitucional, núm. 32,* 2013 p.357

204 Muñoz, Aunión, Antonio, "Sobre la cciudadanía en el Derecho Internacional ¿La Ilusión Europea, cit., p. 356.

205 Véase que se refiere a europeos en su conjunto cuando se está hablando más bien de los ciudadanos de los Estados miembros. Es la apropiación del término europeo para la UE. ¿Europa para la Unión Europea?

Europa de los ciudadanos los informes presentados los cuales contenía contienen numerosas medidas concretas encaminadas a lograr una adhesión cada vez con más convicción de los ciudadanos europeos a la construcción 'europea'. Como señala Muñoz[206] .El Comité se encargó de elaborar un concepto de ciudadanía de la Unión declaró que el objetivo de la misma era "reforzar y promover la identidad de la Unión y su imagen tanto para sus ciudadanos como para el resto del mundo. No obstante, no puede pasarse por alto el Proyecto Spinelli quien propuso la creación de una ciudadanía de la UE sujeta a la nacionalidad de un Estado miembro. Proyecto aprobado por la Eurocámara pero no por el concejo, así como la discutida propuesta española en Maastricht.

Muñoz añade la ciudadanía de la UE es un tanto paradójica en términos constitucional. Es que son los Estados miembros quienes sujetan la llave de ésta puesto son los que deciden quiénes son sus nacionales controlando el acceso a la Ciudadanía de la Unión, aunque no es un control total. Sobre esto comentaremos más adelante. Señala el profesor que a tenor con el principio de no discriminación[207] o las disposiciones consagradas de la Carta de Derechos Fundamentales, beneficiarían al conjunto de los residentes comunitarios; por contra, los derechos políticos van a depender del sentimiento de cohesión de un pueblo europeo. En consecuencia, en el marco de la revisión de los Tratados constitutivos, se sugirió que se incluyera la frase "o que haya residido legalmente en el territorio de un Estado miembro durante cinco años" en la

206 Muñoz, Aunión, Antonio, "Sobre la Ciudadanía En El Derecho Internacional ¿La Ilusión Europea?", cit., nota 13.

207 Véase como señala Muñoz: La Directiva: Unión Europea. Directiva 2000/43/, de 29 de junio de 2000, relativa a la aplicación del principio de igualdad de trato de las personas independientemente de su origen racial o étnico, *Diario Oficial L180*, de 19 de julio de 2000, p. 22-26

definición de Ciudadanía de la Unión del art. 17 (antiguo art. 8) TCE, esto debido a que las implicaciones de la inmigración sobre el desarrollo de la ciudadanía europea no pueden ser minusvaloradas, configurando una categoría hibrida de ciudadanía cívica[208].

Como apunta el profesor, la Comisión De Las Comunidades Europeas, en su Comunicación[209] al Consejo y al Parlamento Europeo señaló que en su Comunicación de noviembre de 2000, la Comisión hizo hincapié en las múltiples categorías de inmigrantes que deberían beneficiarse de las medidas de integración —los grupos principales son inmigrantes por motivos laborales, los miembros de sus familias admitidos de acuerdo con las disposiciones sobre reagrupación familiar, los refugiados y las personas que disfrutan de protección internacional. La integración supone lograr un equilibrio entre derechos y obligaciones en el tiempo, por lo que cuanto más tiempo un ciudadano de un tercer país reside legalmente en un Estado miembro, más derechos y obligaciones adquiere. Este 'planteamiento gradual' implica que las medidas de integración se apliquen lo antes posible tras su llegada a todos los ciudadanos de terceros países y, en cualquier caso, tan pronto como su estancia adquiera un grado de permanencia o estabilidad. A menudo, estas medidas se aplicarán también a los inmigrantes de segunda o tercera generación que nacieron en la UE o han obtenido la nacionalidad del país de acogida, o los inmigrantes de antiguas colonias que tienen la nacionalidad del país de acogida.

---

208 Muñoz, Aunión, Antonio, "Sobre la Ciudadanía En El Derecho Internacional ¿La Ilusión Europea?", *Revista Boliviana de Derecho,* cit., p. 357.

209 Unión Europea, Comisión De Las Comunidades Europeas. "Comunicación de la Comisión al Consejo y al Parlamento Europeo ,sobre una política comunitaria de migración" *COM 2000, 757 final, p. 19,* Ver

La Comisión elabora un argumento sobre la necesidad de realizar un planteamiento holístico[210] en los que destaca una serie de principios en los cuales deberían basarse las políticas de integración que afirmó de absoluta actual valides. El más importante fue el relativo a la necesidad de aplicar un trazado amplio que tenga en cuenta no sólo los aspectos económicos y sociales de la integración sino también los problemas relacionados con la diversidad cultural y religiosa, la ciudadanía, la participación y los derechos políticos. Estos aspectos evidentemente van más allá de la pera vinculación al Estado-Nación como génesis de todo.

Como se indicó, si bien las prioridades varían entre los distintos países y regiones, las políticas de integración deben planearse en un marco global y coherente a largo plazo y, al mismo tiempo, ser sensibles a las necesidades específicas de los grupos particulares y adaptarse a las condiciones locales. Dependen de la colaboración entre una amplia serie de agentes y requieren recursos adecuados. Los miembros de las comunidades inmigrantes en cuestión, incluidas las mujeres y las personas que gozan de protección internacional, deberían participar en la concepción, el desarrollo, la organización y la evaluación de los programas y las políticas que les conciernen. Si bien los programas de integración específicos constituyen un elemento importante en la fase inicial de la integración, a más largo plazo el objetivo debería consistir en permitir a los inmigrantes acceder a los servicios existentes y asegurarse de que estos servicios tienen en cuenta sus necesidades específicas. Pero es el Estado-Nacional en quien recae el peso de su 'progratización' institucional. También la UE ha de tomar

---

[210] Unión Europea, "Comunicación de la Comisión al Consejo y al Parlamento Europeo relativa a un método abierto de coordinación de la política comunitaria en materia de inmigración" /* *COM/2001/0387 final* 7

medidas en su acervo jurídico para su consecución de manera compulsoria primaria o cuanto mínimo de cumplimiento de esta obligación en resultado.

Las medidas de integración pueden tener para la Comisión un objetivo doble: facilitar la integración en el país de acogida, pero también preparar la vuelta al país de origen. No obstante, pensamos que más que integración, a lo que se debería referir es a adecuación, adaptación, acoplamiento evolutivo. La integración a pesar que implica el acto de formar parte de un todo, podría tener algún resabio a la homogenización. Así evitamos cualquier óbice y ápice de posibilidad de lacerar las identidades, costumbres, de los que ha y van a formar parte de la acogida que han de disfrutar en la eventualidad de los mismos derechos que todos. También como indica la Comunicación. Por ejemplo, la mayoría de las medidas educativas, incluida la formación profesional, ofrecen cualificaciones a las personas en cuestión que pueden ser útiles para el desarrollo de su país de origen en el caso de que regresen a él[211].

La Comisión punta varios elementos claves para la adecuación holística. Señaló lo necesario de adoptar políticas de acoplamiento globales. En el caso que nos ocupa la más importante es la concerniente a la ciudadanía. Recuerda las conclusiones de Tempere en cuanto a que se ve con buenos ojos que los ciudadanos de terceros países que sean residentes regulares de larga duración tengan la oportunidad de obtener la nacionalidad del Estado miembro en que residan. Se admite ampliamente que la concesión de la nacionalidad es una forma de facilitar la integración, aunque no debe convertirse necesariamente en el objetivo final del proceso de integración y, por sí sola, no evita los problemas de exclusión social y de discriminación.

---

211 "Comunicación de la Comisión al Consejo y al Parlamento Europeo, sobre una política comunitaria de migración", cit. p. 20

Todo esto dependerá, ver a los nacionales de terceros países reconocidos como miembros con plenos derechos en la Unión Europea dependerá, al menos de momento y sin perjuicio del respeto al acervo del Derecho de la Unión[212], acordamos con Muñoz , de la voluntad política de los Estados miembros así como de la propia UE.

Bien señala la comisión la obtención de la nacionalidad es importante, que entendía que esto refuerza el sentimiento de pertenecer a la vida nacional. En realidad, nos parece que más que reforzar el sentimiento de pertenencia produce un alivio en la vida de los naturalizados ya que el discurrir de su diario vivir a corto y largo plazo está libre de los obstáculos burocráticos.

La nacionalidad otorga a su beneficiario el conjunto de los derechos de los ciudadanos que garantizan la participación de iure en la vida política, civil, social, económica y cultural del Estado miembro. Es evidente, e innegable que sea deseable que los inmigrantes se conviertan en ciudadanos, siendo razonable para la Comisión condicionar el acceso a la ciudadanía al tiempo de residencia en el país en cuestión, y aplicar principios diferentes a los inmigrantes de primera y segunda o tercera generación. Como señala De Lucas, hacer radicar la condición de ciudadano en la de residente, en lugar de en la de nacional, es un paso extraordinariamente importante.[213]. Las leyes sobre la nacionalidad deberían permitir a estos últimos acceder de manera automática o semiautomática a la ciudadanía, mas es razonable que los inmigrantes de primera generación deban hacer una solicitud formal. Con ello los derechos y deberes que apareja.

---

212 Unión Europea, Sentencia del Tribunal de Justica de 7 de julio de 1992, Micheletti y otros, C-369/90, Rec. p. I-4239, apartado 10.,

213 De Lucas, Martín, Francisco Javier, "Sobre las condiciones de la ciudadanía inclusiva: el test del contrato de extranjería", *Hermes*, cit., p. 72

Como reza la Comunicación de 2000 la Comisión introdujo el concepto de ciudadanía cívica, definiéndola como un conjunto de derechos y obligaciones básicos que los inmigrantes adquieren progresivamente en un periodo de varios años, de tal manera que reciban el mismo trato que los ciudadanos de su Estado de acogida, aunque no hayan sido naturalizados. Esto es un avanza, pero sigue siendo un paso atrás ya que sigue teniendo el germen diferenciador entre "estos" y "aquellos", "Nosotros europeos por naturaleza" y "los otros cuasi europeos por adopción permitida". La Comunicación señala que la Carta de los Derechos Fundamentales establece el marco básico de la *ciudadanía cívica*, algunos derechos que se aplican debido a su carácter universal y otros derivados de los derechos de los ciudadanos de la Unión. Pero es que en el propio preámbulo ya vemos esta demarcación:

> "Los pueblos de Europa, al crear entre sí una unión cada vez más estrecha, han decidido compartir un porvenir pacífico basado en valores comunes. Consciente de su patrimonio espiritual y moral, la Unión está fundada sobre los valores indivisibles y universales de la dignidad humana, la libertad, la igualdad y la solidaridad, y se basa en los principios de la democracia y del Estado de Derecho. Al instituir la ciudadanía de la Unión y crear un espacio de libertad, seguridad y justicia, sitúa a la persona en el centro de su actuación".

Es quizás la última frase de oración la que pudiera desmarcar la geografía europea de Europa y/o la UE. Esto se refuerzo en el Tratado de Lisboa, que además de incorporar la Carta a su articulado vemos que su art. 2 dispone que se fundamenta en los valores de respeto de la dignidad humana, libertad, democracia, igualdad, Estado de Derecho y respeto de los derechos humanos, incluidos los derechos de las personas pertenecientes a minorías. También señalar las varias sentencias del Jurisprudencia del Tribunal de Justicia de la Unión Europea sobre el respeto a los derechos fundamentales de todas las personas; El Observatorio Europeo del Racismo y la Xenofobia, creado en 1977, ente otros. Es que la vida digna va más allá del mero hecho de respirar y la seguridad más allá de la física o material. Vivir con la familia de forma que se disfrute de ella de forma que permita valerse de sí mismo con el fruto de su vida y trabajo es dignidad.

Comunicación indica que el derecho comunitario confiere, -o propone- derechos a toda persona que resida de forma regular en la Unión. Implica pues que permitir a los inmigrantes que adquieran la ciudadanía cívica tras un período de varios años ayudaría a muchos de ellos a su adecuación social Podría ser también un primer paso en el proceso de obtención de la nacionalidad del Estado miembro en cuestión. Otro elemento importante de este concepto es posibilitar la participación política[214]. La Comunicación indica que desde punto de vista de la 'integración', es obvio que el derecho de voto local no debería derivarse de la nacionalidad sino de la residencia permanente. La Comisión considera que, de cara al proceso de integración, sería importante conceder derechos políticos a los inmigrantes residentes de larga duración y que el Tratado debería constituir la base para ello. Otro elemento importante de este concepto es posibilitar la participación política. Varios Estados miembros conceden el derecho de voto local a todos los residentes extranjeros bajo ciertas condiciones. Desde el punto de vista de la integración, es obvio que el derecho de voto local no debería derivarse de la nacionalidad sino de la residencia permanente[215] [216].

---

214 "Comunicación de la Comisión al Consejo y al Parlamento Europeo, sobre una política comunitaria de migración", cit. p. 25.

215 Ibíd.

216 Consejo de Europa, *Convenio sobre la participación de los extranjeros en la vida pública a nivel local*, de 5 de febrero 1992 y entró en vigor en 1997.

La Comisión considera que, de cara al proceso de integración, sería importante conceder derechos políticos a los inmigrantes residentes de larga duración y que el Tratado debería constituir la base para ello. Evidentemente, quien reside de forma o situación regular y participa en el discurrir cotidiano del país en el cual aporta tiene derecho e interés en participar a la hora de la toma de decisiones sobre quienes han de dirigir el país de acogida. Si cumple con los deberes debe disfrutar de los derechos.

Como señala Liñán, dentro de Estado constitucional los derechos ciudadanos se comparan, con toda la complejidad añadida a la que ya existe, con los derechos cívico-políticos, constituyendo un núcleo especial y diferenciado de derechos[217]. Así, añade el profesor, comparten con los derechos y libertades fundamentales lo esencial, pero su especial carácter participativo en la estructura del poder del Estado los circunscribe a los individuos que tienen el vínculo de nacionalidad con el Estado, lo que los convierte en un núcleo de derechos muy particular y que reclama la necesidad de un tratamiento diferenciado y específico. Añade el profesor que el conjunto de derechos enunciados en el Tratado CE, así como el del Estatuto de Ciudadanía ha sido un terreno jurídico bastante estable. Su desarrollo normativo lento, pero bien acogido en términos generales propició un amago de asimilación con relativo éxito , en esta equiparación de la ciudadanía de la Unión con las correspondientes a los espacios constitucionales[218].

La protección de los derechos está y es parte de la UE en "todas sus ramas[219]". Está en el corazón del acervo del Derecho

---

[217] Liñán Nogueras Diego Javier, "La Ciudadanía Europea: Una Cuestión Abierta", *Teoría y Realidad Constitucional,* .cit. p 357

[218] Ibídem

[219] Ver por ejemplo: Unión Europea, "Reglamento (UE) 1381/2013 del Parlamento Europeo y del Consejo, de 17 de diciembre de 2013,

de la Unión Europea, pese a que por algún tiempo no hallaban 'tipificados'. Sólo se hacía referencia al convenio Europea para la Protección de los Derechos Humanos y de las Libertades Fundamentales. Asimismo, los Tratados hacían referencia a los derechos fundamentales tal y como resultan de las tradiciones constitucionales comunes de los Estados miembros, como principios generales del Derecho de la Unión. Además, el Tribunal de Justicia de la Unión Europea contribuyó notablemente con su jurisprudencia al desarrollo y el respeto de los derechos fundamentales[220]. Como se ha reiterado la derivación constitucional de los Estados miembros ha sido sin duda un soplo de vida al alma del proyecto de la Unión.

No es nuevo en nuestra discusión el papel importante de la adopción del Tratado de Lisboa en cuanto al quehacer de los Derechos fundamentales. Éste cuenta con una Carta de Derechos vinculante con el rango jurídico de mayor prelación. En el artículo 2 del TUE se establece que

> "Se fundamenta en los valores de respeto de la dignidad humana, libertad, democracia, igualdad, Estado de Derecho y respeto de los derechos humanos, incluidos los derechos de las personas pertenecientes a minorías"

La Unión se "fundamenta en los valores de respeto de la dignidad humana, libertad, democracia, igualdad, Estado de Derecho y respeto de los derechos humanos, incluidos los derechos de las personas pertenecientes a minorías" También "la Unión reconoce los derechos, libertades y principios enunciados en la

---

por el que se establece el programa Derechos, Igualdad y Ciudadanía para el período de 2014 a 2020", Diario Oficial *L 354*, de 28 de diciembre de 2013, p. 62- 72.

220 Sy, Sarah," El respeto de los derechos fundamentales en la Unión Europea" [Online] *Fichas Técnicas de la Unión Europea,*[Consultado el 21 de octubre de 2016,] Disponible en http://www.europarl.europa.eu/atyourservice/es/displayFtu.html?ftuId=FTU_2.1.2.html]

Carta de los Derechos Fundamentales de la Unión Europea de [...], la cual tendrá el mismo valor jurídico que los Tratados"[221]. Es decir, la Carta no es como, sino que es un sub-Tratado con toda la fuerza vinculante posible. Sin olvidar la adhesión de la Unión al Convenio Europeo para la Protección de los Derechos Humanos y las Libertades Fundamentales. Sy, nos ilustra sobre el artículo 7 del TUE, el cual retoma una disposición del Tratado de Niza, por la que implanta un mecanismo preventivo ante la posibilidad de que existiese un evidente riesgo de violación grave por parte de un Estado miembro de los valores contemplados en el artículo 2 del TUE, así como un mecanismo de sanción en caso de que se constate una violación grave y persistente por parte de un Estado miembro de esos valores. Por su parte, el artículo 67 del Tratado de Funcionamiento de la Unión Europea dispone que la Unión a de constituir un espacio de libertad, seguridad y justicia dentro del respeto de los derechos fundamentales y de los distintos sistemas y tradiciones jurídicos de sus Estados miembros[222].

4. ALGUNAS CONCLUSIONES

Como hemos apuntado brevemente, la antesala para el acceso a la ciudadanía de la UE reviste una vastísima y compleja sistemática de casos y circunstancias que sobrepasan lo razonable. ¿Cómo podemos pretender la normalización (homogeneización) del estatuto de la ciudadanía europea si su antecedente o presupuesto es tan heterogéneamente diverso? El estatuto de la ciudadanía de la Unión Europea atañe, sobre todo, a las personas naturales u originarias de los diferentes Estados miembros, pero no ha contemplado en serio la realidad y la situación de

---

221 Artículo 6 del TUE

222 Sy, Sarah," El respeto de los derechos fundamentales en la Unión Europea" op.cit.

tantísimas otras personas que residen en su territorio. Es decir, en el diseño de la ciudadanía europea se pensó (casi inconscientemente) en los nacionales/ciudadanos naturales de los respectivos Estados, omitiendo de la ecuación a los extranjeros inmigrantes que podrían naturalizarse. Como señalaba De Lucas, en principio, la ciudadanía no formaba parte (y sigue sin formar parte) de la agenda política de la UE en lo que se refiere a la inmigración[223].

Para el De Lucas en el enfoque "dogmático" acerca de la inmigración permea una concepción instrumental y funcional[224]. También se da una concepción primitivamente monista de la política, pero sobre todo arraigadísima en el Estado nacional -y el sistema de mercado- fragmentando el mundo en una bifurcación entre comunidad política nacional *versus* todo lo demás. Se ponen frente a frente, los ciudadanos -miembros de pleno derecho de la comunidad nacional y política pertinente- y los extranjeros. De Lucas insiste en que la visión instrumental y temporal de la inmigración es una secuela de la concepción política según la cual es difícil plantearse el asunto de la ciudadanía como contenido de la política migratoria.

En palabras de Añón[225], se trata de una especie de "gastarbeiter", que refuerza la dualidad excluyente entre el Nosotros

---

223 De Lucas, Martín, Francisco Javier, "Hacia una ciudadanía europea inclusiva. Su extensión a los inmigrantes", *CIDOB,*cit. p. 65

224 Para más profundización al respecto ver: De Lucas, Martín, Francisco Javier, "La Ciudadanía Para Los Inmigrantes: Una Condición De La Europa Democrática Multicultural", Conferencia pronunciada en las Jornadas: Una Europa Solidaria: Ciudadanía Y Cooperación Internacional, Organizadas por Instituto de estudios para la Paz y la Cooperación-IEPC. Oviedo 2005,www.universidadabierta.org, en *Eikasia,* 4 , mayo de 2006,

225 Muñoz, Aunión, Antonio, "Sobre la Ciudadanía En El Derecho Internacional ¿La Ilusión Europea?", *Revista Boliviana de Derecho,* núm.

y los Otros. Es decir, que la política de inmigración no considera la eventualidad de que el inmigrante habrá de 'convertirse' en ciudadano de la comunidad a la que ha inmigrado. Podrá seguir siendo inmigrante, pero ya no debería ser extranjero. El debate de cómo gestionar la conveniencia o no de abrir las puertas de las sociedades debe superar el ámbito económico laboral y abrir paso a uno humano.

Añón puntualiza que, cuando nos referimos o utilizamos el término ciudadanía o ciudadano, nos referimos a una condición de pertenencia, de miembro pleno y cabal de la comunidad política. Ello evidentemente implica la igual atribución de derechos que van más allá de los derechos civiles, políticos o sociales, sino que incluye todos los derechos humanos. Esto nos obliga a concluir que la ciudadanía es en sí una condición excluyente hasta tanto no se es parte es se advenga a ser parte de una de las veintisiete sucursales del club europeo de la Unión. Por un lado, están los miembros de la comunidad de pleno derechos y por otro los miembros asociados con derechos limitados a los reconocidos por su condición de asociados[226].

Como se ha visto, para la visión republicana la ciudadanía adquiere vigencia en cuanto que la membrecía en la comunidad política viene está determinado en términos de derechos, civiles y muy en especial los políticos De aquí que, según el profesor, resulta muy sencillo comprender el problema que inmigrantes a la UE padecen en cuanto a su status jurídico y político[227], en especial subraya, en lo que se refiere a la inclusión. Se trata de plantear las condiciones necesarias y suficientes para

---

21, *enero* 2016, p. 358.

226 Con este término nos referimos a que estos habitantes forman de parte, pero no pertenecen a la de la ciudad- comunidad política-

227 Añón Roig, María José, "Ciudadanía Social: La lucha por los derechos sociales", [en línea], *Cuadernos Electrónicos de Filosofía del Dere-*

que los individuos puedan ser ciudadanos plenos, colaboradores y participantes. Bajo esta premisa es que como indica Añón el concepto ciudadanía ha de ser uno de inclusión. Esta inclusión no puede lograrse sin que se posea pleno derechos a tener todos aquellos derechos que todo ciudadano 'completo' tenga derecho a tener. Es lo que él llama "el test de inclusión.[228]" Ciertamente, exclusión de la ciudadanía UE es doble, ya que ni se es nacional de un Estado miembro no ciudadano de la UE ya que no aprueba o supera el test de la inclusión.

Marshall argumentaba que el norte de la ciudadanía, una vez en la cúspide de sus fases -civil, política y social- es garantizar que todos sean tratados como miembros plenos dentro de una sociedad de iguales, *pari inter pares*. Se comprendía la ciudadanía como un *status* conformado por el acceso a los recursos básicos para el ejercicio de derechos y deberes, que implicaría la no discriminación en el acceso a esos recursos compone la condición necesaria y suficiente de la ciudadanía[229]. De Lucas señala que la ciudadanía es más que un estatus formal, es sin lugar a duda un vínculo de identidad, un título de poder[230]. Pero los flujos migratorios y el trato de éstos ponen en cuestión que los elementos que nos permiten definir quién y por qué es ciudadano y practicar así una discriminación justificada respecto a quienes no lo son, esté, de verdad, justificada. Como señala Balibar existe un cruce entre la ciudadanía de

---

cho. núm. 6, 2002, [consultado el 10 de agosto de 2015,] Disponible en http://www.uv.es/cefd/6/anyon.htm]

228 Para más detalles consultar: Añón Roig, María José "El test de la inclusión: los derechos sociales", en Antón Morón, Antonio Trabajo, derechos sociales y globalización. Algunos retos para el siglo XXI, Madrid, Talasa, 2000.

229 Añón, María José, "Ciudadanía Social: La lucha por los derechos sociales", supra.

230 De Lucas, Martín, Francisco Javier, "Hacia una ciudadanía europea inclusiva. Su extensión a los inmigrantes", *CIDOB,* cit. p. 64.

la Unión y los estatutos de inmigración extra-europea o, más bien, extracomunitaria.

La ciudadanía debe constituir un instrumento de inclusión independientemente de quienes sean los que han de ser incluidos. Cualquier perspectiva de una ciudadanía supranacional o transnacional emergen varias dificultades. Elaborar definiciones sobre la ciudadanía de comunidades supranacionales, como es el caso el de la UE, es sin duda necesario pero no suficiente. Esto no añadiría nada a los conceptos de ciudadanía 'preexistentes', y podría provocar -o no- o que las ciudadanías nacionales fueran confundidas o absorbidas unas en otras o en una de ellas[231] Hay que superar los mismos obstáculos. Según Balibar el mayor recurrente sería la necesidad de formular una regla de exclusión basada en derecho y principio. De este modo, afirma, que a pesar de la 'definición' en Maastricht[232] hay que ir más allá de las exclusiones que ya existen. Habría que superar la barreara de la vinculación de la ciudadanía a al Estado-Nación nación- 'cultural'-, y desdoblarla de pertenencia plena al estado-nacional.

Señala De Lucas, cualquier propuesta de edificar una noción de ciudadanía de la Unión Europea obliga, ineludiblemente, a presentar alternativas acerca del vínculo entre el individuo, la comunidad cultural y la comunidad política que vayan más allá del sostenido dentro del ámbito del Estado nacional. Es decir, superar la 'exclusiva' identificación de aquella en términos de atributo reconocido en exclusividad a quienes acreditan formar parte de una supuestamente homogénea comunidad, la del Estado nacional, en la que Nación, Estado y cultura son solo una, como consecuencia de compartir eslabones de origen, tradición, practicas, instituciones

---

231 Ibídem.

232 Es ciudadano de la UE cualquier persona que posea la nacionalidad de un Estado miembro

culturales surgidas análogamente caracterizadas por rasgos de parentescos como serían los lazos de la sangre y/o la tierra. Características que se hallan inmersos como algunas de los elementos de la titularidad de la nacionalidad[233].

Esto afecta de forma aguda a aquellos inmigrantes extracomunitarios y sus familias, instalados de manera permanente después de una o varias generaciones en los países europeos, así como a una parte, al menos, de los solicitantes de asilo[234]. Quienes pasan o tienen que pasar por una serie de requisitos materiales, sustantivos y temporales para lograr acceso a formar parte plenamente de las sociedades que por diversas razones han escogido como lugar para residir. Parte de las consecuencias del pantano en torno a la noción de la ciudadanía y su titularidad se ve claro, como nos comenta De Lucas, en el trágico flujo migratorio. Nos enfrentamos a la necesidad de innovar la condición de ciudadanía, para que deje de constituir un instrumento de exclusión un privilegio incompatible con la legitimidad democrática a cuyo núcleo pertenece la universalidad de los derechos humanos[235]. Según De Lucas, hay que dejar de ver al inmigrante como un mero contrato de trabajo óbice de su entrada regular al territorio de la Unión.

El inmigrante, más que con la categoría del *transeúnte* se puede describir con la del *errante*, incluso el destinado a errar sin fin. El inmigrante, insisto, el verdadero extranjero hoy, no es sólo el negativo exigido para afirmar al ciudadano, cuya

---

233 De Lucas, Martín, Francisco Javier, "Ciudadanía y Unión Europea Intercultural", *Anthropos*, cit. p. 93.

234 Balibar, Etienne, "¿Es posible una ciudadanía europea?" Revista *Internacional de Filosofía Política*, núm.1994, 27

235 De Lucas, Martín, Francisco Javier, "Hacia una ciudadanía europea inclusiva. Su extensión a los inmigrantes", *CIDOB*, cit. p. 93 citando a: Ferrajoli, Luigi , *Derecho y Garantías, la Ley del más Débil*, Trotta, Madrid, España, 1998

existencia es meramente vicaria de la de éste, sino que alcanza vida propia, aún incluso un carácter ejemplar en el modelo imperante de globalización, por más que sepamos que esa peripecia acaba las mayorías de las veces en la exclusión[236]. Igualmente, el inmigrante tiene derecho a su propia identidad, cultura, lengua, tradiciones. De hecho, ya a partir de la primera guerra mundial había aumentado la asistencia en de protección de las minorías. Ahora estos mecanismos, estaban determinados en tratados bilaterales y multilaterales, y no reconocieron de forma directa derechos de los individuos y de los grupos, en cambio impusieron obligaciones a los Estados, de acceso a cargos públicos, libertad en el uso de la lengua, educación, etc. Estos tratados, tenían–redacción complicada- , tenían un doble objetivo: por una parte, asegurar la no discriminación de los nacionales que pertenecían a minorías en el ejercicio de los derechos civiles y políticos comunes; por el otro lado, garantizar a las personas pertenecientes a las minorías un conjunto de derechos especiales que debía permitirles preservar su cultura y formas de vida[237].

Esto lo podemos encontrar en una serie de sentencia de la Corte Permanente de Justicia Internacional que desarrolló sobre el derecho de las minorías a la cultura propia. En fin es contradictorio que se le dé prioridad a la sangre para la vinculación con la tierra que marcará la relación de los individuos.

---

236 De Lucas, Martín, Francisco Javier, "Sobre las condiciones de la ciudadanía inclusiva: el test del contrato de extranjería" *Hermes,* núm. *0, 2001* p. 34

237 Arlettaz, Fernando, "Derechos de las minorías en el Pacto Internacional de Derechos Civiles y Políticos. Consideraciones conceptuales", *Jurisprudence,* núm. 20 (3), p. 902 2013.

Capítulo 4

La necesidad de un nuevo modelo de ciudadanía de la Unión Europea

Como hemos venido exponiendo a lo largo del trabajo, el actual modelo de ciudadanía de la UE nació con una evidente orientación integradora, pero no universalista. Evidentemente, trató de establecer unos parámetros de inclusión y equiparación de los ciudadanos europeos en torno a un estatuto de derechos de ciudadanía, pero quizá inconscientemente, concibió en su proyecto sólo a aquellos individuos que integraban los territorios de sus estados miembros como nacionales, excluyendo implícitamente a quienes acudían desde fuera de sus fronteras como inmigrantes.

Es evidente también, que el proyecto de ciudadanía europea constituye uno de los retos más importantes del último siglo en la construcción de una ciudadanía supranacional, no vinculada a un etnos sino a un conjunto de valores y derechos, tratando de superar las profundas corrientes identitarias y excluyentes que han asolado a mucho de los países europeos. Pero, como hemos visto, los temores internos de sus miembros han ido restringiendo y cerrando cada vez una noción que debería haber constituido el paradigma de lo que significa una ciudadanía abierta e inclusiva, basada en la centralidad de la persona, en el reconocimiento de su dignidad y en la titularidad de los derechos humanos básicos, incluidos los derechos sociales y los de participación política.

En este capítulo trataremos de exponer las deficiencias del actual modelo y algunos de los presupuestos que consideramos fundamentales para reorientar el concepto de ciudadanía europea hacia su verdadero horizonte abierto e inclusivo.

1. DÉFICITS CONCEPTUALES DEL ACTUAL MODELO DE CIUDADANÍA EUROPEA

Coincidimos plenamente con Liñán[238], en que la articulación de un proyecto de ciudadanía abierta como el que se reclama para la UE, necesita resolver, al menos, estos tres problemas que la ciudadanía de la unión tiene planteados desde su concepción originaria en Maastricht: (a) En primer lugar, la ciudadanía de la Unión Europea concebida como un conjunto de derechos que se garantizan a los nacionales de los Estados Miembros no ha conseguido configurar un espacio jurídico autónomo en relación a los derechos de ciudadanía, ni frente a las exigencias del mercado (búsqueda de trabajadores cualificados) ni frente a los derechos de los nacionales de cada Estado. (b) En segundo lugar, tampoco se ha resuelto bien la relación de los derechos de ciudadanía con el modelo de protección de los derechos fundamentales en la Unión. (c) En tercer lugar, el sistema de poder de la UE está demandando una mayor legitimidad, y el discurso jurídico de la ciudadanía es el factor esencial de legitimación del poder, pero la concepción actual de la ciudadanía de la Unión no tiene capacidad para asumir ese papel. Veamos estos tres aspectos.

---

[238] Liñán Nogueras Diego Javier, "La Ciudadanía Europea: Una Cuestión Abierta", *Teoría y Realidad Constitucional,* cit. p 357-372-. En las siguientes líneas discutiremos y comentaremos parte de la línea argumentativa de Liñán por parecernos de suma coherencia e importancia.

1.1. La falta de un espacio jurídico autónomo para la ciudadanía

Como señala Liñán[239], el discurso de la ciudadanía europea surgió en el momento en que mejor funcionaba todo el imaginario europeo. Su extraordinaria propuesta de reconocimiento de un conjunto de derechos a los nacionales de los Estados Miembros en tanto que «ciudadanos de la Unión», más allá de los derechos vinculados a la libre circulación de personas en el ámbito del mercado interior, conectaron la noción con el *Wishful Thinking* más europeísta, tan exitoso en la década de 1985 a 1995.

En términos generales, el concepto de *ciudadanía de la Unión* ha sido una gran fuente de producción de literatura filosófico-política y ha planteado muy pocos problemas de fondo jurídico-formales. En efecto, durante casi dos décadas, la cuestión de la «ciudadanía de la Unión» se ha centrado exclusivamente en la conformación del "estatuto" de ciudadanía de la Unión y en el enunciado de los derechos que lo integraban, introducidos por el Tratado de Maastricht de 1992. Este es el *Estatuto de Ciudadanía de la Unión Europea* es el que se contempla hoy en los artículos 20 a 25 del Tratado de Funcionamiento de la Unión Europea (TFUE), con algún pequeño retoque[240].

Los derechos que, desde su origen, componen este Estatuto de ciudadanía son: el derecho a circular y residir libremente en el territorio de los Estados Miembros (EEMM), el derecho de sufragio activo y pasivo en el lugar de residencia en elecciones municipales y al Parlamento Europeo, el derecho de protección por las autoridades diplomáticas y consulares de los EEMM en territorio de terceros y los derechos de queja ante el Defensor del Pueblo Europeo y petición ante el Parlamento Europeo. Posteriormente, se añadieron el derecho a dirigirse

---

239 Ibíd., p. 357.

240 Ibíd., p. 358.

por escrito a cualquiera de las instituciones u organismos y a ser respondido en las lenguas previstas en el Tratado (modificación del *Tratado de Ámsterdam* de 1997) y suele añadirse también el derecho de acceso a los documentos de Instituciones y órganos, introducido también en Ámsterdam, aunque regulado fuera del estatuto de ciudadanía[241].

La reforma de Maastricht de 1992, al reconocer en el Derecho originario (el Tratado CE) ese conjunto de derechos a todo sujeto, por el mero hecho de ser nacional de un estado miembro, tuvo un doble efecto: decantó la noción de ciudadanía hacia lo que podría denominarse el *concepto duro* de la misma, es decir, por la formulación y garantía de unos derechos dotados de un fundamento jurídico propio. Esto, según Liñán, hacía presagiar una inmediata y fácil implantación de un estatuto jurídico propio que preanunciaba la constitución de un sistema federal europeo. Sin embargo, la evolución y consolidación del estatuto, aunque haya sido un indudable éxito, ha quedado encerrado dentro de ciertos límites aparentemente infranqueables. El límite más evidente es la dependencia del vínculo de nacionalidad con los Estados Miembros. Este es un factor que impide la autonomía del estatuto de ciudadanía de la Unión y determina su carácter «*complementario*» y no *sustitutivo* de la ciudadanía nacional, como aclara de forma expresa el artículo 20 del TFUE[242].

Por otra parte, los derechos que lo componen han tenido una evolución dispar. Los cinco derechos que debe sustanciarse

---

241 Este derecho está contemplado en la actualidad en el artículo 15.3 del TFUE, en el Título II de la Primera Parte referido a las «Disposiciones de aplicación general» y reconocido, en este caso, no sólo a ciudadanos de la UE sino también a todas las personas físicas y jurídicas residentes en la UE, ámbito subjetivo, por tanto, más amplio que el de ciudadanía.

242 Ibíd., p. 359.

en los sistemas político-jurídicos nacionales (libertad de circulación y de residencia, derecho de sufragio activo y pasivo en elecciones municipales y al PE en el lugar de residencia y el derecho de la protección diplomática y consular) han resultado de articulación compleja. Además, los *derechos de libre circulación y residencia* (probablemente los de mayor complejidad jurídica) han tardado en lograr una cierta independencia de los derechos de circulación y residencia vinculados a la libre circulación de personas del mercado interior y, a menudo, se encuentran fuertemente condicionados y limitados por su relación con las competencias nacionales en las delicadas materias de nacionalidad y extranjería[243]. La opción legislativa de la Directiva 2004/38/CE del PE y del Consejo, relativa al derecho de los ciudadanos de la Unión y de los miembros de sus familias a circular y residir libremente en el territorio de los estados miembros, de 29 de abril de 2004[244], establece con

---

243 Así lo muestra la difícil evolución de la jurisprudencia desde las ya clásicas sentencias Martínez Sala (12 de mayo de 1998)6 y *Wijsenbeek* (21 de septiembre de 1999), que resolvieron los asuntos con el instrumental jurídico comunitario de la libre circulación de personas prescindiendo con notable desprecio de la mejor y más nítida cobertura que otorgaba el derecho de ciudadanía, hasta la paulatina incorporación de los efectos de la misma en las sentencias *Grzelczyk* (20 de septiembre de 2001) y *D'Hoop* (11 de julio de 2002) y la decisiva sentencia en el asunto *Baumbast* (17 de septiembre de 2002)10, que ha marcado el inicio de una línea jurisprudencial donde el derecho de libre circulación y residencia del estatuto de ciudadanía goza de una relativa independencia, corroborada últimamente por la sentencia *Bresol* (13 de abril de 2010). Esta última jurisprudencia da en exigir que las normas nacionales que contengan limitaciones y condiciones para el ejercicio de estos derechos respeten el Derecho comunitario y respondan al principio de proporcionalidad.

244 Su regulación más amplia se encuentra en la Decisión de los Representantes de los Gobiernos de los EEMM reunidos en el seno del Consejo de 19 de diciembre de 1995 y ha sido objeto de una cierta revitalización con la creación del COCON y la12 «DO» L 158

más claridad los parámetros generales del ejercicio de este derecho, aunque no deja de presentar problemas.

Tampoco los derechos de *sufragio activo y pasivo en elecciones municipales y al PE* en el lugar de residencia (cuyas condiciones generales fueron establecidas por la Directiva 94/80/CE del Consejo, de 19 de diciembre de 1994, sobre elecciones municipales y la Directiva 93/109/CE del Consejo de 6 de diciembre de 1993, sobre elecciones al PE) han tenido un desarrollo muy diferente del que opera respecto de la libertad de circulación y residencia. Por su parte, el *derecho de la protección diplomática y consular* del artículo 23 del TFUE, apenas ha conseguido superar el estadio de algunas obligaciones de asistencia de embajadas y consulados de los estados miembros para con los nacionales que no tengan en un Estado tercero representación diplomática y consular. Es un derecho limitado, aunque sea de utilidad, ya que la ampliación de la Unión ha multiplicado los supuestos de Estados que carecen de representación diplomática o consular en Estados terceros[245].

La actuación del *Defensor del Pueblo Europeo*, demuestra una creciente actividad y desarrolla una labor de gran importancia, aunque «políticamente» no parece tener la relevancia esperada[246] La *Comisión de Peticiones del Parlamento Europeo* expresa también un creciente uso con cuestiones no exentas

---

de 30/4/2004. El plazo de transposición concluyó el 30 de abril de 2006. La transposición española se hizo por el RD 240/2007, de 16 de febrero (BOE n.º 51, de 28 de febrero de 2007).

245 adopción del Libro Verde (2007/C30/04) de la Comisión sobre La protección Diplomática y Consular del Ciudadano de la Unión en los terceros países de 28 de noviembre de 200617, función a la que se suma ahora el Servicio Europeo de Acción Exterior

246 Puede verse el «Annual Report»: www.ombudsman.europa.eu/activities/annualreports.faces.

de repercusión política que de alguna manera ponen en valor esta clásica institución parlamentaria[247].

Como puede verse, existe una gran la lentitud en los desarrollos normativos y muchas dificultades en la realización efectiva de los derechos de ciudadanía, siendo así que este estatuto constituye un elemento central y especialmente valioso de la construcción europea. Así pues, (aunque puede que sea la vía jurisprudencial la que lo consiga) hoy resulta ilusorio pensar en un estatuto *autónomo* de la ciudadanía europea, que sea asimilable a lo que supondría un sistema federal de derechos[248].

1.2. La no articulación de los derechos de ciudadanía como derechos fundamentales

Como señala Liñán, resulta tan evidente como innegable la estrecha vinculación entre la ciudadanía de la UE y el discurso de los derechos humanos, aunque el sistema de protección de estos derechos en la Unión Europea haya provocado una compleja e insatisfactoria solución[249]. E Título V de la CDFUE (artículos 39 a 46) se limita al enunciado de los derechos de la ciudadanía, pero sin *definir* la ciudadanía, ni calificarla de «estatuto», ni tampoco aludir a las «competencias» de las Instituciones para su desarrollo normativo, por

---

247 Se puede consultar los informes anuales de la Comisión de Peticiones del Parlamento Europeo. Está disponible en http://bookshop.europa.eu/.

248 Liñán Nogueras Diego Javier, "La Ciudadanía Europea: Una Cuestión Abierta", cit., p. 360-362.

249 Liñán Nogueras Diego Javier, "La Ciudadanía Europea: Una Cuestión Abierta", *Teoría y Realidad Constitucional,* cit. p 362. En las siguientes líneas discutiremos y comentaremos parte de la línea argumentativa de Liñán por parecernos de suma coherencia e importancia.

más que las «Explicaciones», que acompañan a la Carta, remitan los límites de estos derechos a los desarrollos normativos y pronunciamientos jurisprudenciales del TJUE[250].

Estamos ante otro de los grandes problemas que suscita la relación entre derechos de ciudadanía y derechos fundamentales. En efecto, la propia Carta (CDFUE) evita la definición de «ciudadanía de la Unión», la determinación de los titulares, del alcance de estos derechos en relación con los propios de la nacionalidad y, por supuesto, omite aquello que hubiera sido deseable en la construcción de una 'ciudadanía humana': extender su ámbito a la totalidad de los derechos y deberes derivados del Derecho de la Unión (algo ya contemplado en el artículo 20 de TFUE). En esa misma línea, subraya Liñán, la Carta elimina cualquier alusión a las competencias de desarrollo, aplicación o al sistema de ampliación del conjunto de derechos[251].

El problema de la vinculación de los derechos del Estatuto de ciudadanía con los derechos de la *Carta de Derechos Fundamentales* tiene relación con dos cuestiones. En primer lugar, tiene relación con la propia *naturaleza* de estos derechos respecto de los derechos y libertades fundamentales. En efecto, como explica lúcidamente Liñán[252], los derechos de ciudadanía, aunque conecten con contenidos básicos de los derechos fundamentales, por su naturaleza y su origen se acercan más a «privilegios» derivados de un vínculo especial con el poder (normalmente el de *nacionalidad*) que a derechos inherentes a la condición humana, cuya universalidad es hoy incuestionable. A pesar de ello, resultaría difícilmente concebible que una declaración general de derechos como la CDFUE no contu-

---

250 Liñán Nogueras Diego Javier, "La Ciudadanía Europea: Una Cuestión Abierta", cit. p 363

251 Ibíd., p. 363.

252 Ibíd., p. 364.

viera los derechos propios de la ciudadanía. Por ello, aunque de facto no gocen de la universalidad propia de los derechos humanos, existe un acuerdo general en que estos derechos deben ser protegidos de manera equiparable a los derechos y libertades fundamentales. Es decir, conteniendo un mandato negativo para el legislador que le impida afectar a su contenido esencial y un mandato positivo en el sentido de desarrollar sus contenidos esenciales, de dotarlos de una posición jerárquica superior y de dotarlos de un sistema especial de garantía jurisdiccional. Es en este sentido en el que los derechos de ciudadanía y los derechos y libertades fundamentales convergen y obligan a contemplarlos en una Carta que proclame los derechos fundamentales, pero más allá de esto son muchas las diferencias que los singularizan y separan. Por esta razón, resulta políticamente impensable que no vinieran recogidos en el texto que proclama los derechos fundamentales en la Unión Europea, pero ello no produce, sin más, una equiparación jurídica plena.

En segundo lugar, señala Liñán[253], la relación entre estos dos tipos de derechos genera problemas con relación al propio sistema jurídico europeo y su funcionamiento sobre el principio de atribución de competencias. En efecto, en el caso europeo se ha producido una situación singular. La positivación de los *derechos de ciudadanía* ha precedido a la de los derechos y libertades fundamentales. Pero, además, esa incorporación al Derecho positivo no se ha hecho con un instrumental jurídico específico, adecuado a su naturaleza de «derechos fundamentales», sino con el instrumental general del sistema jurídico comunitario a todos sus efectos. En pocas palabras, una vez incluidos en el Tratado TFUE, los derechos del estatuto de ciudadanía tienen el mismo tratamiento jurídico que cualquier otro de los derechos reconocidos a los particulares en el orden

---

253 Ibíd., p. 364.

jurídico de la Unión: producen los mismos efectos, gozan de las mismas garantías jurídicas y quedan sometidos a las mismas limitaciones.

La situación jurídica resultante es algo paradójica: los derechos de ciudadanía no gozan de ningún estatus jurídico especial que permita calificarlos como «fundamentales» frene al resto de los enumerados en los Tratados; y, sin embargo, al estar contemplados en el TFUE tienen una situación más sólida que la de los derechos y libertades fundamentales recogidos en la Carta (que sólo tienen «el mismo valor jurídico que los Tratados» de acuerdo con la jurisprudencia y el artículo 6 del TUE). La consecuencia menos favorable es que el ejercicio de los *derechos de ciudadanía*, al estar enunciados en el TFUE, puede ser sometido a límites, condiciones y excepciones que nunca podrían recaer sobre un derecho fundamental protegido por su «contenido esencial». Por ejemplo: si el derecho de residencia fuera enunciado como «derecho fundamental» nunca podría quedar limitado, en los términos de «residencia permanente», a su ejercicio efectivo durante cinco años, como exige el artículo 16 de la Directiva 2004/38/CE de residentes de larga duración[254]. En puridad, si se fuera titular del «derecho fundamental de residencia», su ejercicio no podría nunca

[254] Directiva 2004/38/CE del Parlamento Europeo y del Consejo, de 29 de abril de 2004, relativa al derecho de los ciudadanos de la Unión y de los miembros de sus familias a circular y residir libremente en el territorio de los Estados miembros, por la que se modifica el Reglamento (CEE) 1612/68 y se derogan las Directivas 64/221/CEE, 68/360/CEE, 72/194/CEE, 73/148/CEE, 75/34/CEE, 75/35/CEE, 90/364/CEE, 90/365/CEE y 93/96/CEE, cuyo artículo 16 dispone: «Los ciudadanos de la Unión que hayan residido legalmente durante un período continuado de cinco años en el Estado miembro de acogida tendrán un derecho de residencia permanente en éste» («DO» L 158 de 30.4.2004, con «Corrección de Errores» publicada en «DO» L 229 de 29.6.2004, p. 35).

estar condicionado a un plazo, porque quien decidiría sería la voluntad del ciudadano en cualquier momento de su estancia[255]. Y, desde luego, en ningún caso sería aceptable que sólo pueda adquirirse el estatus de residente permanente «mientras no se conviertan en una carga excesiva para la asistencia social del Estado miembro de acogida»[256]. Así es como aplica el Tribunal de Justicia CE (vid. Sentencia de 7 de octubre de 2010 en el asunto *Lassal*, que no contempla el Estatuto de ciudadano, sino que directamente se remite al derecho fundamental enunciado en el artículo 45 de la Carta). Lo cual demuestra que los derechos de ciudadanía mantienen frente a los derechos y libertades fundamentales una «singularidad» muy acusada y su tratamiento unitario es un esquema conceptual puramente político con nocivos y perturbadores efectos en lo jurídico[257].

Una buena muestra de esta deficiente articulación aparece en los *Informes trienales* de la Comisión, preceptivos desde la incorporación del Estatuto de ciudadanía en Maastricht (artículo 22 TCE) y que versan sobre la aplicación del estatuto de ciudadanía teniendo en cuenta «el desarrollo de la Unión» y sobre cuya base podría proponer la adopción de actos de ampliación de los derechos (facultad que permanece inédita

---

255 Y ese es el espíritu que orienta la Directiva, como el párrafo 17 del preámbulo indica: «el disfrute de una residencia permanente para los ciudadanos de la Unión que hayan decidido instalarse de forma duradera en un Estado miembro de acogida refuerza el sentimiento de pertenencia a una ciudadanía de la Unión y es un elemento clave para promover la cohesión social, que figura entre los objetivos fundamentales de la Unión».

256 Condición que opera durante esos cinco años, según establece el artículo 14.1 de la citada Directiva, aunque el párrafo 17 del preámbulo, declare con solemnidad «el recurso a la asistencia social no podrá tener por consecuencia *automática* una medida de expulsión».

257 Liñán Nogueras, Diego Javier, "La Ciudadanía Europea: Una Cuestión Abierta", cit. p 365.

y cuya fórmula el artículo 25 del TFUE ha recogido)[258]. Estos *Informes de la Comisión* delatan las dificultades, el estatismo y la falta de autonomía del estatuto de ciudadanía[259].

---

258 Estos informes son un importante elemento de valoración de la situación que señalaba y, como decía, hasta el momento se han producido seis: el Primer Informe es de 21 de diciembre de 199327, el Segundo Informe de 27 de mayo de 1997, el Tercer Informe data de 7 de septiembre de 2001, el Cuarto Informe de 26 de octubre de 2004, el Quinto informe es de 15 de febrero de 2008 y ya en la era post-Lisboa el (Sexto) Informe de la Comisión al Parlamento Europeo, al Consejo y al Comité eco- nómico y social europeo elaborado en aplicación del artículo 25 del TFUE de 27 octubre de 2010 sobre el progreso hacia el ejercicio efectivo de la ciudadanía de la Unión durante el periodo 2007-2010, se acompañó de un «Informe sobre la ciudadanía de la UE 2010» de la misma fecha sobre «La eliminación de los obstáculos a los derechos de los ciudadanos de la UE». El último Informe de 8 de mayo de 2013 (7.º) mantiene la misma línea.

259 La Comisión, en efecto, en sus tres primeros Informes sobre Ciudadanía había ido evolucionando desde un concepto más técnico de los derechos garantizados en el Tratado CE hacia una noción más amplia y compleja de la ciudadanía. En particular, en su Tercer Informe de 7 de septiembre de 2001, aunque más vinculado con las cuestiones de la ciudadanía nacional, acepta que la ciudadanía UE es un término «difícil de definir» (apartado 2), pero siembra la duda de si su mezcla con los derechos fundamentales, con el Programa Daphne o el derecho de no discriminación estaban suficientemente justificados y no provocaban una disolución del concepto mismo de ciudadanía. En cambio, en el Cuarto Informe, de 26 de octubre de 2004, la Comisión vuelve a dar una versión reducida de la ciudadanía y subraya en cambio la importancia de la Carta de Derechos Fundamentales de la Unión. Y en el Quinto Informe optó por un concepto todavía más restringido del estatuto de ciudadanía.

1.3. La ciudadanía como discurso de legitimación del poder

Ante la actual dificultad para construir un concepto autónomo de ciudadanía desligado de la libre circulación de personas vinculada a la de mercado y a los estatutos nacionales de ciudadanía y nacionalidad, además de su deficiente situación frente al sistema de protección de los derechos fundamentales, la ciudadanía de la Unión Europea tampoco acaba de responder a la más importante de las dimensiones que hoy asume la ciudadanía: su función legitimadora.

En efecto, como afirma Liñan[260], el discurso de la ciudadanía, poco a poco, se ha ido apartando de los derechos y los procedimientos que los garantizan y se ha ido convirtiendo en un elemento central de legitimación del poder (de cualquier poder) y de identidad democrática de los Estados y de toda organización política (lo que incluye naturalmente a las de carácter internacional). En este contexto, la ciudadanía es un concepto notablemente más amplio (y, por ende, más impreciso) que apunta a la creación de condiciones que permitan la formación de un «espacio público» en el que el goce de los derechos y libertades fundamentales, el bienestar social y la realización de valores como la igualdad, la no discriminación, la justicia, la libertad y la seguridad se constituyan en el canon de identificación del ciudadano con el modelo de organización social en el que participa[261].

La noción de *espacio público* expresa bien la idea de que los derechos y libertades de los ciudadanos son la única fuente de legitimación del poder y que, además, el modo en que

---

260 Liñán Nogueras, Diego Javier, "La Ciudadanía Europea: Una Cuestión Abierta", cit. p 367.

261 AZOULAI, L.: «La citoyenneté européenne, un statute d'intégration sociale», en *Chemins d'Europe. Mélanges en l'honneur Jean-Paul Jacqué, Dalloz,* París, 2010, pp. 1-28.

los ciudadanos se desenvuelven en ese espacio público es la única definición de identidad democrática aceptable en una organización social. En las sociedades de tradición democrática la «ciudadanía» es un concepto fácilmente identificable y sus contenidos, expresados en leyes, forman parte del modelo societario de una manera considerada «natural» por sus individuos. En sociedades, incluso formalmente democráticas, pero en cuya tradición hay demasiados elementos autoritarios (incluso despóticos), este concepto no ha arraigado o lo hace con demasiadas dificultades. Pero el mayor problema de la ciudadanía, como hemos visto, es que está estrechamente vinculada con la condición de «nacional» y que, al pivotar más sobre la creación de ese *espacio público* que sobre derechos específicos, aparece entrelazada con elementos etno-culturales, tradiciones políticas y costumbres sociales más propias de los entornos nacionales. Por consiguiente, pretender que la ciudadanía de la UE asuma hoy una función legitimadora del poder en el contexto europeo, resulta una quimera.

Cuando consideramos la ciudadanía como conjunto de derechos vinculados al estatuto de nacionalidad, resulta de fácil identificación y sus problemas quedan referidos al contenido de los derechos que contempla y a la dialéctica inclusión/exclusión por relación a los no nacionales. Pero cuando consideramos la ciudadanía en otra clave, conceptualmente situada en un ámbito político en el que la idea de participación (o ciudadanía activa) es esencial, entonces su identificación resulta mucho más compleja. Desde esta noción, se pueden abarcar objetivos muy ambiciosos (democracia participativa que complementa la representativa), hasta objetivos más modestos que pretenden la identificación del ciudadano con los poderes (símbolos), pasando por iniciativas que buscan el fortalecimiento de vínculos más estrechos de la sociedad civil[262].

---

262 Liñán Nogueras, Diego Javier, "La Ciudadanía Europea: Una Cuestión Abierta", cit. p 368.

Evidentemente, la creación material y formal de un «sistema» que determine y proteja los derechos es un elemento esencial de la ciudadanía. Pero también es imprescindible contemplar un factor de «participación», junto a la formulación y garantía de los derechos cívico-políticos individuales, precisamente para que pueda crearse un «espacio público» en el que se sustancie realmente el estatuto de ciudadanía.

Nadie duda de la dificultad que representa la creación de un estatuto de ciudadanía autónomo en un espacio plurinacional como la UE. Pero la construcción de una noción de ciudadanía europea más compleja que, además de un conjunto de derechos conecte con los instrumentos de participación en el sistema decisorio europeo, es un reto mucho mayor, que debe constituir parte esencial de la identidad política del modelo europeo y, en consecuencia, debe legitimar a todo el sistema de la UE. Sin embargo, es evidente que la actual UE no avanza hacia ese nuevo modelo de ciudadanía. Ciertamente, el *Tratado de Lisboa* intentó recuperar el «prestigio» de los derechos que constituyen el estatuto de ciudadanía, enunciándolos en el TUE (arts. 10 y 11) junto a los principios democráticos de la Unión, como elementos centrales definitorios de la misma UE[263]. No obstante, aunque el Tratado de Lisboa haya blindado el estatuto de ciudadanía de la Unión y su desarrollo, no

---

263 En efecto, la UE se define como una «democracia representativa» (se enuncia el derecho de los ciudadanos a «participar en la vida democrática», sea apoyando la formación de partidos a escala europea, sea impulsando el deber de las Instituciones de abrirse a la expresión de las opiniones de los ciudadanos o manteniendo un «diálogo abierto, transparente y regular con las asociaciones representativas y la sociedad civil». Principios poco concretos y sin capacidad específica de crear una competencia real de la Unión, no parece que se haya producido un cambio sustancial. Mención aparte merece, esto sí, la introducción por el artículo 11.4 de la «iniciativa ciudadana legislativa», en las condiciones previstas en el artículo 24 del TFUE.

se advierte ningún avance sustancial de la ciudadanía de la Unión, excepción hecha de la iniciativa popular[264].

En definitiva, como afirma Liñán[265], la preocupación por la ciudadanía como «factor de legitimación» en el proceso de integración europeo es un discurso tardío, confuso y de un alcance real muy limitado. Es un discurso que ha entrado en proceso de la integración europea más como un instrumento «estratégico» que como un verdadero valor de la construcción europea. Con independencia de algunas consecuencias positivas, el interés de este discurso ha pretendido cubrir el «déficit democrático» del proceso de integración (exclusivamente interestatal) y las enormes limitaciones de la democracia representativa en este modelo. Y también, en estos últimos tiempos, el desencanto de los ciudadanos europeos frente al valor y eficacia de la Unión y su creciente insatisfacción hacia el sistema de poder europeo. Por ninguna parte se aprecia un verdadero discurso informador del proceso de construcción europea. Y sin embargo, la existencia de un consenso popular es imprescindible para que se pueda desarrollar el Proyecto Europeo, precisamente por eso, el grado de insatisfacción y de alejamiento de la política de los ciudadanos en muchos estados de la UE, es un problema nacional, pero también es un grave problema de la Unión Europea.

Desde luego, el detonante de mayor relieve en mi opinión ha sido el Informe Gallup que publicaba el Eurobarómetro de

---

264 J. De Lucas, "Diversidad cultural y lógica colonial sobre los impedimentos para el reconocimiento de derechos políticos a los inmigrantes", cit., p. 73-75. MORGESE, G., «Principio e strumenti della democrazia partecipativa nell'Unione Europea» en TRIGGIANI, E. (ed.), *Le nueve frontiere della cittadinanza europea,* Cacucci Edittore, Bari, 2011, p. 37-59.

265 Liñán Nogueras, Diego Javier, "La Ciudadanía Europea: Una Cuestión Abierta", cit. p 369-370.

finales de 2015 sobre la Ciudadanía de la Unión[266]. Muchos de los datos fueron demoledores: dos tercios ignoran sus derechos como ciudadanos UE (en España solo un 9% se considera bien informado sobre ello). No parece necesario detenerse demasiado en insistir sobre el grado de desafección ciudadana sobre la Unión Europea. Es posible que el problema actual sea más profundo que el de la «percepción» de los ciudadanos europeos sobre la propia Unión, y que buena parte tenga que ver con lo que ha expuesto Zygmund Baumann sobre lo que está ocurriendo en la vieja Europa desde que arrancó la crisis: «La relación de dependencia mutua entre el Estado y los ciudadanos —dice Baumann— ha sido cancelada unilateralmente. A los ciudadanos no se les ha pedido su opinión, por eso ha habido manifestaciones en las calles. Se ha roto el pacto social, no es extraño que la gente mire cada vez con más recelo a los políticos»[267]. Tal vez parte de esa cancelación se impute a la conexión con la Unión Europea.

Ciertamente, no será fácil la incorporación del discurso de un nuevo modelo de ciudadanía al proceso de construcción europeo con un papel determinante. Se trata de algo que necesita de un cambio en el actual proceso de integración europea. Hay algunas iniciativas embrionarias al respecto[268]. Y tam-

---

266 European Union Citizenship. Analytical Report (Fieldwork: March 2015 Publication: October 2010). Flash EB Series 294. La tendencia aparece consolidada y agravada en el Eurobarómetro de primavera de 2016 (http://ec.europa.eu/public_opinion/index_fr.htm).

267 Vid. Diario «EL PAÍS», 12.6.2013.

268 46 Decisión (2004/100/CE) del Consejo de 26 de enero de 2004 por la que se establece un programa de acción comunitario para la promoción de la ciudadanía europea activa (participación ciudadana «DO» L 30 de 4.2.2004) o la Decisión del PE y del Consejo por la que se estable el programa «Ciudadanos con Europa» para el periodo de 2007-2013 («DO» L 378 de 27.12.2006) o la Decisión 1093/2012/UE del PE y del Consejo de 21 de noviembre de 2012,

bién se notó esta preocupación en el Programa de Estocolmo y su Plan de Acción[269]. Pero la realidad hoy es que, excepto la *iniciativa legislativa ciudadana,* no existe ningún proyecto real que plantee incorporar al estatus de ciudadanía una dimensión de democracia participativa. Así pues, el discurso de la participación activa de la ciudadanía necesita ocupar un lugar determinante en la construcción europea para que este proceso adquiera la legitimidad de la que actualmente carece de cara a la percepción de los ciudadanos europeos.

En definitiva, como consecuencia del origen técnico-económico del modelo de integración europeo y del marcado carácter intergubernamental de este proceso, el discurso de la ciudadanía en la construcción europea no ha ocupado nunca un lugar central más allá de proclamaciones retóricas ni responde a una concepción política comparable a la producida en espacios constitucionales de tradición democrática. La incorporación del discurso de la ciudadanía en la Unión Europea es una experiencia inédita en el ámbito de las organizaciones internacionales. Su introducción y desarrollo dentro del sistema europeo ha sido per se un éxito sin precedentes, pero tiene límites y dificultades especiales que no parecen disiparse.

La ciudadanía fue introducida en la Unión Europea con unas características muy singulares. La formación de un estatuto que se concreta en unos derechos específicos de los

---

relativa al Año Europeo de los Ciudadanos (2013) («DO» L 325 de 23.11 2012).

269 Consejo Europeo. Programa de Estocolmo «Una Europa abierta y segura que sirva y proteja al ciudadano» (2010/C 115/01) («DO» C 115 de 4.5.2010, p. 1) y el Plan de Acción contenido en la Comunicación de la Comisión al Parlamento Europeo, al Consejo, al Comité Económico y Social Europeo y al Comité de las Regiones, de 20 de abril de 2010, «Garantizar el espacio de libertad, seguridad y justicia para los ciudadanos europeos»-Plan de acción por el que se aplica el Programa de Estocolmo [COM(2010) 171 final].

ciudadanos de la Unión Europea; derechos buena parte de los cuales, pese a las dificultades intrínsecas a tener que articularse a través del vínculo de la nacionalidad de los Estados miembros y a sustanciarse jurídicamente en el ámbito de los ordenamientos internos, son hoy un logro sin precedentes dentro de un sistema internacional. Nada de ello debe impedir identificar algunos de sus problemas. Es cierto que lo aquejan una cierta falta de autonomía, un cierto estatismo y un procedimiento de ampliación muy rígido, pero con todo son la expresión más nítida de unos derechos que escapan a las finalidades económicas como elemento de identidad europeo. Las crisis abiertas con motivo de los procesos reformadores del sistema europeo en esta primera década del s. XXI han contribuido a estas dificultades graves. Por otra parte, pese a la cargada retórica del TUE y TFUE sobre la función y posición central del ciudadano en la construcción europea, la ciudadanía como discurso de legitimación del poder en la actual UE, es más que dudoso. Por ello resulta imprescindible que los Tratados abran una dimensión nueva y participativa en la construcción europea que se fundamente sobre la ciudadanía. Se trataría de un discurso que intente superar la actual configuración «técnico-jurídica» del modelo como un simple conjunto de derechos y que reincorpore a los ciudadanos a la construcción del proyecto europeo a través de su participación activa en el mismo.

En otras palabras, ese nuevo modelo de ciudadanía es el auténtico camino que va desde una "Europa" económica y de los estados, hacia una Europa política de los ciudadanos. Camino que establecerá un vínculo político entre los ciudadanos de los Estados miembros y la Unión Europea (hoy inexistente), favoreciendo así un sentimiento de identidad con la Unión.

2. LOS 'DERECHOS DE LOS CIUDADANOS' COMO ESPECIE DEL GÉNERO DERECHOS FUNDAMENTALES

El problema principal que plantea el capítulo V de la Carta (CDFUE) es el de la categoría misma de "derechos de ciudadanía", porque pone en cuestión un elemento esencial del concepto de derechos humanos: su *universalidad.* Los derechos humanos fueron concebidos desde un principio como derechos de todos los seres humanos, con independencia de cualesquiera otras circunstancias. Esta universalidad, postulada por el iusnaturalismo racionalista del siglo XVIII, se expresó ya en las primeras declaraciones de derechos, y así la *Declaración de los derechos del hombre y del ciudadano* empezaba proclamando que "los hombres nacen y permanecen libres e iguales en derechos", del mismo modo que lo hacían las ligeramente anteriores declaraciones norteamericanas. Es cierto que el propio título de la Declaración francesa de 1789 (derechos "del hombre y del ciudadano") parecía dar a entender que algunos derechos eran de titularidad exclusivamente ciudadana, y así lo ha interpretado una buena parte de los comentaristas de la Declaración[270]; sin embargo, también es posible entender que la distinción entre el *hombre* y el *ciudadano* es la que media entre el estado de naturaleza y la sociedad política: los derechos del hombre serían los derechos naturales, entendidos como exigencias morales, y los derechos del ciudadano serían esos mismos derechos reformulados jurídicamente tras el pacto político; vistas las cosas de este modo, la ciudadanía no debía actuar como fundamento de discriminación en la titularidad de derechos (entre ciudadanos y extranjeros)[271],

---

270 Por todos, véase J. Rivero, *Les libertés publiques*, París, Presses Universitaires de France, 1991, pp. 62-63.

271 Cuestión distinta es la distinción entre ciudadanos activos y pasivos, más acorde con la interpretación que aquí se sugiere, aunque también discriminatoria. En su proyecto de declaración de 20 de

sino como estatuto común a todos aquellos individuos que conviven bajo la autoridad de un mismo poder político, expresión de la igualdad jurídica entre todos ellos y de la posición de igual respeto que merecen por parte de un poder político de origen democrático[272].

Sin embargo, la *ciudadanía* se ha convertido en la categoría que justifica la discriminación de los extranjeros respecto de los nacionales (ciudadanos) en el disfrute de un buen número de derechos humanos; en especial, los derechos políticos y el derecho de libre circulación, residencia y trabajo. Esta concepción restrictiva de la ciudadanía puede tratar de justificarse, y así suele hacerse, con base en criterios utilitarios; en el caso del derecho a la libre circulación y residencia, por ejemplo, se aduce que no sería posible mantener el nivel de vida de los nacionales de un Estado (o de un grupo de Estados, como es la

---

julio de 1789, Sièyes la basa en la distinción entre derechos activos y pasivos: "los derechos naturales y civiles son aquellos *para* cuyo mantenimiento y desarrollo se ha formado la sociedad, mientras los derechos políticos se hallan integrados por aquellos otros *por medio de* los cuales el Estado se forma y se mantiene. Es preferible, a efectos de la claridad del lenguaje, denominar a los primeros derechos *pasivos* y a los segundos derechos *activos*" (E. J. Sièyes, *Escritos y discursos de la Revolución,* Madrid, Centro de Estudios Constitucionales, 1990, trad. R. Máiz, pp. 100-101). Sieyès no atribuye unos derechos al hombre y otros al ciudadano, sino unos derechos (los pasivos) al ciudadano y otros (los activos) al ciudadano activo.

272 Véase esta interpretación en G. Peces-Barba y R. García Manrique, "Los textos de la Revolución Francesa", en VV. AA., *Historia de los derechos fundamentales,* Madrid, Dykinson y Universidad Carlos III, 2001, tomo II, vol. III, pp. 253-255. Así, cabe interpretar que la Declaración francesa equipara implícitamente al hombre y al ciudadano, ignorando la categoría del extranjero; de hecho, la Constitución francesa de 1791 (en su título VI) equiparó a los extranjeros con los nacionales en términos bastante amplios, y la Constitución de 1793 (en su artículo 4) concedió los derechos políticos a los extranjeros residentes.

Unión Europea) si se permitiese la libre entrada de los extranjeros (de los extranjeros *pobres*, claro está), puesto que, siendo más a repartir los recursos disponibles, el nivel de vida bajaría para todos o para la mayoría.

Tendríamos, pues, un argumento así: la concesión del derecho de libre circulación y residencia a los extranjeros supondría un aumento de los residentes en el país; un aumento de los residentes en el país supondría una bajada general del nivel de vida en el país; una bajada general del nivel de vida en el país no es deseable; por tanto, no debemos conceder el derecho de libre circulación y residencia a los extranjeros. Es discutible que este argumento sea correcto: habría, por ejemplo, que evaluar si bajaría, y cuánto, el nivel de vida de los que ya residían en el país antes de la concesión de la libertad de circulación y residencia a los extranjeros, y cuánto subiría el nivel de vida de los nuevos residentes, pues bien podría ser que esta subida compensase con creces aquella bajada si el resultado final fuese que aumentara el número de personas por encima del umbral de pobreza. Además, habría que justificar por qué los intereses de los nacionales deberían valer más que los intereses de los extranjeros, cosa difícil en términos de cálculo utilitario. Todo ello sería muy complicado, pero en realidad irrelevante a la hora de justificar la discriminación en la titularidad de determinados derechos humanos con base en la posesión o no de una determinada nacionalidad, y esto por dos razones: en primer lugar, porque un derecho humano es, por definición, un derecho de titularidad universal; y, segundo, porque "si alguien tiene derecho a algo, está mal que el gobierno se lo niegue, aunque negárselo favoreciera el interés general"[273]; o, con otras palabras, porque "reconocer que la satisfacción de determinadas necesidades puede articularse en forma de derecho fundamental supone sencillamente aceptar que los sujetos

[273] Dworkin, Ronald, *Los derechos en serio*, Barcelona, Ariel, 1984, p. 384.

titulares deben ser atendidos en su pretensión aun cuando con ello no se maximice el interés general (...); la consecuencia inmediata de diseñar derechos (...) es que la realización del contenido protegido queda al margen del cálculo de utilidad y, por supuesto, de cualquier otra justificación general"[274].

En consecuencia, tenemos dos posibilidades: o bien los derechos de ciudadanía son *excluidos* del catálogo de los derechos humanos, o bien, si son considerados derechos humanos, deben ser atribuidos a *todos* los individuos, sin distinción de nacionalidad, con lo que la categoría de "derechos de ciudadanía" perdería su razón de ser. Sólo en algunos casos es posible atribuir algunos derechos humanos a ciertos grupos, en función de la existencia de necesidades básicas específicas que requieren derechos básicos específicos; tal es el caso de los derechos de las mujeres, de los trabajadores o de los niños. En cambio, si la titularidad de algunos derechos humanos es asociada con alguna circunstancia de otro tipo, tal universalidad resulta violada. Reservar algunos derechos humanos a los ciudadanos es, por tanto, contradictorio con la propia idea de derechos humanos, como en su momento lo fue la discriminación respecto de su titularidad basada en la posición social, la raza o el sexo: la extranjería aparece hoy como la última exclusión, moralmente tan injustificada como la exclusión económica, racial o sexual[275]. Luigi Ferrajoli ha escrito que "esta antinomia entre

---

[274] Prieto, Luis, *Estudios sobre derechos fundamentales*, Madrid, Debate, 1990, p. 47.

[275] Véase, entre otros, M. Atienza, *Tras la justicia. Una introducción al Derecho y al razonamiento jurídico*, Barcelona, Ariel, 1993, pp. 234-236; una opinión más matizada la sostiene J. de Lucas, *El desafío de las fronteras. Derechos humanos y xenofobia frente a una sociedad plural*, Madrid, Temas de Hoy, 1994, p. 148 y sigs. De Lucas cree que "no toda discriminación entre nacionales y extranjeros es inmoral (...), sobre todo cuando, en lugar de *exclusiones* hablamos de *limitaciones* o *restricciones* (...) No me parece irrazonable ni inmoral por defini-

igualdad y ciudadanía, entre el universalismo de los derechos y sus confines estatalistas, tendrá que resolverse con la superación de la ciudadanía, la definitiva desnacionalización de los derechos fundamentales y la correlativa desestatalización de las nacionalidades"[276]; y, como ha apuntado Luis María Díez-Picazo, "no deja de ser preocupante que el discurso de la ciudadanía se haya puesto de moda en Europa precisamente en el momento en que el continente ha dejado de ser una tierra de colonizadores para comenzar a ser tierra de destino de masas de desheredados"[277].

Si, como hemos ido viendo a lo largo del trabajo, el sentido más genuino de la ciudadanía tiene como base de legitimación principios universalistas, no etno-culturales ni identitarios, entonces no cabe justificar restricciones a la admisión de los inmigrantes como ciudadanos, cuando éstas tengan su fundamento en factores accidentales y moralmente irrelevantes como el lugar de nacimiento. Desde este punto de vista, no habría base para establecer una diferenciación entre el estatuto de quienes son miembros de una comunidad y los derechos universales inherentes a la humanidad de los que son titulares todos los seres humanos.

---

ción que la configuración legal de determinados derechos pueda suponer restricciones de su contenido en razón de la condición de nacional [o extranjero]. Lo que procede es analizar los derechos en concreto..." (pp. 148-149). No obstante, valga insistir en que la tesis de Javier de Lucas no permite la pura y simple exclusión de los extranjeros de la titularidad de ciertos derechos (que es lo que hace la Carta), pues en todo caso "debe respetarse siempre el contenido esencial del derecho. Además, toda restricción debe ser excepcional..." (p. 150).

276 L. Ferrajoli, *Derechos y garantías: la ley del más débil*, Madrid, Trotta, 1999, trad. P. Andrés y A. Greppi, p. 57.

277 L. M. Díez-Picazo, *Constitucionalismo en la Unión Europea*, citado, p. 29.

2.1. Estatuto de ciudadanía: ¿derechos humanos o derechos fundamentales?

Llegados a este punto resulta fundamental señalar que nuestro discuros habla de 'derechos *humanos*' y sin embargo la Carta (CDFUE) sólo se refiere a los 'derechos *fundamentales*'. Resulta imprescindible aclarar que, para nosotros, ambos términos deberían ser sinónimos. Puede aceptarse que la categoría de los derechos humanos se reserve al ámbito de la moralidad política y/o del Derecho internacional (una categoría conectada con las exigencias de la dignidad humana) y que la categoría de los derechos fundamentales se reserve al ámbito del Derecho constitucional (derechos constitucionalmente garantizados)[278]. Pero, en este sentido, resulta esencial señalar que del Preámbulo de la Carta se deduce una absoluta conexión entre la dignidad humana y los derechos que ésta después enuncia, conexión que, a pesar del apelativo empleado, permitiría calificar a estos derechos como "derechos humanos"[279]. En consecuencia, es posible distinguir entre derechos humanos y derechos fundamentales de esta manera: los derechos humanos garantizan la dignidad humana; los derechos fundamentales son aquellos derechos humanos

---

278 Sobre la cuestión, véase, por ejemplo, A. E. Pérez Luño, *Los derechos fundamentales,* Madrid, Tecnos, 1988, pp. 43-51, y P. Cruz Villalón, "Formación y evolución de los derechos fundamentales", en *Revista Española de Derecho Constitucional,* nº 25, 1989, pp. 36-43. También la recensión de G. Escobar a *Derechos y garantías,* de Luigi Ferrajoli, en *Derechos y Libertades,* nº 9, 2000, pp. 521-534, además del citado trabajo de M. C. Barranco.

279 Sobre la identificación de las categorías de derechos humanos y derechos fundamentales, véase G. Peces-Barba y otros, *Curso de derechos fundamentales,* Madrid, Universidad Carlos III y BOE, 1995, pp. 36-38. Una crítica de esta identificación puede verse en M. C. Barranco, *El discurso de los derechos,* Madrid, Universidad Carlos III y Dykinson, 1996, p. 77.

reconocidos constitucionalmente y/o dotados de ciertos atributos que los convierten en derechos fuertemente protegidos y los sitúan en una posición elevada dentro de la jerarquía del ordenamiento jurídico. Pero sin desconectar una categoría de otra, y compartiendo la misma naturaleza.

Si aceptamos esta distinción, renunciando a una caracterización estrictamente formal de los derechos fundamentales, entonces deberemos aceptar también que éstos deben ser *necesariamente universales*, pues los derechos humanos lo son; siendo así, el hecho de que una determinada Constitución no atribuya titularidad universal a un derecho que considera "fundamental" constituye un uso erróneo de la categoría "derecho fundamental". Si, por el contrario, se prefiere recurrir a un concepto formal de derechos fundamentales, basado sólo en la posición jurídica que ocupan las normas en que son reconocidos y en los procedimientos jurídicos de protección de los derechos, habrá que variar el modo de expresión y decir, por ejemplo, "X es un derecho fundamental, pero no debería serlo porque no es de titularidad universal"; "X es un derecho fundamental y, por tanto, debería ser de titularidad universal"; "X es un derecho fundamental, pero no debería serlo porque no está vinculado con la dignidad humana"; o "X no es un derecho fundamental, pero debería serlo porque está vinculado con la dignidad humana". Lo que queremos decir, en síntesis, es que, aun siendo los derechos fundamentales el contenido de ciertas normas jurídicas, no es posible hablar de ellos sin tener en cuenta elementos del discurso moral[280].

---

280 Lo cual puede ser calificado como una concepción "dualista" de los derechos, tal como ha sido denominada por el profesor Peces-Barba. Sobre el dualismo como concepción de los derechos fundamentales, véase R. de Asís, *Sobre el concepto y fundamento de los derechos: una aproximación dualista*, Madrid, Universidad Carlos III y Dykinson, 2001; y también mis trabajos "Notas sobre los nuevos 'derechos fundamentales' de Gregorio Peces-Barba", en *Sistema*, nº 116, 1993,

2.2. El error teórico de no considerar la universalidad los derechos de ciudadanía

La Carta europea de DF comete, a nuestro modo de ver, un error teórico: atribuye determinados derechos *fundamentales* a un grupo determinado de individuos, el de los 'ciudadanos europeos', cuya consecuencia práctica es una discriminación injustificada e inmoral: la exclusión de la titularidad de esos derechos a quienes no son 'ciudadanos' aunque residan establemente en el territorio de la UE. De acuerdo con lo expuesto en el epígrafe anterior, también los derechos considerados *fundamentales*, en virtud de su contenido y conexión con la dignidad, deberían atribuirse a todos los seres humanos y no sólo a algunos de ellos (a salvo de los derechos vinculados con necesidades básicas específicas, lo que no es el caso). En consecuencia, si lo que se pretendía era reconocer derechos inherentes a dignidad del ser humanos, hubiera sido mejor que se hubieran denominado derechos humanos, para dejar clara su titularidad universal (al margen de la nacionalidad). Pero también, si lo que se pretendía era prescindir de la universalidad de los *derechos de ciudadanía* del capítulo V de la Carta, como así ha sido, tampoco debería haberse utilizado el subterfugio de hablar de 'derechos fundamentales'; al contrario, habría que haber explicado que tales derechos *no son* fundamentales y, entonces, quizá la mejor opción hubiera sido excluirlos de la Carta.

En consecuencia, la opción elegida por la Carta resulta incoherente (aunque esta incoherencia se comete también por muchos legisladores constitucionales). Lo coherente hubiera sido, o bien eliminar los derechos de los ciudadanos de la Carta, o bien redefinir la ciudadanía europea, atribuyéndosela a *todos los residentes* en alguno de los Estados miembros, además

---

pp. 101-118 y *La filosofía de los derechos humanos durante el franquismo*, Madrid, Centro de Estudios Constitucionales, 1996, p. 495-501.

de atribuir el derecho a la libertad de circulación y de residencia a todos los seres humanos sin distinción. La opción actual resulta conceptualmente incoherente: mantener el carácter fundamental de los derechos del capítulo V CDFUE y al tiempo mantener la concepción restrictiva de la ciudadanía[281]. Así se corre el riesgo, advertido por Ferrajoli, de que la ciudadanía (la europea en este caso) no sea "una categoría de la democracia basada en la expansión de los derechos", sino "una idea regresiva y a la larga ilusoria de la democracia en un solo país", es decir, no un "factor de inclusión y de igualdad", sino la representación del "último privilegio de *status*, el último factor de exclusión y discriminación, el último residuo pre-moderno de la desigualdad personal en contraposición a la proclamada universalidad e igualdad de los derechos fundamentales"[282].

Por último, basta una referencia a dos preceptos de la Carta que ponen de relieve la incoherencia de afirmar los derechos fundamentales como derechos humanos y al tiempo negar la

---

281 En este punto, el citado "Proyecto de artículos 1 a 16 del Tratado Constitucional" elaborado en el seno de la Convención Europea parece haber optado por lo primero, pues no califica como "fundamentales" los derechos de los ciudadanos europeos y los enuncia separadamente. El artículo 5 se refiere a los "derechos fundamentales", en tanto que la ciudadanía de la Unión y los derechos anejos a ella aparecen en el artículo 7. En todo caso, esta concepción de la ciudadanía, desvinculada de los derechos fundamentales, refuerza su carácter excluyente, además de que supone una reducción del catálogo de los derechos fundamentales quizá no justificada.

282 L. Ferrajoli, *Derechos y garantías*, citado, pp. 57 y 117. Sobre la cuestion del reconocimiento de los derechos de la ciudadanía en la Carta, véanse también E. Bribosia, "La protection des droits fondamentaux", en P. Magnette (ed.), *La Constitution de l'Europe*, Bruselas, Institute d'Études Européennes de l'Université de Bruxelles, 2000, pp. 122-124; y C. Blumann, "Vers une Chart des droits fondamentaux de l'Union européenne", en *Territoires & Liberté: Mélanges en hommage du Doyen Yves Madiot*, Bruselas, Bruylant, 2001, pp. 205-207.

titularidad de algunos de ellos a los extranjeros. En primer lugar, el artículo 21.1 prohíbe "toda discriminación, y en particular la ejercida por razón de (...) nacimiento". ¿No es acaso una discriminación por razón de nacimiento el negar algunos derechos fundamentales a los extranjeros? Porque resulta obvio que la propia condición de extranjero es consecuencia del lugar de nacimiento de las personas. En segundo lugar, el artículo 19 (relativo a la protección en caso de devolución, expulsión y extradición) establece en su párrafo 2 que "nadie podrá ser devuelto, expulsado o extraditado a un Estado en el que corra un grave riesgo de ser sometido a (...) tratos inhumanos o degradantes". Es muy posible que el hambre, las enfermedades, la falta de agua potable o el analfabetismo no estuvieran en la cabeza de los que redactaron esta cláusula; sin embargo, los países UE devuelven a miles de inmigrantes a sus países de origen,e xpuestos a sufrir lo que el texto indica. En efecto, pocas cosas hay más degradantes que permitir que alguien pueda morirse de hambre, o impedir que pueda llevar una vida mínimamente digna. Nada más degradante, para ellos y para nosotros, que el espectáculo cotidiano de las pateras.

2.3. Los derechos humanos como fundamento de la ciudadanía

En la *Explicación* que la Comisión hizo de cada uno de los puntos de la Carta señala que la dignidad humana "*no sólo es en sí un derecho fundamental, sino que constituye la base misma de los derechos fundamentales. La Declaración Universal de Derechos Humanos de 1948 establece este principio en su preámbulo: "[...] Considerando que la libertad, la justicia y la paz en el mundo tienen por base el reconocimiento de la dignidad intrínseca y de los derechos iguales e inalienables de todos los miembros de la familia humana". Se deduce de ello, en particular, que ninguno de los derechos consignados en la presente Carta podrá utilizarse para atentar contra la dignidad de otras personas y que la dignidad humana forma parte de la esencia de los derechos consignados en la presente Carta. Por lo tanto, no podrá atentarse contra ella, incluso en el caso de limitación de un derecho."*

Esto significa que el fundamento de los derechos de ciudadanía del capítulo V, radica en la defensa de esa dignidad (dignidad que es universal). Y esa defensa se realiza a través del reconocimiento y garantía de los derechos humanos (que por el mismo motivo son universales). De modo que tales derechos necesariamente han de revestir la cualidad de universalidad sin exclusiones por motivos de nacionalidad.

La Carta en las disposiciones del Capítulo VII señala su carácter vinculante para con e las instituciones y organismos de la UE y para los gobiernos nacionales en caso de aplicación de la legislación de la UE. Así mismo señala que ninguna de sus disposiciones podrá interpretarse como limitativa o lesiva de los derechos humanos y libertades fundamentales reconocidos, en los respectivos ámbitos de aplicación, tanto por el Derecho de la Unión, el Derecho internacional y los convenios internacionales de los que son parte la Unión, la Comunidad o los Estados miembros, y en particular el Convenio Europeo para la Protección de los Derechos Humanos y de las Libertades Fundamentales, así como por las constituciones de los Estados miembros[283]. Dignidad humana, libertad, democracia, igualdad, Estado de Derecho y respeto de los derechos humanos son valores consagrados en los Tratados de la UE. La Carta de los Derechos Fundamentales de la UE es una declaración clara y firme de los derechos de los ciudadanos de la UE.

El Consejo de la Unión Europea Bruselas, el 25 de junio de 2012 destaca en tres anexos las '*Conclusiones de los trabajos sobre derechos humanos y democracia*', dentro del *Marco estratégico*

---

[283] Artículo 53 de la Carta.

y Plan de acción de la UE[284]. En el primero de estos anexos, el Consejo esbozó la determinación de la UE para promover los derechos humanos y la democracia en todo el mundo, para lo cual adoptó el *Marco estratégico de la UE sobre derechos humanos y democracia* para que sirviera de orientación para llevar a cabo el compromiso de la UE durante el periodo 2012-2020.

Por otra parte, hizo hincapié en la importancia de un Representante Especial de la UE para los Derechos Humanos a fin de mejorar la eficacia y la visibilidad de la política de derechos humanos de la Unión Europea. También reafirmó su compromiso en trabajar en estrecha cooperación con el Parlamento Europeo y la Comisión Europea, y con un espíritu de auténtica cooperación con la sociedad civil. Por último, sostuvo que la UE está comprometida en trabajar con los socios, los foros multilaterales y las organizaciones internacionales en el ámbito de los derechos humanos y la democracia[285].

En el Marco Estratégico, La Unión Europea sostiene la aplicabilidad jurídica universal de los derechos humanos. Insiste en su compromiso de fomentar y proteger todos los derechos humanos, tanto civiles como políticos, o económicos, sociales y culturales. Realiza un llamamiento a todos los Estados para que apliquen las disposiciones de la Declaración Universal de los Derechos Humanos y ratifiquen y ejecuten los tratados internacionales esenciales en materia de derechos humanos, inclusive los principales convenios sobre derechos laborales, así como los instrumentos de derechos humanos regionales. La UE se pronuncia en contra de cualquier intento de socavar el respeto a la universalidad de los derechos humanos[286].

---

284 Unión Europea, Consejo de la Unión Europea, "Derechos humanos y democracia: Marco estratégico y plan de acción de la UE", *doc. núm. 11417/12*. De 25 de junio de 2012.

285 Ibíd. p.. 3

286 Ibíd.,

Por su parte, la Comunicación Conjunta de la Comisión Europea y de la Alta Representante de la Unión para Asuntos Exteriores y Política de Seguridad "*Derechos humanos y democracia en el centro de la acción exterior de la UE – Hacia un enfoque más eficaz*", que evalúa el resultado de las políticas hasta la fecha y propone zonas para adoptar medidas futuras, constituye una contribución positiva al desarrollo de una estrategia de la UE sobre derechos humanos para fomentar estos objetivos a través de la acción exterior. La UE en sus acuerdos internacionales comerciales o de cooperación contienen una cláusula estipulando que los derechos humanos constituyen un elemento esencial de las relaciones con la UE[287]:

> "El respeto de los principios democráticos y los derechos fundamentales del hombre, [enunciados en la Declaración universal de los derechos humanos]/[tal como se definen en el Acta final de Helsinki y en la Carta de París por una nueva Europa] inspirará las políticas internas e internacionales de la Comunidad y [...del país o grupo de países de que se trate] y constituirá un elemento esencial del presente acuerdo.
> Cuando una parte considere que la otra parte ha incumplido una de las obligaciones que le impone el presente acuerdo, podrá adoptar las medidas oportunas. Salvo en casos de especial urgencia, deberá facilitar previamente al Consejo de Asociación toda la información pertinente necesaria para que se examine detenidamente la situación con objeto de hallar una solución aceptable para las partes."

Por ende, sería una inconsistencia o esquizofrenia jurídica tratar de deslindar los derechos de la Carta entre los considerados derechos humanos y los considerados fundamentales de la UE. Los derechos son un conjunto de piezas que forman un todo. No puede ser que para unos pocos esos derechos sean fundamentales (reconocidos y garantizados) mientras

---

287 Unión Europea, Parlamento Europea, "sobre la cláusula sobre derechos humanos y democracia en los acuerdos de la Unión Europea" *(2005/2057(INI))*, de 23 de enero 2006.

que para otros no lo sean. Si la Carta exige el reconocimiento universal derechos humanos y libertades fundamentales, en su ámbito propio de aplicación, no puede consagrar exclusiones. La ciudadanía debe abandonar el vínculo nacional y debe adquirir un estatus universal, centrada en la persona y en la defensa de su dignidad y los derechos básicos que son inherentes a todo ser humano.

Coincidimos con Teresa González Luna en la exigibilidad de los derechos humanos, como condición de ciudadanía, tendiendo a concretar los derechos humanos al margen de la ciudadanía nacional. La mera aspiración puede quedarse en papel mojado, que acaricia el oído y alimenta el intelecto pero que se muere de hambre en la realidad[288].

El reconocimiento de derechos a los migrantes exige la ampliación de la ciudadanía y su vinculación a la universalidad de los derechos humanos[289]. Frente a las limitaciones que impone la nacionalidad para que los no nacionales accedan a los derechos (incluyendo la participación y el reconocimiento de la diferencia), la vía de vincular la *ciudadanía* los derechos humanos se presentan como la verdadera opción, dada justamente su dimensión universal, es decir, supranacional[290]. La titularidad de los derechos humanos debe otorgase en razón de poseer la humanidad y no una nacionalidad. Los derechos son una respuesta a la vulnerabilidad en la que se encuentran principalmente los migrantes (documentados e indocumentados) que no poseen los derechos que pueden garantizar su autonomía social, económica, política y jurídica. Los derechos

---

288 González Luna, Teresa, "Los derechos humanos como condición de ciudadanía", La ventana, Vol. 2, N°. 15, 2002, p. 97

289 Estévez, Ariadna "¿Derechos humanos o ciudadanía universal? Aproximación al debate de derechos en la migración ", *Revista mexicana de sociología, Año 78, núm. 1, 2016,* p. 61

290 Ibíd. p. 70

humanos vinculados a la ciudadanía, constituyen un marco legal que protege a las personas que decidieron migrar o se vieron forzadas a hacerlo porque el azar las colocó en una nación que perdió la capacidad de generar oportunidades para la vida o que la nunca la tuvo[291].

Al margen de esto habría que ser realista e intentar conciliar los derechos humanos con la arraigada filosofía de los Estados Naciones en su desprendimiento de su ciudadanía nacional. La mejor manera a nuestro entender para esto es reformular los viejos criterios de residencia y nacimiento a la luz del ser humano y no en del Estado Nación, como eje de la llave a la membrecía de pleno derecho derechos.

Hay que devolver a la ciudadanía su carácter de estatus básico de las personas no de los nacionales. Y precisamente, el fenómeno de la pertenencia a estructuras supranacionales, como es el caso de la UE, facilita enormemente que el primario y último fundamento de la ciudadanía sean las personas y no los estados. De ahí que, si la UE inicia un acercamiento y tutelaje de los Derechos Humanos a la ciudadanía europea, todos los ciudadanos de la UE comenzarán a generar una identidad europea, congruente con su percepción de ser titulares de derechos ciudadanía más allá de su nacionalidad.

2.4. La iniciativa ciudadana "Ciudadanía de la UE para los europeos: Unidos en la diversidad a pesar del ius soli y del ius sanguinis"

La Comisión Europea registró sendas iniciativas europeas ciudadanas referentes a los derechos de los ciudadanos de la Unión, sobre la base de la retirada de un Estado miembro de

---

291 Ibídem.

la UE[292]. La primera iniciativa pide a la Comisión que separe la ciudadanía de la Unión de los conceptos tradicionales de la ciudadanía nacional de los Estados miembros, tomando como punto de mira la salida de la Unión del Reino Unido[293]. La primera iniciativa lleva por nombre "Ciudadanía de la UE para los europeos: Unidos en la diversidad, a pesar del *ius soli* y el *ius sanguinis*"[294] y la segunda "Conservación de la ciudadanía europea" (consultable el 2 de mayo de 2017).

La Comisión corroboró conforme al derecho de la Unión que ambas iniciativas cumplían con las condiciones necesarias para su registro en virtud del Reglamento sobre iniciativas ciudadanas europeas. Ambas iniciativas europeas solicitan a la Comisión que proteja la situación y los derechos de la ciudadanía de la UE, en el contexto de la retirada del Reino Unido de la Unión Europea.

La petición "*Ciudadanía de la UE para los europeos: Unidos en la diversidad, a pesar del* ius soli *y el* ius sanguinis", centra su argumento en los dos criterios básicos por los que, en los últimos 200 años, la gente obtiene su relación con el Estado nación: los criterios de *ius soli* y *ius sanguinis*. Menciona también

---

292 Unión Europea, "Decisión (UE) 2017/599 de la Comisión, de 22 de marzo de 2017, sobre la propuesta de iniciativa ciudadana denominada Ciudadanía de la UE para los europeos: Unidos en la diversidad a pesar del ius soli y del ius sanguinis, Diario Oficial *DO L 81, de* 28 de marzo de .2017, p. 18-19. (Aviso de la publicación: ésta contiene el texto del Tratado por el que se establece una Constitución para Europa, tal como se firmó en Roma el 29 de octubre de 2004 y se publicó en el Diario Oficial de la Unión Europea el 16 de diciembre de 2004 (DO C 310))

293 Admitida ell 22 de marzo de 2017.

294 Palmquist, Alexandra y Roeat Joep, Iniciativa ciudadana: "Ciudadanía de la Unión Europea para los europeos: Unidos en la diversidad, a pesar del ius soli *y el* ius sanguinis", *núm. de reg. de la Comisión: ECI(2017)000003*, de 27 de marzo de 2017.

las vicisitudes que suelen pasar los migrantes en el complejo proceso de naturalización[295].

El Consejo emitió su Decisión[296] sobre la primera iniciativa mencionada. En el artículo 4 del Reglamento 211/2011[297], consideró que la iniciativa '*Ciudadanía de la UE para los europeos Unidos en la diversidad en lugar del ius soli y del ius sanguinis*', remite a "la naturaleza y finalidad de la ciudadanía de la Unión, en particular en relación con la nacionalidad' (Considerando 1). La ciudadanía de la Unión se añade a la ciudadanía nacional sin sustituirla. Ser nacional de un Estado miembro es un requisito previo para ser ciudadano de la Unión. El que una persona tenga la ciudadanía de la Unión está, por lo tanto, supeditado a la pertenencia a la Unión de al menos uno de los Estados de los que esa persona sea nacional (Considerando 2). He ahí la importancia de la ciudadanía nacional. El acceso a ésta es prerrequisito automático de la otra.

En consecuencia, sólo hay una vía para ser ciudadano de la Unión. El entramado está en que esa única vía tiene un antecedente cuasi infinito. Son veintisiete bases con un incontable número de casos y circunstancias. Ahora este vínculo entre la nacionalidad de un Estado miembro de la Unión y la ciudadanía

---

295 Flock Brexit, "Ciudadanía de la UE para los europeos: Unidos en la diversidad, a pesar del ius soli y el ius sanguinis", [En línea] *flock brexit.com,* [Consultado el 18 de abril de 2017] Disponible en https://flockbrexit.wordpress.com/es/

296 Unión Europea, "Decisión (UE) 2017/599 de la Comisión, de 22 de marzo de 2017, sobre la propuesta de iniciativa ciudadana denominada «Ciudadanía de la UE para los europeos: Unidos en la diversidad a pesar del ius soli y del ius sanguinis» [notificada con el número C(2017) 2001], *Diario Oficial L 81* de 28 de marzo de 2017 p. 18-19.

297 Unión Europea, "Reglamento (UE) 211/2011 del Parlamento Europeo y del Consejo, de 16 de febrero de 2011 , sobre la iniciativa ciudadana" *Diario Oficial L 65,* 11 de marzo de 2011, p. *1-22.*

de la Unión está establecido en los Tratados. Claro, como señala el Comité, de momento no existe base jurídica alguna en los Tratados que faculte a las instituciones de la UE para adoptar un acto jurídico de la Unión para los fines de la aplicación de los Tratados con objeto de conceder la ciudadanía de la Unión a personas que no tengan la nacionalidad de un Estado miembro de la Unión (Considerando 3).

Por otra parte, se afirma que la UE puede adoptar un acto jurídico de la Unión para los fines de la aplicación de los Tratados en el ámbito de los derechos de los nacionales de terceros países que residan de forma regular en un Estado miembro, incluidas las condiciones que rigen la libertad de circulación y de residencia en los demás Estados miembros de la UE. Un acto jurídico de este tipo puede, por lo tanto, conferir determinados derechos similares a los que confiere la ciudadanía de la Unión a los ciudadanos de un Estado que se haya retirado de la Unión con arreglo al artículo 50 del TUE. (Considerando 4). Interesante, necesario, pero no sufriente. ¿Por qué no establecer normas comunes para la otorgación de la ciudadanía nacional, tanto a "naturales" como a "naturalizados" en potencia?

Si bien el Tratado de la Unión Europea (TUE) consolida la ciudadanía de la Unión y refuerza aún más el funcionamiento democrático de la misma al disponer, entre otras cosas, que todo ciudadano tiene derecho a participar en la vida democrática de la Unión mediante una iniciativa ciudadana de la UE. (Considerando 5). Empero, de nada sirve si no se es ciudadano, claro está, o no se tiene acceso a ello. Está claro que, para ejercer las iniciativas, los procedimientos y requisitos necesarios aplicables a la iniciativa ciudadana deben ser claros, sencillos, fáciles y proporcionados a la naturaleza de la misma, de modo que se fomente la participación de los ciudadanos y que la Unión sea más accesible. (Considerando 6). Ahora bien, ¿no es el ser ciudadano el principal requisito? Si bien es cristalino la forma de acceso y requisito de la ciudadanía de la UE, su presupuesto, la ciudadanía nacional de los Estados miembros, es caótica. Esto resta o eclipsa el avance de derechos de la ciudadanía de la UE.

Debido a estas razones, entiende la Comisión que procede considerar que la propuesta de iniciativa ciudadana, en la medida en que tiene por objeto una propuesta de acto jurídico de la Unión para los fines de aplicación de los Tratados en el ámbito de los derechos de los nacionales de terceros países que residan legalmente en un Estado miembro, incluidas las condiciones que rigen la libertad de circulación y de residencia en los demás Estados miembros de la UE y, en particular, conferir determinados derechos similares a los derivados de la ciudadanía de la Unión a los ciudadanos de un Estado que se haya retirado de la Unión con arreglo al artículo 50 del TUE, no está manifiestamente fuera del ámbito de competencias de la Comisión para presentar una propuesta relativa a un acto jurídico de la Unión para los fines de la aplicación de los Tratados de conformidad con el artículo 4, apartado 2, letra b), del Reglamento (Considerando 7).

Aun así, no se ha percatado que el acceso al prerrequisito '*ciudadanico*' es imperante. Es posible que su inobservancia se deba a la naturalidad de lo fácil que tienen los ciudadanos nacionales de los Estados miembros en trasmitir su ciudadanía nacional vía sanguínea. Quizás por ello no se plantean los modos de adquisición ya que desde adentro es más fácil y mejor. En esta propuesta se trata pues, de blindar los derechos de la ciudadanía de la UE aun en el caso de la retirada de un Estado miembro de la Unión y sus efectos de modo que esos derechos de los ciudadanos queden garantizados por el Derecho de la Unión.

Por otra parte, la iniciativa ciudadana *"Ciudadanía de la UE para los europeos: Unidos en la diversidad, a pesar del* ius soli *y el* ius sanguinis*"*, pierde de vista que en realidad el problema no está en el derecho de suelo o de sangre. Todo lo contrario. Estos derechos aseguran y afianzarían la ciudadanía de la UE en la medida que ésta fuera primaria y única, pero el problema radica en que la base radica en la nacionalidad de los Estados miembros. El asunto es establecer desde la Unión criterios unificados y comunes para la otorgación de la misma. Ya hay historial de normativas unificadoras en la tarea de establecer normas comunes. La soberanía no sería un obstáculo. Una normativa desde la UE que contenga los propios criterios utilizados por los miembros a la hora de otorgar sus respectivas ciudadanías nacionales no tiene por qué general rechazo. Lo que se debe buscar en un consenso para unificarlos y normativizarlos. Siempre dejando puertas abiertas para que los Estados miembros en el ejercicio facultativo de sus competencias, bien exclusivas o compartidas pueden otorgar su ciudadanía nacional a voluntad. Es ya es de por sí una disposición que es poco confortable y que es muy difícil, a nuestro entender de combatir. Por lo que una directiva sería una solución para el dilema. Lo que queda por resolver es qué es Europa y quiénes son los europeos de esa Europa para los europeos.

3. IDENTIDAD EUROPEA Y SUPRANACIONALIDAD DE LA UE

Como indica Albert Galinsoga, no es irrazonable admitir que surjan estructuras jurídicas supranacionales, como la UE, dominantes en el mundo contemporáneo, que se fundamentan sobre una nueva concepción del Estado[298]. En el Marco de la Unión Europea, Manuel Fondevila[299] señala que existen

---

[298] Galinsoga , Albert , "La naturaleza jurídica de la Unión Europea en el Proyecto de Tratado que instituye una Constitución para Europa ", *Jean Monnet/Robert Schuman Paper Series Vol. 5 núm. 2* February 2005, p. 2

[299] Fondevila Maró, Manuel "La disolución de la soberanía en el ámbito estatal: Los efectos de la integración europea" *Estudios Constitucionales*, Año 7, núm. 1, 2009, p. 222

dos posturas principales. La primera es la que niega el carácter constitucional de los tratados, lo que conlleva a afirmar el carácter originario del ordenamiento jurídico de la Unión que tiene la capacidad de decidir sobre su propio futuro. La otra postura, por el contrario, afirma que ya existe una Constitución Europea, que se concreta en las prescripciones de los Tratados. Coincidiendo con Fondevila, no creemos que los Tratados constitutivos, aun llamándose Tratados Constitutivos sean una Constitución en sentido estricto. El profesor apunta, entre otras razones, a que en estos casos los sujetos que participan en su elaboración son únicamente los Estados y un constitucionalismo exige la soberanía del Pueblo y no de sus Estados. Coincidimos y añadimos que una Constitución solo puede serlo en el marco de un Estado Nación, no de una 'organización internacional 'con estructuras *similares* a las de un Estado Nación.

Antonio La Pérgola[300], ve a la Unión Europea como una especie de confederación de Estados. Subraya que una diferencia principal entre esta forma confederada moderna y la clásica sería el efecto directo de las normas sobre los ciudadanos; no obstante, como consecuencia lógica, es forzoso concluir, que la soberanía, al igual que en la confederación clásica, pertenece al pueblo de los Estados miembros. Aclara, sin embargo, que existe un hecho que impide que la Unión Europea pueda considerarse como una federación *per se*: la inexistencia de un pacto social al respecto. Añade que, como resultado de ello, no existe un *pueblo europeo,* debido a la falta de homogeneidad entre los europeos. Opinión que no compartimos del todo. Primero, porque la UE no es sinónimo de Europa; y segundo, porque la UE a través de su construcción sí que ha ido hilvanando una identidad homogénea. Identidad que a pesar de

---

300 La Pérgola, Antonio "La Confederación. 2. La forma moderna: "El federalismo y sus contornos", en, *Los nuevos senderos del federalismo,* Madrid, 1994

la heterogeneidad de sus Estados miembros y sus habitantes, se ha ido homogeneizando en el prisma de la construcción de la UE. Una identificación que es necesaria pero no suficiente para su completa transformación en el *Pueblo de la Unión Europea,* que se consumará el día que se convierta en los Estados Unidos de Europa. El que la homogeneidad no sea definitiva no significa que no esté latente y que se siga construyendo. El hecho de que la retirada voluntaria de un Estado miembro sea efectiva o posible[301] da fuerza a la voluntariedad de la permanecía de la Unión.

3.1. La soberanía débil de la UE

Lo que sí nos parece evidente es que la *soberanía* no reside en la UE sino que reside en los Estados-nación miembros. La Unión Europea tiene aquellas competencias que han pactado sus socios, directas o indirectas. Esto no le otorga soberanía, pero sí poder de actuación como consecuencia de los 'poderes' otorgados. La UE tiene una especie de *soberanía blanda,* subsidiaria, o '*corolaria*'. En otras palabras, la UE ha ido generando recortes a la soberanía de los estados, a causa del incremento de cooperación en lo económico, monetario, financiero, aduanero, etc., actuando, de este modo, en el mismo sentido que la globalización[302].

La soberanía o su debilitación es muy patente en la UE. En primer lugar, resulta conveniente recordar que el Derecho comunitario posee un carácter preferencial y prevalente frente a los sistemas internos de cada uno de los distintos Estados miembros, de manera que, van a primar las normas comunitarias por encima de las normas nacionales. La mencionada

---

301 El caso de Gran Bretaña.

302 Madrazo Rivas, Enrique, *La soberanía: la evolución del concepto hacia una perspectiva internacional,* Madrid, Dykinson, 2010, p. 237.

característica relatada es considerada como de vital importancia para entender el sistema de integración que se lleva a cabo desde la Unión Europea. Este carácter preferente de las normas comunitarias se traduce en que van a ser prioritarias, en cuanto a su aplicación formal se refiere, que se impondrán de forma directa, en el contexto de los distintos sistemas nacionales de los Estados miembros. Dicho de otro modo, tal y como establece reiterada jurisprudencia del TJUE[303], el Derecho comunitario puede ser invocado de manera directa ante los Tribunales nacionales[304]. Igualmente, los resultados de los efectos directo e indirectos de la aplicabilidad directa e indirectas de las normas comunitarias, no son otro que el de la reducción, o mejor, de la puesta en común de ciertas parcelas de soberanía por parte de los Estados miembros, lo que viene a constituir un pilar esencial del proceso de integración de la Europa de la UE[305]. El quehacer de las relaciones de la UE y sus Estados miembros muestran que ha habido una amplia cesión de soberanía[306]. Sólo se cede aquello que se posee.

La Unión Europea es aún una organización internacional *sui generis*, que aún no ha llegado a su mayoría de edad y necesita de mecanismos o artificios de cohesión jurídica que, de algún modo, subsanen el desfase de su pubertad. Esta mayoría de edad llegará el día en que la UE se convierta en los Estados Unidos de Europa. Mientras tanto, utiliza sus los medios menos coercitivos y que menos reticencias puedan suscitar frente

---

303 Tribunal de Justicia Europeo, Sentencia de 26 de octubre de 2006 *Asunto C-31705 G. Pohl-Boskamp GmbH & Co. KG contra Gemeinsamer Bundesausschuss.*

304 Molina del Pozo, Carlos Francisco, "Aplicación del Derecho comunitario y potestad sancionadora en el contexto de la Unión Europea" *Asamblea, núm. 25*, 2011, p. 9.

305 Ibídem.

306 Punset Banco, Ramón, "Soberanía estatal e integración europea", cit., p. 147.

al bien que los Estados miembros consideran más preciado: la soberanía. Así las cosas, la UE tiene un vehículo jurídico que por su lugar dentro del ordenamiento es el que menos fricción genera con sus miembros: la *directiva*. Una directiva lo que hace es vincular a todos los Estados de la Unión (o bien a un Estado en particular), de modo que se realice el fin pretendido en un plazo determinado, dejando, empero, que sean las propias autoridades nacionales las que tomen las acciones pertinentes en cuanto a la elección de la forma y los medios adecuados a tal fin que ha de alcanzarse. Por todo esto, podemos concluir que la soberanía de los estados y la falta de una soberanía originaria en la UE no es un obstáculo para la construcción de una *ciudadanía de la Unión*, homogénea o común, que podría ser el principal motor de esta, pero respetando los residuos que de la soberanía nacional quedan en los Estados. El vehículo perfecto para compatibilizar ambas exigencias es la *Directiva* y el mecanismo indirecto para su obligado cumplimiento dentro de la UE, el medio más eficaz para conseguirlo.

El proceso de integración comunitaria y la transferencia de competencias que ha comportado ha alterado la posición que constitucionalmente tienen asignada los Parlamentos nacionales en sus respectivos ordenamientos, habiendo quedado relegados a un papel secundario y visto limitado su margen de actuación[307]. Es que a progresiva transferencia de competencias a nivel comunitario y la ampliación del proceso de integración hacia ámbitos tradicionales del núcleo duro de la soberanía estatal han puesto, por tanto, en primer plano la discusión sobre el tema del déficit democrático de la Unión. Aunque más

---

[307] Galinsoga , Albert , "La naturaleza jurídica de la Unión Europea en el Proyecto de Tratado que instituye una Constitución para Europa " cit. p.26

que hablar de déficit democrático debería hablarse de déficit constitucional de la misma.[308]

Es casi innegable que la relación comunidad-Estado ha evolucionado al punto de adquirir una complejidad considerable, no obstante, no han desaparecido los rasgos esenciales que constituyen esa relación[309]. La soberanía se ha ido transformando en la medida que las necesidades así lo han requerido. Esta ha exacerbado un carácter dinámico. Gracias a la globalización y de las organizaciones supranacionales, nos encontramos ante una transformación de la misma[310]. Dentro de estas trasformaciones vemos que todas las competencias que tienen a unificar los modelos supranacionales son claro ejemplo de esta dinamización.

3.2. La soberanía UE y el reparto de competencias

En la UE, vemos, por ejemplo, la evolución de la soberanía en el reparto de competencias. Es posible que esta 'soberanía' también haya evolucionado lingüísticamente o se halla difuminado bajo la sombra de las competencias. Como se sabe la UE solo tiene aquellas competencias atribuidas- ¿otorgadas? por los Tratados bajo el manto del principio de atribución de las competencias que le han imputado los países miembros en los Tratados con el fin de alcanzar objetivos previstos en el mismo. Así por el principio del tercero excluido, aquellas competencias no atribuidas a la UE mediante Tratados pertenecen a los

---

308 Ibíd. p. 27

309 Torres Azkune Jon, "Democracia, soberanía y populismo en la Unión Europea: La emergencia de la izquierda independentista escocesa", cit., p. 35

310 Ibídem. en referencia a Sassen, Saskia. *¿Perdiendo el Control? La soberanía en la era de la globalización*, Barcelona , Bellaterra, 2001

países de la UE. ¿Dicho de otro modo? Aquellas competencias que los Estados miembros no han cedido les pertenecen.

Aunque El Tratado de Lisboa explica el reparto de competencias entre la UE y sus Estados miembros, El Tratado de Lisboa no transfiere nuevas competencias exclusivas a la Unión introduce una nueva dimensión, en iniciativa ciudadana, más participación y protección de los ciudadanos. Esto ayuda a la transparencia. Creando un nuevo orden institucional al modificar los procesos de toma de decisiones en aras de una mayor eficacia de modo, cambia la forma en que la Unión ejerce sus competencias ya existentes, a las que se suman algunas competencias nuevas (compartidas). De este modo, garantiza asimismo un mayor nivel de control parlamentario y responsabilidad democrática[311].

A) Competencias exclusivas (artículo 3 del TFUE)

Solo la UE es competente para legislar y adoptar actos vinculantes a los Estados miembros. Los países estarían capacitados para ejecutar estas competencias en aquellos casos en que estén autorizados por la UE.

La Unión dispondrá de competencia exclusiva en los ámbitos siguientes:

a) la unión aduanera; b)

b) el establecimiento de las normas sobre competencia necesarias para el funcionamiento del mercado interior;

c) la política monetaria de los Estados miembros cuya moneda es el euro;

---

[311] Novak, Petr y Raffaelli, Rosa, "El Tratado de Lisboa", *Fichas técnicas*, 2017

d) la conservación de los recursos biológicos marinos dentro de la política pesquera común;

e) la política comercial común.

La Unión dispondrá también de competencia exclusiva para la celebración de un acuerdo internacional cuando dicha celebración esté prevista en un acto legislativo de la Unión, cuando sea necesaria para permitirle ejercer su competencia interna o en la medida en que pueda afectar a normas comunes o alterar el alcance de las mismas.

B) Competencias compartidas (artículo 4 del TFUE):

Tanto la UE y los Estados miembros de la UE tienen capacidad para legislar y adoptar actos jurídicamente vinculantes. Los Estados miembros de la UE ejecutan sus propias competencias en aquellos ámbitos en los que la UE no ejerza o haya decidido no ejercer su propia competencia.

La Unión dispondrá de competencia compartida con los Estados miembros cuando los Tratados le atribuyan una competencia que no corresponda a los ámbitos mencionados en los artículos 3 y 6. 2. Las competencias compartidas entre la Unión y los Estados miembros se aplicarán a los siguientes ámbitos principales:

a) el mercado interior;

b) la política social, en los aspectos definidos en el presente Tratado;

c) la cohesión económica, social y territorial;

d) la agricultura y la pesca, con exclusión de la conservación de los recursos biológicos marinos;

e) el medio ambiente;

f) la protección de los consumidores;

g) los transportes;

h) las redes transeuropeas;

i) la energía;

j) el espacio de libertad, seguridad y justicia;

k) los asuntos comunes de seguridad en materia de salud pública, en los aspectos definidos en el presente Tratado.

l) En los ámbitos de la investigación, el desarrollo tecnológico y el espacio, la Unión dispondrá de competencia para llevar a cabo acciones, en particular destinadas a definir y realizar programas, sin que el ejercicio de esta competencia pueda tener por efecto impedir a los Estados miembros ejercer la suya.

En los ámbitos de la cooperación para el desarrollo y de la ayuda humanitaria, la Unión dispondrá de competencia para llevar a cabo acciones y una política común, sin que el ejercicio de esta competencia pueda tener por efecto impedir a los Estados miembros ejercer la suya.

C) Competencias de apoyo (artículo 6 del TFUE):

El papel de intervención de la UE meramente apoyo, coordinación o complementar la acción de los países de la UE.

La Unión dispondrá de competencia para llevar a cabo acciones con el fin de apoyar, coordinar o complementar la acción de los Estados miembros. Los ámbitos de estas acciones serán, en su finalidad europea:

a) la protección y mejora de la salud humana;

b) la industria;

c) la cultura;

d) el turismo;

e) la educación, la formación profesional, la juventud y el deporte;

f) la protección civil;

g) la cooperación administrativa.

D) Competencias específicas o particulares (artículo 5 del TFUE):

La UE podría adoptar medidas que garanticen la coordinación de los Estados miembros en cuanto a sus políticas económicas, sociales y de empleo a escala de la UE.

Los Estados miembros coordinarán sus políticas económicas en el seno de la Unión. Con este fin, el Consejo adoptará medidas, en particular las orientaciones generales de dichas políticas.

Se aplicarán disposiciones particulares a los Estados miembros cuya moneda es el euro.

La Unión tomará medidas para garantizar la coordinación de las políticas de empleo de los Estados miembros, en particular definiendo las orientaciones de dichas políticas.

La Unión podrá tomar iniciativas para garantizar la coordinación de las políticas sociales de los Estados miembros.

El ejercicio de estas competencias por parte de la UE se circunscribe a principios fundamentales que emanan del artículo 5 del Tratado de la Unión Europea:

1. La delimitación de las competencias de la Unión se rige por el principio de atribución. El ejercicio de las competencias de la Unión se rige por los principios de subsidiariedad y proporcionalidad.

2. En virtud del principio de atribución, la Unión actúa dentro de los límites de las competencias que le atribuyen

los Estados miembros en los Tratados para lograr los objetivos que éstos determinan. Toda competencia no atribuida a la Unión en los Tratados corresponde a los Estados miembros.

3. En virtud del principio de subsidiariedad, en los ámbitos que no sean de su competencia exclusiva, la Unión intervendrá sólo en caso de que, y en la medida en que, los objetivos de la acción pretendida no puedan ser alcanzados de manera suficiente por los Estados miembros, ni a nivel central ni a nivel regional y local, sino que puedan alcanzarse mejor, debido a la dimensión o a los efectos de la acción pretendida, a escala de la Unión.
4. Las instituciones de la Unión aplicarán el principio de subsidiariedad de conformidad con el Protocolo sobre la aplicación de los principios de subsidiariedad y proporcionalidad. Los Parlamentos nacionales velarán por el respeto del principio de subsidiariedad con arreglo al procedimiento establecido en el mencionado Protocolo.
5. En virtud del principio de proporcionalidad, el contenido y la forma de la acción de la Unión no excederán de lo necesario para alcanzar los objetivos de los Tratados. Las instituciones de la Unión aplicarán el principio de proporcionalidad de conformidad con el Protocolo sobre la aplicación de los principios de subsidiariedad y proporcionalidad.

De este modo, no resulta extraño lo que señala Azkune Torres, en cuanto a que las concepciones que relacionan las demandas nacionales con la identidad y la cultura —en lugar de con demandas políticas y socioeconómicas— tienden a separar la identidad cultural de su dimensión territorial, de sus instituciones políticas y de sus estructuras socioeconómicas. Concluye que así separan las reivindicaciones nacionalistas de las reivindicaciones democráticas más amplias. Lo que tiende a hacernos ver que se trata de luchas democráticas a ser reenfocadas ya no desde una perspectiva de integración de una identidad nacional, sino afrontando estructuras políticas y sociales y económicas que demandan una comunidad política basadas en valores universales. La soberanía se ha privatizado dentro de la UE. Para nosotros se ha empoderado institucionalmente dejando a los Estados miembros los restos, a los cuales estos se aferran. Toda vez que en el ejercicio de su soberanía y de su cualificación y aptitud de ingresar, han decidido convertirse en miembros, con todo lo que conlleva. No obstante, desde ese mismo poder soberano, se puede pretender también recuperar el empoderamiento soberano total, separándose de la Unión, como es el caso del Reino Unido[312].

Una Constitución de Europa estaba destinada al fracaso, como señalaba Solozabal Echevarría[313], toda vez que una reorganización política comunitaria la soberanía de los Estados dejara de ser un elemento imprescindible de la Unión, en su constitución y funcionamiento. La Constitución dejaba de apoyarse en una soberanía estatal, para incorporarse a un orden superior, con una única fundamentación: la de un poder constituyente europeo. Se produciría así una especie de disolución del Estado, como orden político independiente y soberano, en una nueva organización política o super-estado, que lo sustituiría[314].

---

312 Torres Azkune Jon, "Democracia, soberanía y populismo en la Unión Europea: La emergencia de la izquierda independentista escocesa", cit., p.37

313 Solozabal Echevarría, Juan José, "El Tratado Constitucional europeo y la reforma de la Constitución española" *Revista del. Ministerio de Trabajo y Asuntos Sociales* 57, p.33

314 Ibíd., 40

Frances Granell por su parte nos recuerda que la Constitución habría supuesto un gran paso en la integración europea, puesto que aunque se era tratado entre Estados soberanos su recorrido le daba una dimensión políticamente más significativa que cualquier otro tratado de la Unión, Maastricht incluido, con sus pilares y moneda única. A pesar de que todos los gobiernos dieron su visto bueno a través del 'sí quiero' no fue posible su completa ratificación debido a los 'noes' de Francia, y Holanda. En una reunión de los jefes de Estado de la UE convocada por la canciller alemana Ángela Merkel en Berlín conmemorando el 50 aniversario de los Tratados de Roma, se dio a conocer que muchos Estados miembros eran reticentes a respectos a las cesiones de soberanía que ellos mismos habían firmado cuando dieron su sí al Tratado Constitucional. Se hizo patente que muchos Estados miembros estaban dispuestos a aceptar una "Mejor Europa" pero no "más Europa" según prendía el Tratado Constitucional[315].

3.3. ¿Ciudadanía de derechos, sin deberes específicos?

Un aspecto ausente de todos los debates teóricos, de los informes, hojas informativas y eurobarómetros es el alusivo a los deberes de ciudadanía. En el informe de 2013, *Ciudadanos de la UE: vuestros derechos, vuestro futuro.* (2013/2186–INI) se enuncian diversas medidas para eliminar los obstáculos al ejercicio de los derechos de la UE por parte de los ciudadanos. Estas abarcan seis ámbitos: eliminación de obstáculos para los trabajadores y los aprendices en la UE; reducción de la burocracia en los Estados miembros; protección de los más vulnerables de la UE; eliminación de barreras a las compras en la UE; información

---

315 Granell Trías, Francesc, "Del intento de Constitución al Tratado de Reforma" *Separata de Economía exterior, núm. 42,* 2007, p.1-2

específica y accesible en la UE; participación en la vida democrática de la UE. Pero ¿Dónde están los deberes?

Josephine Shaw[316] señalaba en su trabajo que uno de los problemas clave, en el contexto de la UE, de las concepciones actuales de la ciudadanía es la poca atención que ha recibido lo que ha llamado 'problema del deber'. Tanto los Tratados anteriores como en el de Lisboa, se establece que "los ciudadanos de la Unión son titulares de los derechos y están sujetos a los deberes establecidos en los Tratados". Apunta Shaw, acogiendo la sugerencia de Meehan[317], la conveniencia de introducir una posible lista de deberes de la ciudadanía: el deber de pagar impuestos; obedecer las leyes o votar, entre otras. Ciertamente los deberes podrían estar implícitos. En los informes no se habla y en los eurobarómetros no se ha preguntado nada sobre este respecto. No obstante, de la ciudadanía de la EU podrían derivarse, quizás, tres grandes grupos de deberes. En primer lugar, deberes directos: aquellos expresamente consagrados en los tratados para el acceso a los derechos. En segundo lugar, los deberes implícitos: los que se hallen dentro del ya reconocido nivel de Tratados de la Carta de Derechos Fundamentales. En estos podría incluirse la los que se deducen de la interpretación que los diferentes Tribunales, estatales y supranacionales, han hecho de los derechos. En tercer lugar, los deberes subsidiarios o residuales; es decir, los deberes exigidos por los Estados miembros en cuestión[318].

---

316 *Shaw, Josephine, "Citizenship of the union: Towards Post-National Membership?" [En línea], Harvard Jean Monnet Working Paper 6/97,* [consultado el 3 de noviembre de 2016] Disponible en http://www.jeanmonnetprogram.org/archive/papers/97/97-06-.html

317 Soysal, Yasemin Nuhoglu, *Limits of Citizenship. Migrants and Postnational Membership in Europe,* Chicago/London, University of Chicago Press, 1994, p.159

318 Kirsch, Guy "The New Pluralism: Regionalism, Ethnicity, and Language in Western Europe" Knop, Karen, *Rethinking Federalism: Citi-*

Como indica Shaw es complicado identificar deberes, en especial en el caso de la UE donde a nivel organizacional no se ha desarrollado este concepto alineado con el de ciudadanía. No obstante, muchos derechos están estrechamente ligados a deberes (derecho al voto / deber de votar, derecho a la seguridad social / deber de trabajar), los dos conjuntos de problemas son solubles a nivel de la UE[319], sobre todo cuando se cuenta con los medios y financiación para ello.

4. CIUDADANÍA DE LA UNIÓN EUROPEA E IDENTIDAD EUROPEA

Como señala el *Euro-Barómetro* 430, de primavera de 2016, la ciudadanía de la UE está en el centro del proyecto europeo. La ciudadanía de la UE es adicional y no sustituye a la ciudadanía nacional. La Comisión Europea se ha comprometido a garantizar que los derechos de ciudadanía de la UE se traduzcan en un valor añadido para los ciudadanos europeos. Este valor añadido y compromiso de la EU, deriva de las iniciativas o campañas de la UE para el fortalecimiento y aumento de la conciencia acerca de la ciudadanía de la UE, paralelamente al crecimiento del "sentimiento" o la "identificación" de los ciudadanos de los Estados miembros con la UE.

Para comprobar esto, tomaremos la información vertida por la propia UE en los Euro-Barómetros (EB) y los informes sobre Ciudadanía (IC). En ellos se distinguen tres apartados: a) sentido o sensación que tienen los entrevistados para con la ciudadanía de la UE; b) sentido o sensación de la ciudadanía

---

zens, Markets, and Governments in a Changing World, Vancouver, University of British Columbia Press, 1995, p. 59.

319 *Shaw, Josephine, "Citizenship of the union: Towards Post-National Membership?", [En línea], Harvard Jean Monnet Working Paper 6/97, cit.*

de la UE en comparación con el sentido de la ciudadanía del Estado miembro y c) elementos para fortalecer el sentido de ciudadanía europea.

4.1 La sensación de los ciudadanos sobre la ciudadanía de la UE

En el capítulo III del **IC de Otoño de 2013**, se percibe un sentido ligeramente débil de la ciudadanía de la UE. Menos de seis de cada diez se consideran ciudadanos, dato ligeramente inferior a la encuesta del EB de primavera de 2013 (59%, -3 puntos porcentuales, frente a 40%, +3).

Dos de cada diez europeos ahora sienten que Son "definitivamente" ciudadanos de la UE (20%, -2). El sentido de ciudadanía era más pronunciado en los países de la zona del euro (62%) que en los países no pertenecientes a la zona del euro (54%). El sentido de ciudadanía europea era compartido por la mayoría de los encuestados en 23 Estados miembros, con una puntuación del 70% o más en ocho de ellos: Luxemburgo (85%), Malta (74%), Alemania (73%), Finlandia (73%), Estonia (72%), Dinamarca (71%), Eslovaquia (70%) y Bélgica (70%). No obstante, sólo una minoría de los encuestados se consideran ciudadanos de la UE en Bulgaria (49% frente a 50%), Chipre (46% frente a 54%), Italia (45% frente a 53%), Reino Unido (42% versus 56%) y Grecia (42% frente a 58%).

En Croacia, que se adhirió a la Unión Europea el 1 de julio de 2013, la mayoría de los encuestados comparten este sentido de la ciudadanía de la UE. (58% de las personas en Croacia se consideran ciudadanos de la UE Ciudadanos, mientras que el 42% no). El sentido de la ciudadanía europea no ha ganado terreno significativo en ningún Estado miembro Desde la primavera de 2013, pero ha disminuido en Italia (45%, -7 puntos porcentuales), Malta (74%, -7), Eslovaquia (70%, -6) y Reino Unido (42%, -6). Viendo el caso de Croacia e Italia, -miembros que uno de recién incorporación y el otro de una más remota.- no parece a simple vista que el tiempo de permanecía en la Unión sea un elemento de fuerza de apego o no al sentimiento.

Por su parte el **EB 81, de primavera de 2014,** se reflejó un mayor sentido de la ciudadanía de la UE. Casi dos tercios de los europeos dicen sentirse ciudadanos de la Unión Europea (65%), un aumento de seis puntos en comparación con el EB del otoño de 2013 (EB-80), mientras que el 34% afirma no sentirse ciudadanos de la UE (-6 puntos). Son las opiniones más enfáticas que iban ganando terreno, así, más de un cuarto de los 'europeos' que ahora dicen que "definitivamente" sienten que son ciudadanos europeos (26%, +6). El sentimiento de la ciudadanía seguía siendo más pronunciado en los países de la zona del euro (67%, +5 puntos porcentuales en comparación con la encuesta de otoño de 2013), ganado más terreno fuera la zona del euro (61%, +7). Hubo aumento significativo en todos los países miembros, excepto en Luxemburgo donde el porcentaje se mantuvo igual.

En cambio, en el **EB-82 de otoño de 2014**, y a pesar que el sentido de la ciudadanía seguía siendo predominante, tuvo un ligero declive. Más de seis de cada diez europeos se sentían ciudadanos del Unión, ligeramente por debajo del EB de primavera de 2014 (EB-81) (63%, -2 puntos porcentuales, frente a 35%, +1). Esta disminución en el sentido de la ciudadanía se refiere a aquellos que se consideraban que son "definitivamente" ciudadanos de la UE (23%, -3), mientras que la proporción de ciudadanos que se consideran ciudadanos de la UE aumentó en cierta medida ligeramente (40%, +1). En los que respecta a los Estados miembros el sentimiento en términos generales – no específicos, como el de sentirse definitivamente ciudadanos de la UE- como se indicó aumentó. Como en las dos encuestas anteriores, la sensación de ser ciudadano de la UE es más generalizada en los países de la zona del euro (64%, -3 puntos porcentuales desde la primavera de 2014) Que en los países no pertenecientes a la zona del euro (62%, +1). Sin embargo, el sentido de la ciudadanía continúa ganando terreno en los países no pertenecientes a la zona del euro: de 54% en otoño 2013, al 61% en la primavera de 2014 y al 62% en el otoño de 2014.

Por su parte en el **EB-83 de 2015**, el sentido de la ciudadanía la UE había alcanzado su nivel más alto desde que se formuló esta pregunta, en el EB Primavera de 2010 (EB-73). Los entrevistados que consideran que son "definitivamente" ciudadanos de la UE (27%, +4), mientras que la proporción de los que se consideran ciudadanos de la UE 'de aluna manera' no ha cambiado (40%). Como en las tres encuestas anteriores, la sensación de ser ciudadano de la UE es más extendida en aquellos países de la zona del euro (68%, +4 puntos porcentuales desde 2014) que en los países no pertenecientes a la zona del euro (64%, +2).

El sentido de ciudadanía la compartía la mayoría de los encuestados en los entonces 27 Estados miembros (frente a 25 en el otoño de 2014). Las opiniones en Grecia eran uniformes- recordemos la crisis griega-, se dividían el 50% siente que son ciudadanos de la UE, mientras que el 50% no. Esta fue la primera vez que desde la primavera de 2010 (EB73) que al menos 50% de los encuestados en cada Estado miembro se ven a sí mismo como ciudadanos de la UE. Sin embargo, todavía existen diferencias significativas entre los Estados miembros. El sentido de la ciudadanía es compartido por el 88% de los encuestados en Luxemburgo (donde está más extendida) y en un 50% en Bulgaria, por su parte es más débil en Chipre y Grecia.

Los EB realizan también un análisis socio demográfico. En el EB de 2013 se constata que el sentido de la ciudadanía de la UE era ligeramente superior en los varones (61% vs. 57 %).

a. Criterio socio-económico

El **EB-80 de otoño 2013**, señalaba que a pesar de que la mayoría de las categorías socio-profesionales se consideran ciudadanos de la UE, este sentimiento estaba más generalizado entre los ejecutivos (76%) que entre, trabajadores de cuello blanco (62%), trabajadores autónomos (61%), trabajadores manuales (57%) y desempleados (52%). Por su parte en los **EB- 81 de 2014**, se señalaba que el sentimiento de la ciudadanía de la UE había aumentado considerablemente entre los trabajadores autónomos (72%, +11 puntos porcentuales). Entre los ejecutivos (76%) no hubo cambio, y mejoró entre los trabajadores de cuello blanco (66%, +4), trabajadores manuales (62%, +5) y desempleados (56%, +4). El **EB 82- de 2015,** indicaba que sentimiento de ser ciudadano de la UE era también más pronunciado entre los ejecutivos (76%) y los estudiantes (74%) que entre los autónomos (66%), trabajadores de cuello blanco (65%) y trabajadores manuales (62%); y era menos extendidos entre desempleados (60%) y jubilados (58%) entre otros. A pesar de estas variaciones, la mayoría de los europeos en todas las categorías socio-profesionales compartir un sentido de ciudadanía de la UE.

Se desprende de los informes que existe una clara división entre el estado social y la situación financiera de los encuestados. El 67% de los que se colocan en la parte superior de la escala social y el 65% de los que casi nunca tuvieron dificultades económicas para pagar sus cuentas sentían ciudadanos de la UE, en comparación aquellos que se situaban en la parte inferior de la escala social (48% versus 50%) y más particularmente aquellos que regularmente luchan por pagar sus facturas (41% versus 57%). El mismo patrón se repitió en los EB 81,82 y 83, con algunas diferencias porcentuales. Siendo el mismo resultado concreto. Aquellos que se encantaraban en una posición socioeconómica favorable y/ privilegiadas tendían a sentirse más ciudadanos de la UE que aquellos que hubieron pasado dificultades económicas situados en clases socioeconómicas inferiores.

b. Criterio educativo-instrucción

El criterio educativo es igualmente homogéneo en los EB que hemos revisados estado describiendo detalladamente. Así, el **EB 80** reflejó que aquellos encuestados que estudiaron hasta los 20 años o más, son mucho más propensos a sentirse ciudadanos de la UE (70% de este grupo), los europeos que abandonaron la escuela antes de los 16 años (46/52 %)[320]. El **EB 81** indicó aquellos que abandonaron la escuela a los 15 años había alcanzado 5% más, convirtiéndose el no sentimiento de ciudadanía de la UE en una mayoría dentro de este grupo, mientras pasaba al contrario entre los que continuaron sus estudios hasta la edad de 20 años o más (73%, +3).

c. Criterio generacional

El criterio generacional se encuentra en los EB de autos. En ellos se ve reflejado que el sentido de la ciudadanía de la UE disminuye con la edad (64% entre los 15-24 años, 62% entre los 25-39 años, 59% entre los 40-54 años y 55% en los 55 años), incluso era compartida por la mayoría de los encuestados en todas las categorías de edad. Ya en el EB 81 se vio reflejado que el sentido de ciudadanía había aumentado en todas las categorías de edad, especialmente entre los jóvenes, donde se extendía más (75%, +11 puntos porcentuales entre los 15-24 años; 65%, +3 entre los 25-39 años grupo; 65%, +6 entre los 40-54 años; y 60%, +5 entre el grupo de 55 años o más).

---

[320] Los EB 82 y 83 reflejaron resultados muy similares

El **EB 82** por su parte fue un poco más específico en cuanto a señalar grupos generacionales. Nuevamente el sentido de la ciudadanía la UE disminuye con la edad. Reflejó que era sentido por un 71% del grupo de los 15-24 años de edad; 66% del grupo de los 25 a 39 años de edad; el 64% del grupo de los 40-54 años de edad y; el 59% del grupo de los de más de 55 años de edad. Así mismo, el 70% de los nacidos después de 1980 -generación "Y"-; 64% de los nacidos entre 1965 y 1980 -generación "X"-; el 63% de los nacidos entre 1946 y 1964 –"*baby-boomers*"- y el 55% de aquellos nacidos antes de 1946. En el EB se reflejó la misma relación generacional, con algún leve cambio porcentual.

d. Criterios variados

Un criterio repetido en los **EB 80 y 83** fue relacionado a la imagen de la UE. Respectivamente señalaron que el sentimiento de la ciudadanía de la UE está mucho más extendido entre aquellos que imagen positiva de la Unión Europea (82% cara al 18%) frente aquellos que tienen una imagen negativa (36% versus 63%), mientras que además de una imagen positiva (87%)-EB83- junto al euro (81%) se sienten ciudadanos de la UE, en comparación con aquellos para quienes la UE tiene una imagen negativa (35% frente a 64%) y los opositores al euro (48% frente a 51%). Ya el EB 82 señalaba aquellos encuestados que estaban a favor del *euro (€),* tendían a sentirse más ciudadanos de la EU que aquellos que se oponían a él (45%, versus 53%)[321].

Otros criterios de interés reflejados en el **EB 80** estaban relacionados al sexo de los entrevistados y a su sentido de representación en la UE. Se indicaba que el sentido de la ciudadanía

321 Nuevamente el EB utiliza este concepto.

de la UE era ligeramente más pronunciado entre los hombres (61%, que entre las mujeres 57%). Así mismo, era más pronunciado entre aquellos que consideraban que su voz cruentaba en la UE (81% frente a 18%), pero también era compartido por una estrecha mayoría de éstos que pensaban que su voz no contaba (50% frente a 49%).

4.2 Sentido de la ciudadanía de la UE en comparación la del propio Estado

La mayoría de los "europeos" encuestados se definen, se sienten y se ven como ciudadanos de la UE. Formulando la pregunta ¿Te ves a ti mismo cómo...? el **EB 80 de 2014**, pidió a los encuestados que compararan su sentido de ciudadanía de la UE con su sentido de la identidad nacional, formulando[322]. Sus respuestas demuestran que la mayoría de éstos se definían como ciudadanos de la UE (54%), en comparación con el 42% que se definían por su nacionalidad[323]. En el **EB de primavera del 2013** (EB-79) la pregunta fue ligeramente distinta. En aquella ocasión, se les preguntó a los encuestados cómo se veían "en un futuro próximo". La proporción de encuestados que se definieron sólo a raíz de su nacionalidad era inferior (38% frente al 59%) de los que se concebían como ciudadanos de la UE. Esto indica evidentemente que la formulación de las preguntas es más importante que las respuestas. El propio informe lo confirma al señalar (en su nota 13 a pie de página) que el cambio de redacción, que formula la pregunta

322 No se indica en el informe si se realizó alguna matización del concepto identidad nacional, ya que como se ha señalado, varía en los diferentes Estados miembros de la UE.

323 Generalmente el informe utiliza el concepto "ciudadano europeo"- "european citizen". Siguiendo nuestro argumento al traducirlo hemos optado por el concepto "ciudadano de la UE"

en presente y no en futuro, probablemente tuvo un impacto en las evoluciones observadas, en particular a nivel nacional.

Se señala que muchos de los entrevistados se definen primero como ciudadanos nacionales de sus respectivos Estados y luego como Ciudadanos de la UE (47%). Además, indica que sólo el 5 % de los entrevistados se ven ciudadanos de la UE y nacionales de sus respectivos países (es decir, Ciudadanos de la UE primero y luego de sus respectivos países). Termina indicando que sólo el 2% se veían únicamente como ciudadanos de la UE. Este último dato podría confundir y contradecir la afirmación que apuntaba a que más de la mitad de los encuetados se veían como Ciudadanos de la UE. La solución es sencilla. Ha sumado los porcentajes. Independientemente de cómo se veían primero, sea ciudadano de la UE o de sus países, o a secas de cualquiera de éstos, lo importante al sumarlo el porcentaje donde aparece la ciudadanía de la EU es mayor.

Por su parte en el **EB 81 de 2014,** al comparar el sentido de la ciudadanía de la UE con el sentido de la nacionalidad, una mayoría creciente de europeos dijo sentirse "ciudadanos europeos" (59%, +5 puntos porcentuales en comparación con el otoño de 2013, mientras que el 39%, -3 dijo que se definen únicamente por su nacionalidad estatal). De forma detallada surgió que más de la mitad de los encuestados se definieron primero por su nacionalidad y luego por su ciudadanía de la UE (51%, +4 puntos porcentuales). La proporción de encuestados que dicen que se definen primero por su la ciudadanía de la UE y luego por su nacionalidad siguió siendo pequeña (6%, +1); por otra parte, sólo el 2% dice que se considera a sí mismo únicamente como ciudadano de la Unión, lo que no demuestra cabios significativos.

Como era de esperar en el **EB 82 de 2015**, el sentido de la ciudadanía de la UE era mayor al sentido de la ciudadanía nacional. El 59%, -sin cambios desde la primavera de 2014- de los entrevistados afirmaron definirse a sí mismos en términos de "nacionalidad y europeo", "europeo y nacionalidad" o "sólo europeo". Sin embargo, casi cuatro de cada diez de los "europeos" entrevistados se definían únicamente por su nacionalidad (39 %). Visto en forma detallada, mayoritariamente los encuestados se definen primero por su nacionalidad y luego por la ciudadanía de la Unión, (51%, sin cambios). De los encuestados que se definen primero como ciudadanos europeos y luego por su ciudadanía nacionalidad sigue siendo minoritaria (6%, sin cambios). Por último, como en la primavera de 2014, sólo el 2% de los encuestados se "sólo europeo" (sin cambios). Lo que se deduce nuevamente la identificación mayoritaria que -de algún modo- refleja el sentir "europeo" de los encuestados.

En el **EB 83 de 2016**, una mayoría estable de "europeos" continuaban viéndose como "ciudadanos europeos". Un 60% se definían a sí mismos en términos de su 'nacionalidad y la de la UE', europeo y nacional y/o "sólo europeo" (+1% desde el otoño de 2014). Sin embargo, poco menos de cuatro de cada diez encuestados se definía únicamente por su ciudadanía nacional, ligeramente inferior desde 2014 (38%).

A nivel de las divisiones sociodemográficas el **EB-80** recoge que las mujeres son más propensas que los hombres a definirse únicamente por su ciudadanía nacionalidad (45% frente a 39. Los "europeos" de 55 años o más (48%) también son más propensos a hacerlo que los jóvenes (39% entre los jóvenes de 15 a 24 años) Una clara mayoría de los que habían abandonado la escuela antes de los 16 años su ciudadanía nacionalidad (59%), en comparación con sólo una minoría de aquellos que estudiaron hasta la edad de 20 años o más (28%).Los desempleados (47%) y los trabajadores manuales (43%) también son más propensos a identificarse sólo por su ciudadanía nacional que los trabajadores de oficina (37%), trabajadores autónomos (36%) y los gerentes (26%). Por su parte, aquellos luchan por pagar sus cuentas se definen únicamente por su ciudadanía nacionalidad (55%) versus sólo el 38% de los que casi nunca dificultades financieras

El **EB-81** no señala diferencias demasiado significativas. Así, las mujeres seguían con mayores tendencias a definirse más que por su ciudadanía nacional más los hombres (43% frente a 36%). Los entrevistados de 55 años y más son también resultaron propensos a hacerlo (45%) que los jóvenes (34% entre los 15-24 años). La mayoría de los que abandonaron la escuela a la edad de 15 años antes se consideraban únicamente ciudadanos de su propio país (56%), mientras que la cifra se redujo a la mitad entre los europeos que continuaron sus estudios hasta la edad de 20 años o más tarde (28%). Idénticamente, aquellos que presentaban dificultades para pagar sus cuentas también eran más propensos a definirse por su ciudadanía nacional (53%) que los que dicen que casi señalaron no haber tenido nunca dificultades financieras (36%). Las categorías de la población más propensas a verse como europeas (Ya sean "nacionales y europeos", "europeos y nacionales" o "únicamente europeos") Hombres (61% vs. 54% de mujeres); Jóvenes de 15 a 24 años (63% vs. 53% de Los mayores de 55 años); Estudiantes (70%); Trabajadores autónomos y gerentes (70%) Aquellas personas que estudiaron hasta los 20 años o más (69% en comparación con el 42% de los que abandonaron la escuela a la edad de 15 años o menos 42%). Los encuestados que afirmaban que casi nunca tienen dificultades financieras eran más propensos a identificarse como europeos (62%) que aquellos que presentaban dificultades para pagar sus facturas la mayoría del tiempo (44%).

El **EB-82 de 2016**, comienza señalando que el sentido de ciudadanía de la UE era más frecuente entre los hombres que entre las mujeres (62% versus 56%). Continua disminuyendo con la edad y siendo más pronunciada entre las categorías más privilegiadas de la población, superando el 70% entre los que estudiaron hasta los 20 años o más, gerentes (74%),y estudiantes (71%), y entre aquellos que se ven a sí mismos como pertenecientes a la clase media alta (76%). El factor educación y prudencia económica seguí muy presente. La sensación o sentimiento variaba- varía considerablemente con la situación financiera del hogar: Surgió que el 62% de aquellos que nunca o casi nunca tienen o tuvieron dificultades para pagar sus cuentas se definían como definen "europeos", en comparación con el 42% de los que suelen luchar para poder pagar sus cuentas la mayor parte del tiempo. Los que se definían que se definen únicamente por su ciudadanía nacional seguían siendo las mujeres en comparación con los hombres (42% contra 36%), que . según señalaba el EB, éstos resultaron ser una minoría. Los datos seguían la misma línea en cuanto a los que permanecieron en la escuela versus los que la abandonaron a temprana edad.

Por último, el **EB-83** no trae sorpresas. La mayoría de los "europeos" continuaba viéndose como ciudadanos de la UE. Un (60%) se definían en términos de "ciudadanía nacional y la ciudadanía de la UE" ; y la inversa; Sólo 1% (+1% en comparación con el anterior EB) se veía sólo como ciudadano de la Unión, Poco menos de cuatro de cada diez encuestados e definen únicamente por su "nacionalidad," ligeramente inferior (38%, -1 en comparación con el EB 82)

Los resultados socio-demográficos continuaron las mismas tendencias. Los criterios de generación siguen jugando un papel clave. Una pequeña minoría de encuestados nacidos antes 1946 se definían como "europeos" (46% versus 52% que se ven a sí mismos únicamente como ciudadano de su país), en comparación con la mayoría en las otras brechas generacionales; 58% de los *baby-boomers* (nacidos entre 1946 y 1964) y 64% de las generaciones "X" e "Y" (nacido después de 1964). Por último, una gran mayoría de aquellos para los que la UE evoca una imagen (79%) o que apoyan al euro (74%) comparten este sentido de de la ciudadanía de la UE. Evidentemente aquellos que consideran que la UE tiene negativa (34% versus 61%) o que se oponen al euro (41% frente al 57%) tienden a no sentir o tener una sensación de la ciudadanía EU muy fuerte o como mínima opuesta a los que sí.

Los resultados de los EB podrían resumirse así:

¿Cómo se ve a sí mismo?	Nacionalidad solamente	Nacionalidad y Ciudadanía de la UE	Ciudadanía de la UE y Nacionalidad	Ciudadanía de la UE solamente	Ninguna	Rehúsa contestar	No sabe
EB 80 2013	42%	47%	5%	2%	2%	1%	1%
EB 81 2014	39%	51%	6%	2%	1%	0%	1%
EB 82 2014	39%	51%	6%	2%	1%	0%	1%
EB 83 2015	38%	52%	6%	2%	1%	0%	1%

Creación propia.

4.3 Elementos para fortalecer el sentido de ciudadanía europea

A los encuestados se les preguntó cuáles eran, en su opinión, los elementos que más creaban un sentimiento de comunidad entre los ciudadanos de la Unión Europea. Según indican los EB, la ***cultura*** fue el parámetro que se identificada como la 'palanca' principal para crear un sentimiento de Comunidad dentro de la UE. Entre un 25%hasta un 30%. El máximo fue en el EB 82 con el 30%, bajando 3% en el EB 83 de 2015. Cuando se pidió identificaran los temas que más entendían los encuestados que contribuía o pudiera contribuir a crear un sentimiento de comunidad dentro de la UE, sus respuestas que fueron bastante similares a las registradas en el

EB de la primavera de 2013 (EB79) así como en los demás EB que hemos estado comentando.

La ***cultura*** seguía siendo el principal factor unificador (27-30 %, ganando terreno desde el EB 80 de 2013 (25%) hasta llegar al (30%) en el EB 82 y bajar al (27%) en 2015 EB 83. En segundo lugar, se encontraba la ***economía*** (la cual fluctuó entre el 22% al 25%. Siendo en el EB 82 de 2014 el porciento mayor, mientras que el EB 82 de 2015 el que contó con el menor porcentaje. La ***historia*** permaneció en lugares importantes dentro de las encuetas (21% al 23%). En los EB 80 de 2013, 81 de 2014 y 82 de 2014 obtuvo un tercer lugar, empatando virtualmente con la economía en el EB 83 de 2015.

Interesantemente, los ***deportes*** ocupaban entre el tercer y el sexto lugar de las áreas identificadas para crear un sentimiento de comunidad dentro de la UE entre el 19% al 24%. Siempre por encima de los valores, con quien empataron en el EB 83 de 2015. Los valores, de la UE[324], ocuparon entre el quinto y sexto lugar, obteniendo valores de entre un (18% y 19%,). También se señalaron otros elementos unificadores los cuales, no sobrepasaron el 15%. Estos fueron: las ***lenguas*** (entre un 13% a un 15%,). En el EB 82 de 2014 fue donde obtuvo el mayor puntaje porcentual; le siguió la ***solidaridad*** con las regiones más pobres, fluctuando porcentajes del (13% primeros dos EB de referencia a un 14% y 15%, EB 82 de 2014 y EB 83 2015, respectivamente); igualmente se señaló las ***invenciones*** de ciencia y tecnología (12% y 13%), seguido de cerca por la ***asistencia sanitaria, la educación y las pensiones*** (11%, al 13%), justo por delante de la ***religión*** (8% y el 11%). También estuvo presente el criterio ***legislación***, pero tras un cambio en la redacción

[324] Unión Europea, *Eurobarómetro. Ciudadanía., otoño 2015*, [En línea], Bruselas, Comisión Europea, 2015 [consulta: insertar fecha de consulta]. Disponible en: https://data.europa.eu/data/datasets/s2099_83_3_std83_eng?locale=es.

("legislación" sustituida por "regla o imperio de Ley "), no fue posible medir la evolución de los resultados desde el EB 81 de 2014. No se pudo determinar en qué medida los cambios fueron el resultado de este cambio de redacción (de un 10% a un 18%: EB 30 de 2013 10%; EB 81 de 2014 13%; EB82 de 2014 14% y en el EB 83 de 2015 un 18%).

Una comparación entre las encuestas revela claramente que la cultura sigue siendo el medio más eficaz para crear un sentimiento de entre los ciudadanos de la UE. También resultan curiosos varios puntos. El primero que llama la atención es el de la lengua, la historia y la geografía. Es bastante aceptado y reiterado dentro de las doctrinas, que estos elementos son factores de identificación de identidad nacional-cultural. En cuanto a la identificación con la UE no fueron unos de los elementos demasiados significativos a excepción de la geografía. . ¿Bien porque ya o se ve la lengua a nivel popular con tanta fuerza identificadora o bien porque no se ve a la UE como un actual o potencial Estado-Nación? La no demasiada importancia a la cuestión de la geografía, quizás, pueda ser una pista. Habría que analizar el asunto de peso significativo que tiene la historia. Otro elemento interesante- y significativo- es el de la solidaridad, uno de los pilares del espíritu de la UE, así como la asistencia sanitaria, la educación.

El análisis socio-demográfico de los EB reveló que si bien la cultura encabeza la lista de 'palancas' potenciales para crear un sentimiento de comunidad dentro de la UE en todas las categorías distribuidos en renglones generacionales y/o en diferentes grupos. Sin bien la cultura ocupa el primer lugar en todas las categorías socio-demográficas, fue mencionada con más frecuencia por los encuestados que estudiaron hasta los 20 años o más (entre 31- 35% versus 27- 30% como media), estudiantes (32%), trabajadores por cuenta propia y por gerentes (ambos 31-36%), y por aquellos que se ven a sí mismos como clase alta (31%) o clase media alta (30%). Del mismo modo entre aquellos que para quienes la UE evoca una imagen positiva (27- 35%).

No obstante, los EB mostraron que los jóvenes (entre 15-24 años) tendían más a mencionar el deporte (26-27% versus 20-22% en promedio) y lenguas (22% versus 14%) como elemento de fortalecimiento y unificadores para la 'creación' de un sentimiento de comunidad dentro de la UE. Aquellos jóvenes encuestados- (28% de los jóvenes de 15-24 años frente al 24% como media)- que se consideran pertenecientes a la clase alta (28%) también mencionaron el deporte como elemento unificador. Los gerentes y los que tienen una imagen positiva de UE son más propensos que el promedio a mencionar el cultivo (33% a 27% -media-) y valores (28% a 18% como media), mientras que las respuestas de los trabajadores manuales y de cuello blanco fueron más cercanas a la media.

Los trabajadores autónomos (26-28% frente al 24% en promedio), junto con quienes se ven a sí mismos como clase alta o media alta (ambos 26%) tienen más probabilidades que el promedio de mencionar la economía, así como las personas que confían en la economía europea Unión (29%). Por último, la historia fue particularmente reconocida como un medio para crear un sentimiento de comunidad entre los ciudadanos de la UE entre los jóvenes que estudiaron hasta los 20 años o más (26-28% versus 23% en promedio), gerentes (30%) y aquellos que consideran que pertenecen a la clase alta (27%) y a la clase media alta (29%).

El **EB-82 de 2014** muestra un plus en ciertos elementos que reforzarían el sentido de ciudadanía europea. En esta sección muestra que en efecto un sistema europeo armonizado de bienestar social haría más fuerte el sentido de la ciudadanía de la UE. Entre los elementos más probables para reforzar su sentido de la "ciudadanía europea", los encuestados tienden a dar preferencia a los aspectos sociales que afectan sus vidas cotidianas:

1. Un sistema europeo de bienestar social armonizado entre los Estados miembros (sanidad, educación, pensiones, etc.) encabeza la lista que los "europeos" sienten que fortalecerían su sentido de ciudadanía europea. Esto fue mencionado por casi un tercio de los europeos (32%);
2. Poder retirarse en cualquier país de la UE pudiendo cobrar su respectiva jubilación.
3. Poder utilizar su teléfono móvil en todos los países de la UE al mismo precio (23%), junto a un servicio europeo de respuesta a emergencias desastres naturales internacionales (22%) y poseer una tarjeta de identificación de la UE además de tarjetas de identificación nacional (20%);
4. Ser capaz de poder comprar en línea de todos los países de la UE al mismo precio con el respaldo de una legislación de protección del consumidor (16%);
5. En aspectos de la vida política los encuestados señalaron la posibilidad de un Presidente de la UE elegido directamente por los ciudadanos de todos los Estados miembros (16%);
6. Una política de defensa mediante la creación de un ejército de la UE.
7. El derecho a votar en todas las elecciones organizadas en el Estado miembro de residencia incluso si no es ciudadano-nacional del Estado en cuestión;
8. La participación del futuro de Europa;
9. Un curso europeo de educación cívica para niños de primaria (15%); y
10. Embajadas de la UE por todo el mundo.

Por su parte en el EB del Parlamento Europeo (EB79.5)[325] "A un año de las lecciones europeas de 2014, los encuestados señalaron que algunos de los elementos que reforzarían un sentimiento de ciudadanía de la UE podrían ser:

- La libre circulación de personas, bienes y servicios en el seno de la UE;
- El Euro;
- Los programas de intercambio para los estudiantes, como el *Erasmus;*
- La influencia política y diplomática de la Unión Europea en el resto del mundo;
- El poder económico de la Unión Europea;
- El nivel de protección social (sanidad, educación, pensiones) en la UE; y
- La política agrícola común

4.4 ¿Una identidad cultural y unos valores europeos?

Resulta interesante la precepción de los ciudadanos encuestados en los EB sobre los valores y la cultura. En el **EB especial 278,** de 2007 ya señaló el papel de la cultura y la creatividad Recientemente, entre los objetivos de promoción de la diversidad cultural y el diálogo intercultural en Europa, la Estrategia de Lisboa coloca la cultura como elemento principal de las relaciones exteriores de la UE, fomentando la comprensión con otras partes del mundo.

---

325 Unión Europea, *Eurobarómetro. Ciudadanía., otoño 2014,* [En línea], Bruselas, Comisión Europea, 2014 [consulta: 22 de octubre de 2023]. Disponible en: https://data.europa.eu/data/datasets/s2136_83_4_ee_83_4_en?locale=es.

Generalmente los encuestados definían la cultura en términos de artes (artes interpretativas y artes visuales–arquitectura, pintura, galerías de arte, etc.); tradiciones, lenguas, costumbres y sociales o culturales; comunidades; literatura, poesía, dramaturgia, autores; educación y familia (crianza); conocimiento y ciencia (investigación); estilo de vida y modales; civilización (occidental, asiática, africana, árabe, etc.); historia ;ocio, deporte, viajes, diversión; valores y creencias (incluyendo filosofía y religión), entre otros.

Se invitó a los encuestados a cuestionar la existencia del concepto de cultura a través de dos declaraciones que argumentan por separado: "*no hay una cultura común europea porque los países europeos son demasiado diferentes unos de otros*" o "*no existe una cultura europea específica, sólo una cultura occidental global que es, por ejemplo, el mismo en Europa y los EE.UU*". Estas dos declaraciones argumentan contra una "*cultura europea*". Como señala el EB, se trataba, por un lado, de sustentar la idea de que las culturas nacionales son demasiado heterogéneas para hablar de una cultura continental. Por otro, que no podemos hablar de una "cultura europea" a causa de la homogeneidad de la "cultura occidental".

Los resultados mostraron que hay un cierto grado de aceptación de la falta de cultura común compartida en Europa, pero no tanto de una cultura occidental global monolítica. Una pequeña mayoría (53%) indicó su opinión de que de los países europeos son muy diversos como para hablar de una cultura continental común. Por el contrario, la categorización de Europa en la "cultura occidental" recibió el respaldo de un tercio (32%).

El EB resume que, a nivel de la UE, la mayoría de los ciudadanos conciben el continente como algo distinto de la cultura, "como una categoría más amplia", y la mayoría también ve un grado de diferencia cultural dentro del continente mismo. Para hablar de una i*dentidad cultural continental absoluta*, también es lo entendían igualmente en lo relativo a otros continentes, Europa se veía con elementos de una cultura colectiva. En fin que los europeos tienen en común la "culturalidad", pero no una cultura europea. Estaba particularmente presente de manera muy común entre los encuestados "la diversidad cultural europea que distingue a Europa y le da su valor particular". Quizás la mayor conclusión al respecto es la que indica que junto a la percepción de la comunidad cultural existe un reconocimiento de la diversidad que caracteriza a las numerosas culturas nacionales que coexisten bajo el mismo paraguas.

El EB especial de 2007 examinó la cuestión de cuáles son los valores que los "europeos" pensaban se debían preservar y reforzar en la sociedad. Tomando estos valores fundamentales identificados por los encuestados, se analizó si se consideran valores europeos o valores humanos más universales. El informe señaló que entre los valores que surgieron se encontraban: la paz; respeto a la naturaleza y al ambiente; igualdad social y solidaridad; libertad de opinión; tolerancia y apertura a otros; respeto por su historia; lecciones progreso e innovación; diversidad cultural y emprendimiento.

Los valores que los ciudadanos afirmaron querer reforzar fueron también los que veían como *más europeos*. En general, los valores sociales se caracterizan por ser europeos o universales (ambos encarnados por Europa y por otros países del mundo) pero no como siendo extra-europeos (otros países del mundo solamente). El valor que supuestamente podría relacionarse con otros países del mundo -el que alcanzó un mayor consenso- fue el espíritu empresarial, con apenas un 18%.

Los valores vistos como más europeos que universales fueron: la ***paz*** (Europa, 57%, Europa y otros países, 30%, diferencia de 17 puntos); el ***respeto a la naturaleza y al medio ambiente*** (Europa, 49%, ambos, 33%, 16 puntos diferencia); la ***igualdad social y solidaridad*** (Europa, 53%, ambos, 29%, diferencia de 14 puntos); la ***tolerancia y apertura a los demás*** (Europa, 47%, ambos, 33%, diferencia de 14 puntos); y ***la libertad de opinión*** (Europa, 54%, ambos, 31%, diferencia de 13 puntos). Por su parte los valores considerados más universales que europeos fueron: el ***emprendimiento*** (ambos, 43%, Europa, 28%, 15 puntos); el ***progreso e innovación*** (Ambos, 45%, Europa, 30%, 15 puntos); y la ***diversidad cultural*** (ambos, 46%, Europa, 32%, diferencia de 14 puntos)

A pesar del posible salto cualitativo, cuantitativo y temporal, en los EB 80-83 también se recoge la percepción de los valores dentro de la UE. En estos se repiten una y otra vez: la paz, los derechos humanos, la democracias, el imperio ley, los derechos individuales, el respeto por la vida, respeto por otras culturas, la solidaridad, la igualdad, la autorrealización, y la religión. A través del tiempo y las encuestas, algunos aumentaron o disminuyeron porcentualmente, pero lo verdaderamente importante en la concepción de valores que puedan vincularse a la idea de la UE por parte de sus ciudadanos. Podría decirse que ha habido una evolución progresiva de los valores que los ciudadanos de la UE le vinculan a ésta.

Por otra parte, independientemente de las asociaciones puedan tener con la cultura, es evidente que para la mayoría de los ciudadanos de la UE es muy importante, lo que la hace ser una realidad, sea la que sea. Hay sin duda una clara creencia de que la sociedad "europea" entiende que la UE ha de preservar ciertos valores clave, especialmente la paz, el respeto por la naturaleza y el medio ambiente, otras culturas, etc.

4.5 Ciudadanos identificados con sus derechos

De los EB se desprende claramente que un elemento en el que los ciudadanos de la UE se identifican o, más bien, se ven ligados a, son a los-(sus) derechos. Entre otoño de 2013 y la primavera de 2014 – EB 80-EB81- se encontró que más de de cuatro de cada diez europeos eran conscientes de sus derechos como ciudadanos de la UE; Casi seis de cada diez querrían saber más (EB 80)

La mayoría de los "europeos" no conocen sus derechos como ciudadanos de la Unión Europea, con un aumento de dos puntos porcentuales desde la encuesta **EB de primavera de 2013**: 55%, frente al 43% que dijo estar familiarizado con ellos (- 3) 15. Una mayoría absoluta de europeos (59%, sin cambios, frente a 38%, -1 punto porcentual) deseaba más información sobre sus derechos. Para la primavera de 2014 la situación era similar. Sólo una minoría de europeos dijo conocer sus derechos como ciudadanos de la Unión Europea, pero más que en la encuesta **EB otoño de 2013** (48%, +5 puntos porcentuales frente al 50% -5) 7. La proporción de europeos que afirmó conocer estos derechos era la mayor desde la encuesta Standard Eurobarometer de la primavera de 2010 (EB-73). Más de seis de cada 10 europeos querían saber más sobre el tema (62%, +3 puntos porcentuales vs. 35%, -3, que no desean aprender más)

Para el **EB-82 de otoño de 2014** la situación cambió significativamente. Tras un revelador aumento desde la primavera de 2014, más de dos tercios de los "europeos desearon estar más informados sobre sus derechos como ciudadano de la UE (68%, +6 puntos porcentuales) Más de un cuarto de los europeos respondió "sí, definitivamente" (28%, +2). Ahora casi la mitad de los "europeos" eran conscientes de sus derechos como ciudadanos de la UE. Un 47%, -1 punto desde el **EB-81, primavera de 2014**, frente al 51%, +1). Menos de uno de cada diez encuestados respondió "sí, definitivamente" (9%, -2). Para el **EB-83** los resultados fueron incrementando. Una mayoría absoluta de "europeos2 consideraba ahora que conocían sus derechos como ciudadanos de la UE, pero casi siete de cada diez quisieran saber más. En comparación con **EB-82 otoño de 2014**, la mayoría absoluta de los encuestados en la primavera de 2015 sentían que conocían sus derechos como ciudadanos de la UE (50%, +3% puntos, frente al 48%, -3, que no los conocen). Más de uno de cada diez "europeos" respondió "sí, definitivamente" (11%, +2).

En cuanto a la eurozona, para otoño de 2013 (EB 80) la proporción de encuestados que consideraban que conocían sus derechos como ciudadanos europeos era casi idéntica en los países de la zona del euro (43%) y en países no pertenecientes a la zona del euro (44%). Sin embargo, los encuestados de la zona del euro estaban más propensos saber más acerca de sus derechos que aquello fuera de ésta. (61% frente a 54%). Por su parte el EB 83 de 2015 arrojó que los encuestados de la zona del euro estaban divididos en partes iguales: el 49% (+2 puntos porcentuales desde el otoño de 2014) dijo que conocer sus derechos como ciudadanos de la UE y el 49% (-3) opinaron lo contrario. En los países no pertenecientes a la zona del euro, la mayoría absoluta de los encuestados estaba familiarizada con estos derechos (52%, +3). Por el contrario, los encuestados de la zona del euro (70%, +1 punto porcentual) estaban más propensos que los no residentes en la zona del euro (65%, sin cambios) a saber más sobre los derechos de los ciudadanos de la UE.

Los derechos reflejados en los EB sobre los cuales los ciudadanos de la UE deseaban conocer más:

- Trabajar en otro Estado miembro de la UE
- Asistencia médica en otro país de la UE
- Vivir en otro país de la UE
- Beneficiarse de la protección consular de un Estado miembro de la

UE cuando se encuentre fuera en otro país fuera de la UE y su país no representado.

- Estudiar en otro Estado de la Unión.
- La compra de bienes y servicios

- Votar en otro Estado de la Unión

Existían ligeras diferencias entre países de la zona del euro y los que era no perteneciente a la zona del euro:

- Los encuestados que no pertenecen a la zona del euro deseaban más información sobre asistencia médica en otro país de la UE en la zona del euro
- Los encuestados de la zona del euro tendían a interesarse más por Información sobre la protección consular.

El **EB-83 de 2015** señaló que una mayoría absoluta de "europeos" consideraba ahora que conocían sus derechos como ciudadanos de la UE, pero casi siete de cada diez afirmaron querer saber más. En comparación el EB 32 otoño de 2014, la mayoría absoluta de los encuestados sentían que conocen sus derechos como ciudadanos de la UE (50%, +3% puntos, frente al 48%, -3, que no los conocían) Más de uno de cada diez "europeos" respondió "sí, definitivamente" en esta encuesta (11%, +2). Al mismo tiempo, la proporción de "europeos" que querían conocer más derechos de los ciudadanos de la UE seguía, y seguro seguirá, aumentando y ahora representa casi siete de cada diez encuestados (69%, +1 punto porcentual) Diez encuestados respondieron "sí, definitivamente" en esta encuesta (30%, +2). Los encuestados de la zona del euro estaban divididos de manera uniforme: 49% (+2 puntos porcentuales desde el otoño 2014) afirmaron conocer sus derechos como ciudadanos de la UE y el 49% (-3) se alinearon de forma opuesta. En los países no pertenecientes a la zona del euro, la mayoría absoluta de los se hallaban familiarizados con los derechos (52%, +3). Por el contrario, los encuestados de la zona del euro (70%, +1) tendían a querer saber más sobre sus derechos que los no residentes en la zona del euro (65%).

Esta sensación de "vinculación" se manejó en los EB también en cuanto al grado de unión tanto con su país como con la UE. El EB 80 de 2013 arrojó que el vínculo con la Unión Europea no había cambiado desde el EB de 2012 (EB-77): Se indicó que el 46% de los "europeos" estaban unidos a la UE, frente al 52% que "no estaban vinculados" a ella. La proporción de encuestados que dijeron sentirse "muy unidos" a la UE (9%, +1 punto porcentual) sigue siendo inferior a la proporción que aquellos que dijeron "no estar en absoluto unidos" a ella (16%, +1). El apego a la Unión Europea disminuyó en la primavera de 2010 (EB73) y la encuesta de primavera de 2012 (EB77), convirtiéndose en la minoría (46%, -7 puntos porcentuales, frente a 52%, +7). El apego a la Unión Europea, aunque seguía siendo la posición minoritaria, era más generalizado en los países de la zona del euro (48% frente a 51%) que en los países no pertenecientes a la zona del euro (42% frente a 54%).

La mayoría de los encuestados que sentían estar más *vinculados* a la Unión Europea fueron Luxemburgo (67%), Bélgica (59%), Polonia (57%), Letonia (57%), Alemania (55%), Hungría (54%), Bulgaria (53%), Eslovaquia (51%), Malta (50%) y Rumanía (48% frente a 46%). Lo que nuevamente muestra que el tiempo de ser parte de la Unión no es un elemento de peso. Véase el caso de Croacia, que se incorporó a la UE el 1 de julio de 2013 y no es parte de la eurozona, aunque todavía en minoría, la proporción de encuestados que manifestaron sentirse apegados a la Unión Europea, había aumentado significativamente (45%, +7 puntos porcentuales). El apego a la UE también había aumentado en Hungría, tampoco euro zona, (54%, +8), donde ahora es la posición mayoritaria. Sin embargo, había disminuido considerablemente en Grecia (27%, -10) y Chipre (24%, -9), y también en Francia, donde ahora es la posición minoritaria (49%, -6). Interesantemente este EB señaló que Reino Unido (29%, +2 puntos porcentuales), así como Grecia y Chipre, fueron de los Países en los que los encuestados tendían menos de sentirse apegados a la Unión Europea.

El análisis socio-demográfico mostró que Los hombres (48%) eran ligeramente más propensos que las mujeres (43%) a sentirse unidos a la UE. El apego a la UE también estaba ligeramente menor entre los europeos de 55 años o más (43%), pero también es la posición minoritaria entre los jóvenes de 15 a 24 años (48% frente a 49%). También estaba mayoritaria, y mucho más extendida, entre los "europeos" que habían estudiado hasta la edad de 20 años o más (55%) que entre los que completaron sus estudios entre los 16 y los 19 años, y menos (43%), entre los que abandonaron la escuela antes de los 16 años (35%). Por otra parte, se mostró que la mayoría de los gerenciales se sentían unidos a la UE (58%), pero las opiniones estaban divididas entre trabajadores de oficina (49% versus 49%). Sólo una minoría de personas (47% versus 51%), trabajadores manuales (43%–55%), personas desempleadas (39% frente a 59%) se sienten miembros de la UE. Era de esperar que aquellos quienes casi nunca presentaban dificultades para pagar sus cuentas se sintieran apegados a la Unión Europea (51% frente a 47%), pero sólo una pequeña minoría de los regularmente tienen dificultades financieras lo hacen (30% frente a 67%). El apego a la Unión Europea estaba particularmente extendido entre los ·europeo para los que la UE evoca una imagen positiva (72% frente al 26%) y los que ven la globalización como una oportunidad (57% frente a 41%). En cambio, sólo una minoría de europeos que poseían una imagen negativa de la UE (22% frente a 77%) y que no ven la globalización como una oportunidad (34% frente a 65%) se sentían apegados a la Unión Europea.

El **EB 82 de 2014** mostraba que el apego a la UE de los encuestados era más o menos la misma desde el EB otoño de 2013. El 45% de los encuestados se sentían unidos a la Unión Europea (-1 punto porcentual), mientras que el 52% no (sin cambios). Casi uno de cada diez dijo sentirse "muy apegados" a la UE (9%, =). También les fue preguntado por su apego a Europa. El resultado fue de un 56% de los encuestados una disminución de 11 puntos porcentuales desde el Eurobarómetro especial de febrero-marzo de 2007, mientras que el 42% (+10) no se sentía unido. Además, la proporción de encuestados que sentían "muy unidos" a Europa[326] era ligeramente superior a la proporción que "no está en absoluto unida" a ella (13%, -7, frente al 12%, +6).

La mayoría de los encuestados de 11 Estados miembros se sentía vinculado a la Unión Europea, frente a diez en el otoño de 2013. La mayoría de los encuestados en Francia (51% apegados frente a 46% «no apegados, frente al 49% frente a 50% en otoño de 2013) y Estonia (50% frente a 47%, frente a 46% frente a 53%). Pero sólo una minoría se sintió apegado –EB 82 2014- Bulgaria (44% frente a 53%, en comparación con 53% frente a 43%). La mayoría de los encuestados seguía sintiendo apego a la UE en Luxemburgo (63%, +6), Polonia (59%, +2), Rumania (58%, +5% +5), Eslovaquia (54%, +3), Bélgica (51%, -8), Hungría (51%, -3) y Alemania (49%, -6, frente al 48%, +5)

Aunque el apego había ganado terreno, los encuestados en Chipre (27%, +3%) Y Grecia (30%, +3) seguían siendo los menos propensos a decir que se sentían apegados a la UE. El EB indicó que el apego a la UE había ganado terreno en 16 Estados miembros, encabezados por Rumanía (58%, +10 Puntos porcentuales), el Reino Unido (36%, +7) y Letonia (63%, +6). De todos modos, disminuía considerablemente en Bulgaria (44%, -9), Bélgica (51%, -8) y Alemania (49%, -6)

Una mayoría de encuestados de 22 Estados miembros se sentía apegados a Europa, incluso una mayoría absoluta en 21 de ellos, sobre todo en Luxemburgo (79%, -3 Puntos porcentuales desde febrero-marzo de 2007), Suecia (75%, -2) y Dinamarca (72%, -8). En cambio, sólo las minorías lo hacen en Chipre (el 35% se siente unido frente al 64% que no se siente unido, comparado a un 40% frente a un 60% en febrero-marzo de

---

[326] Interesante que el EB utilice diferenciación en los términos a pesar que todo hace parecer que se refiera a lo mismo no señalan una diferenciación.

2007), Grecia (37% frente a 63% en comparación con el 48% frente al 52%), Eslovenia (44% versus 54%, en comparación con 66% frente al 33%), Portugal (45% versus 54%, frente a 63% frente a 36%), el Reino Unido Reino Unido (45% frente a 53%, frente a 52% frente a 47%) e Italia (47% versus 50%, en comparación con el 69% frente al 30%) Nuevamente, el EB se refiere a Europa diferenciando de UE pero sin especificar a qué realmente se refiere. Luego pasa a señalar que

En términos de cambios desde febrero-marzo de 2007, el apego a Europa disminuyó en 24 Estados miembros (de 27, ya que Croacia no era miembro de la UE en ese momento), y en más de diez puntos porcentuales en 11 de ellos, liderados por Italia (47%, -22%), Eslovenia (44%, -22), Hungría (69%, -19), España (50%, -19) y Portugal (45%, -18). Aumentó significativamente sólo en Letonia (65%, +11), aunque también ha, en Lituania (49%, +3) y Estonia (52%, +1). En 27 Estados miembros, surgió que los encuestados se sintieran más apegados a Europa que a la Unión Europea. Esto es particularmente en los países nórdicos.

El EB reflejó que la a adhesión o apego a la Unión Europea estaba algo más extendido entre los hombres que entre las mujeres (48% versus 44%), aunque fue una posición minoritaria en ambos casos. El apego estaba compartido la mayoría de los jóvenes de 15 a 24 años (49% versus 47%), en comparación con una minoría de encuestados en todos los demás grupos de edad. A nivel generacional fue una posición minoritaria, especialmente entre los nacidos antes de 1946 (41% versus 55%). Por otra parte, siguió el patrón anterior; el apego se vio con más fuerza entre los encuestados que estudiaron hasta la edad de 20 o más, (55%) que entre aquellos que abandonaron la escuela a la edad de 15 años o antes.

El apego, siguió compartido por gerentes (58%) y estudiantes (52%), comparados con una minoría de trabajadores de oficina (46% versus 52%), pensionistas (44% frente a 53%), trabajadores manuales (42% frente a 55%), desempleados (38% versus 58%). También compartida por una mayoría que se consideran clase alta (65%), clase media alta (57%) y clase media (51%), en comparación con una minoría de los que dicen ser de clase media baja (43% versus 54%; y clase trabajadora (37% versus 60%).

4.6 ¿Sabemos que somos ciudadanos de la Unión Europea?

A pesar de la complejidad conceptual y de las diferentes ópticas que se le ha dado a la ciudadanía en los informes, sentencias, propuestas, etc., el plan de la de la UE de acercar Europa a los ciudadanos no ha sido del todo infructuosa. El *EB*-213[327], describía que, a pesar de que una mayoría (78%) de los ciudadanos de la UE afirmaron *familiaridad* con el concepto "Ciudadano de la Unión Europea", sólo el 41% dijo saber su significado y menos de un tercio (31%) de los encuestados de los entonces 27 países de la UE, consideraban estar bien informados sobre sus derechos como ciudadanos de la Unión. El propio informe señala que la familiaridad con el concepto 'ciudadano de la Unión Europea' incrementó en relación con al Informe de Ciudadanía de 2002 en 7 puntos porcentuales en la UE15. Una mayoría de los encuestados se sentían más informados como ciudadanos de la Unión Europea, en comparación años anteriores. Señalaba la leve confusión en cuanto a cómo se adquiría la ciudadanía de la UE[328].

---

327 Los primeros eurobarómetros acerca de la ciudadanía de la UE se puede trazar desde el 47 , 56, 59, 62, etcétera. Para acedarlos todos –no solo sobre ciudadanía- puede acceder a : http://ec.europa.eu/public_opinion/archives/flash_arch_059_040_en.htm

328 Unión Europea, *Eurobarómetro. Ciudadanía. Otoño 2002*, [En línea], Bruselas, Comisión Europea, 2002 [consulta: 22 de octubre de 2023]. Disponible en: https://ec.europa.eu/commfrontoffice/publicopinion/archives/eb/eb58/eb58_first_en.pdf.

Por su parte el EB, 294[329] señaló que el (79%) de los ciudadanos de la UE manifestaban estar familiarizados concepto "Ciudadano de la Unión Europea", sólo el 43% dijo saber su significado y menos de un tercio (32%) de los encuestados de los entonces 27 países de la UE señalaron estar bien informados sobre sus derechos como ciudadanos de la Unión. Estas cifras no representan esencialmente ningún cambio del 213. Disminuyó la confusión sobre cómo puede obtenerse la ciudadanía de la Unión Europea. El grueso de los encuestados (90%) estaba consciente de poseer ambas ciudadanías simultáneamente, es decir la de la UE y la de origen. Sin embargo, alrededor de una quinta, (18%), parte de los entrevistados creían que para ser ciudadanos de la UE era necesario solicitarla. También hubo quienes se pensaban que la ciudadanía de la UE era un asunto de elección, en el 213 (17%), y un (20%) en el 294.

Los encuestados se encontraban en su mayoría en ambas encuestas bastante conscientes del derecho a la libertad de residencia, pero parecían perplejos acerca de sus derechos electorales. Los niveles de un firme y coherente conocimiento de sus derechos como ciudadanos de la UE que los podían identificar sus derechos sobre una base individual. Pocos podían reconocer los derechos atribuidos en especial los concernientes al voto. En el *EB 213,* fue muy significativo el casi nulo conocimiento -ni siquiera de la existencia- de 'Carta de los Derechos Unión Europea', al punto que algunos confesaron que jamás habían oído de ella. Por otra parte, en el EB 294 el derecho de petición a las instituciones clave de la UE fue correctamente identificado por casi tantos ciudadanos También se observó un

---

[329] Unión Europea , Eurobarómetro., Flash Eurobarómetro 294, Ciudadanía de la Unión Europea. [en línea], Bruselas, Comisión Europea, marzo de 2010 [consulta: 22 de octubre de 2023]. Disponible en: https://data.europa.eu/data/datasets/s892_294?locale=es.

alto nivel de conciencia respecto al derecho a recibir el mismo trato que un nacional en cualquier Estado miembro.

Más tarde en el **EB 80 de otoño de 2013**, más de cuatro de cada diez europeos estaban conscientes de sus derechos como ciudadanos de la UE y casi seis de cada diez querrían saber más. Por lo que seguía la -'noción'-que la mayoría de los europeos sentían que no conocen sus derechos como ciudadanos Unión Europea, a pesar de haber una con una subida de sobre ellos. Encuesta de primavera de 2013: 55%, en comparación con el 43% que dicen que están familiarizados con ellos (-3) 15. La mayoría absoluta de los europeos (59%, sin cambios, frente a 38%, -1 punto porcentual) Quieren más información sobre sus derechos. Muy similar EB 82 Ciudadanía Otoño 2014[330].

En un comunicado de prensa de la Comisión Europea de 19 de febrero de 2013, se reseñaba que desde la creación de la ciudadanía de la UE hasta la fecha del mismo, los 'europeos'[331] estaban globalmente' conscientes de sus derechos, pero no siempre sabían lo que estos implican, a la luz de una encuesta del **EB 79 de 2013**[332] publicada y por la Comisión Europea. Se describía que el 81 % de los encuestados sabían que, además de ciudadanos de su país de origen, también eran de la UE. No obstante embargo, solo un 36 % se consideraban bien informado sobre

---

330 Unión Europea , Comisión Europea, Ciudadanía europea: aumenta la conciencia de los derechos que garantiza la UE. Comunicado de prensa, 19 de febrero de 2013. [En línea]. Bruselas, Comisión Europea, 2013 [consulta: 22 de octubre de 2023]. Disponible en: https://europa.eu/rapid/press-release_IP-13-119_es.pdf.

331 " ¿Es esto un síntoma de Europa para los *Union-Europeénses*? Se consideraban bien informados.

332 Unión Europea , Eurobarómetro 79 , primavera de 2013, [en línea], Bruselas]: Comisión Europea, 2013, [consulta: 22 de octubre de 2023]. Disponible en: https://europa.eu/eurobarometer/surveys/detail/1120.

los derechos que la ciudadanía de la UE le confiere. Es decir, crece el hecho de saber que tienen derechos, pero no cuáles, un avance de poco movimiento, amén del hecho que cada vez más ciudadanos de los Estados miembros tienen interés de conocer más sobre ello.

La encuesta coincidió con la celebración una audiencia conjunta del Parlamento Europeo y la Comisión Europea para debatir los derechos de los ciudadanos de la UE, en donde se aportarían ideas con vistas al Informe, del marco del Año Europeo de los Ciudadanos 2013, el cual expondría una serie de iniciativas orientadas a hacer realidad esos derechos. Dando seguimiento asimismo a las 25 acciones anunciadas en el Informe sobre la ciudadanía de la UE, presentado en 2010. En aquel entonces, 25 años desde la creación de la ciudadanía, muchos son los derechos derivados de ésta, los ciudadanos tenían un amplio conocimiento de ellos. La finalidad del Año Europeo de los Ciudadanos era explicar esos derechos y garantizar que las personas tomasen conciencia de ellos y que no encentrasen obstáculos a su ejercicio.

Ya en el **EB-430 Ciudadanía de 2015,** publicada en 2016, se indica que casi todos los entrevistados residentes de algún país de la UE están familiarizados con el concepto 'ciudadano de la Unión Europea'. Un poco menos de nueve de cada diez encuestados (87%) señalaban estar familiarizados con el término 'ciudadano de la Unión Europea' en 2015. Este es el nivel más alto de familiaridad registrado, mostrando una mejora de seis. Puntos porcentuales en 2012 (81%) y un aumento de nueve puntos respecto a 2007 (78%). Un poco más de la mitad de todos los encuestados (52%) dicen estar familiarizados con el término y saber lo que significa. Una vez más, este es el nivel más alto registrado y representa una mejora de seis puntos porcentuales en La cifra registrada en 2012 (46%) y un aumento global de 11 puntos desde 2007 (41%).

Un poco más de un tercio de los encuestados (35%) dicen haber oído hablar del término, pero no están seguros de qué. Lo que significa–ha habido poco cambio en la proporción de los encuestados diciendo esto desde 2007 (37%). Uno de cada ocho encuestados (13%) dice que nunca ha oído hablar del concepto "ciudadano de la Unión Europea". Este es el nivel más bajo registrado desde 2007 y representa un descenso de seis puntos (19%) y una caída general de nueve puntos porcentuales frente al máximo del 22% en 2007 (también Registrado en 2010) Pero es que si vemos y compramos las hojas informativas EB 365 de 2012, 430 Ciudadanía 2015 y la del Standard EB 85 de primavera de 201, vemos que ha habido cambios significativos tanto en cuanto a la familiaridad del concepto de 'ciudadano de la UE y los derechos que otorga.

5. ALGUNAS CONCLUSIONES

Los EB, sus estudios y resultados, nos recuerdan de algún modo las ideas de Habermas. En la ciudadanía de la UE se contiene el germen, las raíces de esa ciudadanía "*pluri-multi-etni-cultural*". Los ciudadanos de la UE estarían en posición de prestar su voluntad a una adhesión a principios universales sostenidos por la UE, que serían como principios constitucionales, no necesariamente de una Carta Magna, sino de la cultura y los valores que el recorrido de la UE engendra. Entre los cuales se inserta la diferencia de unos pueblos que se adhieren a semejanzas para igualarse sin tener que dejar de ser o preservar sus diferencias. Se trata pues de la construcción de una sociedad pluralista, a la cual todos sus miembros prestan el consenso formal según el cual desean organizar su coexistencia en línea con principios universales que son del interés de todos. Sería una Unión estructurada por relaciones de reconocimiento mutuo y, con la expectativa que todos serán respetados por todos como libres e iguales. Todos deben estar en una posición de igual protección y respeto a su integridad inviolable como individuo, como ser humano[333]

Los ciudadanos de la UE pueden seguir vinculados por los lazos de sangre, culturales, efectivos, a sus países de origen. Esto no contradice -como se ha reflejado en los EB- que se sientan adheridos, unidos, apegados a una entidad llamada UE, a su trayectoria política común, reflejada no en un origen étnico sino en todo el acervo jurídico y moral repartido en sus disposiciones normativas y en sus derechos fundamentales. Como indica Araya, el fundamento de la inclusión del otro, y por cierto de la ciudadanía, es la forma del consenso respecto a los procedimientos que nos presentan los principios universalistas del Estado de derecho. Preo la inclusión del "otro" debe comprenderse en la relación con la noción de la ciudadanía (que se vincula a una cultura política universalista), no obstante, no se puede sobrepasar los derechos individuales de los ciudadanos que están plasmados en los derechos humanos, fundamento del Estado de derecho democrático[334]. Bien afirma Araya, es un patriotismo no fundamentado en sustratos pre-políticos de una comunidad étnico-nacional, sino en el régimen de estado de la UE.

Como señala Bauböck, el concepto de patriotismo constitucional introducido por Dolf Sternberger y aplicado a la integración europea por Jørgen Habermas parece una base atractiva para la lealtad política hacia una Unión Europea por parte de ciudadanos. Desde este punto de vista, lo que se puede esperar de todos los ciudadanos en una democracia liberal es la lealtad hacia los principios de su constitución, no una identidad

---

333 Habermas, Jürgen Citizenship and Natonal Identity", en Bart van Steenbergen cit, p. 24

334 *Araya, Anabaló Jorge,* Jürgen Habermas, democracia, inclusión del otro y patriotismo constitucional desde la ética del discurso "cit, p.

cultural compartida. Sin embargo, en este nivel nacional el argumento del patriotismo constitucional es primordialmente normativo y no descriptivo o pronóstico[335].

Como señala De Lucas, la ciudadanía de la UE puede ofrecer una oportunidad para demostrar puede ser el ejemplo que la ciudadanía se mueve hacia la una dimensión transnacional de la ciudadanía[336], que evidentemente es la supranacional. La cosa es definir la propia ciudadanía de la UE para que no sea un tipo de *vacuum,* cuáles serán los elementos de "Constitución europea, cómo asegurar el control y la trasparecía de las instituciones y la participación ciudadana cómo articular todo este proceso desde la complejidad de las realidades políticas ya existentes[337]. Creemos que el problema está en el ante paso de la ciudadanía de la UE. ¿Cómo señalar los límites sociales de una comunidad política que apuntaba Habermas? Esos que regulan más bien la pertenencia a una comunidad histórica de destino y una forma de vida política que es constitutiva de la propia identidad del ciudadano. La que se muestra en el 'quien soy' y lo vincula y catapulta a la pertenencia a una comunidad política. De este modo crea deberes especiales tras los que existe una identificación patriótica. "cada miembro admite una lealtad con la comunidad que se expresa en una disposición a sacrificar el beneficio personal con el fin de hacer avanzar los intereses de ésta ya no es adecuado para las condiciones de las sociedades complejas, pero sin embargo resalta

---

335 *Bauböck, Rainer* "Citizenship and National Identities in the European Union ", *[En línea] , Harvard Jean Monnet Working Paper 4/97, [consultado el 3° de noviembre de 2016]* Disponible en http://www.jeanmonnetprogram.org/archive/papers/97/97-04-.html

336 De Lucas, Martín, Francisco Javier, "Ciudadanía y Unión Europea intercultural", *Anthropos. Huellas del conocimiento,* cit. p. 102

337 Ibíd., p. 106-107

un componente ético que no se puede menospreciar[338]. Yo no son adecuados, puesto que además de la vinculación o lealtad con la identidad, aunque sea constitucional o del acervo de la UE hay que crear una conexión de intimidad sentimental. Identificarse con esa entidad puede llevarnos a reconocernos con ella, en inclusive a tener las mismas creencias o propósitos; pero sólo la conexión amorosa nos unirá inexorablemente.

Según De Lucas hay que mantener abierta la dialéctica entre ciudadanía de identidad de origen pertenencia nacional previa con las que cada grupo de nacionales entran en el ámbito europeo y la ciudadanía de la UE. La ciudadanía europea no se creará si no se produce la extensión inclusiva, en los derechos de los ciudadanos, y eso exige un desarrollo cultural y democrático objeto de políticas específicas. De Lucas señala que el error está en pensar que los sujetos, las partes del diálogo intercultural son los europeos solo, pues la interculturalidad sería el requisito para hablar de un espacio pre político de identidad europea que hiciera verosímil la nueva comunidad de ciudadanos de la UE[339].

Quizás, sólo quizás, el asunto intercultural de la UE esté en su propia construcción. ¿Qué si todos estos años, llenos de tratados, directivas, reglamentos, opiniones, sentencias, etcétera, constituyen la dimensión pre-política de la UE post-supranacional? O ¿Es la UE la dimisión pre-política de la última fase de la propia UE? Todo este acervo sería la cultura a la que adherirse tras años de empeño por un especio de democracias y derechos. La UE y su ciudadanía siguen en construcción y evolución.

---

338 Habermas, Jürgen "Ciudadanía e identidad nacional", *Facticidad y validez*, cit., p 643.

339 De Lucas,]avier "Ciudadanía y Unión Europea intercultural", *Anthropos*, cit. p 113.

Da igual los derechos que advengan, lo necesario importante pero no suficiente es llegar a ser ciudadano de la UE. Ya que la diluida soberanía estatal de otorgamiento de la nacionalidad de los Estados miembros ha de ser de acuerdo a los valores de la UE, ¿Por qué no crear -mediante la menos aprensiva forma jurídica de la UE –una Directiva para establecer criterios comunes para establecer la ciudadanía de un Estado Miembro? Quizás aporte algún granito de arena a la consolidación de la identidad de la ciudadanía de la UE en la necesaria construcción de un modelo de ciudadanía de la UE coherente con la UE actual.

Muñoz Aunión señala la oportunidad de que la UE, en pos de una unificación para normas comunitarias, se adhiera y ratificara el Convenio Europeo sobre Nacionalidad[340], que generaría efectos potencialmente positivos en el acervo comunitario. Desde nuestra hipótesis hemos tenido claro el hecho de que la los Estados miembros de la UE debería unificar sus normas sobre nacionalidad/ciudadanía. Ratificar el convenio si bien es deseable, creemos es complicado ante la normal resistencia de los Estados ante pérdida de soberanía –la que les pueda quedar-. Por ello creemos que el vehículo menos agresivo más adecuado a debe ser la Directiva. De ahí que una unificación desde la UE permitiría a los ciudadanos solicitar remedios tanto jurisdicciones políticos, sociales, ciudadanos, administrativos y todos aquellos derivados de su condición de miembro de pleno derechos y derechos de la UE[341].

La iniciativa de "*Ciudadanía de la UE para los europeos: Unidos en la diversidad, a pesar del* ius soli *y el* ius sanguinis*"*, nos devela la necesidad de plantearse un nuevo paradigma que, sobre la

---

340 European Counsil, "European Convention on Nationality" European Treaty Series nº 166, november the 6th 1997.

341 Muñoz, Aunión, Antonio, "Sobre la Ciudadanía En El Derecho Internacional ¿La Ilusión Europea?", cit., p. 369-370.

ciudadanía de la UE, pero también de la posible vuelta a un *Tratado Constitucional fundacional* que plantee a los ciudadanos qué relación o contrato social desean para con la UE. La UE es en si esa entidad política, pre-política que tiene su propia historia y lo hace sujeto del relato. Relato en el cual su construcción jurídica, política, económica y social hace que ese paso pre-político sea la posible como antesala de unos *Estados Unidos de Europa* que sean realmente la Europa de los ciudadanos. Quienes tendrán una ciudadanía ya no desde una institución excluyente (la nacionalidad), sino desde una categoría incluyente y universal: la ciudadanía europea, anclada en la defensa de los derechos humanos y así conformar una ciudadanía humana.

Conclusiones

EL DEFICIENTE MODELO SUPRANACIONAL DE CIUDADANÍA DE LA UE

Una vez concluido el presente trabajo, podemos señalar como resultados de nuestra investigación los siguientes:

1. Puesto que, hasta ahora, la noción de ciudadanía se ha circunscrito a las fronteras del Estado-nación y el estatus de ciudadano ha venido atribuyéndose en tanto que miembro de un *demo definido* por criterios de pertenencia a una determinada comunidad política, la ciudadanía de ciertos países, como los de la Unión Europea, representa hoy un extraordinario privilegio. Pero esta connotación particularista del estatus de ciudadanía, que excluye a los de fuera, ya no resulta sostenible en una Europa con un importantísimo contingente de personas que reclaman su reconocimiento como sujetos de derechos y su participación como miembros activos de la comunidad política. En este sentido, la propuesta de una ciudadanía (supranacional)de la Unión Europea, tendente al reconocimiento de un estatus de derechos que se superpone (sin sustituirlo) a la nacionalidad de sus estados miembros, abrió a principios de los noventa (Tratado de Maastricht) una tímida vía hacia la concepción *universalista* de la ciudadanía, ligada al reconocimiento de un núcleo básico de derechos más allá de la nacionalidad.

2. Crear un estatus de *ciudadanía* se planteó como mecanismo fundamental de integración europea, y el conjunto de derechos enunciados en el Tratado de Maastricht

(TCE), como el componente esencial del Estatuto de ciudadanía de la Unión Europea. Desde esta perspectiva la ciudadanía de la Unión Europea fue concebida como el embrión de un conjunto autónomo de derechos, garantizados por la UE a los nacionales de los Estados Miembros, pero al margen de los derechos de los nacionales de cada Estado. Finalmente, al fracasar el proyecto de Constitución de la UE, ese planteamiento quedó frustrado en la primera década del s. XXI. En primer lugar, el estatuto de ciudadanía de la UE no ha adquirido un carácter *autónomo,* puesto que continúa supeditado a la condición de nacional de un Estado miembro, sólo puede ejercerse desde las instancias internas de los Estados miembros y su sistema de protección y garantías está también supeditado a las vías legales y jurisprudenciales de los Estados miembros, sin que existan vías directas de la UE con carácter supranacional (comunitario).

3. Por otra parte, de acuerdo con el vigente Tratado de Lisboa (TFUE), los '*derechos de ciudadanía de la UE*' no están planteados como derechos y libertades fundamentales, sino que responden al criterio (clásico) de la participación en el ejercicio del poder público (derecho de sufragio activo y pasivo, derecho de acceso a los cargos públicos, derecho a dirigirse a los poderes públicos y a solicitar de ellos información y explicaciones sobre su actuación, derecho a ser protegido cuando se encuentra bajo la jurisdicción de otro poder diferente) ya la defensa de un derecho básico en un contexto supranacional: la libertad de circulación (o movimiento) y fijación de la residencia. Se trata de un estatus supranacional, vinculado al estatus de nacional. Algo similar a lo que sucede en el interior de los Estados miembros: los *derechos de ciudadanía-nacional* constituyen un núcleo diferenciado de derechos que tiene el carácter de de-

recho fundamental (puesto que están contemplados en las respectivas constituciones), pero cuyadimensión participativa en el poder público restringe su titularidad a los nacionales del Estado.El sistema actualmente reflejado en el artículo 6 del TUE y la nueva posición de la Carta de Derechos Fundamentales, han creado mucha incertidumbre sobre su alcance y límites en tanto que derechos fundamentales.

4. A pesar de todo, la creación de un *estatus autónomo* de ciudadanía se presenta hoy como el criterio fundamental de legitimación de todo el sistema de poder de la Unión Europea. Ciertamente, el modelo de integración europea está muy marcado por su origen técnico-económico y su marcado carácter intergubernamental, pero a pesar de todo, la realidad de una *ciudadanía de la Unión Europea* es una experiencia inédita en el ámbito de las organizaciones internacionales y ha sido *per se* un éxito sin precedentes, que con los límites y dificultades que hemos señalado, constituye, a nuestro juicio, un punto de referencia mundial, como modelo que puede desarrollarse en el sentido de su concepción original, hasta convertirse en el primer ejemplo en el mundo de ciudadanía universalista, abierta e inclusiva, basada en el primado de la persona, en el reconocimiento de su dignidad y en la titularidad de los derechos que le son inherentes (incluidos los de participación) y con un estatus autónomo de protección y garantías, desvinculado de la nacionalidad de los estados miembros. Una ***ciudadanía humana***, según la hemos denominado en esta tesis.

5. El TUE y TFUE habla en reiteradas ocasiones sobre la función y posición central del ciudadano en la construcción europea. De momento, no parece que haya una voluntad gubernamental de reformar los tratados en el sentido de crear este modelo de *ciudadanía humana*. No

obstante, a través del mecanismo de participación popular abierto en la UE(la iniciativa legislativa) tal vez sería posible invocar un camino más directo hacia el sentido abierto e inclusivo que la ciudadanía requiere como discurso legitimador del sistema de integración europea y que contribuya a superar la enorme desafección ciudadana hacia la Unión, hacia sus líderese instituciones, incluida su representación en el Parlamento Europeo.

El camino a seguir

6. En primer lugar, tal y como hemos propuesto en este trabajo, mientras la condición de nacional continúe siendo el presupuesto de acceso al estatus de ciudadanía en la UE, el primer paso firme hacia una concepción universalista e igualitaria de la ciudadanía debería consistir en la unificación de los diversos y dispares sistemas de naturalización de inmigrantes previstos en cada uno de los 27 países miembros de la UE. Resulta absolutamente discriminatorio y escandaloso que para acceder a la nacionalidad de un estado miembro (única vía de acceso a la ciudadanía de la UE) los requisitos y exigencias de unos países miembros sean radicalmente diferentes a los de otros. Comenzar con esta unificación de criterios es el primer paso imprescindible que la UE debería invocar de inmediato. (En ese sentido, nosotros hemos planteado un borrador de Iniciativa popular de Propuesta Directiva Sobre la Ciudadanía de la Unión Europea).

7. En segundo lugar, para conseguir un modelo de ciudadanía abierta, inclusiva e igualitaria, resulta imprescindible reconocer que el *residente regular* en cualquier Estado de la UE (temporal, de larga duración o definitivo), en la

medida en que paga impuestos y contribuye con su trabajo, con su presencia y con su participación, a la construcción de la comunidad política (comenzando por la primera y más básica que es la ciudad)debe poseer el estatus pleno de ciudadano, siendo titular de derechos civiles, sociales y, sobre todo, políticos; comenzando por el primer nivel de la participación: las decisiones políticas en la ciudad (y gradualmente en todos los demás). El primer escalón de la *ciudadanía humana* sería el primer escalón del proyecto de integración europea, integración y participación en la comunidad política municipal. Se trataría de abrir la jaula de hierro que aprisiona la ciudadanía, su anclaje en la nacionalidad (tanto por nacimiento como por naturalización) que impide superar las raíces etno-culturales del pretendido modelo universalista de ciudadanía. De ahí que la ciudadanía deba regresar a su raíz y asentarse sobre la condición de *residencia*. Por eso la importancia de la vecindad, de la ciudadanía local, que por otra parte es la que nos permite entender más fácilmente cómo los inmigrantes comparten con nosotros –los *habitantes de la ciudad*, los vecinos- las tareas, las necesidades, los deberes y por tanto también los derechos propios de quienes habitan la ciudad.

8. En tercer lugar, resulta imprescindible también hacer asequible la condición de residente estable, equiparada a la de ciudadano nacional, facilitando que pueda adquirirse simplemente tras un período consolidado de residencia, evitando requisitos adicionales de carácter excluyente y restrictivo(como los test de adaptación o integración y de lealtad constitucional, a imagen de lo dispuesto en los EEUU y en algunos de los países de la UE, que se ha traducido en las propuestas de contrato de integración. Todo lo que excede un principio simple, la libre aceptación del ordenamiento jurídico-

constitucional, bordea peligrosamente un modelo de asimilación cultural como condición de la integración política. A los inmigrantes, como a los ciudadanos, lo único que se les debe exigir es el cumplimiento de la legalidad jurídico-constitucional del estado.

9. Plantear el objetivo de una ciudadanía plena basada en la primacía de la persona y no de la adscripción a un etnos pre-político supone aceptar la igualdad en derechos sociales, civiles y políticos de todos aquellos que residen en el Estado y contribuyen a la construcción de la comunidad política que lo sustenta. No hay igualdad en derechos si no existe una verdadera *integración política*, que no es más que el reconocimiento como sujetos plenos de derechos de todos aquellos que residen en el espacio UE. Como afirma el profesor De Lucas, ciudadanía es igualdad, pero no sólo igualdad jurídica (*isonomía*), ni igualdad de palabra (*isegoría*), sino también igualdad de participación (*isocracia*). En ese sentido, la reflexión teórica sobre un nuevo modelo de ciudadanía de la UE debe comenzar por profundizar en la noción de *presencia* y a de *ciudadanía de facto* para tratar de superar la 'nacionalización' de la ciudadanía. La participación efectiva, no sólo la participación social sino también la política, es el eje vertebrador de la cohesión social y de la comunidad política.

En definitiva

Nuestra propuesta de modelo hacia el que debería avanzar el actual modelo de ciudadanía de la UE, para convertirse en un paradigma de referencia, debería adoptar los siguientes elementos:

- Una ciudadanía *humana*, dotada del estatuto básico de derechos humanos que constituyen las exigencias inherentes e irrenunciables a la dignidad de todo ser humano

- Una ciudadanía *universalista,* basada en la igual dignidad de todo ser humano y orientada a la garantía y salvaguarda de los derechos humanos sin restricciones.
- Una ciudadanía *inclusiva,* centrada en la primacía de la persona y no en su condición de nacional de un estado
- Una ciudadanía igualitaria: en la que todos cuantos conviven en el mismo espacio público gocen de los mismos derechos civiles, sociales y políticos.
- Una ciudadanía *abierta,* en la cual la pertenencia venga determinada por los vínculos efectivos de un individuo con una comunidad: su trabajo, su familia, su lugar de residencia permanente, sus impuestos
- Una ciudadanía *participativa*: que más allá de la nacionalidad, reconozca el derecho a participar en la conformación de la comunidad política a la que se pertenece desde el sufragio activo y pasivo y desde la presencia activa en las instituciones y organizaciones políticas, sociales y culturales.
- Una ciudadanía *integradora,* que no se fundamente sobre la identidad etno-cultural del sujeto, sino sobre la asunción de los principios políticos que constituyen el fundamento de la comunidad política, con pleno respeto a la diferencia.

Anexo 1

Propuesta de directiva sobre la ciudadanía de la Unión Europea (Iniciativa ciudadana)

Normas y procedimientos comunes en los Estados miembros para la otorgación de la ciudadanía europea. Propuesta de Directiva para establecer criterios comunes para establecer un estatuto autónomo de ciudadanía de la Unión Europea.

Visto el Tratado constitutivo de la Comunidad Europea[342], y en particular sus artículos 17 al 22.

Vista La Carta de los Derechos Fundamentales[343] y en particular el capítulo V sobre ciudadanía.

De conformidad con el procedimiento establecido en el artículo 251 del Tratado[344].

---

342 *DO C 202 2016*

343 DO C 202 de 7.6.2016, pp. 389-405

344 Dictamen del Parlamento Europeo de 11 de febrero de 2003 (*DO C 43 E de 19.2.2004, p. 42),* Posición Común del Consejo de 5 de diciembre de 2003 *(DO C 54 E de 2.3.2004, p. 12)* y Posición del Parlamento Europeo de 10 de marzo de 2004 (no publicada aún en el Diario Oficial).

Considerando lo siguiente:

(1) La Comunicación de la Comisión al Consejo, al Parlamento Europeo, al Comité Económico y Social Europeo y al Comité de las Regiones sobre inmigración, integración y empleo[345].

(2) Consejo Europeo de Tampere de 15 y 16 de octubre de 1999.

(3) Comunicación de la Comisión al Consejo y al Parlamento Europeo relativa a un método abierto de coordinación de la política comunitaria en materia de inmigración[346].

(4) Comunicación sobre una política comunitaria de migración de 22 de noviembre de 2000[347].

(5) Comunicación sobre la integración de los problemas de inmigración en las relaciones de la Unión Europea con terceros países[348].

(6) El Pacto Internacional de Derechos Civiles y Políticos de 16 de diciembre de 1966[349].

(7) Declaración Universal de los Derechos Humanos[350].

(8) El Consejo Europeo de Fontainebleau de los días 25 y 26 de junio de 1984.

---

345 COM 2005 389 final (no publicada aún en el Diario Oficial).

346 COM 2001 0387 final */

347 COM 2000 757 ,

348 COM 2002 703 de 3.12.2002.

349 Asamblea General resolución 2200 A (XXI), de 16 de diciembre de 1966

350 Asamblea General resolución 217 A (III), de 10 de diciembre de 1948

(9) Hacia una ciudadanía europea: Propuesta oficial de España, octubre de 1990

(10) Propuesta de texto de articulado sobre 'ciudadanía europea' presentada por la delegación española a la Conferencia Intergubernamental Sobre Unión Política de 20 de febrero de 1991[351]

(11) La Convención europea sobre nacionalidad

(12) La ciudadanía de la Unión confiere a todo ciudadano(a) de la Unión un derecho primario e individual a circular y residir libremente en el territorio de los Estados miembros, con sujeción a las limitaciones y condiciones previstas en el Tratado y en las disposiciones adoptadas para su aplicación.

(13) La Unión contribuye a la preservación y al fomento de estos valores comunes dentro del respeto de la diversidad de culturas y tradiciones de los pueblos de Europa, así como de la identidad nacional de los Estados miembros y de la organización de sus poderes públicos en el plano nacional, regional y local; trata de fomentar un desarrollo equilibrado y sostenible y garantiza la libre circulación de personas, bienes, servicios y capitales, así como la libertad de establecimiento

(14) Crear entre los Estados miembros una unión cada vez más estrecha, han decidido compartir un porvenir pacífico basado en valores comunes en la que la ciudadanía de la Unión sea el baluarte de distinción que encierra estos valores.

---

[351] Propuesta de texto de articulado sobre ciudadanía europea presentada por la delegación española a la Conferencia Intergubernamental Sobre Unión Política de 20 de febrero de 1991, *Revista de Instituciones Europeas, número 18, enero-abril,* 1991, pp. 405-409.

(15) La libre circulación de personas constituye una de las libertades fundamentales del mercado interior, que implica un espacio sin fronteras interiores en el que esta libertad estará garantizada con arreglo a las disposiciones del Tratado.

(16) La ciudadanía de la Unión debe ser la condición fundamental de los nacionales de los Estados miembros que ejercen su derecho de libre circulación y residencia. Por ello es necesario codificar y revisar los instrumentos comunitarios existentes tratando separadamente a los asalariados, los trabajadores por cuenta propia, así como los estudiantes y las otras personas inactivas, de manera que se simplifique y refuerce el derecho de libre circulación y residencia de todos los ciudadano(a)s de la Unión.

(17) Para rebasar el enfoque sectorial y fragmentario del derecho de libre circulación y residencia y con el fin de facilitar el ejercicio de este derecho, es necesario un acto legislativo único que modifique las normativas estatales y de la UE en materia de ciudadanía-nacional.

(18) La utilización de términos semejantes lingüísticos para hacer referencia es necesaria para fortalecer la identidad de los ciudadano(a)s de la UE así como disipar los nacionalismos extremos.

(19) El derecho de todo ciudadano(a) de la Unión a circular y residir libremente en el territorio de los Estados miembros, para que pueda ejercerse en condiciones objetivas de libertad y dignidad, debe serle reconocido también a los miembros de su familia, cualquiera que sea su nacionalidad. A los efectos de la presente Directiva, la definición de miembro de la familia debe incluir también la pareja registrada si la legislación del Estado miembro de acogida equipara la unión registrada al matrimonio.

(20) Para mantener la unidad de la familia en un sentido amplio y sin perjuicio de la prohibición de discriminación por motivos de nacionalidad, los Estados miembros de acogida deben estudiar, basándose en su propia legislación nacional, la situación de las personas no incluidas en la definición de miembros de la familia con arreglo a la presente Directiva y que, por consiguiente, no disfrutan del derecho automático de entrada y residencia en el Estado miembro de acogida, con objeto de decidir si se les podría permitir la entrada y la residencia, teniendo en cuenta su relación con el ciudadano(a) de la Unión o cualquier otra circunstancia, tales como la dependencia financiera o física del ciudadano(a) de la Unión.

(21) Conviene definir claramente la naturaleza de las formalidades relacionadas con la ciudadanía de la Unión sustentada en la homogeneidad de normas y actos en la otorgación y/o obtención de la ciudadanía nacional de Estados miembros, sin perjuicio de las disposiciones aplicables en materia de controles en las fronteras nacionales.

(22) Con objeto de facilitar la libre circulación de los miembros de la familia que no sean nacionales de un Estado miembro, conviene que quienes ya sean titulares de una tarjeta de residencia queden exentos de la obligación de visado de entrada establecida

(23) La normalización de la ciudadanía nacional conlleva una disminución de la soberanía de los Estados miembros.

(24) Los ciudadano(a)s de la Unión deben disfrutar de los derechos de la UE y de los de los Estados miembros cuando residen en un Estado miembro de acogida sin estar supeditados a más condiciones o formalidades que la posesión de un documento de identidad o un

pasaporte válido sin perjuicio de un tratamiento más favorable, reconocido por la jurisprudencia del Tribunal de Justicia.

(25) Conviene, sin embargo, evitar que los beneficiarios del derecho de residencia se conviertan en una carga excesiva para la asistencia social del Estado miembro de acogida

(26) El derecho fundamental y personal de residencia en otro Estado miembro ha sido otorgado directamente a los ciudadano(a)s de la Unión por el Tratado, y no depende de haber completado los procedimientos administrativos.

(27) La presente Directiva no debe afectar a las disposiciones nacionales que sean más favorables.

(28) Teniendo en cuenta los numerosos instrumentos internacionales relativos a la nacionalidad y apatridia.

(29) Reconociendo que, en lo que respecta a la ciudadana nacional, debe tenerse en cuenta tanto Intereses legítimos de los Estados y de los particulares.

(30) Deseando promover el desarrollo progresivo de los principios jurídicos relativos a la ciudadanía nacionalidad

(31) Consciente del derecho al respeto de la vida familiar que figura en el artículo 8 del Convenio para la Protección de los Derechos Humanos y de las Libertades Fundamentales

(32) Deseando evitar la discriminación en asuntos relacionados con la nacionalidad;

(33) La presente Directiva respeta los derechos y libertades fundamentales y observa los principios reconocidos, en particular, por la Carta de los Derechos Fundamentales de la Unión Europea De conformidad con

la prohibición de discriminación que contiene la Carta, los Estados miembros deben aplicar las disposiciones de la misma sin discriminar entre los beneficiarios de la presente Directiva por razones como el sexo, raza, color, origen étnico o social, características genéticas, lengua, religión o convicciones, opiniones políticas o de otro tipo, pertenencia a una minoría nacional, patrimonio, nacimiento, discapacidad, edad u orientación sexual.

Han adoptado la presente directiva:

CAPÍTULO I
Disposiciones Generales

Artículo 1

Objeto

La presente Directiva establece:

a) las condiciones en las cual se otorga y se pierde la ciudadanía de la Unión europea.

b) **Crear una ciudadanía única y primaria de la Unión. Será ciudadano(a) de la Unión toda persona que ostente la nacionalidad de un Estado miembro o resida permanentemente en él, de acuerdo a la legislación comunitaria**. La ciudadanía de la Unión se añade a la ciudadanía nacional sin sustituirla

c) **Una ciudadanía común**, cuyos derechos y deberes emanan de la Unión. para asentar las bases de un espacio integrado al servicio del ciudadano(a), origen de la legitimidad democrática y pilar fundamental de integración eureopea

Artículo 2
Definiciones

1) '*Ciudadano(a) de la Unión*': Toda persona que tenga la ciudadanía nacional de un Estado miembro o resida permanentemente en él de acuerdo con la legislación comunitaria.

2) *Ciudadanía de la Unión Europea*: El estatus legal y la relación entre una persona y la Unión Europea con los derechos y deberes legales específicos que conlleve.

3) *Ciudadanía nacional*: Relación jurídica entre una persona y un Estado miembro de la Unión, a tenor lo reconoce en el derecho internacional, adquirida por los criterios de la presente Directiva. La presente directiva no se refiere a la nacionalidad en un sentido no jurídico, es decir, la pertenencia a una nación que comparte una historia, una cultura, una lengua o una ascendencia común.

4) *Residente estable*: persona que, sin ser nacional de un estado miembro, reside de manera regular, permanente y estable en ese estado miembro.

5) *Estado de de origen*: Estado de la Unión del cual se es ciudadano(a) nacional

6) *Estado de acogida*: el Estado miembro al que se traslada el ciudadano(a) de la Unión para ejercer su derecho de libre circulación, residencia y ciudadanía de la Unión.

7) *Miembro de la familia*:

   a) el cónyuge legal o de hecho;

b) la pareja con la que el ciudadano(a) de la Unión ha celebrado una unión registrada, con arreglo a la legislación de un Estado miembro, si la legislación del Estado miembro de acogida otorga a las uniones registradas un trato equivalente a los matrimonios y de conformidad con las condiciones establecidas en la legislación aplicable del Estado miembro de acogida;

c) los descendientes directos menores de 21 años o a cargo y los del cónyuge o de la pareja definida en la letra b);

d) los ascendientes directos a cargo y los del cónyuge o de la pareja definida en la letra b).

8) *Estado de Origen*: Estado del cual posee la ciudadanía nacional.

9) *Nacionalidad múltiple*: significa la posesión simultánea de dos o más nacionalidades por una misma persona.

10) *Niño(a)*: toda persona menor de edad con arreglo a la ley aplicable.

11) *Naturalización*: Cualquier modalidad de adquisición después del nacimiento de una nacionalidad no anteriormente poseída por la persona destinataria que requiera una solicitud por esta persona o su agente legal, así como un acto de otorgamiento de la nacionalidad por una autoridad pública.

12) *Residencia regular y/o habitual en un Estado miembro*: Presencia física por más de seis meses en el territorio del mismo.

13) *Residencia irregular*: se debe entender por situación irregular la presencia en el territorio de un Estado miembro de un nacional de un tercer país que no cumple o ha dejado de cumplir las condiciones de entrada establecidas en

el artículo 5 del Código de fronteras Schengen u otras condiciones de entrada, estancia o residencia en ese Estado miembro.

14) *Nacional de un tercer país*: cualquier persona que no sea ciudadano de la Unión en el sentido del artículo 17, apartado 1, del Tratado y que no sea un beneficiario del derecho comunitario a la libre circulación con arreglo a la definición del artículo 2, apartado 5, del Código de fronteras Schengen.

Artículo 3
Beneficiarios

Toda persona a la que le aplique la presente Directiva.

CAPÍTULO II
Principios

Articulo 4
Principios básicos

1. Los ciudadano(a)s de la UE gozan plenamente de los derechos y libertades socioeconómicos, políticos e individuales proclamados y garantizados por el ordenamiento de la Unión.
2. Las normas sobre la ciudadanía nacional se basarán en los siguientes principios:
   a) toda persona tiene derecho a una ciudadanía nacional;
   b) se evitará la apátrida
   c) nadie será privado arbitrariamente de su ciudadanía nacional;

d) ni el matrimonio ni la disolución de un matrimonio entre un ciudadano(a) nacional de un Estado miembro o tercer País, ni el cambio de ciudadanía nacionalidad por uno de los dos.

e) La ciudadanía nacional no podrá comprarse.

Articulo 5
No discriminación

1 Las normas sobre la ciudadanía nacionalidad no contendrán distinciones ni incluirán ninguna práctica de Discriminación por motivos de sexo, religión, raza, color o ciudadanía nacionalidad u origen étnico.

2 La presente Directiva guiará por el principio de no discriminación entre sus los ciudadano(a)s nacionales, de los Estados miembros y los ciudadano(a)s de la UE, tanto son ciudadano(a)s nacionales de nacimiento como si han adquirido posteriormente su ciudadanía nacional por naturalización.

3. Los ciudadano(a)s de la Unión son titulares de los derechos y están sujetos a los deberes establecidos los ordenamientos de los Estados miembros y la UE.

CAPÍTULO III
La ciudadanía de la Unión Europea

Articulo 6
Ciudadano(a)s de la Unión

1. De conformidad con la el ordenamiento jurídico Unión se establece la ciudadanía primaria única de la Unión Europea.

2. Esta ciudadanía es independiente del lugar de residencia del ciudadano(a) dentro de la UE.
3. Tienen la condición de ciudadano(a) de la Unión todo nacional de un Estado miembro o todo residente regular, permanente y estable en un Estado miembro.
4. Los ciudadano(a)s de la Unión son titulares de los derechos y sujetos de los deberes previstos en el presente Tratado, que se añaden a los derechos y deberes que les incumben por su condición de ciudadano(a)s o residentes permanentes de un Estado miembro.
5. La Unión y los Estados miembros se comprometen a respetar los derechos fundamentales tal como se reconocen especialmente en las Constituciones de los Estados miembros y en el Convenio Europeo para la protección de los Derechos Humanos y de las Libertades Fundamentales, que la Unión hace suyo.
6. La Unión fijará las modalidades en que los ciudadano(a) s de la Unión y quienes no ostenten la condición de tales, podrán hacer valer los derechos garantizados en el párrafo anterior.

CAPÍTULO IV
Adquisición de la ciudadanía nacional de los Estados Miembros

Articulo 6
Fundamentos de la adquisición

La ciudadanía nacional de un Estado miembro se adquirirá:

1) por nacimiento;

2) por naturalización;

3) en base a lo estipulado en las normas estatales y en los tratados internacionales suscritos por ese Estado siempre que no contravengan la presenta directiva;
4) en base a otros fundamentos previstos por la presente directiva o el ordenamiento de la UE

Articulo 7
Ciudadanía de los niño(a)s cuyos padres sean ciudadano(a)s de un Estado Miembro

1. Un niño(a) cuyos padres poseían la ciudadanía nacional de un Estado miembro en el momento de nacer aquél, será ciudadano(a) del Estado Miembro independientemente de que haya nacido en su territorio fuera de él.
2. El nacido fuera de un Estado Miembro de padre o madre, (nacidos también fuera del Estado Miembro), abuelo o abuela, siempre que todos ellos originariamente hubieran sido ciudadanos nacionales de un Estado miembro.

Artículo 8
Ciudadanía de los niños (a) s, uno de cuyos padres sea ciudadano(a) de un Estado miembro

Cuando los padres posean diferente ciudadanía y uno de ellos sea ciudadano(a) de un Estado miembro en el momento de nacer el niño(a), éste será ciudadano(a) de ese Estado Miembro:

1) si ha nacido en territorio del Estado miembro de uno de los padres;

2) si ha nacido fuera del Estado miembro, pero sus padres, ambos o uno de ellos, tenían en ese momento residencia permanente en territorio de la UE.

3) Cuando los padres posean diferente ciudadanía y uno de ellos sea ciudadano(a) nacional de un Estado Miembro en el momento de nacer el niño(a), y si en ese momento tienen residencia permanente en territorio de la UE, fuera del ciudadano(a) nacional de un Estado Miembro, la ciudadanía nacional del niño(a) nacido fuera del de Estado Miembro o la UE será determinada por acuerdo de los padres.

4) Un niño(a), uno de cuyos padres posea la ciudadanía nacional un Estado Miembro en el momento de nacer aquél y el otro sea persona sin la ciudadanía nacional un Estado Miembro o persona no conocida, será ciudadano(a) nacional del Estado miembro independientemente del lugar dónde naciera.

Artículo 9
Adquisición de la ciudadanía nacional de un Estado miembro por los niños de personas sin ciudadanía

1. Un hijo de personas sin ciudadanía que tengan residencia permanente en territorio de la UE, nacido en territorio del Estado Miembro, será ciudadano(a) nacional de dicho Estado.

Artículo 10
Ciudadanía de los niños cuyos padres se desconozcan

1. Será ciudadano(a) del Estado miembro todo niño que se encuentre en territorio de la UE en dicho Estado y de cuyos padres no se conozca a ninguno.

Artículo 11
Ciudadanía de los niños no adquieren al nacer otra nacionalidad.

1. Será ciudadano(a) del Estado miembro todo niño(a) nacido en su territorio que no adquieren al nacer otra nacionalidad.

Artículo 12
Ciudadanía de los niños al nacer de padres extranjeros.

1. El/la hijo(a) de padres extranjeros nacido un Estado Miembro que se inscriba como ciudadano(a) nacional de dicho Estado, por voluntad de cualquiera de sus progenitores mientras sea menor de edad, o por la propia hasta cumplir veinticinco años;
2. En caso que sólo se haya inscrito el hecho del nacimiento de un(a) hijo(a) de padres extranjeros sin que se hubiera registrado como ciudadano(a) nacional del Estado Miembro correspondiente y este ya siendo adulto residiese por un año en ese Estado miembro será suficiente para retomar su ciudadanía nacionalidad.

Artículo 13
Ciudadanía de los niños cuyos padres recibieran asistencia genética

1. Será ciudadano(a) del Estado miembro los niños cuyos padres posea la ciudadanía nacional un Estado Miembro y lo tuviesen en el extranjero que genéticamente no es suyo total o parcialmente.
2. Los avances en la medicina permiten casos en los que una mujer puede recurrir a una donación de óvulos y

así llevar adelante un embarazo y tener un hijo que no es suyo desde el punto de vista genético

3. En caso que algún Estado miembro no disponga legamente, por las razones que sean, de la aprobación de métodos alternativos de reproducción asistida , al éstos ser ciudadano(a)s de la UE, y la ciudadanía de la Unión es única y primaria, el/la o los/las hijas podrán adoptar la ciudadanía nacional de un Estado miembro que sí reconozca o aprueba métodos de reproducción asistida.

CAPÍTULO V
Naturalización

Ciudadano(a)s extranjeros o personas sin ciudadanía, independientemente de su raza, nacionalidad, ciudadanía nacional, concepción, sexo, nivel de instrucción, lengua materna o lugar de residencia, pueden ser naturalizados, si lo solicitan, como ciudadano(a)s nacionales de un Estado miembro de la UE conforme a la presente Directiva.

Artículo 13

La adquisición de la ciudadanía nacional de un Estado miembro por naturalización

La adquisición de la ciudadanía nacional de un Estado miembro aplicará para la siguientes personas:

1. cónyuges de ciudadano(a)s nacionales;
2. hijos de ciudadano(a)s nacionales;
3. hijos cuyos padres adquieran o hayan adquirido la ciudadanía nacional de un Estado
4. los niños adoptados por ciudadano(a)s nacionales;

5. las personas nacidas en un Estado miembro y que residan, en situación regular y habitualmente;
6. las personas que residan en situación regular habitualmente en el territorio de un Estado miembro territorio durante un período de tiempo
7. apátridas y refugiados reconocidos que residan en situación regular y habitualmente en su territorio.

Artículo 14
Cónyuges de ciudadano(a) s nacionales

1. Los extranjeros casados con un ciudadano(a) nacional de un Estado miembro podrán solicitar la ciudadanía nacional del Estado miembro de su conyugue por matrimonio después de un año de residencia en situación regular con en el conyugue en cualquier territorio de la UE.
2. La residencia ha de ser de situación regular, continuada e inmediatamente anterior a la solicitud, que deberá presentarse en el Registro o Embajada correspondiente.
3. Cuando dicho matrimonio haya sido superior a un año y un día.
4. El viudo o viuda de un ciudadano(a) nacional de un Estado miembro, si en el momento de la muerte del cónyuge no estaban separados, de hecho o judicialmente en caso que el matrimonio haya sido menor al tiempo indicado en el apartado 14.1 . y 14.2
5. El viudo o viuda de un ciudadano(a) nacional de un Estado miembro cuando dicho matrimonio haya sido superior a un año y un día.

Artículo 15
Hijos cuyos padres adquieran o hayan adquirido la ciudadanía nacional de un Estado

1. Cambio de ciudadanía nacional de los hijos en caso de cambio de ciudadanía nacional de ambos padres:

2. cuando ambos padres cambian de ciudadanía para hacerse ciudadano(a)s de Estado, o Estado miembro o para dejar de serlo, cambia de igual forma la ciudadanía de los hijos menores de 14 años

Artículo 16
Adquisición de la ciudadanía nacional un Estado Miembro por los hijos cuando uno de sus padres adquiere la ciudadanía de un Estado miembro

1. Cuando uno de los padres se hace ciudadano(a) nacional de un Estado miembro de la

UE y el otro sigue siendo ciudadano(a) extranjero, el hijo puede adquirir la ciudadanía nacional de la del Estado miembro, a solicitud de aquel de los padres que la adquiera

2. Si uno de los padres se hace ciudadano(a) nacional de un Estado miembro de la UE y el otro sigue siendo persona sin ciudadanía, el hijo residente en territorio del Estado miembro de la UE será ciudadano(a) nacional del Estado miembro y ciudadano(a) de la

3. Si uno de los padres se hace ciudadano(a) nacional de un Estado miembro de la UE y el otro sigue siendo persona sin ciudadanía, el hijo residente fuera del territorio de la UE puede adquirir la ciudadanía nacional del Estado miembro del que sea nacional dicho padre.

Artículo 17
Adquisición de la ciudadanía nacional un Estado Miembro por adopción

1. El niño o la niña que sea ciudadano(a) extranjero(a) o persona sin ciudadanía pasa a ser ciudadano(a) del Estado miembro cuando lo adoptan ciudadano(a)s nacionales del Estado en cuestión.
   a) Sean personas casadas entre sí
   b) Uno de los cónyuges solamente
   c) Personas solteras con o sin pareja de hecho registrada administrativamente o no
2. El/la niño(a) que sea ciudadano(a) extranjero pasa a ser ciudadano(a) nacional del Estado miembro cuando lo adoptan cónyuges de los que uno es ciudadano(a) nacional del Estado y la otra persona sin ciudadanía nacional del Estado miembro
3. El/la niño(a) que sea persona sin ciudadanía nacional, pasa a ser ciudadano(a) del Estado miembro cuando lo adoptan cónyuges de los que al menos uno es ciudadano(a) del Estado miembro.

Artículo 18
Conservación de la ciudadanía nacional de un Estado Miembro por los niños en caso de adopción

1. El/la niño(a) que sea ciudadano(a) Estado miembro conserva la ciudadanía nacional del Estado si lo adoptan ciudadanos extranjeros o cónyuges de los que uno es ciudadanía nacional del Estado miembro y el otro ciudadano extranjero. A solicitud de los padres adoptivos, la administración correspondiente Estado miembro

puede autorizar a ese niño la renuncia a la ciudadanía nacional de dicho Estado.

4. El/la niño(a) que sea ciudadano(a) Estado miembro conserva la ciudadanía nacional del Estado cuando lo adoptan personas sin ciudadanía nacional de un Estado Miembro o cónyuges de los que al menos uno es ciudadano(a) del Estado miembro.

Artículo 19
Consentimiento de los hijos para cambiar su ciudadanía nacional

El cambio de ciudadanía nacional de los/las hijos(as) entre 14 y 18 años de edad, en los casos de que sus padres cambien de ciudadanía nacional o de adopción, puede efectuarse únicamente previo consentimiento de los hijos, expresado por escrito.

Artículo 20
Personas nacidas en un Estado miembro y que residan, en situación regular y habitualmente

En caso que sólo se haya inscrito el hecho del nacimiento de un(a) hijo(a) de padres extranjeros sin que se hubiera registrado como ciudadano(a) nacional del Estado Miembro correspondiente y este ya siendo adulto residiese por un año en ese Estado miembro será suficiente para retomar su ciudadanía nacionalidad.

Articulo 21
Las personas que residan en situación regular habitualmente en el territorio de un Estado miembro territorio durante un período de tiempo

La ciudadanía nacional es nacionalidad es el vínculo jurídico que une a la persona con el estado. Posee un doble carácter: constituye un derecho fundamental y crear el estatuto jurídico de las personas. Se da una relación de contra pesos ya que se disfruta de unos derechos y se debe cumplir con ciertas obligaciones.

La adquisición de la ciudadanía nacional de los Estados miembros es muy variada, especialmente en cuanto a extranjeros residentes en sus territorios y por ende la adquisición de la ciudadanía de la UE. La UE entiende que debe haber una normalización basada en los propios textos legales en materia de ciudadanía nacional de los Estados ya que tanta disparidad no se aliena con los principios de la Unión, en cuanto, entre otras, a la igualdad y justicia en los procedimientos.

En vista que la ciudadanía nacional es una condición y estatuto jurídico que permite el pleno disfrute de la vida tanto de la propia persona como la de su familia. El exigir años excesivamente puede convertirse en un peso que puede convertirse en la cuenta atrás de una condena. Es por ello que dese la UE se estandarizan periodos de acuerdo a los principios que han creado la UE.

La adquisición de la ciudadanía nacional de los Estados miembros por residencia se adjudicará del siguiente modo.

1. 3 años de residencia en el territorio de un Estado miembro, salvo los caso señalados en los artículos anteriores

2. Este periodo podrá ser inferior en los siguientes casos:

a) cuando existan relaciones históricas, culturales, o de cualquier tipo entre el Estado miembro y el Estado de un ciudadano nacional de un tercer país.
b) aquellas personas que hayan obtenido la condición de refugiado
c) Por razones humanitarias
d) Por liberalidad del Estado miembro.
e) apátridas y refugiados reconocidos que residan en situación regular y habitualmente en su territorio

3. Los Estados miembros no podrán imponer más condiciones para la otorgación de su ciudadanía nacional que las impongan a las personas que refiere el artículo 7.
4. El periodo inferior al que hace referencia el apartado (1) no puede ser superior a dos años.

CAPÍTULO VI
Procedimientos relativos a la ciudadanía nacional

Articulo 21
Tramitación de las solicitudes

1. Los procesos y procedimientos sobre la ciudadanía nacional han de ser claros, precisos y objetivos, en los cuales la discreción administrativa debería estar delimitada y sujeta a control judicial
2. Cada Estado miembro velará por que las solicitudes relativas a la adquisición, retención, pérdida, Recuperación o certificación de su nacionalidad se tramiten en un plazo razonable.

Articulo 21
Decisiones

1. Cada Estado miembro velará por que las decisiones relativas a la adquisición, retención, pérdida, o la certificación de su ciudadanía nacional contengan razones por escrito.
2. Los Estados han de fundamentar en hechos y en derecho todas sus decisiones la cual será sujetan de revisión judicial en tribunales de alto rango tanto a nivel estatal como de la UE.

Articulo 22
Derecho a revisión

Cada Estado miembro velará por que las decisiones relativas a la adquisición, retención, pérdida, o la certificación de su ciudadanía nacional puedan ser objeto de un control administrativo o judicial conforme l derecho interno y el de la UE.

Artículo 23
Tasas

1 Cada Estado miembro velará por que las tasas por adquisición, retención, pérdida, recuperación o certificación de su ciudadanía nacional sea razonable y libre de impuestos indirectos.

2 Cada Estado miembro velará por que las tasas de un control administrativo o judicial no sean obstáculo para los solicitantes.

CAPÍTULO VII
Múltiple ciudadanía nacional

Artículo 24
Ciudadanía nacional múltiple entre Estados miembros No se considerará ciudanía nacional múltiple en el caso en que en una persona concurran una o más ciudadanías nacionales siempre que sean entre Estados miembros

Artículo 25
Ciudadanía nacional múltiple entre ciudadanías nacionales de terceros Estados

1. Un Estado miembro permitirá que:
   a) niños(as) que por nacimiento tengan diferentes ciudadanías nacionales adquiridas automáticamente al nacer las conserven.
   b) sus ciudadanos nacionales posean otra cuando esta otra sea adquirida automáticamente por matrimonio.

2 Las retenciones mencionadas podrán estar sujetas a evitar incompatibilidades políticas, diplomáticas y consulares.

Artículo 26
Otros posibles casos de nacionalidad múltiple

Un Estado miembro no hará que la renuncia o pérdida de otra ciudadanía nacional nacionalidad sea una condición para adquisición o retención de la suya cuando dicha renuncia o pérdida no sea posible o no puede razonablemente ser requerido

Artículo 27

Derechos y deberes relacionados con la nacionalidad múltiple:

1 Los ciudadanos nacionales de un Estado miembro en posesión de otra nacionalidad tendrán, en el territorio de ese Estado en el que residen, los mismos derechos y deberes que los demás ciudadanos nacionales.

2. El apartado anterior es sin perjuicio de:

a) las normas del derecho internacional relativas a la protección diplomática o consular por un Estado miembro a favor de uno de sus nacionales que simultáneamente posee otra nacionalidad;

b) la aplicación de las normas de derecho internacional privado de cada Estado miembro

CAPÍTULO VIII
Pérdida y recuperación de la ciudanía nacional

Artículo 28
Causas de la pérdida de la ciudadanía nacional de un Estado miembro

La ciudadanía nacional de un Estado miembro se pierde:

1) por renuncia voluntaria y no coaccionada a la ciudadanía de un Estado miembro;

a) dicha renuncia no tendrá que justificarse y ha de ser en embajada o consulado del Estado miembro en territorio de otro Estado miembro.

b) se debe presentar como mínimo documento a los efectos de señalar el carácter libre y voluntario de dicha renuncia.

2) en base a lo estipulado en tratados internacionales

3) la muerte del ciudadano nacional no es una causa de pérdida de la ciudadanía nacional de un Estado miembro.

4) Ingreso en las fuerzas armadas de un tercer país.

Artículo 29
Renuncia de la ciudadanía nacional

1. La renuncia a la ciudadanía nacional del Estado miembro en cuestión se admite previa autorización de las autoridades administrativas y consulares pertinentes.

2. La renuncia a la ciudadanía nacional Estado miembro en cuestión puede ser denegada si el solicitante

   a) tiene compromisos incumplidos ante el Estado u obligaciones materiales que afecten intereses esenciales de los ciudadanos, organismos del Estado, cooperativas y otras organizaciones sociales.

   b) cuando el solicitante está inculpado o convicto de delito; debe cumplir la pena impuesta por un tribunal de justicia, u Órgano administrativo o

   c) cuando su renuncia está en pugna con la seguridad Estado miembro

Artículo 30
Recuperación de la ciudadanía nacional de un Estado miembro

1. Toda persona tiene derecho a recobrar su ciudadanía nacional de origen o naturalizada, mediante los procedimientos que disponga cada Estado nacional.

2. Los procedimientos para el proceso descrito en el inciso anterior no pueden ser onerosos ni complejos.

3. Independientemente del método que señale el Estado miembro la persona que desea recuperar la ciudadanía nacional debe formular personalmente o por medio de apoderado o representación legal un escrito escueto y sencillo solicitando la recuperación de la misma y las razones por las que la perdió ante el Registro Civil más cercano.
4. Los Estados miembros no deberán denigrar una solicitud a menos que la perdida de la ciudadanía nacional del peticionario se diera por razones alta traición.
5. Si se diera el caso del inciso anterior el Estado miembro ha de fundamentar en hechos y en derecho su decisión la cual será sujeta de revisión judicial en tribunales de alto rango tanto a nivel estatal como de la UE.

Artículo 31
Conservación de la ciudadanía nacional de un Estado miembro por las personas residentes en el extranjero

1. La residencia de un ciudadano nacional en el extranjero no implica por sí misma la pérdida de la ciudadanía nacional de un Estado miembro.
2. La pérdida de la ciudadanía nacional de un Estado miembro está sujeta al señalado en la presente Directiva.

Artículo 32
Inadmisibilidad de la entrega de un ciudadano nacional y de la UE a un Estado extranjero

1. El ciudadano de la UE no puede ser entregado a un Estado extranjero cuando exista la posibilidad de que:
   a) Puede estar en peligro de sufrir tortura

b) La pena impuesta en un procedimiento penal conlleve pena de muerte o pena de cárcel perpetua.

CAPÍTULO IX
Salvaguardas

Articulo 32
Igualdad de trato

1. Se garantizará la igualdad de trato a todos los ciudadanos nacionales naturaleza o naturalizados.
2. En la naturalización se garantiza un debido procedimiento de ley, un trato igual, independiente de la ciudadanía nacional de origen, credo, religión, sexo, raza, ideas políticas, condición social, orientación sexual, prohibiéndose cualquier discriminación por cualquier razón.

Artículo 33
Disposiciones misceláneas de separabilidad

1. Salvedad: Cualquier asunto no cubierto por esta Directiva, será resulto el Parlamento de conformidad al derecho de la UE. Todo aquello que no esté previsto en las mismas se va a regir por las normas generales de la UE.
2. Separabilidad: Cualquier disposición de esta Directiva o de cualesquiera sean enmendadas así como los actos de trasposición que se declara nulo por autoridad judicial competente, contravenga otra disposición, Tratado de la UE, Tratado internacional ratificado por algún Estado miembro, no afectará la vigencia y validez de las estantes disposiciones, sino que afectará y se limitará

a la palabra o inciso, artículo o parte específicamente afectada y a las limitaciones especificas , si alguna, de el Estado miembro en cuestión.

3. Las autoridades de la UE o el Estado miembro intentarán en la medida posible y por todos los medios a su alcance, sean jurídicos, diplomáticos, estatales, etc, de armonizar cualquier conflicto con la presente Directiva.

CAPÍTULO X
Disposiciones finales

Artículo 34
Publicidad

Los Estados miembros difundirán información sobre los derechos y obligaciones de los ciudadanos de la Unión y los miembros de sus familias con respecto a las materias reguladas por la presente Directiva, en particular, mediante campañas de divulgación y concienciación realizadas a través de los medios de comunicación nacionales y locales u otros medios de comunicación.

Artículo 35
Abuso de derecho

Los Estados miembros adoptarán las medidas necesarias para denegar, extinguir o retirar cualquier derecho conferido por la presente Directiva en caso de abuso de derecho o fraude, como los matrimonios de conveniencia.

Artículo 36
Sanciones

Los Estados miembros establecerán el régimen de sanciones aplicable a las infracciones de las disposiciones nacionales adoptadas en cumplimiento de la presente Directiva y tomarán todas las medidas necesarias para garantizar su aplicación. Las sanciones previstas deberán ser efectivas y proporcionadas. Los Estados miembros notificarán estas disposiciones a la Comisión a más tardar el ... *, y le notificarán cuanto antes cualquier modificación posterior que pueda producirse.

Artículo 37
Disposiciones nacionales más favorables

Las disposiciones de la presente Directiva no afectarán a las disposiciones legales, reglamentarias y administrativas de un Estado miembro que sean más favorables para los beneficiarios de la presente Directiva.

Artículo 38
Informe

A más tardar el ... *, la Comisión presentará al Parlamento Europeo y al Consejo un informe sobre la aplicación de la presente Directiva, así como cualquier propuesta que considere necesaria, en particular sobre la oportunidad de ampliar el período en el que los ciudadanos de la Unión y los miembros de sus familias pueden residir en el territorio del Estado miembro de acogida sin condiciones. Los Estados miembros facilitarán a la Comisión la información necesaria para elaborar dicho informe.

Artículo 39
Incorporación al Derecho nacional

1. Los Estados miembros pondrán en vigor las disposiciones legislativas, reglamentarias y administrativas necesarias para dar cumplimiento a lo establecido en la presente Directiva antes del ... **.

2. Cuando los Estados miembros adopten dichas disposiciones, éstas incluirán una referencia a la presente Directiva o irán acompañadas de dicha referencia en su publicación oficial. Los Estados miembros establecerán las modalidades de la mencionada referencia.

Artículo 40
Entrada en vigor

La presente Directiva entrará en vigor el día de su publicación en el Diario Oficial de la Unión Europea.

Bibliografía citada y consultada

ALÁEZ, Benito, (2005), "Nacionalidad y ciudadanía: una aproximación histórico-funcional", en *Historia Constitucional* n. 6, 2005, p. 29-75.

ANABALÓN, Jorge (2011), "Jürgen Habermas, democracia, inclusión del otro y patriotismo constitucional desde la ética del discurso", R*evista chilena de Derecho y Ciencia Política*,–vol. 3, n.1, año 2, p. 85-98.

ANCHÚSTEGUI, Esteban, (2011), "Derechos humanos y modelos de ciudadanía", en *Límite*, vol. 6, n. 24, p. 9-28.

ASLUN, Anders (2010) *Market: Socialism or the Restoration of Capitalism?*, Cambridge, University Press.

ACOSTA, José (2004), "El derecho internacional, el derecho comunitario europeo y el proyecto de constitución europea", *Jean Monnet/ Robert Schuman Paper Series vol. 4 n.*, 3 de Abril, p. 1-48

ALEXY, Robert (1993), *Teoría de los derechos fundamentales*, Madrid, Centro de Estudios Constitucionales.

ÁLVAREZ, Aurelia

AÑÓN, José

(2002)" Ciudadanía Social: La lucha por los derechos sociales", [en línea], *Cuadernos Electrónicos de Filosofía del Derecho. n. 6*, [consultado el 10 de agosto de 2015,] Disponible en http://www.uv.es/cefd/6/anyon.htm]

(2002) "El test de la inclusión: los derechos sociales", en Antón Morón, Antonio Trabajo, derechos sociales y globalización. Algunos retos para el siglo XXI, Madrid, Talasa.

(2006), *La transposición de directivas de la UE sobre inmigración: Las directivas de reagrupación familiar y de residentes de larga duración*, Barcelona, CIDOB.

(2007) "Directiva 2003/109/CE versus legislación española actual: ¿la transposición exige la modificación de la LO 4/2000?", *Revista de Derecho migratorio y extranjería*, n. 15, julio 2007, p 9-42

ARENDT, Hannah (1997) *¿Qué es la política?*, Barcelona, Paidós.

ARTETA, Aurelio, GARCÍA, Elena y Máiz, Ramón (2003), *Teoría política: poder, moral, democracia*, Madrid, Alianza Editorial.

ARRIGHI, Giovanni, (1999), El *Largo siglo XX. Dinero y poder en los orígenes de nuestra época,* Akal Ediciones, Madrid.

ARLETTAZ, Fernando, "Derechos de las minorías en el Pacto Internacional de Derechos Civiles y Políticos. Consideraciones conceptuales", *Jurisprudence,* n. 20 (3), 2013 p. 901-922.

ASLUN, Anders (2010), Market*: Socialism or the Restoration of Capitalism?,* Cambridge, University Press.

ATIENZA, Manuel, (1993) *Tras la justicia. Una introducción al Derecho y al razonamiento jurídico,* Barcelona, Ariel,

AZOULAI, Loic "La citoyenneté européenne, un statute d'intégration sociale", en *Chemins d'Europe. Mélanges en l'honneur Jean-Paul Jacqué, Dalloz,* París, 2010, p. 1-28.

BAUBÖCK, *Rainer* "Citizenship and National Identities in the European Union",

[En línea] , Harvard Jean Monnet Working Paper 4/97, [Consultado el 3 de noviembre de 2016] Disponible en http://www.jeanmonnetprogram.org/archive/papers/97/97-04-.html

BALIBAR, Etienne, "¿Es posible una ciudadanía europea?" Revista *Internacional de Filosofía Política,* n.1994, 27

BARRANCO, Mª, del Carmen, (1996), *El discurso de los derechos,* Madrid, Universidad Carlos III y Dykinson.

BEAS, Miguel (2009), "Ciudadanía y procesos de exclusión", en Reyes, María y Conejero, Susana, El largo camino hacia una educación inclusiva: la educación especial y social del siglo XIX a nuestros días: *XV Coloquio de Historia de la Educación,* Pamplona-Iruñea, 29-30 de junio y 1 de julio de 2009 / , Vol. 2, Navarra, Universidad de Navarra, págs. 21-32.

BECERRA, Manuel, "La doble nacionalidad en la federación rusa", *Revista de Derecho Privado,* Año 4, n. 12, sept-dic 1993, México, p. 325-343.

BELLAMY, Richard, (2008), Citizenship*: A Very Short Introduction, Oxford, Oxford University Press.*

BÁRCENA, Fernando (1997), El *oficio de la ciudadanía. Introducción a la educación política,* Barcelona, Paidós

BEINER, Roland (1995), (ed), *Theorizing Citizenship,* New York, New York State University Press.

BELLO, Álvaro, *Etnicidad y ciudadanía en América Latina. La acción colectiva de los pueblos indígenas,* Santiago de Chile, *CEPAL,* 2004, p. 186

BENGOETXEA, Joxerramon (1993), *The Legal Reasoning of the European Court of Justice,* Oxford, Clarendon Press.

BENÍTEZ, María (2004) *"La ciudadanía en la teoría política contemporánea: Modelos, propuestas y su debate". Tesis doctoral,* Facultad de ciencias políticassociología., UCM.

BETEGÓN, Jerónimo y de PÁRAMO, Juan Ramón, *Derecho y moral: ensayos analíticos,* Barcelona, Ariel, 1990

BOBBIO, Norberto, (1991) *Teoría general del Derecho,* trad., Eduardo Roza Acuña, Madrid, Debate.

BOUNOCROE, Domingo (1976), *Diccionario de Bibliotecología,* Buenos Aires, Marymar.

BORGES, Jorge Luis (1974), *Obras completas,* Buenos Aires, Emecé Editores.

BUTLER, Judith, LACLAU, Ernesto y ŽIŽEK, Slavoj,(2004) *Contingencia, hegemonía, universalidad. Diálogos contemporáneos de la izquierda,* Buenos Aires, FCE.

BUX, Udo, (2016)"El Parlamento Europeo: modalidades de elección" [En línea] *Fichas técnicas sobre la Unión Europea,* [Consultado el 12 de octubre de 2016],Disponible en http://www.europarl.europa.eu/atyourservice/es/displayFtu.html?ftuId=FTU_1.3.4.html

BLASI, Cristina(2010), *La protección de los Derechos Fundamentales en el Tratado de Lisboa,* Barcelona, Universidad Autónoma De Barcelona.

BLÁZQUEZ, María Dolores, (2008), "La ciudadanía de la Unión", [En línea] *http://www.ub.edu/web/ub/ca,* [Consultado el 2 de febrero de 2016] Disponible en http://www.ub.edu/ciudadania/hipertexto/europa/introduccion/adonnino.htm], *Valencia,* Universitat de València.

BLUMANN, Claude, , "Vers une Chart des droits fondamentaux de l'Union européenne", en *Territoires & Liberté: Mélanges en hommage du Doyen Yves Madiot,* Bruselas, Bruylant, 2001, p. 391-407.

BLUNKETT, David, (2002), "Integration with diversity: globalisation and the renewal of democracy and civil society",[En línea] *The Foreign Policy* ,16 de septiembre [Consultado en 12 de noviembre de 2016] Disponible en: http://fpc.org.uk/articles/182.

BREXIT, Flock (2017), "Ciudadanía de la UE para los europeos: Unidos en la diversidad, a pesar del ius soli y el ius sanguinis", [En línea] *flock brexit.com,* [Consultado el 18 de abril de 2017] Disponible en https://flockbrexit.wordpress.com/es

BRUBAKER, Roger (1992) *Citizenship and nationhood in France and Germany,* Cambridge, MA, Harvard University Press.

BRUBAKER, William, "The French Revolution and the Invention of Citizenship", *French Politics and Society, Vol. 7 n. 3,* Summer 1989, p. 21-42

CASTLES, Stephen y DAVIDSON, Alastair, (2000) *Citizenship and migration. Globalization and the politics of belonging,* Nueva York, Routledge.

CARRILLO, Marc, y LÓPEZ, Héctor,(2006), (Coords), *La Constitución Europea: actas del III Congreso Nacional de Constitucionalistas de España,* Valencia, Tiran Lo Blanch.

COHEN, Mitchell, (2010) "T.H. Marshall's "Citizenship and Social Class", *Dissent",* [En Línea], *http://www.dissentmagazine.org* , Fall, [Consultado el 16 de octubre de 2014,] disponible en http://www.dissentmagazine.org/article/t-h-marshalls-citizenship-and-social-class

COLOM, Francisco (1996), "Lealtades compartidas, lealtades divididas: la pertenencia política en Estados plurinacionales", *Isegoría, n. 14,* p. 55-77

CONILL, Jesús (2002), (Coord.), *Glosario para una sociedad intercultural,* Valencia, Bancaixa, 2002.

CONOVER, Pamela, Ivor, Crewe y Searing, Donald, (1991), "The Nature of Citizenship in the United States and Great Britain: Empirical Comments on Theoretical Themes", *Journal of Politics,* n. 53, p. 800-832.

COSTA, Pietro (1999-2001), *Civitas. Storia de la cittadinanza in Europa,* vol. I-IV, Roma/Bari, Laterza.

CORTINA, Adela (1997) *Ciudadanos del mundo. Hacia una teoría de la ciudadanía,* Madrid, Alianza Editorial

CUCHUMBÉ, Nelson (2003), "John Rawls: La Justicia como Equidad" *Criterio Jurídico,* n. 3, p. 7-33

CHUECA, Ángel,(1983) "Los principios generales del derecho en el ordenamiento comunitario", *Revista de Instituciones Europeas,* n. 3. p. 863-898

CRESPO, Elena, "La Directiva 2003/109/CE del Consejo relativa al estatuto de los nacionales de terceros Estados residentes de larga duración y la normativa española en la materia", *Revista de Derecho Comunitario Europeo, año 8. n.18. mayo-agosto* 2004, p. 531-552.

CRUZ, Pedro,(1989) "Formación y evolución de los derechos fundamentales", en *Revista Española de Derecho Constitucional,* n. 25, p. 36-43

DALLMAYR, Fred (1998),(ed.), *From Contract to Community,* New York, Marcel Decker.

DELANTY, Gerard (1997), "Models of Citizenship: Defining European Identity and Citizenship", *Citizenship Studies*, vol. 1, nº. 3, p. 285-303

DEL CASTILLO, Teresa (2009), *La Directiva sobre el retorno de inmigrantes en situación irregular, Revista de Derecho Comunitario*, n. 33, Madrid, mayo/agosto, p. 453-499.

DE CASTRO, Federico (1949), *Derecho Civil de España*, Madrid, Instituto de Estudios Políticos, 1949

DE LUCAS, Javier

(1994), *El desafío de las fronteras. Derechos humanos y xenofobia frente a una sociedad plural*, Madrid, Temas de Hoy, 1994

(2001) "Ciudadanía y Unión Europea intercultural" *Anthropos. Huellas del conocimiento*, n. 191, p. 93-116

(2001), "Hacia una ciudadanía europea inclusiva. Su extensión a los inmigrantes", *CIDOB*, n. 53, p. 63-75

(2001) "Sobre las condiciones de la ciudadanía inclusiva: el test del contrato de extranjería", *Hermes*, n. 0, p. 34-41

(2002) "Sobre las políticas de inmigración en la Unión Europea un año después del 11 de septiembre de 2001", [En línea], *Cuadernos electrónicos de filosofía del derecho, n. 6, 2002*, [Consultado el 10 de septiembre de 2015] Disponible en http://www.uv.es/CEFD/6/delucas.htm

(2006), "La Ciudadanía Para Los Inmigrantes: Una Condición De La Europa Democrática Multicultural *Eikasia*, 4 , mayo de 2006, p. 1-19.

(2008), (ed.), *Los derechos como elemento de integración de los inmigrantes*, Fundación BBVA, Madrid.

DELANTY, Gerard (1997), "Models of citizenship: Defining European identity and citizenship", Citizenship *Studies*, n. 1:3, p. 285-303.

DIEZ, Fernando (2009), *Manual De Derecho De La Unión Europea*, Navarra, Thomson-Civitas.

DIÉZ-HOCHLEITNER, Javier (1999) "La interdependencia entre el Derecho internacional y el Derecho de la Unión Europea", *Cursos de Derecho internacional de Vitoria Gasteiz*, Tecnos, Madrid,p. 39-88

DÍEZ-PICAZO, (2004) Luis *Constitucionalismo en la Unión Europea*, Madrid, Editorial Trotta.

DIEZ DE VELASCO, Manuel

(2003), *Las Organizaciones Internacionales*, Madrid, Tecnos.

(2005), *Instituciones De Derecho Internacional Público,* Madrid, Tecnos.

DINAN, Desmond (1999), *Ever closer Union, An introduction to European Integration,* Lyne Rienner Publishers, Great Britain.

ELÓSEGUI ITXAS, María, (1997), "Kymlicka en pro de una ciudadanía diferenciada". *Doxa, n. 20,* p. 477-485

FACH, Katia, (2003), "Propuesta de Directiva relativa al estatuto de los nacionales de terceros países residentes de larga duración en la Unión Europea". *Revista de Derecho Migratorio y Extranjería,* n. 2 marzo, p. 53-64.

FARREL, Diego, (1995), ¿Hay derechos comunitarios?", *Doxa,* n. 17 y 18, p. 121-228

FERNÁNDEZ, Pablo,(2006)Derecho comunitario de la inmigración, Barcelona Atelier.

FERRAJOLI, Luigi , *Derecho y Garantías, la Ley del más Débil,* Trotta, Madrid, España, 1998

FAULKS, Keith (2000), Citizenship, London, Routledge.

FOLCHER Fernando, "Ciudadanía y Multiculturalidad: Algunas reflexiones sobre la obra de Will Kymlick", en *VI Congreso Argentino de Antropología Social Mar del Plata,* Mar del Plata, Argentina, 14 al 16 de septiembre del 2000. p.2-18.

FRANQUI, Harry (2015) "So a new day has dawned for Porto Rico's Jíbaro: Military service, manhood and self-government during World War I", *Latino Studies vol. 13, 2,* p. 185-206.

GALINSOGA , Albert , (2005), "La naturaleza jurídica de la Unión Europea en el Proyecto de Tratado que instituye una Constitución para Europa ", *Jean Monnet/Robert Schuman Paper Series Vol. 5 n. 2* .

GARCÍA, Mónica (2007) "Una Introducción al Comunitarismo desde la perspectiva del Derecho Político", [En línea], *Aposta* n. *34,* Julio, Agosto y Septiembre, [Consultado el 10 de octubre de 2015] disponible en http http://www.apostadigital.com/revistav3/hemeroteca/garciarubio.pdf

GINSBURGS, George,

(1966) "Soviet Citizenship Legislation and Statelessness as a Consequence of the Conflict of Nationality Laws", *International and Comparative Law Quarterly, n.* 15/1, 1966, p. 1-54

(1983), *The The citizenship law of the USSR,* The Hague, Martinus Nijhoff.

(1986) "Letter to the Editor", *American Journal of Comparative Law*, n. 34.3 1986, p. 606-609

GÓMEZ, Esperanza et. al.(2004), (Coord.), *Una Constitución para la Ciudadanía de Europa,* Madrid, Aranzadi.

GONZÁLEZ, Teresa , "Los derechos humanos como condición de ciudadanía", La ventana, vol. 2, n. 15, 2002,p. 92-105.

GUALDA, Estrella (2011) (ed.); *Inmigración, ciudadanía y gestión de la diversidad,* Andalucía, Universidad Internacional de Andalucía

GUICHOT-REINA, Virginia, (2005), "La construcción de la ciudadanía europea, un desafío para la educación en el siglo XXI", Revista de ciencias de la educación, n. 203, 2005, p. 375-402

HABERMAS, Jürgen

(1994) Jürgen, Haberm "Citizenship and National Identity" en Steenbergen, Bart Van, "Introduction" en Steenbergen, Bart Van *The Condition of Citizenship,* London, Sage, p. 20-35.

(1997) "La idea kantiana de paz perpetua. Desde la distancia histórica de doscientos años", *Isegoría,* n. *16,* mayo, p. 61-90

(1998) "Ciudadanía e identidad nacional", en *Facticidad y validez,* Madrid, Trotta, p. 619-643

(1995) Citizenship and National Identity: Some Reflection on the Future of Europe", en Beiner, Roland *Theorizing Citizenship* p. 255-281

(2012), *La constitución de Europa,* Madrid, Trotta, 2012.

HABERMAS, Jürgen–Rawls, John, (1998), *Debate sobre el Liberalismo Político,* Barcelona, Paidos.

HAMMAR, Tomas, (1990) D*emocracy and the nation state: aliens and citizens in a world of international migration,* Aldeshot, Avebury.

HANSEN, Randal, y WEIL, Patrick.(eds.), *Toward an European nationality,* Palgrave-Macmillan, Londres, 2001.

HART, Herbert (1961),*The Concept of Law.* Oxford, Clarendon

HEATER, Derek

(1990) *Citizenship: The Civic Ideal in World History, Politics, and Education,* Longman, London.

(1999), *What is Citizenship?,* Cambridge, Polity Press.

(2004), *A Brief History of Citizenship,* New York, NYU Press,

HELD, David (1997) *La democracia y el orden global. Del Estado moderno al gobierno cosmopolita.* Barcelona, Paidós

HERODOTUS, (1954), *The Histories,* Harmondsworth, Penguin-

HOBSWAN, Eric(1999), *Historia del siglo XX,* Editorial crítica, Buenos Aires.

HOURWICH, Isaac, (1922), "Laws of the Soviet Government." *American Bar Association Journal,* Volume 8, n. 4, p. 229-231

HONOHAN, Iseult, "Ius Soli Citizenship" [En línea] *Eudo citizenship Policy Brief n. 1,* Robert Schuman Centre, 2010 [consultado el *14 de diciembre de 2016] Disponible en http://eudo-citizenship.eu/docs/ius-soli-policy-brief.pdf]*

HORRACH , Juan Antonio (2009), "Sobre el concepto de ciudadanía: historia y modelos" *Factótum* , n.6, p. 1-22.

JIMÉNEZ SÁNCHEZ, Carolina, " La construcción del concepto de ciudadanía desde la perspectiva de género: los sistemas de cuotas", en Silva, Dinaldo, *Propuestas de Derecho para Cuestiones Universales*, Río de Janeiro, Autografía, p.167-176

JOPPKE, Christian. (2005): "Exclusion in the liberal state: The case of immigration and citizenship policy", *European Journal of Social Theory,* n. 8 (1), p. 43-61.

JONAS, Hans (1995), *El principio de responsabilidad. Ensayo de una ética para la civilización tecnológica.* Madrid, Herder.

JUÁREZ , Pilar, *Nacionalidad estatal y ciudadanía europea,* Madrid, Marcial Pons, 1998.

JUSTE José y CASTILLO, Mireya (2011), Lecciones de Derecho Internacional Público, Valencia, Tirant lo Blanch.

KELSEN, Hans (1986), *Teoría Pura Del Derecho,* México, Porrúa.

KING, Desmond, y WALDRON, Jeremy, (1988), "Citizenship, Social Citizenship and the Defence of the Welfare State" en *British Journal of Political Science,* n.18, p. 415-43.

KOROVIN, E.A. (1951), (Ed)., *Mezhdunarodnoe pravo,* Moscow.

KIRSCH, Guy (1995) "The New Pluralism: Regionalism, Ethnicity, and Language in Western Europe" Knop, Karen, *Rethinking Federalism: Citizens, Markets, and Governments in a Changing World,* Vancouver, University of British Columbia Press.

KYMLICKA Will y WAYNE Norman (1994), "Return of the Citizen: A Survey of Recent Work on Citizenship Theory", *Ethics,* vol.104, n. 2, January, p. 352-381.

KYMLICKA Will

(1995), *Filosofía política contemporánea: una introducción,* Barcelona, Ariel.

(1995), *Multicultural Citizenship: A Liberal Theory of Minority Rights,* Oxford, Clarendon Press.

(2000) *Ciudadanía multicultural Una teoría liberal de los derechos de las minoría,* Barcelona, Paidos, 2000

(2001), *Cosmopolitismo, Estado-nación y nacionalismo de las minorías. Un análisis crítico de la literatura reciente,* México, Universidad Nacional Autónoma de México.

(2002) "Estados Multiculturales y Ciudadanos Interculturales": [En Línea], "Estados multiculturales y ciudadanos interculturales" Conferencia ofrecida en el V Congreso Latinoamericano de Educación Bilingüe Intercultural. Lima, agosto, *sicologias.files.wordpress.com, [Consultado el 1 de enero 2015]* Disponible en https://sicologias.files.wordpress.com/2015/01/13b-kymlicka-estados-multiculturales.pdf

(2003) *La política vernácula: Nacionalismo, multiculturalismo y ciudadanía,* Barcelona, Paidós.

KOSTAKOPOULOU, Dora (2005),"Ideas, Norms and European Citizenship: Explaining Institutional Change", *Modern Law Review,* vol. 68, n. 2, Oxford, U.S.A. March, p. 233-267

KUKATHAS, Chandran y Pettit, Philip (2010), *La teoría de la justicia de John Rawls y sus críticos,* Madrid, Tecnos, 2004, p. 97.

LA PÉRGOLA, Antonio "La Confederación. 2. La forma moderna: "El federalismo y sus contornos", en , *Los nuevos senderos del federalismo,* Madrid, 1994

LESSIBILLE, Gérar y NAVARRO Lucía (2009), "La nueva oferta de educación superior y el proceso de Bolonia" *Economistas, Año 27,* n. *119,* p.225-231.

LEÑERO, María Rosario, GUTIÉRREZ, Pablo y GÓMEZ, Esperanza,(2004), (coords.) *Una Constitución para la Ciudadanía de Europa,* Navarra Aranzadi.

LINDE, Enrique y otros (2005), *Principios de Derecho de la Unión Europea,* , Editorial Colex, Madrid.

LIROLA, María Isabel,(1994) *Libre circulación de personas y Unión Europea,* Madrid, Civitas.

LIÑÁN Javier,(2013) "La Ciudadanía Europea: Una Cuestión Abierta", *Teoría y Realidad Constitucional,* n. 32, p. 357-372

LÓPEZ Antonio(2004), *Europa, un proyecto irrenunciable. La Constitución para Europa desde la teoría constitucional,* Madrid, Dykinson

LÓPEZ DE LOS MOZOS, Alicia (2010), *La Directiva Comunitaria Como Fuente Del Derecho.* Madrid, Congreso de los Diputados Departamento de Publicaciones

LORENTE, María (2013), "Identidad nacional e historiografía estatal", *Anuario de la Facultad de Derecho de la Universidad Autónoma de Madrid* n. 17, p.451-474

MACEDO, Stephen (1990), *Liberal Virtues Citizenship, Virtue, and Community,* Oxford, Oxford University Press.

MACINTYRE, Chalmers (1984), " *Is patriotism a virtue?* Kansas, Univerity of Kansas.

MACINTYRE, Alasdair, (1990) *Three Rival Versions of Moral Inquiry: Enciclopaedia, Genea- logy and Tradition,* Notre Dame, Notre Dame Univ. Press.

MACINTYRE, Alasdair (2004), *Tras la virtud,* Barcelona, Crítica.

MÁIZ, Ramón,(2007), *Nación y revolución: la teoría política de Emmanuel Sieyès, Madrid,* Tecnos.

MADRAZO, Enrique, *La soberanía: la evolución del concepto hacia una perspectiva internacional,* Madrid, Dykinson, 2010

MARIEL, Julio, (2008), "Reflexiones sobre la educación y su relación con la ciudadanía en el ámbito de la Unión Europea" [En línea] , *Revista General de Derecho Europeo,* n. 15, 2008 [consultado el 20 de noviembre de 2016] Disponible en http://www.iustel.com/v2/revistas/detalle_revista.asp?id_noticia=401338&d=1;

MARSHALL, T. H.

(1950), *Citizenship and Social Class and other essays,* London, Cambridge University Press.

(1965), Class, *Citizenship, and Social Development,* New York, Anchor Books.

(1992), Citizenship *and Social Class* (1950), Chicago, Pluto Press, Chicago.

(2007), *Ciudadanía y clase social* (1950), Madrid, Alianza.

MELLADO Pilar y SÁNCHEZ, Santiago, *Ordenamiento de la Unión Europea*, Madrid, Editorial Centro de Estudios Ramón 2016

MELERO, Mariano (2012-2013), "Neutralidad política", *Eunomía.* n. 3, septiembre –febrero, p. 184-191

MIRALLES, Pedro, en VV. AA, *Políticas comunitarias,* España. Colex, 2001.

MOLINA DEL POZO, Francisco, "Aplicación del Derecho comunitario y potestad sancionadora en el contexto de la Unión Europea" *Asamblea, n. 25*, 2011, p. 95-123

MORGESE, Giuseppe "Principio e strumenti della democrazia partecipativa nell'Unione Europea" en TRIGGIANI, Ennio. (ed.), *Le nueve frontiere della cittadinanza europea*, Bari, Cacucci Edittore, 2011, p. 37-59.

MORO, Rosa del Mar, (2007), "Ciudadanía de la Unión y Educación para la Ciudadanía" *Eikasia, núm. 11*, p.171-176

MUÑOZ, Antonio (2016) "Sobre la Ciudadanía En El Derecho Internacional ¿La Ilusión Europea?", *Revista Boliviana de Derecho,* n..21 Santa Cruz de la Sierra enero, p.352-373

MURRAY, Forsyth, *Reason and Revolution: The Political Thought of the Abbé Sieyes.*, New York, Leicester University Press and New York Holmes & Meyer, 1987

NOVAK, Peter "El Tratado de Lisboa",[En línea] *Fichas Técnicas sobre la Unión Europea,* [consultado el 15 de enero de 2015], Disponible en http://www.europarl.europa.eu/atyourservice/es/displayFtu.html?ftuId=FTU_1.1.5.html

NUSSBAUM, Martha, y COHEN, Jonathan, (1999), (comp.), *Los límites del patriotismo. Identidad, pertenencia y 'ciudadanía mundial'*, Barcelona, Paidós.

NÚÑEZ, Ricardo (1999), *Manual De Derecho Penal :Parte General,* Córdoba, Lerner.

OKIN, Susan (1997), "Is Multiculturalism Bad for Women? When Minority Cultures Win Group Rights, Women Lose Out", *Boston Review of Books*, n. 22, p. 2-28

OLDFIELD, Adrian (1990), Citizenship *and Community: Civic Republicanism and the Modern World*, London, Routledge.

OLESTI Andreu (2004), "El estatuto de los residentes de larga duración: comentario a la Directiva 2003/109 del Consejo de 25 de noviembre de 2003", *Revista General de Derecho Europeo,* n. 4, mayo

OSAKWE, Christopher, (1980) "Recent Soviet Citizenship Legislation" *American Journal of Comparative Law* 28/4, p. . 625-644

ORTIZ-ARCE, Antonio,(1992), "La extranjería no comunitaria en el marco de la Comunidad Económica Europea: Hacia la configuración de una política migratoria comunitaria y el reforzamiento de los controles exteriores", *Revista del Centro de Estudios Constitucionales, n. 12. Mayo-agosto,* p. 207-231

OVEJERO, Félix, (1997) "Tres ciudadanos y el bienestar", *La Política,* n. 3, p. 93-116.

PASTOR, José Antoni (2003), *Curso de Derecho internacional público y organizaciones internacionales,* Madrid, Tecnos.

PECES-BARBA, Gregorio, y otros (1995) *Curso de derechos fundamentales,* Madrid, Universidad Carlos III y BOE.

(1983) "Notas sobre los nuevos 'derechos fundamentales ", en *Sistema,* nº 116, 1993, p. 101-118

PECES-BARBA,Gregorio, y GARCIA, Ricardo, "Los textos de la Revolución Francesa", en VV. AA., *Historia de los derechos fundamentales,* Madrid, Dykinson

PÉREZ, Elena, (2001) *Los extranjeros y el derecho en la antigua Grecia,* Madrid, Libros Dykinson.

PÉREZ, Elisa (1993), "Ciudadanía y nacionalidad de los Estados miembros", *Revista de derecho de la Unión Europea,* n. *27-28,* p. *215-230.*

PÉREZ, Enrique (1988) *Los derechos fundamentales,* Madrid, Tecnos.

PEÑA, Javier (2000), *La ciudadanía hoy: problemas y propuestas,* Valladolid, Universidad de Valladolid.

PUNSET, Ramón (2011), "Soberanía estatal e integración europea" , Asamblea: n.25, p. 143-167.

POCOCK John, "The Ideal of Citizenship Since Classical Times", en Beiner, Roland (ed) *Theorizing Citizenship,* New York, New York State University Press, 1995, p .29-52;

PHILLIPS, Anne (1997), (ed.), *Feminism and Politics,* Oxford, Oxford University Press.

PRESNO, Miguel Ángel (2003), *El derecho de voto,* Madrid, Tecnos.

PRUTSCH, Markus (2012), "Europa con los Ciudadanos 2014-2020", *Parlamento Europeo,* Bruselas, Unión Europea, p. 1-9.

QUESADA, Fernando (1998), (ed.), La filosofía política en perspectiva, Barcelona, Anthropos.

RAWLS, John (1993), *Political Liberalism,* New York , Columbia University Press.

RAWLS, John (2002), *La justicia como equidad,* Barcelona, Paidós Ibérica.

RAWLS, John (2006), *Teoría de la justicia,* México, FCE, p.

REINO DE ESPAÑA,

(1991) "Hacia una ciudadanía europea (Propuesta oficial de España, octubre de 1990)", *Revista de Instituciones Europeas,* n. 18, enero-abril, 1991, p 333-338,

(1991) "Propuesta de texto de articulado sobre ciudadanía europea presentada por la delegación española a la 'Conferencia Intergubernamental Sobre Unión Política' (20 de febrero de 1991)" *Revista de Instituciones Europeas,* n. 18, enero-abril, 1991, p. 405-409.

REINO DE ESPAÑA, Consulado de España, "Visados Ley de Emprendedores" [En línea] *Ministerio de Asuntos Exteriores,* [Consultado el 15 de abril de 2015] Disponible en http://www.exteriores.gob.es/Consulados/CIUDADDELCABO/es/InformacionParaExtranjeros/Paginas/Visados-Ley-de-Emprendedores.aspx

REYES, María y CONEJERO, Susana, *El largo camino hacia una educación inclusiva: la educación especial y social del siglo XIX a nuestros días: XV Coloquio de Historia de la Educación, Pamplona-Iruñea, 29-30 de junio y 1 de julio de 2009,* Vol. 2, Navarra, Universidad de Navarra.

RIFKIN, Jeremy,(2004), *El sueño europeo: cómo la visión europea del futuro está eclipsando el sueño americano,* Barcelona, Paidós.

RIVERO, Jean (1991) *Les libertés publiques,* París, Presses Universitaires de France.

ROSANVALLON, (1992) Pierre, *Le sacre du citoyen. Histoire du suffrage universel en France,* Paris, Editions Gallimard.

RUBIO, Ana y MOYA, Mercedes (2003), "Nacionalidad y ciudadanía: una relación a debate", en *Anales de la Cátedra Francisco Suárez,* 37, 129-130

RUBIO, José (2007), *Teoría crítica de la ciudadanía democrática.* Madrid, Trotta.

RUBIO, Ramón,(2000), *Ciudadanía, nacionalismo y derechos humanos.* Madrid. Editorial Trotta.

RUIZ, Hermann , "La *nueva Constitución Soviética de 7 de Octubre de 1977", Revista de Estudios Políticos,* n. 2, 1978, p. 61-85

SAINT PAUL, Jean, (2011) "T.H. Marshall y las discusiones contemporáneas sobre ciudadanía, cohesión social y democracia" [En Línea], en Documentos de Trabajo de la División de Derecho Política y Gobierno, n. 1 octubre, Guanajuato, Universidad de Guanajuato, p.4, [Consultado el 14 de octubre de 2011]. Disponible en http://www.ddpg.ugto.mx/images/stories/pdfs/dt2011/DT_EP_1_EDDY.pdf.

SANDIFER, Durward, (1936), "Soviet Citizenship", *American Journal of International Law,* 30.4, p. 614-631

SANTAOLALLA Fernando,(1978), "La nueva Constitución soviética de 7 de octubre de 1977" *Documentación administrativa,* n. 179, p.87 -128

SANTIAGO, Rodrigo, "El concepto de ciudadanía en el Comunitarismo", *Cuestiones constitucionales,* n. 23, 2010, p. 153-174.

SANTOS, José Aníbal (2009) "La trascendencia del certificado de ciudadanía puertorriqueña: El impacto de la ciudadanía puertorriqueña en el ordenamiento jurídico español y el Derecho Internacional" [En Línea]. http://nuevocertificadodeciudadaniapr.blogspot.com.es/2009. [Consultado el 8 de agosto de 2013]. Disponible en http://nuevocertificadodeciudadaniapr.blogspot.com.es/2010/11/impacto-de-la-ciudadania-puertorriquena.html?m=1.

SASSEN, Saskia (2002), ¿Perdiendo el Control? La soberanía en la era de la globalización, Barcelona , Bellaterra.

SILVA, Dinaldo, (2016), *Propuestas de Derecho para Cuestiones Universales,* Río de Janeiro, Autografía.

SORROZA, Alicia, (2008), "Crónica de una Controversia Anunciada: La Directiva europea de retorno de inmigrantes en situación ilegal," *Revista de Estudios Jurídicos* n. *8,* p. 257-268

SOYSAL, Yasemen (1985) , *Limits of Citizenship,* Chicago, University Press, 1994

SCHUCK, Peter, y SMITH, Rogers , *Citizenship Without Consent: Illegal Aliens in the American Polity.* New Haven, Yale University Press.

SHAW, Josephine,(2016) "Citizenship of the union: Towards Post-National Membership?" [En línea], *Harvard Jean Monnet Working Paper* 6/97, [Consultado el 3 de noviembre de 2016] Disponible en http://www.jeanmonnetprogram.org/archive/papers/97/97-06-.html

SMITH, Douglas, *Theories of nationalism*, London, Duckworth, 1971.

STEENBERGEN, Bart Van

(1996) The Condition of Citizenship, en (1994), *The Condition of Citizenship*, London, Sage, p.1-10

(1996) "Towards a Global Ecological Citizen", en STEENBERGEN, Bart, *The Condition of Citizenship*, London, Sage, 1996, p. 141-153

SY, Sarah,(2016) " El respeto de los derechos fundamentales en la Unión Europea"[Online] *Fichas Técnicas de la Unión Europea,*[Consultado el 21 de octubre de 2016,] Disponible en http://www.europarl.europa.eu/atyourservice/es/displayFtu.html?ftuId=FTU_2.1.2.html]

SIÈYES, Emmanuel,(1990) *Escritos y discursos de la Revolución*, Madrid, Centro de Estudios Constitucionales.

SOLOZABAL José, "El Tratado Constitucional europeo y la reforma de la Constitución española" *Revista del. Ministerio de Trabajo y Asuntos Sociales* 57, p.33-48

SOYSAL, Nuhoglu, *(1994), Limits of Citizenship. Migrants and Postnational Membership in Europe*, Chicago/London, University of Chicago Press.

TAGUIEFF, André, (2003) [En Línea] "¿Pero qué es el comunitarismo?", *El Grano de Arena* [Consultado el 6 de diciembre 2015] Disponible en http://www.angelfire.com/folk/celtiberia/comunitarismo.html.

TALAVERA, Pedro (1999), "El valor de la identidad Nacional", [En Línea], *Cuadernos Electrónicos de Filosofía del Derecho,* n. 2, [Consultado el 14 de octubre de 2014] Disponible ,en http://www.uv.es/~afd/CEFD/2/Talavera.html

TALAVERA, Pedro, "El desafío pluricultural en el estado nacional" *Revista del Instituto de Ciencias Jurídicas de Puebla,* n. *22,* 2008, p. 134-158.

TAYLOR, Charles. (1985). "Atomism", en *Philosophy and the Human Sciences: Philosophical Papers 2.* Cambridge, Cambridge University , p. 187-210.

TAYLOR, Charles ,(1993), *El multiculturalismo y "la política del reconocimiento",* México, FCE.

TAYLOR, Charles (1996), *Fuentes del yo. La construcción de la identidad moderna,* Barcelona, Paidós.

TAYLOR, Charles (1997), "La política liberal y la esfera pública", en Taylor, Charles, *Argumentos filosóficos.* Barcelona, Paidós.

THIEBAUT, Carlos (1992), *Los Límites de la Comunidad,* Madrid, Centro de Estudios Constitucionales.

THIEBAUT, Carlos (1998), *Vindicación del ciudadano: Un sujeto reflexivo en una sociedad compleja,* Barcelona, Paidós.

UIBOPUU, Henn-Juri. "Soviet Federalism under the New Soviet Constitution." *Review of Socialist Law 5.2* , 1979, p.171-185.

URCUYO, Constantino, (1999) "Ciudadanía", *Documentos de Trabajo,* núm. *11, mayo,* p. 1-20

UNIÓN EUROPEA, Parlamento Europeo,"Resolución del Parlamento Europeo relativa al contenido del anteproyecto del Tratado que instituye la Unión Europea" *Revista de Instituciones Europeas, vol x, n. 3,* 1983, p .. 1145-1190

VAN GUNSTEREN, Herman.

(1998) "Notes towards a Theory of Citizenship", en Dallmayr Fred(ed) , *From Contract to Community,* New York, Marcel Decker, p. 9-35.

(1996) "Four conceptions of Citizenship, en Steenbergen Van Bart, *The Condition of Citizenship,* London, Sage, 1996, p. 36-49.

VIOLA, Georgina (2005), *Models of Citizenship,* Saarbrücken, Networking European Citizenship Education.

VILLAVICENCIO, Luís (2007), "Habermas contra Rawls. Un debate en los límites de la filosofía", *Revista de Ciencias Sociales,* Universidad de Valparaíso, n. 52, p. 299-322

VOGEL, Ursula, y MORAN, Michael (1991), The *Frontiers of Citizenship,* New York, St. Martin's Press.

VOGEL, Ursula (1994), "Marriage and Boundaries of citizebship", en Bart van Steenbergen, *The Condition of Citizenship,* en Steenbergen, Bart Van *The Condition of Citizenship,* London, Sage, p. 76-89

WALZER, Michael (1983), *Spheres of justice. A defence of pluralism and equality,* Basil Blackwell, Oxford.

WALZER, Michael (1997), *Las esferas de la justicia. Una defensa del pluralismo y la igualdad,* México, Fondo de Cultura Económica.

WELLMER Albercht (1996), *Finales de partida. La Modernidad irreconciliable,* Madrid, Cátedra-Universitat de Valencia.

WEILER, Joseph (1999), *The Constitution of Europe, "Do the new clothes have an emperor?", and other essays on European Integration,* Cambridge , Cambridge University Press.

YOUNG, Iris (1990), *Justice and the Politics of Difference,* Princeton, Princeton University Press.

ZAPATA, Ricard (1997), *Ciudadanía y Democracia: una revisión del liberalismo democrático desde el pluralismo, la autonomía y la tolerancia*, Tesis doctoral, UAB, Barcelona.

ZOLO, Danilo (1994), *La Strategia Cittandinaza*, Roma, Laterza.

Fuentes documentales

CONEVAL (2012), "Anexo Estadístico de indicadores de la pobreza 90-2012", Consejo Nacional de Evaluación de la Política de Desarrollo Social, México, D.F.

CONEVAL (2013), "Guía para la Elaboración de la Matriz de Indicadores para Resultados", Consejo Nacional de Evaluación de la Política de Desarrollo Social, México, D.F.

SEDESOL (2008), "Efectos de Oportunidades en áreas rurales a diez años de intervención", en Evaluación externa del Programa Oportunidades 2008. A diez años de intervención en zonas rurales (1997-2007), Tomo I.

SEDESOL (2010), "Reglamento interno para el Funcionamiento de los Comités Técnicos Estatales del Programa de Desarrollo Humano Oportunidades", Programa de Desarrollo Humano Oportunidades, México, D.F.

JURISPRUDENCIA

Internacional

U.S. Supreme Court Decision, case Trop v. Dulles, 356 U.S. 86, (1958)

Opinión del Tribunal Supremo de Puerto Rico, caso Ramírez de Ferrer v. Mari Brás, de *asunto 144 DPR 141.* (1997)

Unión Europea

TEDH

Tribunal Europeo de Derechos Humanos asunto *Soering v. El Reino Unido* del 7 de julio de 1989.

Tribunal Europeo de Derechos Humanos, *Asunto Salah Sheekh c. Países Bajos* Sentencia de 11 de enero de 2007

TJUE

Tribunal de Justicia de la Unión Europea, caso Carmelo Ángelo Bonsignore contra Oberstadtdirektor der Stadt Köl , *asunto 67/74*, Sentencia de 26 de febrero de 1975

Tribunal de Justicia de la Unión Europea, caso, *Yvonne van Duyn contra Home Office, asunto 41/74*, Sentencia de 4 de diciembre de 1974.

Tribunal de Justica de la Unión Europea, caso Micheletti y otros, *asunto* C-369/90, sentencia de 7 de julio de 1992

Tribunal de Justicia de la Unión Europea, caso, The Queen contra Pierre Bouchereau", *asunto 30/77*, Sentencia de 27 de octubre de 1977

Tribunal de Justicia de la Unión Europea, caso María Martínez Sala contra Freistaat Bayern., *asunto C-85/96*, Sentencia de 12 de mayo de 1998

Tribunal de Justicia de la Unión Europea, caso Procedimiento penal entablado contra Florus Ariël Wijsenbeek, asunto 378/97, Sentencia de 21 de septiembre de 1999

Tribunal de Justicia de la Unión Europea, caso Rudy Grzelczyk contra Centre public d'aide sociale d'Ottignies-Louvain-la-Neuve, *asunto C-184/99*, Sentencia de 20 de septiembre de 2001.

Tribunal de Justicia de la Unión Europea, caso, Roland Rutili contra Ministro del Interior", *asunto 36-75*, Sentencia de 28 julio 2011

Tribunal de Justicia de la Unión Europea, caso Marie-Nathalie D'Hoop y Office National de L'emploi, *asunto C-224/98*, Sentencia de 11 de julio de 2002.

Tribunal de Justicia de la Unión Europea, caso Baumbast, R y Secretary of State for the Home Department, *asunto C-413/99*, Sentencia de 17 de septiembre de 2002.

Tribunal de Justicia Europeo, Sentencia de 26 de octubre de 2006 *Asunto C-31705 G. Pohl-Boskamp GmbH & Co. KG contra Gemeinsamer Bundesausschuss*

Tribunal de Justicia de la Unión Europea, caso Nicolas Bressol y otros y Céline Chaverot y otros contra Gouvernement de la Communauté française., *asunto C-73/08*. Sentencia de 13 de abril de 2010.

LEGISLACIÓN

Internacional

ESTADOS UNIDOS DE AMÉRICA, "Constitución de Estados Unidos de América de 17 de septiembre de 1787", enmienda n. xxiii, San Juan. P.R, *L.P.R.A.* vol. 1, Editorial Lexis Nexis de Puerto Rico, Inc., 2006, p. 217.

PUERTO, RICO, "Carta Orgánica de 2 de marzo de 1917", San Juan. P.R, *L.P.R.A. vol. 1,* Editorial Lexis Nexis de Puerto Rico, *Inc.*, 2006, p. 54-138.

REINO DE ESPAÑA, Dirección General de los Registros y del Notariado, "Resolución de 25 de junio de 2007", *Boletín Oficial del Estado n. 188,* 7 de agosto de 2007, p. 33953–33954.

REINO DE ESPAÑA, "Ley 14/2013, de 27 de septiembre, de apoyo a los emprendedores y su internacionalización" *Boletín Oficial del Estado núm. 233,* de 28 de septiembre de 2013

SOVIET SUPREMO, Unión de Repúblicas Socialistas Soviéticas, *Constitución, Ley fundamental* Aprobada en la Séptima Reunión extraordinaria, Novena Convocatoria, 7 de octubre de 1977.

UNITED SATES OF AMERICA, Congress, The House Committee on the Judiciary, proposed Constitutional Amendment, *HR Rep No 86-1698,* 86th Cong, 2d Sess n. 2, 1960

Comisión Internacional de Derechos Humanos de Migrantes, "Estándares Internacionales y la Directiva de Retorno de la UE, *Resolución Nº 03/08.*

EUROPEAN COUNSIL, "European Convention on Nationality" European Treaty Series

n.166, november the 6th 1997

UNIÓN EUROPEA

Tratados / Convenios

Unión EUROPEA,

"Tratado Constitutivo de la Comunidad Europea", firmado en Roma el 25 de marzo de 1957, Diario *Oficial*, C 325/33, 29 de julio de 1992, p. 1-184.

"Acta Única Europea", firmado 17 de febrero de 1986, *Diario Oficial de la Unión Europea, L 169,* de 29 de junio de 1987, p. 1-30

"Tratado de la Unión Europea", firmado el 7 de febrero de 1992, *Diario Oficial C 326,* de 26 de octubre de 2012, p. 1 – 390

"Tratado de Ámsterdam", firmado 2 de octubre de 1997, *Diario Oficial de la Unión Europea, C 340,* 10 de noviembre de 1997

"Tratado de Lisboa", *firmado* el 13 de diciembre de 2007, *Diario Oficial C 306,* 17 de diciembre de 2007, p. 1-231

"Tratado de Funcionamiento de la Unión Europea", *firmado* el 13 de diciembre de 2007 *Diario Oficial de la Unión Europea, C 326 de 26 de octubre de 2012 pp. 1 – 390,* p. 47-199,

"Carta de Derechos Fundamentales", Parlamento Europeo, el Consejo y la Comisión, *Diario Oficial, C 83/389,* 30 de marzo de 2010, p.389-403

*Convenio sobre la participación de los extranjeros en la vida pública a nivel loca*l, de 5 de febrero 1992 y entró en vigor en 1997

Reglamentos

"Reglamento (CE) 1612/68/CEE del Consejo, de 15 de octubre de 1968, relativo a la libre circulación de los trabajadores dentro de la Comunidad", *Diario Oficial L 257,* 19 de octubre de 1968, p. 2-12

Reglamento (CE) 1683/95 del Consejo, de 29 de mayo de 1995, por el que se establece un modelo uniforme de visado", Diario Oficia *L 164,* de 14 de julio de1995, p. 1-4.

"Reglamento (CE) 539/2001, del consejo, de de 15 de marzo de 2001 por el que se establecen la lista de terceros países cuyos nacionales están sometidos a la obligación de visado para cruzar las fronteras exteriores y la lista de terceros países cuyos nacionales están exentos de esa obligación," *Diario Oficial de la Unión L 81,* de 19 de enero 2007, p.1-7

"Reglamento (CE) 333/2002 del Consejo, de 18 de febrero de 2002, sobre un modelo uniforme de impreso para la colocación del visado expedido por los Estados miembros a titulares de un documento de viaje no reconocido por el Estado miembro que expide impreso", *Diario Oficial L 53 de 23* de febrero de 2002

"Reglamento (CE) 1030/2002 del Consejo, de 13 de junio de 2002, por el que se establece un modelo uniforme de permiso de residencia para nacionales de terceros países", *Diario Oficial L 157* de 15 junio de 2002, p. 1-7.

"Reglamento (CE) 1683/95 del Consejo por el que se establece un modelo uniforme de permiso de residencia para nacionales de terceros países" *Diario Oficial L 157* de 15 de junio de 2002, p. 1-14.

"Reglamento (CE) 889/2002, de 13 de mayo de 2002, que se modificó el Reglamento 2027/97 del Consejo sobre la responsabilidad de las compañías aéreas en caso de accidente", *Diario Oficial L* 140, de 30 de mayo 2002, p 2 -5;

"Reglamento (CE) 2012/2003, de 14 de noviembre de 2003, que rectifica el Reglamento (CE) no 2535/2001 por el que se establecen disposiciones de aplicación del Reglamento (CE) no 1255/1999 del Consejo en lo que se refiere al régimen de importación de leche y productos lácteos y a la apertura de contingentes arancelarios, y establece excepciones a dicho Reglamento", *Diario Oficial L 297,* de 15 de noviembre de 2003, p. 19-21.

"Reglamento (CE) 261/2004, de 11 de febrero de 2004, por el que se establecen normas comunes sobre compensación y asistencia a los pasajeros aéreos en caso de denegación de embarque y de cancelación o gran retraso de los vuelos, y se deroga el Reglamento 295/91", Diario Oficial *L 46,* 17 de febrero de 2004, p. 1- 8.

"Reglamento (CE) 883/2004, de 29 de abril de 2004, sobre la coordinación de los sistemas de seguridad social", *Diario Oficial L166,* de 30 de abril 2004, p 1-12.

"Reglamento (CE) 717 2007 de 27 de junio de 2007, relativo a la itinerancia en las redes públicas de telefonía móvil en la Comunidad y por el que se modifica la Directiva 2002/21/CE" , *Diario Oficial L 171, de 29 de junio 2007,* p. 32-40.

"Reglamento (CE) 862/2007 estadísticas de la UE en el ámbito de la migración y la protección internacional", *Diario Oficial L 199/23,* de 31 de julio de 2007, p. 23-29

"Reglamento (CE) 1008/2008, de 24 de septiembre de 2008, sobre normas comunes para la explotación de servicios aéreos en la Comunidad", *Diario Oficial L 293,* de 31 de octubre 2008, p. 3-20.

"Reglamento (CE) 987/2009, de 16 de septiembre de 2009, por el que se adoptan las normas de aplicación del Reglamento 883/2004, sobre la coordinación de los sistemas de seguridad social", *Diario Oficial L 284 de* 30 de octubre 2009, p. 1-42.

"Reglamento (UE) 211/2011, de 16 de febrero de 2011 , sobre la iniciativa ciudadana", *Diario Oficial L 65,* de 11 de marzo de 2011, p. 1-22.

"Reglamento (UE) 492/2011 del Parlamento Europeo y del Consejo, de 5 de abril de 2011, relativo a la libre circulación de los trabajadores dentro de la Unión Texto pertinente a efectos del EEE" *Diario Oficial L 141,* de 27 de mayo de 2011, p. 1-11.

"Reglamento de Ejecución de la Comisión (UE) 1179/2011, de de 17 de noviembre de 2011, por el que se establecen especificaciones técnicas para sistemas de recogida a través de páginas web, de conformidad con el Reglamento 211/2011 del Parlamento Europeo y del Consejo sobre la iniciativa ciudadana", *Diario Oficial L 301,* de 18 de noviembre de 2011, p. 3-9.

"Reglamento (UE) 531/2012, de 13 de junio de 2012, relativo a la itinerancia en las redes públicas de comunicaciones móviles en la Unión", *Diario* Oficial L 172 de 30 de mayo de 2012, p. 10-35

"Reglamento 1381/2013 (UE), de 17 de diciembre de 2013, por el que se establece el programa Derechos, Igualdad y Ciudadanía para el período de 2014 a 2020", *Diario Oficial L 354/1,* de 28 de diciembre de 2013, p. 62-72.

"Reglamento (UE) 2016/399 del Parlamento Europeo y del Consejo, de 9 de marzo de 2016, por el que se establece un Código de normas de la Unión para el cruce de personas por las fronteras (Código de fronteras Schengen)," *Diario Oficial L 77/1* de 23 de marzo de 2016, p. 1-52.

"Reglamento (UE) 2016/1953 del Parlamento Europeo y del Consejo, de 26 de octubre de 2016, relativo al establecimiento de un documento de viaje europeo para el retorno de los nacionales de terceros países en situación irregular y por el que se deroga la Recomendación del Consejo de 30 de noviembre de 1994, *Diario Oficial L 311,* 17 de noviembre de 2016, p. 1-21

"Propuesta de Reglamento del Parlamento Europeo y el Consejo relativo al establecimiento, funcionamiento y utilización del Sistema de Información de Schengen (SIS) en el ámbito de las inspecciones fronterizas, que modifica el Reglamento (UE) 515/2014 y que deroga el Reglamento (CE) 1987/2006", *COM(2016) 882 final 2016/0408 (COD)*, de 21 de diciembre de 2016, p 1-2.

Decisiones

"Decisión 76/787 (CECA), Decisión de los representantes de los Estados miembros reunidos en el Consejo relativa al Acta relativa a la elección de los representantes de la Asamblea por sufragio universal directo", *Diario Oficial L 278 de 8, 10 de* octubre de 1976, p. 1-4;

"Decisión 94/262 (CECA/CE), de 9 de marzo de 1994 sobre el estatuto del Defensor del Pueblo y sobre las condiciones generales del ejercicio de sus funciones (94/262/CECA, CE, Euratom)" *Diario Oficial L 113, 4 de* mayo de 1994, p.15

"Decisión 95/553 , de 19 de diciembre de 1995, relativa a la protección de los ciudadanos de la Unión Europea por las representaciones diplomáticas y consulares", *Diario Oficial* L 314, p. 73-76

"Decisión 96/409, relativa al establecimiento de un documento provisional de viaje, de 25 de junio de 1996", *Diario Oficial L 168,* de 6 julio de 1996, p. 4 -11

"Decisión 2002/262 (CECA/CE) , de 14 de marzo de 2002, por la que se modifica la Decisión 94/262/CECA, CE, Euratom sobre el estatuto del Defensor del Pueblo y sobre las condiciones generales del ejercicio de sus funciones", *Diario Oficial L* 92 de 9 de abril de 2002, p. 13 -14.

"Decisión 2002/772/ (CE) , Decisión del Consejo, de 25 de junio de 2002 y de 23 de septiembre de 2002, por la que se modifica el Acto relativo a la elección de los diputados al Parlamento Europeo por sufragio universal directo, anejo a la "Decisión 76/787/CECA", CEE, Euratom, *Diario Oficial, L 283, de 21 de octubre de 2002, p. 1-4*

"Decisión (CE) 2004/100/del Consejo de 26 de enero de 2004 por la que se establece un programa de acción comunitario para la promoción de la ciudadanía europea activa (participación ciudadana" Diario Ofcial, L 30 de 4 de febrero 2004, p.6-14.

UNIÓN EUROPEA, "Decisión (CE) 1903/2006 Del Parlamento y del Consejo de de 12 de diciembre de 2006 por la que se establece el programa Cultura (2007-2013*)," Diario Oficial L 378/22,* de 27 de diciembre de 2006, p. 22-36

"Directiva 2008/115/ (CE), del Parlamento Europeo y del Consejo, de 16 de diciembre de 2008 , relativa a normas y procedimientos comunes en los Estados miembros para el retorno de los nacionales de terceros países en situación irregular" *Diario Oficial L 348, de* 24 de diciembre de 12 de 2008

"Decisión 2008/587 (CE), por la que se modifica la Decisión 94/262/ CECA, CE, Euratom, sobre el Estatuto del Defensor del Pueblo y sobre las condiciones generales del ejercicio de sus funciones", *Diario Oficial,* L 189 de 17 de julio de 2008, p. 1-25,

"Decisión de Ejecución (UE) 2016/1989 del Consejo, de 11 de noviembre de 2016, por la que se establece una recomendación para prorrogar la realización de controles temporales en las fronteras interiores en circunstancias excepcionales que pongan en peligro el funcionamiento global del espacio Schengen", Diario Oficial *L 306,* de 15 de noviembre de 2016, p. 13-15;

"Decisión de Ejecución (UE) 2017/246 del Consejo, de 7 de febrero de 2017, por la que se establece una Recomendación para prorrogar la realización de controles temporales en las fronteras interiores en circunstancias excepcionales que pongan en peligro el funcionamiento global del espacio Schengen" Diario Oficial *L 36 de* 11 de febrero 2017, p. 59-61

Unión Europea, "Decisión (UE) 2017/599 de la Comisión, de 22 de marzo de 2017, sobre la propuesta de iniciativa ciudadana denominada «Ciudadanía de la UE para los europeos: Unidos en la diversidad a pesar del ius soli y del ius sanguinis» [notificada con el número C(2017) 2001], *Diario Oficial L 81* de 28 de marzo de 2017 p. 18-19

Directivas

"Directiva 64/221/CEE del Consejo, de 25 de febrero de 1964, para la coordinación de las medidas especiales para los extranjeros en materia de desplazamiento y de residencia, justificadas por razones de orden público, seguridad y salud pública", *Diario Oficial 56,* 4 de abril de 1964, p. 850-857

"Directiva 68/360/CEE del Consejo, de 15 de octubre de 1968, sobre suspensión de restricciones al desplazamiento y a la estancia de los trabajadores de los Estados Miembros y de sus familias dentro de la Comunidad", *Diario Oficial L 257 de 19 octubre de 1968,* p. 13-16;

"Directiva 72/194/CEE del Consejo, de 18 de mayo de 1972, por la que se amplía a los trabajadores que ejercen el derecho a permanecer en el territorio de un Estado Miembro después de haber ejercido en él un empleo, el campo de aplicación de la Directiva de 25 de febrero de 1964 sobre la coordinación de medidas especiales para extranjeros en materia de desplazamiento y estancia, justificadas por razones de orden público, seguridad y salud públicas", *Diario Oficial L 121 de 26 mayo de 1972,* , p. 32-32;

"Directiva 73/148/CEE del Consejo, de 21 de mayo de 1973, relativa a la supresión de las restricciones al desplazamiento y a la estancia, dentro de la Comunidad, de los nacionales de los Estados Miembros en materia de establecimiento y de prestación de servicios", *Diario Oficial L 172* , de 28 junio de .1973, p. 14-16;

"Directiva 75/34/CEE del Consejo, de 17 de diciembre de 1974, relativa al derecho de los nacionales de un Estado Miembro a permanecer en el territorio de otro Estado Miembro después de haber ejercido en él una actividad por cuenta propia", *Diario Oficial L 14* , de 20 de enero de 1975, p. 10-13 ;

"Directiva 75/35/CEE del Consejo, de 17 de diciembre de 1974, por la que se extiende el campo de aplicación de la Directiva 64/221/ CEE para la coordinación de las medidas especiales para los extranjeros en materia de desplazamiento y de residencia, justificadas por razones de orden público, seguridad pública y salud pública, a los nacionales de cualquier Estado Miembro que ejerzan el derecho de permanecer en el territorio de otro Estado Miembro después de haber ejercido en él una actividad no asalariada" , *Diario Oficial L 144,* de 20. Enero de 1975, p. 14;

"Directiva 90/364/CEE del Consejo, de 28 de junio de 1990, relativa al derecho de residencia, *Diario Oficial L 180, de* 13 julio de 1990, p. 26-27; Unión Europea, Directiva 90/365/CEE del Consejo, de 28 de junio de 1990, relativa al derecho de residencia de los trabajadores por cuenta ajena o por cuenta propia que hayan dejado de ejercer su actividad profesional", *Diario Oficial L 180,* de 13 julio de 1990, p. 28-29;

"Directiva 90/365/CEE, de 28 de junio de 1990, relativa al derecho de residencia de los trabajadores tanto por cuenta ajena como por cuenta propia que hayan puesto fin a su actividad profesional", *Diario Oficial L 180,* de 13 de julio de 1990, p. 28-29.

"Directiva 91/477/CEE del Consejo, de 18 de junio de 1991, sobre el control de la adquisición y tenencia de armas", Diario Oficial *L 256* , de 13 de septiembre de 1991, p. 51-58

"Directiva 90/366, de 28 de junio de 1990 relativa al derecho de residencia de los estudiantes" Diario *Oficial L 180* , de 13 de julio de 1988 p. 30-31

"Directiva 93/96/CEE del Consejo, de 29 de octubre de 1993, relativa al derecho de residencia de los estudiantes", *Diario Oficial L 317, de* 18 de diciembre de 1993, p. 59-60.

"Directiva 95/46/CE, de 24 de octubre de 1995, relativa a la protección de las personas físicas en lo que respecta al tratamiento de datos personales y a la libre circulación de estos datos", *Diario Oficial L 281,* de 23 de noviembre de 1995, p. 31-50.

Directiva 2000/43/CE de 29 de junio de 2000, relativa a la aplicación del principio de igualdad de trato de las personas independientemente de su origen racial o étnico", *Diario Oficial L180,* de 19 de julio de 2000

"Directiva 2002/22/CE, de 7 de marzo de 2002, relativa al servicio universal y los derechos de los usuarios en relación con las redes y los servicios de comunicaciones electrónicas", *Diario Oficial L 108/51,* de 24 de abril de 2002, p. 52-77

"Directiva 2003/109/CE del Consejo, de 25 de noviembre de 2003, relativa al estatuto de los nacionales de terceros países residentes de larga duración", *Diario Oficial, L-16,* de 23 de enero 2004

"Directiva 2004/38/CE del Parlamento Europeo y del Consejo", de 29 de abril de 2004, relativa al derecho de los ciudadanos de la Unión y de los miembros de sus familias a circular y residir libremente en el territorio de los Estados miembros", *Diario Oficial L 158/*1, 30 abril de 2004, p. 77-123

"Directiva 2004/83/CE DEL CONSEJO de 29 de abril de 2004 por la que se establecen normas mínimas relativas a los requisitos para el reconocimiento y el estatuto de nacionales de terceros países o apátridas como refugiados o personas que necesitan otro tipo de protección internacional y al contenido de la protección concedida", *Diario Oficial L 304/12,* de de 30 de septiembre de 2004,

"Directiva 2009/136/CE, de 25 de noviembre de 2009, por la que se modifican la Directiva 2002/22/CE relativa al servicio universal y los derechos de los usuarios en relación con las redes y los servicios de comunicaciones electrónicas, la Directiva 2002/58/CE relativa al tratamiento de los datos personales y a la protección de la intimidad en el sector de las comunicaciones electrónicas, *Diario Oficial, L 337/11, de* 18 de diciembre de 2009

"Directiva 2011/51/UE del Parlamento Europeo y del Consejo, de 11 de mayo de 2011, por la que se modifica la Directiva 2003/109/CE del Consejo con el fin de extender su ámbito de aplicación a los beneficiarios de protección internacional Texto pertinente a efectos del EEE", *Diario Oficial L 132*, de 19 de mayo 2011, p. 1-4

"Directiva, 2015/637/UE de 20 de abril de 2015, sobre las medidas de coordinación y cooperación para facilitar la protección consular de ciudadanos de la Unión no representados en terceros países y por la que se deroga la Decisión 95/553/", *Diario Oficial L 106,* de 24 de abril de 2015, p. 1-16.

Directiva 2016/1148/UE Del Parlamento Europeo y del Consejo de 6 de julio de 2016 relativa a las medidas destinadas a garantizar un elevado nivel común de seguridad de las redes y sistemas de información en la Unión" *Diario Oficial L 194/1, de* 19 julio de 2016. p. 1-30

Unión Europea, "Directiva 2017/54/UE Del Parlamento Europeo y el Consejo, de 15 de marzo de 2017 relativa a la lucha contra el terrorismo y por la que se sustituye la Decisión marco 2002/475/JAI del Consejo y se modifica la Decisión 2005/671/JAI del Consejo ", *Diario Oficial L 88/6,* de 31 de marzo de 2017,

Comunicaciones

"Comunicación de la Comisión al Consejo sobre 'La Europa de los Ciudadanos", *COM (85) 640 final*, Bruselas, 19 de noviembre de 1985, p- 1-9.

Comunicación de la Comisión relativa a las medidas especiales para los extranjeros en materia de desplazamiento y de residencia, justificadas por razones de orden público, seguridad y salud pública" *COM (1999) 372 final*, de 19 de julio de 1999, p. 1-26-

"Comunicación de la Comisión al Consejo y al Parlamento Europeo sobre una política comunitaria de migración" *COM (2000) 757 final,* 22 de noviembre de 2000, p.1-9

"Comunicación de la Comisión al Consejo, al Parlamento al Comité Económico y social, y al Comité de las Regiones: Hacia un espacio europeo de investigación", *COM (2000) 6 final*, 18 de enero de 2000, p. 1-37

"Comunicación de la Comisión — Directrices interpretativas del Reglamento 261/2004, por el que se establecen normas comunes sobre compensación y asistencia a los pasajeros aéreos en caso de denegación de embarque y de cancelación o gran retraso de los vuelos, y se deroga el Reglamento 2027/97 sobre la responsabilidad de las compañías aéreas en caso de accidente, en su versión modificada por el Reglamento 889/2002", Diario *Oficial C 214, de* 15 de junio 2016, p. 5-21

Comunicación de la Comisión, "Elecciones europeas de 2004 Informe de la Comisión sobre la participación de los ciudadanos de la Unión Europea en el Estado miembro de residencia (Directiva 93/109/ y sobre las modalidades electorales (Decisión 76/787/ modificada por la Decisión 2002/772, Euratom) {SEC(2006) 1645} {SEC(2006) 1646} {SEC(2006) 1647} /" *COM/2006/0790 final*, p.1-13.

"Comunicación del Consejo al Parlamento Europeo, el Consejo Europeo, y al Consejo "sobre aplicación de la Agenda Europea de Seguridad para luchar contra el terrorismo y allanar el camino hacia una Unión de la Seguridad genuina y efectiva", *COM(2016) 230 final*, de 20 de abril de 2016, p.1-19

"Comunicación de la Comisión al Parlamento Europeo, el Consejo Europeo, al Consejo, al Comité Económico y Social y al Comité de las Regiones," sobre Programa de Trabajo de la Comisión para 2017 Realizar una Europa que proteja, capacite y vele por la seguridad" *COM(2016) 710 final*, 25 de octubre de 2016, p.1-19

Comunicación de la Comisión al Parlamento Europea , el Consejo Europeo, y al Consejo sobre la aplicación de la Agenda Europea de Seguridad para luchar contra el terrorismo y allanar el camino hacia una Unión de la Seguridad genuina y efectiva" *COM(2016) 230 final*, 20 de abril de 2016, p.1-19.

"Comunicación del Consejo al Parlamento, el Consejo Europeo, y al Consejo, "Primer informe de situación relativo a una Unión de Seguridad genuina y efectiva" *COM(2016) 670 final*, de 12 de octubre 2016, p. 1-16

"Comunicación del Consejo al Parlamento, el Consejo Europeo, y al Consejo, "Segundo informe de situación relativo a una Unión de Seguridad genuina y efectiva", *COM(2016) 732 final*, de 16 de noviembre de 2016, p. 1-10.

"Comunicación del Consejo al Parlamento, el Consejo Europeo, y al Consejo, "Tercer informe de situación relativo a una Unión de Seguridad genuina y efectiva", *COM(2016) 831 final* de 21 de diciembre de 2016, p. 1-10.

Comunicación del Consejo al Parlamento, el Consejo Europeo, y al Consejo, "Cuarto informe de situación relativo a una Unión de Seguridad genuina y efectiva", *COM(2017) 41 final*, de 25 de enero de 2017. p. 1-21

"Comunicación del Consejo al Parlamento, el Consejo Europeo, y al Consejo, "Quinto informe de situación relativo a una Unión de Seguridad genuina y efectiva", *COM(2017) 203 final*, de 2 de marzo de 2017, p. 1-21.

Resoluciones

"Resolución de los Representantes de los gobiernos de los Estados miembros, reunidos en el seno del Consejo, de 14 de julio de 1986, complementaria a las Resoluciones de 23 de junio de 1981 y de 30 de junio de 1982, relativas a la introducción del pasaporte de presentación uniforme", *Diario Oficial de la Unión Europea, C 185* d 24 de julio de 1986

"Resolución del Consejo de 20 de junio de 1994 sobre las limitaciones de la admisión de nacionales de países no comunitarios para trabajar en el territorio de los Estados miembros", *Diario Oficial C 274/3*, de 19 de septiembre de 1996, p. 3-6

Resolución legislativa del Parlamento Europeo, de 18 de junio de 2008, sobre la propuesta de Directiva del Parlamento Europeo y del Consejo relativa a procedimientos y normas comunes en los Estados miembros para el retorno de los nacionales de terceros países que se encuentren ilegalmente en su territorio", *Diario Oficial C 286 E/42*, de 27 de noviembre de 2009,

"Resolución del Parlamento, Europeo, 2014/2257 INI", de 28 de octubre de 2015, sobre la iniciativa ciudadana europea, Propuesta 8 Texto Aprobado 0382

PROPUESTAS / INFORMES/ REPORTES/ DECLARACIONES / DICTAMENES/ LIBROS/ CONCLUSIONES

Internacional

UNITED STATES OF AMERICA,(1984), U.S. Department of State "Union of Soviet Socialist Republics." *Annual Human Rights Reports Submitted to Congress*, p. 1119-1134

ONU, ACNUR "Conclusiones n. 6 XXVIII No-devolución, 1977, *Comité Ejecutivo del Programa del por recomendación del Subcomité Plenario Sobre protección Internacional*, 1977.

Unión europea

"Propuesta de Directiva del Consejo sobre el derecho de sufragio de los nacionales de los Estados miembros en las elecciones municipales en el Estado miembro de residencia" 26 de julio de 1988, *Diario Oficial C 246*, de 20 de septiembre de 1988, p. 3-6

"Declaración n. 2 relativa a la nacionalidad de un Estado miembro" *Diario Oficial, C 191*, 29 de julio de 1992, p.98

"Propuesta de Directiva del Consejo relativa al estatuto de los nacionales de terceros países residentes de larga duración", *Diario Oficial C 240 E, de* 28 de agosto de 2001, *p.* 79-87

"Dictamen del Comité de las Regiones sobre « Euroformación» para los entes regionales y locales de Europa", *Diario Oficial C 198*, de 14 de julio de 1999 p. 68

"Dictamen del Comité Económico y Social sobre la «Comunicación de la Comisión al Consejo y al Parlamento Europeo sobre una política comunitaria de migración»", *Diario Oficial C 260*, 17 septiembre de 2001, p. 104-12

"Dictamen del Comité de las Regiones sobre la «Propuesta de Directiva del Consejo relativa al estatuto de los nacionales de terceros países residentes de larga duración" *Diario Oficial 19*, de 22 de enero de 2002, p. 18-19.

"Dictamen del Comité Económico y Social sobre la "Propuesta de Directiva del Consejo relativa al estatuto de los nacionales de terceros países residentes de larga duración", *Diario Oficial C 036* de 8 de febrero de 2002, p.59-62.

"Dictamen del Comité Económico y Social Europeo" sobre el tema 'La iniciativa ciudadana europea', *Diario Oficial C 389* de 21 de octubre de 1 2016, p. 35-42

"Libro Verde, relativo a una política comunitaria de retorno de los residentes ilegales de 10 de abril de 2002", *COM 175 final,* 2002

"Dictamen del Comité de las Regiones sobre la «Propuesta de Directiva del Consejo relativa al estatuto de los nacionales de terceros países residentes de larga duración"», *Diario Oficial C 19,* de 22 enero de 2002 p. 18-19

"El Programa de Estocolmo: una Europa abierta y segura que sirva y proteja al Ciudadano", de 16 de octubre de 2009", *Diario Oficial C 115/1,* de 4 de mayo de 2010, p. 1-38.

Plan de Acción contenido en la Comunicación de la Comisión al Parlamento Europeo, al Consejo, al Comité Económico y Social Europeo y al Comité de las Regiones, de 20 de abril de 2010, «Garantizar el espacio de libertad, seguridad y justicia para los ciudadanos europeos»-Plan de acción por el que se aplica el Programa de Estocolmo" COM(2010) 171 final, p. 1-74

"Recomendación del Consejo de 4 de marzo de 1996 relativa a la cooperación consular local en materia de visados", *Diario Oficial, C 80* de 18 de marzo de 1996, p.1-1

"Propuesta de acto del Consejo por el que se establece el Convenio relativo a las normas de admisión de nacionales de terceros países en los Estados miembros", *Diario Oficial* C 337, de 7 de noviembre de 1997, p. 9-19

"Informe de la Comisión al Parlamento Europeo y al Consejo, sobre la evaluación del Sistema de Información de Schengen de segunda generación (SIS II) de conformidad con el artículo 24, apartado 5, el artículo 43, apartado 3 y el artículo 50, apartado 5, del Reglamento (CE) 1987/2006 y el artículo 59, apartado 3, y el artículo 66, apartado 5, de la Decisión 2007/533/JAI {SWD(2016) 450 final}" , *COM(2016) 880 final,* de 21 de diciembre de 2016, ;

"Consejo Europeo (CE) 2010/ 115/01 Programa de Estocolmo — Una Europa abierta y segura que sirva y proteja al ciudadano" *Diario Oficial C 115/01,* de 4 de mayo de 2010, p 1.-44.